21世纪海上丝绸之路协同创新中心智库丛书
广东外语外贸大学中拉研究创新团队成果系列

2019年
拉丁美洲蓝皮书
——拉美发展与中拉合作关系

隋广军／主编　朱文忠 李永宁／副主编

2019 BLUE BOOK OF LATIN AMERICA
El Libro Azul de América Latina 2019

经济管理出版社
ECONOMY & MANAGEMENT PUBLISHING HOUSE

图书在版编目（CIP）数据

2019 年拉丁美洲蓝皮书：拉美发展与中拉合作关系／隋广军主编 . —北京：经济管理出版社，2020.7

ISBN 978-7-5096-7320-1

Ⅰ.①2… Ⅱ.①隋… Ⅲ.①中外关系—国际经济关系—研究报告—拉丁美洲—2019 ②国际合作—经济合作—研究报告—中国、拉丁美洲—2019 Ⅳ.①D822.373 ②F752.773

中国版本图书馆 CIP 数据核字（2020）第 139210 号

组稿编辑：赵亚荣

责任编辑：赵亚荣

责任印制：黄章平

责任校对：张晓燕

出版发行：经济管理出版社

（北京市海淀区北蜂窝 8 号中雅大厦 A 座 11 层　100038）

网　　址：www.E-mp.com.cn

电　　话：(010) 51915602

印　　刷：三河市延风印装有限公司

经　　销：新华书店

开　　本：710mm×1000mm /16

印　　张：22.25

字　　数：425 千字

版　　次：2020 年 8 月第 1 版　　2020 年 8 月第 1 次印刷

书　　号：ISBN 978-7-5096-7320-1

定　　价：88.00 元

2019 年拉丁美洲蓝皮书

——拉美发展与中拉合作关系

2019 Blue Book of Latin America
El Libro Azul de América Latina 2019

主　　编：隋广军

副主编：朱文忠　李永宁

编委会成员（以姓氏笔画为序）：

孔　帅　朱文忠　吉列尔莫·亚涅斯［智］

刘　柳　李永宁　李翠兰　孙秀丽

吴易明　张芯瑜　陈　宁　陈　星

杨晓燕　杨　菁　恩里克·杜塞尔彼得斯［墨］

徐贻聪　黄　忠　黄　磊　隋广军

序　言

　　2019 年世界面临"百年未有之大变局"，拉丁美洲则面临"多事之秋"，拉美多国相继爆发大规模的抗议，暴力和动荡加剧。所幸，中拉总体关系和经贸合作继继稳步向前发展。在"一带一路"倡议的驱动下，中拉战略伙伴关系日益壮大，中国对拉美地区直接投资规模不断增加。但与此同时，因"美国因素"的影响，中拉合作关系也面临严峻挑战。在这一新时代大背景下，继续紧紧围绕拉美前沿热点问题，开展中拉政治、经济、社会、文化合作交流及投资案例研究，编写出版《2019 年拉丁美洲蓝皮书》具有非常重要的学术价值和现实意义。

　　《2019 年拉丁美洲蓝皮书》是由教育部备案国别与区域研究中心，即广东外语外贸大学拉丁美洲研究中心的学术团队精心组织编写的系列年度蓝皮书的第四本。自 2016 年以来，系列年度拉丁美洲蓝皮书的总体编写思路是：始终秉承广东外语外贸大学"学贯中西、明德尚行"的校训，积极发挥广东外语外贸大学"外语和非外语"的"双轮驱动"学科优势，整合我校商学院、西方语言文化学院、加拿大研究中心等多个学院或研究机构的学术平台和专家资源，并特别联合巴西、墨西哥、阿根廷、智利等拉丁美洲国家合作院校的知名专家学者，充分利用我校专家团队的西班牙语、葡语交际优势，积极强化中外协同研究，呈现特色国别与区域研究成果。

　　《2019 年拉丁美洲蓝皮书》共计收录了以广东外语外贸大学拉丁美洲问题研究团队为主，包括国内外相关智库，以及拉丁美洲高校的专家学者精心撰写的19 篇文章。全书共分为总论、区域与领域合作趋势、拉丁美洲国别研究、中国—拉丁美洲经济与文化研究案例四个部分。一方面，本书重点关注了拉丁美洲总体动荡环境、中拉经贸发展态势与区域合作展望；另一方面，本书集中探索了委内瑞拉、墨西哥、哥伦比亚、巴西等国别特殊问题，以及中拉经济与文化合作实证问题。本书内容丰富而聚焦，涵盖政治、外交、文化、经济、管理等多个维度或层面的具有原创性、前沿性和时效性的观点呈现和深度分析，力求凸显如下主要特色：

一是展现资深专家独到视角。《2019 年拉丁美洲蓝皮书》的编者非常荣幸地邀请到了中国资深外交官徐贻聪大使，为本书贡献专稿《导论：拉美在接近成为"多事之秋"区域》。徐贻聪大使是中国国际问题研究基金会研究员，外交部美大司、拉美司原副司长，中国前驻厄瓜多尔、古巴、阿根廷大使。徐大使分别获得过厄瓜多尔、古巴和阿根廷政府颁给外国使节的最高级别的荣誉勋章（大十字鹰级勋章、友谊勋章和大十字大功勋章）等。他发表过的主要文章有《崇高的风范　永恒的榜样》《外交官回忆周恩来》《江泽民主席对古巴的历史性访问》等 20 余篇。徐大使谈及拉美和加勒比地区新形势，畅所欲言、言辞亲切、视角独到、见解高深。

二是凸显研究问题与时俱进。《2019 年拉丁美洲蓝皮书》重点关注了 2019 年中拉经贸合作的新问题和新趋势，积极探索中拉经贸合作与发展的新挑战和新变化，例如，本书着重关注了汇率变动对中国向拉美及加勒比地区出口二元边际的影响、拉美主要国家政府债务规模与风险、中智自贸协定及其对智利的影响趋势、"一带一路"背景下广东与拉美投资贸易合作的问题与对策、中国—墨西哥经贸合作最新态势等现实热点话题，努力做到研究问题贴近时效、与时俱进。

三是聚焦重点国别问题特殊性。《2019 年拉丁美洲蓝皮书》继续聚焦重点国别特殊问题展开研究。本系列年度蓝皮书一年重点关注几个特殊国家，着力打造一些具有较强时效性和重大影响力的国别特殊问题研究成果，聚焦重点国别特殊问题，深化国别问题研究内涵，提升研究成果水平。

四是着力增强成果服务社会实效性。《2019 年拉丁美洲蓝皮书》研究团队继续依托"广东国际战略研究院"省级研究基地、"广外海上丝绸之路协同创新中心"省部共建协同创新中心及"广外拉丁美洲研究中心"教育部备案国别与区域研究中心等多个高端智库平台，开展中拉经贸合作与拉美投资案例研究，产出具有针对性、时效性、可行性的资政报告。例如，本书相关成果包括：中拉经贸关系发展报告、"一带一路"背景下广东与拉美投资贸易合作的问题与对策、哥斯达黎加责任旅游实践及借鉴、中国大学生对中拉关系的认知情况调查报告、中国白色家电在拉美地区的市场战略——格力案例研究报告、岭南文化在西班牙语国家的网络传播研究报告等。这些研究成果努力发挥"高端智库"功能，增强研究成果服务社会实效性，为政府或企业提供决策参考和政策建议，帮助中国企业降低拉丁美洲市场投资风险，推进中拉合作关系持续向前健康发展。

此外，《2019 年拉丁美洲蓝皮书》是在主编隋广军教授的指导和带领下总体策划和实施完成的。副主编朱文忠教授修订编审了 9 篇文章近 13 万字，副主编李永宁教授修订、编审了 10 篇文章近 15 万字。本书稿的部分文章内容及摘要目录的翻译工作分别由广东外语外贸大学商学院朱文忠教授、李永宁教授，西语学院陈宁教授，以及拉丁美洲研究中心兼职行政秘书梁妍老师组织、审核和校对，并由我校研究生同学周柳豆、陈讷、周安婧、刘舒婷等合力翻译完成。当然，本书的顺利编写和出版得益于所有作者的辛勤努力和无私奉献，也得益于经济管理出版社有关工作人员的精心指导、编辑和出版。在此，编者谨向所有参与者付出的辛勤劳动表示我们最衷心的感谢！

最后，编者团队深知本年度拉丁美洲蓝皮书的编写可能存在不尽完善之处，敬请广大读者批评指正，多提宝贵意见。盼望在广大读者的关心、指导和帮助下，未来的系列年度蓝皮书的编写能够日臻完善、百尺竿头更进一步。谨此致谢！

编者

于广东广州·广东外语外贸大学北校区

2019 年 12 月

Preface

In 2019, the world faced unprecedented changes, and Latin America encountered an eventful year. Many countries in Latin America have seen large-scale protests, with violence and turbulence intensified. Fortunately, China-Latin America relations has been promoted and their economic and trade cooperation continue to develop steadily. Under the framework of the Belt and Road Initiative, China-Latin America strategic partnership is growing stronger and the scale of China's direct investment in Latin America is increasing. At the same time, however, China-Latin America cooperation is also facing severe challenges due to the influence of the United States. Under the background of this new era, it is of great academic value and practical significance to continue to focus on the hot issues centering around Latin American, carry out China-Latin America political, economic, social and cultural cooperation and investment case studies, and compile and publish the 2019 Blue Book of Latin America.

The 2019 Blue Book of Latin America is the fourth in a series of annual blue books organized, edited and published by the academic team of the Center for Latin America Studies of Guangdong University of Foreign Studies (GDUFS), and a project of National and Regional Research Centre of the Ministry of Education. Since 2016, the compiling of the series of annual blue books of Latin America adheres to the school motto of GDUFS, i. e. *Pursuit of Integrity*, *Practice and Cross-cultural Learning*. During the compiling of the blue books, the cross-disciplinary advantage of "foreign languages+non foreign languages" of GDUFS as well as the mastery of Spanish and Portuguese languages of the expert team of the school are given active play. By integrating the academic platforms of research institutions such as the School of Business and the Faculty of Foreign Language and Culture, and the Center for Canadian Studiesof GDUFS, well-known experts and scholars from GDUFS and its cooperative institutions in Latin American countries such as Brazil, Mexico, Argentina,

Chile, etc. work together to carry out joint research, presenting unique research results.

2019 *Blue Book of Latin America* contains 16 articles written by the Latin America research team of GDUFS, relevant think tanks in China and other countries, and experts and scholars from universities in Latin America. The book is divided into four parts, namely, Overview, Regional and Dimensional Development Trends, Studies on Respective Latin American Countries, and China-Latin America Cooperation and Development Cases. The book introduces research on the overall turbulent environment in Latin America, the economic and trade development trend between China and Latin America, and the prospect of regional cooperation. In addition, the book presents research on particular issues in Mexico, Brazil and other countries, and research on economic and cultural cooperation between China and Latin America. The content is rich and focused, covering politics, diplomacy, culture, economy, management and other dimensions or levels. It presents original, cutting-edge and time-sensitive viewpoints and in-depth analysis, and highlights the following main features.

First, 2019 *Blue Book of Latin America* presents the unique perspectives of top-level experts. The editors are very honored to have invited Ambassador Xu Yicong, a senior Chinese diplomat, to contribute a valuable article *Introduction: Latin America is Becoming a Region of Turbulence* to this year's blue book. Ambassador Xu Yicong is a researcher of the China Foundation for International Studies, former Deputy Director of the Department of North American and Oceanian Affairs and the Department of Latin American and Caribbean Affairs of the Ministry of Foreign Affairs, and former Chinese ambassador to Ecuador, Cuba and Argentina. Ambassador Xu has received the highest-level medals of honor from the governments of Ecuador, Cuba and Argentina. He has published more than twenty articles, including *Lofty Demeanor, Eternal Example, Zhou Enlaiin Diplomats' Memory* and *President Jiang Zemin's Historic Visit to Cuba*. In his article *Introduction: Latin America is Becoming a Region of Turbulence*, Ambassador Xu talks about the current situation in Latin America and the Caribbean. He speaks out freely, with cordial words, unique perspective and profound views.

Second, the research issues in 2019 *Blue Book of Latin America* keep pace with the times. The book focuses on the new issues and trends of China-Latin America economic and trade cooperation in 2019, and actively explores the new challenges and changes in China-Latin America economic and trade cooperation and development.

For example, the book focuses on the influence of exchange rate changes on the dual margins of China's export to Latin America and the Caribbean, the scale and risks of government debts in major Latin American countries, the China-Chile Free Trade Agreement and its impact on Chile, the problems and countermeasures of Guangdong-Latin America investment and trade cooperation under the background of the Belt and Road Initiative, the latest trend of China-Mexico economic and trade cooperation and other hot topics closely related to the current international relations.

Third, 2019 *Blue Book of Latin America* focuses on some issues of particular countries. The book continues to focus on key country-specific issues for research. This series of annual blue books, focusing on hot issues of several countries in one year, intends to present time-sensitive and influential research results on country-specific issues, deepen the connotation of research on country-specific issues, and improve the quality of research results.

Fourth, efforts are made to enhance the effectiveness of research results in serving the society. The research team of 2019 *Blue Book of Latin America* continues to rely on a number of high-end think tanks including Guangdong Institute for International Strategies (Provincial level), GDUFS Collaborative Innovation Center for 21st-Century Maritime Silk Road Studies (Provincial level), and GDUFS Center for Latin America Studies (Recorded in Ministry of Education). Case studies on China-Latin America economic and trade cooperation and Latin American investment have been carried out, and targeted, timely and feasible consultative reports have been issued. For example, this blue book consists of consultative reports on the development of China-Latin America economic and trade relations, problems and countermeasures of Guangdong's investment and trade cooperation with Latin America in the context of the Belt and Road Initiative, Costa Rica's responsible tourism practice and reference, Chinese college students' understanding of China-Latin America relations, the marketing strategy of China's white goods in Latin America—a case study of Gree, and the network communication of Lingnan culture in Spanish-speaking countries. These studies, exerting the function of think tanks, provide decision-making reference and policy suggestions for governments and enterprises, help Chinese enterprises reduce investment risks in Latin American markets, and promote the sustained and healthy development of China-Latin American cooperation, thus enhancing the effectiveness of research results in serving the society.

2019 *Blue Book of Latin America* was completed under the guidance of Professor

Sui Guangjun, the editor－in－chief. Professor Zhu Wenzhong, deputy editor－in－chief, revised and edited 9 articles with nearly 130000 words. Professor Li Yongning, deputy editor－in－chief, revised and edited 10 articles with nearly 150000 words. The translation of some articles, the abstracts and the contents in this book was organized, reviewed and proofread by Professor Zhu Wenzhong and Professor Li Yoningning of the School of Business of GDUFS, Professor Chen Ning of the Faculty of European Languages and Cultures of GDUFS, and Liang Yan, part－time Administrative Secretary of Center for Latin America Studies of GUDFS. The translation was jointly completed by postgraduate Zhou Liudou, Chen Ne, Zhou Anjing and Liu Shuting. Last but not least, the successful publication of this book also thanks to the hard work of all the authors, as well as the professional editing and publishing work of the staff of the Economic Management Press. Here, the editors would like to express our heartfelt thanks to all participants for their hard work.

Finally, the editorial team knows that there may still be some imperfections in this year's blue book. Thus, we kindly welcome critical opinions and valuable suggestions. We hope that with the care, guidance and help of the readers, the compilation of the future series of annual blue books can be further improved. Thank you!

Editor

Guangdong University of Foreign Studies

December, 2019

INTRODUCCIÓN

El año 2019 el mundo enfrenta un gran cambio que no han tenido precedentes, y para América Latina ha sido un año lleno de acontecimientos. En muchos países latinoamericanos, las protestas a gran escala se hacen más numerosas mientras que la violencia y los disturbios se agudizan. Afortunadamente, las relaciones y la cooperación económica y comercial entre China y los países latinoamericanos continúan desarrollándose. Impulsada por la "Iniciativa la Franja y la Ruta", se encuentran cada día más los países latinoamericanos miembros de la Asociación Estratégica con China, y se ve aumentando la inversión directa de China en América Latina. Sin embargo, debido al "factor estadounidense", la cooperación sino-latinoamericana también se enfrenta con graves desafíos. En el contexto de la nueva era, es de gran valor académico y práctico escribir y publicar el *Libro Azul de América Latina* 2019. Enfocándose en los temas candentes, se llevarán a cabo los estudios de los intercambios políticos, económicos, sociales, culturales, así como los análisis de los casos de inversión.

El Libro Azul de América Latina 2019 es la cuarta edición de la serie de libros azules anuales compilados y publicados detenidamente por el Centro de Estudios Latinoamericanos de la Universidad de Estudios Extranjeros de Guangdong (GDUFS). Desde 2016, la idea general de esta serie es: guiada por el lema "Integridad, eficiencia y universalidad", juega activamente la superioridad interdisciplinaria del "idioma extranjero+comercio exterior" de GDUFS. Aprovechando los recursos de expertos de los Centros de Estudios en varios ámbitos (la Escuela de Negocios, la Facultad de Lenguas y Culturas Extranjeras y el Centro de Investigación sobre Canadá) y de los idiomas (sobre todo el español y el portugués) de nuestra universidad, en asociación con destacados especialistas de instituciones de cooperación de países latinoamericanos como México, Brasil, Argentina y Chile, trabajaron juntos varios expertos y académicos del país y del extranjero para realizar una investigación conjunta y hacer esta excelente publicidad sobre el tema de los estudios regionales y dimensionales.

El Libro Azul de América Latina 2019 contiene un total de 16 artículos. La mayoría la escribe el equipo del Centro de Estudios Latinoamericanos de GDUFS, y el resto proviene del "think – tanks" de alto nivel internacional y de los expertos y académioslas de las universidades de América Latina. El libro se divide en cuatro partes: visión general, tendencias de cooperación regional y dimensional, estudios sobre los países latinoamericanos y casos de las relaciones económicas y culturales entre China y los países latinoamericanos. Por un lado, la atención se centra en la turbulencia general en América Latina, las tendencias del desarrollo comercial sino – latinoamericano y la futura cooperación regional; por otro lado, en este libro se enfoque en los problemas específicos de los países como México, Brasil, etc., así como en las cuestiones empíricas sobre las cooperaciones económica y cultural. Tiene un contenido rico y enfocado, ofrece las opiniones original, avanzada y efectiva en el tiempo y los análisis en profundidad que abarca múltiples dimensiones de política, diplomacia, cultura, economía, gestión, etc., y se esfuerza por resaltar las siguientes características principales:

La primera es mostrar la perspectiva única de los expertos. El editor del Libro tiene el honor de haber invitado al diplomático chino con mucha experiencia, Xu Yicong, a contribuir al artículo "Introducción: América Latina se acerca a *un tiempo lleno de acontecimientos*". El diplomático Xu es miembro de la Fundación de Estudios Internacionales de China, director del Departamento Estadounidense, exdirector del Departamento Latinoamericano del Ministerio de Relaciones Exteriores y ex Embajador de China en Ecuador, Cuba y Argentina. También recibió honores del nivel más alto (La Orden Nacional al Mérito, Medalla de la Amistad y La Orden de Mayo) otorgado por los gobiernos de Ecuador, Cuba y Argentina a diplomáticos extranjeros. Publicó más de veinte artículos y los principales son: "Estilo sublime, modelo eterno", "El Diplomático recuerda a Zhou Enlai", "Visita histórica del presidente Jiang Zemin a Cuba" … Nos ha compartido sus puntos de vista únicos e incisivos sobre la nueva situación en América Latina y el Caribe de una manera viva, pero rigurosa.

La segunda es valorar las cuestiones investigadas de una manera efectiva y al tiempo. *El Libro Azul de América Latina* 2019 presta mucha atención a los nuevos retos y tendencias en la cooperación comercial sino – latinoamericana del año 2019, se centra en los temas candentes, por ejemplo, el impacto de los cambios de moneda a los márgenes de las exportaciones de China a América Latina y el Caribe, la escala y los riesgos de la deuda pública en los principales países latinoamericanos, el Tratado de Libre Comercio (TLC) entre Chile y China y su impacto en Chile, las cuestiones y las contramedidas de Guangdong sobre la inversión y la cooperación comercial con América Latina bajo la "Iniciativa de la Franja y la Ruta", las recientes tendencias de la cooperación económica y comercial entre China y México, etc. Se esfuerzan por alcanzar al tiempo actual para que las investigaciones sean más prácticas y efectivas.

La tercera enfocar en la investigación en "países clave" de América Latina. *El Libro Azul de América Latina* 2019 sigue tratando las cuestiones según las características de cada caso, se investiga. A través de las cuestiones específicas, se esperan lograr los resultados con la mayor oportunidad e influencia, así como el impulso y la profundización de la capacidad de investigación.

El cuarto es fortalecer la función de "servir a la sociedad con los resultados". El equipo de investigación del Libro continúa confiando en una serie de "think-tanks" de alto nivel, tales como el Instituto de Guangdong para Estrategias Internacionales (nivel Provincial), el Centro de Innovación Colaborativa de GDUFS para Estudios de la Ruta de la Seda Marítima del Siglo XXI (nivel Provincial), el Centro de GDUFS para Estudios de América Latina (grabado en el Ministerio de Educación), etc. Se han realizado estudios de cooperaciones económicas y comerciales sino-latinoamericanas y de casos de inversión de China a América Latina, y se han emitido informes consultivos específicos, oportunos y viables, por ejemplo, los informes consultivos presentes en este libro azul incluyen: el informe del desarrollo de las relaciones económica y comercial entre China y América Latina y el Caribe; los desafíos y las contramedidas de la cooperación Cantón-latinoamericana en el contexto de la "Iniciativa la Franja y la Ruta", la investigación de la práctica de la nueva estrategia-el turismo de bienestar de Costa Rica; el informe de la encuesta del nivel de conocimientos sobre las relaciones sino-latinoamericanas en estudiantes universitarios chinos; el informe del estudio del caso Gree sobre las estrategias de mercado de los electrodomésticos chinos en la región latinoamericana; la cultura de Lingnan en la comunicación digital de los países hispanohablantes, etc. Estos estudios desempeñan la función de "think-tanks" al proporcionar al gobierno y a las empresas referencias a la toma de decisiones y sugerencias de políticas, ayudando a las empresas chinas a explorar el mercado latinoamericano con éxito, impulsando al sano desarrollo de la cooperación sino-latinoamericana.

Además, el *Libro Azul de América Latina* 2019 se completó bajo la dirección del profesor Sui Guangjun, quien fue también el redactor jefe. El profesor Zhu Wenzhong, redactor jefe adjunto, revisó y editó 9 artículos con casi 130000 palabras. El profesor Li Yongning, otro redactor jefe adjunto, revisó y editó 10 artículos con casi 150000 palabras. La traducción de algunos artículos y resúmenes del Libro la realizaron las estudiantes de máster de nuestra universidad, Zhou Liudou, Chen Ne, Zhou Anjing y Liu Shuting, y fue organizada, revisada y corregida por Zhu Wenzhong, profesor de la Escuela de Negocios, Chen Ning, profesora de la Facultad de Lenguas y Culturas Extranjeras, y Liang Yan, secretaria administrativa de la gestión de trabajos a tiempo parcial del Centro de Estudios Latinoamericanos. Por supuesto, la buena redacción y publicación de este libro se beneficia del trabajo arduo y la dedicación desinteresada de todos los autores, así como de la cuidadosa orientación, edición y publicación del personal relevante de Economic Management Press. Desde aquí, quisiera expresar nuestro más sincero agradecimiento a todos los participantes por su arduo trabajo.

Finalmente, el redactor sabe muy bien que este libro puede tener algunas imperfecciones. Por ello, estamos abiertos a las críticas y sugerencias valiosas planteadas por los lectores. Esperamos que, con la ayuda de los lectores, podamos perfeccionar y proporcionarles una mejor redacción en los futuros libros azules de esta serie. ¡Gracias!

Redactor

En la Univerdad de los Estudios Extranjeros de Guangdong

12 de febrero de 2019

目 录

第一部分 总论

第二部分 区域与领域合作趋势

第三部分 拉丁美洲国别研究

第四部分 中国—拉丁美洲经济与文化研究案例

附 录

Contents

Part Ⅰ : Overview

Part Ⅱ : Regional and Dimensional Cooperation Trends

Appendix

Contenidos

Parte Ⅰ: Visión general

Parte Ⅱ: Tendencias de desarrollo regional y dimensional

Parte Ⅲ：Estudios sobre los países latinoamericanos

Parte Ⅳ：Estudios sobre casos económicos y culturales entre China y América Latina

Apéndice

第一部分　总论

导论：拉美在接近成为"多事之秋"区域

徐贻聪*

摘　要：本文通过对拉丁美洲和加勒比区域近年局势的逐步演变的分析，在列举古巴、委内瑞拉，以及厄瓜多尔、智利、玻利维亚等国的最新动态引发变局的基础上，梳理了动荡与纷争的复杂动因，得出"拉美在接近成为'多事之秋'区域"的结论。同时，作者也高瞻远瞩地认为：拉美和加勒比在内外因素作用下，将由相对平静转入问题较多的新阶段，各国的内部矛盾会有所扩大和公开化，地区各国的内部关系和对外关系也都会产生某些大小不等的变化；虽然从目前的态势和后果方面来看，该区域还不太会形成大规模的战乱局面。因此，增加关注，深入探讨，应该是各个研究机构理所当然和无可推卸的责任。

关键词：拉美热；门罗主义；多事之秋；中拉命运共同体

中国国际问题研究基金会理事长兰立俊大使传来信息，广东外语外贸大学希望我能为他们即将出版的《2019年拉丁美洲蓝皮书——拉美发展与中拉合作关系》写点什么，我当然有理由高兴和从命。

我已进入耄耋，属于年迈之人，虽然曾与拉丁美洲和加勒比打过多年交道，还可能源于习惯和感情，退休之后也依然在自觉自愿地予以跟踪，但由于条件所限，能够接触到的关于拉美和加勒比的东西极少，说不上深入了解，只能自诩对这个地区有点一知半解，说出的话充其量可以被归纳为"一家之言"。如果所言能够被用作参考，自己则会感到万幸和满意。

拉美和加勒比幅员辽阔，国家众多，资源丰富，在世界上具有许多得天独厚之处，为其他地区瞩目和垂涎。在世界版图上，拉美和加勒比偏居一隅，与中国则是遥遥相对，相隔千山万水。但是，这个距离中国最远的地区，与中国的关系却十分悠久，还应该可以列为中国的"远亲"，因为有许多国外的考古资料证

---

* 徐贻聪，中国国际问题研究基金会研究员，外交部北美大洋洲司、拉丁美洲和加勒比司原副司长，中国前驻厄瓜多尔、古巴、阿根廷大使。

明，这个地区的早期居民与中国有着千丝万缕的关联，这种关联甚至可以追溯到人类历史的久远年代。还有，在双方领导人的直接关注和参与下，近些年来的双边关系突飞猛进，使拉美和加勒比的"中国热"和在中国的"拉美热"不断升温，发展速度之快令人惊讶。据此，中国完全有理由、有必要对该地区予以密切跟踪。广东外语外贸大学每年坚持出版一本关于中拉关系的"蓝皮书"，对其予以系统介绍，确实应该被赞誉为明智之举。

回望 2018 年和 2019 年，放眼 2020 年，我们可以看到，在当前世界上出现的百年未遇大变局中，由于受到多重因素的影响，拉丁美洲和加勒比也在发生变化，不确定性和不稳定性同样在明显增加，有从"相对稳定"走向"多事之秋"的迹象和趋势，非常值得关注和研究。

拉丁美洲和加勒比的 33 个独立国家和 13 个尚未独立的地区，历史不同、政体不一、发展模式各异，接受的外来影响也差异很大，致使对很多问题的分析都不能一概而论，需要区别对待。

在这些国家和地区中，除古巴选择并坚持走社会主义道路外，其他各国都属于资本主义世界。在各国的政权更迭中虽然时常出现"左""中""右"不同性质的政府，但也只是在执政理念和服务对象上有偏重点的不同而已，差别并非根本性的。

坚持独立、主权，坚持人民为上的卡斯特罗兄弟，信仰马列主义，带领志同道合的战友，经过艰苦卓绝的浴血奋战，创立了以马列主义和国家"独立之父"马蒂及"革命领袖"卡斯特罗思想相结合的理论为指导思想、由共产党领导、走社会主义道路的新型政权，受到世界主持正义国家和人民的崇敬和支持。历经六十年风雨，社会主义的古巴依然屹立在地球的西半部，大无畏地抗御着美国的种种颠覆图谋。为了国家的发展与进步，古巴在坚持自己选择的社会主义道路同时，与时俱进，对国家进行"现实化"的变革，不断进行多方探索，在困难中摸索前进，巩固社会主义制度，也谋求国际关系的多样化，包括寻求与近邻美国的正常国家关系。可以看到，古巴近两年与本地区及欧洲、亚洲、非洲和大洋洲等的关系续有改进和提升，与中国的关系则更有深入发展，处于历史最好时期，而且进入"好朋友、好兄弟、好同志"阶段。这样的情况让古巴人民深受鼓舞，十分有益于古巴政权的巩固和社会主义事业的发展。古美关系本已于 2016 年出现缓和，当时的美国总统奥巴马甚至打破近百年的历史对古巴进行了国事访问，曾给人们以应该续有改进的印象。但是，在美国新政府的蓄意干扰下，从 2018年起古美关系再度出现严重倒退，使古巴面临来自美国的新压力和巨大威胁，也使拉美安全出现不稳定因素。纵观历史和现实，由于美国的长期野蛮封锁，古巴的困难在明显加大，未来的美古关系会更加复杂、尖锐。美古之间颠覆与反颠覆的斗争必将以多种形式持续、反复出现，在拉美和加勒比的局势中当会继续引人严重注目和高度关切。不言而喻，在走向"多事之秋"的拉美，古巴和古美关系问题将继续处于非常特殊、突出、敏感的地位。

委内瑞拉前领导人查韦斯曾力图将其国家引向社会主义发展模式，但因指导思想不够明确，又缺少能够有力领导国家发展的政党，其英年早逝后留下诸多问题，致使委内瑞拉目前处于严重分裂状态。目前两派对峙的委内瑞拉局势，既使该国的安定和发展受到干扰，还造成拉美和加勒比国家的分歧和分裂，对拉美和加勒比的一体化进程产生着某种消极影响。在拉美的"多事之秋"中，委内瑞拉问题呈现胶着状态，可能长期拖延并进一步加剧，增加了地区问题的复杂因素。

最近几个月相继出现的厄瓜多尔、智利、玻利维亚等国的社会骚乱在各自国家迅速蔓延，造成重大人员伤亡和财产损失，使相对平静的拉美更多地给人以在"走向多事之秋"的感觉。几国的骚乱来势之快、之猛、之烈及后果之严重，都出乎许多人的意料。究其根源，不难看出这些国家本身存在的资本主义社会的弊端和以美国为首的外部势力的公然、公开干预。从多角度的分析来看，这些国家出现的问题在短时间内难以平复，势必继续影响相关国家社会秩序的稳定和经济发展，加剧各自的"多事之秋"态势，并会逐步产生难以预测的演绎和演变。

人们还可以看到，除去厄瓜多尔、智利、玻利维亚以外，还有另外一些国家也存在随时爆发社会问题的苗头或者潜伏因素，诸如秘鲁、哥伦比亚、巴西、阿根廷、尼加拉瓜等。虽动因不同，但在这些国家分别出现"多事之秋"的可能性不能排除，也都需要予以密切关注。

事实表明，除内部原因外，美国是引发拉美和加勒比多国走向"多事之秋"的罪魁祸首，是美国力图在美洲重树"蒙罗主义"旗帜、加大对拉美无理霸凌行为的必然结果。

按照一般道理，美国和拉美及加勒比各国都同在地球的一侧，相互为邻，理应在相互尊重、平等互利的原则和基础上发展良好、和谐的互帮互助关系，争取更大的进步。但是，美国却自以为大，力图凌驾于他国之上，把拉美和加勒比看作自己的"后院"，以"蒙罗主义"为理由和幌子，多方予以欺凌、压榨，遭到拉美和加勒比国家的长期反对和抵制。实际上，随着各国独立主权意识的加强和加快国家发展的需要，200多年前名噪一时的"美洲是美洲人的美洲"一说早已时过境迁，失去其影响和效应，美国前总统奥巴马在任期间亦曾明确表示予以放弃。特朗普上任以后，却一反常态，大搞单边主义和保护主义，公开表示赞成"蒙罗主义"的内容和内涵，还在拉美各地强化美国的权威和霸凌，明目张胆地反对拉美加强和世界其他地区国家之间的合作及关系的发展。正是美国在拉美的这样一些举动，使这个地区的政局趋向不稳，社会矛盾明显加剧，各种问题层出不穷，让众多国家分别、逐渐由相对平静迈向或者进入"多事之秋"状态。当然，这样的局面出现和蔓延对美国并不有利，最终将是"搬起石头砸自己的脚"。

反观事态，尽管拉美和加勒比处在走向"多事之秋"的状态，但与中国的关系却在持续深化和扩大，而且这种关系的发展还可能有助于拉美和加勒比目前事态的缓解。

拉美和加勒比距离中国遥远，由于多种原因，双方在历史上的很长一段时期对对方的了解很少，更缺少认知和理解。对中国和拉美历史渊源的发掘和研究，还都起始于其他国家。随着中国的发展和国际地位的不断提升，中国被拉美和加勒比国家逐步认识和理解，中国在该地区的形象也有了根本性的变化。阿根廷到目前80%的人看好中国、希望将阿中关系优先于阿美关系，就是非常鲜明、生动的例子。中国始终坚持不干涉他国内政原则及和平发展的方针，寻求的是各国间的"合作、共赢"，期待的是通过"一带一路"国际合作平台共同建设"中拉命运共同体"。这样的政策原则在拉美和加勒比逐渐深入人心，受到不同政体国家的一致认知和理解，为"左""右"不同政府欢迎和赞赏，还在广大普通百姓中得到积极拥护和支持，形成了中拉关系的丰厚、牢固的政治和社会基础。虽然美国对此进行公开反对和施压，但拉美和加勒比与中国建立外交关系的国家在持续增多，双边贸易往来在大幅增长，双边和多边的合作项目在不断扩大，这些都证明中拉关系有着强大的互补性和生命力。拉美和加勒比国家政局的变化，包括在一些国家"多事之秋"状况的发生和临近，都难以使中拉关系的良好势头出现逆转。可以预期，在拉美和加勒比各国寻求发展与进步的征途中，人们将会看到中拉关系方兴未艾，日益扩大，不断攀上新的台阶，结出新的硕果。

总体而言，拉美和加勒比在内外因素作用下，将由相对平静转入问题较多的新阶段，各国的内部矛盾会有所扩大和公开化，地区各国的内部关系和对外关系也都会产生某些大小不等的变化，但从目前的态势和动因方面来看，还不太会形成大规模的战乱局面。增加关注，深入探讨，应该是各个研究机构理所当然和不可推卸的责任。

此为"一家之言"，期待批评指正。

中国与拉丁美洲总体合作安排报告

恩里克·杜塞尔·彼得斯[*]

摘 要：本文系统探讨了 21 世纪初以来，特别是近年国际政治经济复杂多变的背景下，中拉先行及其未来的总体合作安排与进程。文章的切入点包括中拉关系的一般及特殊问题的五个主题：①更广泛的地缘战略性和外交方面的议题，以促进了解当前中美紧张关系；②中国对全球化进程的提议；③"新三角关系"的概念和美中关系紧张局势下拉加地区面临的挑战；④贸易、外国直接投资、金融和基础设施方面的具体发展和结构；⑤拉加地区与中国之间的机构体系。然后在对这些议题运作效果进行分析的基础上，本文重点提出了一系列建议：①建立、完善和扩大专门机构与美、中、拉三个国家/地区的公共、私人和学术三个领域讨论美中拉关系；②改善、扩大并深压公共、私人和学术机构的数量和质量；③拉加地区国家，无论进行双边还是区域性合作，都应该详细了解中国提出的具有中国特色的全球化的提议；④在贸易方面，尽管技术上存在巨大差距，拉加地区国家应建立如拉共体这类双边和区域性机构来利用中国在两本白皮书中提出的各种机制，并通过这些机制促进与中国的双边贸易关系；⑤拉加地区各国政府必须明确中国的融资、对外直接投资和基础设施项目是否适合自身的发展需要。

关键词：经贸合作；新三角关系；拉共体；基础设施

一、引言

21 世纪初期以来，中国在拉丁美洲和加勒比（拉加）地区活动频繁，业务

---

* 墨西哥国立自治大学经济学研究生院教授，墨西哥国立自治大学经济学研究生院中墨研究中心协调员，拉丁美洲和加勒比中国问题学术网络（Red-ALC-中国）协调员，Dusselpeters.com. 本文由广东外语外贸大学高级翻译学院研究生周柳豆翻译。

往来几乎涉及所有社会经济领域：文化和学术交流、双边和多边政治问题、国际贸易、对外直接投资等。本文主要目的是从可持续性长期发展的角度，分析中国在该地区的活动影响，及其对中美关系的影响。因此，本文将包含一个诊断程序，以了解拉中社会经济关系的某些特殊性，并在结论中提出一系列建议。

本文第二部分将探讨理解中拉关系的一般及特殊问题的五个主题，分别是：①更广泛的地缘战略性和外交方面的议题，以促进了解当前中美紧张关系；②中国对全球化进程的提议；③"新三角关系"的概念和美中关系紧张局势下拉加地区面临的挑战；④贸易、外国直接投资、金融和基础设施方面的具体发展和结构；⑤拉加地区与中国之间的机构体系。本文第三部分重点提出了一系列建议，旨在深化和扩大中拉关系，并使美国融入其中。

二、理解当前中拉关系的五个主题

（1）美国对中国竞争加剧的回应。近年来，国际上对于霸权主义和两极或多边方案的选择进行了广泛而一般的讨论（外交事务，2019），然而在以下两方面的讨论却太少：一是美国针对中国的政策转变；二是美国公私部门之间的历史均衡问题——前者对 21 世纪的中国大加批评，而后者喜欢与中国做贸易和投资生意。因此，自 2018 年以来，特朗普政府与中国之间的拉力剧增，尤其是在"贸易战"的背景下，竞争升级远远不止于贸易方面。而中国正在技术方面迅速居上 [（在全球价值链的各个领域中，从 5G 到高铁、半导体、人工智能（AI）和（电动）汽车……）]，信贷和金融领域也没有落下。结果就是美国私营部门"改弦更张"，开始对中国进行更严厉的批评，并支持美国对华的整体强硬公共政策。①

美国副总统迈克·彭斯在 2018 年底的讲话（Pence，2018）中承认了这种"大国竞争"和"应对中国的新方法"，因为过去几十年来对中国政治变革的希望"已经破灭"。此外，彭斯强调说，中国经济"以牺牲竞争对手，尤其是美国为代价"的方式持续增长，导致对美国的巨额贸易顺差，并形成了一种控制"世界上 90% 的包括机器人技术、生物技术和人工智能等最先进产业的方法，最糟糕的是，中国安全机构策划了一系列活动来大规模盗窃美国技术——包括顶尖的军事蓝图"。中国的军事力量，特别是在亚洲，也被视为一种威胁。彭斯在讲

---

① 苏珊·希克在 2019 年 3 月由国务院发展研究中心组织的中国发展论坛上的论辩尤其明确有力，与前美国财政部长拉里·萨默斯和罗伯特·鲁宾的观点不谋而合。

话中指出："美国曾希望经济解放将使中国与我们（美国）和世界建立更广泛的伙伴关系。相反的是，中国却选择了经济侵略，这反而增强了其不断壮大的军事力量。"

结果就是，美国将对中国在贸易、金融、国际合作和军事等所有领域日益激增的竞争做出回应，并且现在已经有证据表明美国所采取的具体方式。美国于2018 年创建了美国国际发展金融公司（USIDFC）。美国外国投资委员会（CFIUS）在 2017 年提出的《外国投资风险审查现代化法案》于 2018 年获得批准，对中国在美国的投资采取了更严格的规定。新出口管制还禁止外国科学家和研究人员在美国特定部门工作。新规定禁止将美国技术公司和美国技术含量占产品价值 25% 及以上的第三国公司出售给中国（Wang，2019a，2019b）。这些限制中国在特定领域的措施影响了中国公民和企业，并对其他国家的交易活动产生了巨大影响，因为在拉加地区，美国技术往往超过产品价值的 25%。国务卿迈克·蓬佩奥在 2019 年 4 月对智利进行访问时，秉承了这种思想，指责中国（和俄罗斯）在拉加地区扩展"混乱"，并强调中国对外直接投资（OFDI）和融资"通常会在经济血脉中注入腐蚀性资本，使腐败滋生，破坏良好的治理"。

（2）中国提议具有中国特色的全球化进程。自 20 世纪 70 年代以来，在国内社会、经济和政治的深刻改革背景下，种种迹象都反映出中国的全球影响力不断提高：中国在联合国安理会（UNSC）中的活动增多、责任加重；人民币在 2016年加入特别提款权（SDR）、中国在 20 国集团中的领导地位不断提高，中国在国际金融系统中的地位得到承认。从国际角度来看，于 2013 年底启动的"一带一路"倡议（BRI）对于理解中国具有中国特色的全球化进程的提议和抱负至关重要。"一带一路"是中国与亚洲、非洲、欧洲和拉丁美洲国家合作的重要国际倡议。与拉加地区合作主要开始于 2018 年 1 月，中国在拉中论坛上从政策、道路和公路、贸易、货币和国民交往五个合作领域正式认可了拉丁美洲（Long，2015）。金砖国家（巴西、俄罗斯联邦、印度、中国和南非）新开发银行（NDB）及亚洲基础设施投资银行（AIIB）是这种全球战略的几个新的有力工具。

2017 年底中国共产党第十九次全国代表大会总结及 2018 年的两次党代会都强调了这些举措（Anguiano Roch，2018，2019）。会议不仅强调了中国在 2035 年和 2050 年之前的社会主义长期发展，还强调了"一带一路"倡议的重要性。①在 2019 年 4 月举行的第二届"一带一路"论坛之后，已有 130 个国家加入了倡

---

① 纳尔班托格鲁（2017）提出了中肯观点，强调了"一带一路"对中国国内社会和经济稳定的重要性；在国际合作方面，"一带一路"倡议的核心在于亚洲和中国与巴基斯坦关系（Cai，2017）。

议（Belt and Road Portal，2019），其中拉加地区国家有 17 个。① 在加入国家中，亚洲基础设施投资银行拥有 70 个成员，其中包括 44 个区域成员和 26 个非区域成员，另外还有 27 个准成员（6 个区域成员和 21 个非区域成员）。②

作为这些战略的一部分，中国签署了一系列贸易协定。除与香港和澳门特别行政区的协定及与巴基斯坦和以色列尚在商谈外，中国已经与智利、哥斯达黎加和秘鲁等国家签署了 10 项自由贸易协定。从亚洲地区的角度来看，中国还在亚太经济合作组织（APEC）和东南亚国家联盟（ASEAN）中发挥领导作用。但是，最近几年中国优先发展区域全面经济合作伙伴关系（RCEP），重点建设与其 16 个成员国的关系，其中包括菲律宾、日本、韩国、澳大利亚、印度和越南。而到目前为止，没有拉加地区国家加入该伙伴协定。

中国提出了一系列针对拉加地区的具体举措。中国公共部门分别于 2008 年和 2016 年针对拉加地区出版了两本白皮书（GPRC，2011，2017）。书中整合了与本文分析相关的一组问题，包括经济和贸易主题的 13 项优先事项（GPRC，2017：7-11），其中包括：促进高附加值和高技术含量产品的贸易；进行产业投资和生产能力方面的合作、基础设施与制造业的合作及商会和机构之间促进贸易和投资的合作（GPRC，2017：9）。有趣的是，2016 年白皮书指出，中国公司应"努力满足拉加地区国家的需求，将生产能力与质量和中国的先进设备相联系起来，以帮助它们提高主权国家的发展能力"（GPRC，2017：7），并且强化了基础设施项目和在"运输、贸易物流、仓储设施、信息和通信技术、能源和电力、水利工程、城市化和住房等方面"的合作伙伴关系（GPRC，2017：8）。中国还专注于制造业领域的合作，并"为建筑材料、有色金属、机械、车辆、通信和电力设备等行业建立生产线和维修部"（GPRC，2017：9）。

习近平的"1+3+6"合作方案在中国提议与拉加地区合作的具体背景下更具重要作用，它代表了：1 个计划（拉共体的《2015-2019 年合作计划》）、3 个驱动力（贸易合作、投资合作和金融合作）及 6 个关键合作领域（能源和资源、基础设施项目、制造业及科技创新等）。拉中论坛提出的《2015-2019 年合作计划》更是涵盖了一系列广泛的有关政治、文化、教育和经济等问题的合作工具。它还包括对以下方面的提升：微小中型企业、金融机构、基础设施和运输、工业、科学技术，以及航空、信息和通信等特殊部门。该计划还明确提及"中国与

---

① 目前，来自拉加地区已加入"一带一路"倡议的国家有安提瓜和巴布达、巴巴多斯、玻利维亚、智利、哥斯达黎加、多米尼克、多米尼加共和国、厄瓜多尔、萨尔瓦多、牙买加、格林纳达、巴拿马、秘鲁、苏里南、特立尼达和多巴哥、乌拉圭和委内瑞拉（Belt and Road Portal，2019）。

② 到目前为止，还没有任何拉加地区国家加入亚洲基础设施投资银行，但其中有 8 个国家是准成员（阿根廷、玻利维亚、巴西、智利、厄瓜多尔、秘鲁、乌拉圭和委内瑞拉）（AIIB，2019）。

拉共体成员国联合建设工业园区、经济特区和高科技园区，并共同发展科学技术，以改善产业投资为目标并促进产业价值链的形成"（CELAC，2015：4）。

在这种情况下，中国在该地区的活动和影响也受到多种不同角度的强调和批评，突出争论点尤其在于一种"债务陷阱"和环境挑战的观点。①

（3）处在"新三角关系"十字路口的拉加地区。自 21 世纪初以来，中国的全球影响力发生了质的变化，其中当然也包括在拉加地区的业务往来。虽然从人均国内生产总值和其他社会经济指标来看，中国确实仍然是一个发展中国家，但其人口和经济规模及其中、长期倡议项目，都使其成为全球竞争中美国霸权的一个强劲对手［请参阅本章主题（1）和（2）］。从拉加地区的角度来看，美国与该地区的精英、军人、学者之间有着悠久的历史渊源，并且在文化上也发挥着重要作用，仍然是该地区至今最重要的"定性"参与者。而无论是否存在外交关系，中国在拉加地区的影响力都在增大。② 约十年前，中国学者认为中国将尊重美国的"后院"（Wu，2010）。然而从那以后，中国不仅如下文所示提升了在社会经济方面的影响力，更以新晋力量之姿态打破了拉加地区主要以欧盟和美国为主的两极格局。正如委内瑞拉事件的启示，中国已经成为经济、文化、教育甚至军事方面的又一风向标（Koleski and Blivas，2018）。

认识到这些趋势及"新三角关系"的概念（Dussel Peters，Hearn and Shaiken，2013）对于今天的拉加地区至关重要。该区域及其中的每个国家无一例外都必须理解这个"新三角"、与"新三角"交往并在"新三角"中商谈国是。在一些地区，比如加勒比海、墨西哥和中美洲，美国的势力仍然非常强盛。在其他国家或地区，中国的影响也相当可观，例如古巴和委内瑞拉。但是，鉴于中美之间日益紧张的局势，拉加地区国家在所有情况下都不得不考虑更加复杂的外交策略。任何拉加地区国家都不能将美国或中国排除在重要的战略伙伴之外。新政府（例如阿根廷和巴西）近日试图与中国保持距离，结果收效甚微。另外，委内瑞拉直到最近的危机仍与美国保持着重要的经济联系。

从这个角度看，拉加地区的许多国家都处在十字路口和美中竞争的中心。彭斯副总统（2018）强调：美国将"加强对中国在美投资的审查，以保护我们的国家安全不受到北京的掠夺性行为的侵害"……"全美正在形成新的共识……"，并将对包括拉加地区在内的世界各国施加巨大压力。在 2017 年和 2018 年，三个

---

① 这些问题受到了广泛的分析。赫利等（2018）研究了 68 个潜在的"一带一路"倡议借款人；杜塞尔·彼得斯、阿莫尼和崔（2018）则分析了一组拥有中国基础设施项目的拉加地区国家，分别讨论了它们各自的债务、环境及其他问题。

② 以中美洲为例，即使在萨尔瓦多和巴拿马在外交上认同中国之前，中国在贸易和投资方面业务也有重要发展（Dussel Peters，2018）。

拉加地区国家——多米尼加共和国、萨尔瓦多和巴拿马与中国建立了外交关系。作为回应,美国于 2018 年 9 月召回了其在这三个国家的高级外交官,并向参议院提出新的立法,以"减弱美国与任何脱离台湾地区的政府的关系,并暂停或调整美国援助",同时威胁还与台湾地区保持'外交'关系的另外 17 个国家(主要在中美洲、加勒比海和太平洋地区)(Reuters,2018)。

这种情况使墨西哥和中美洲等紧邻美国的拉加地区国家备感压力。这些国家与美国有着悠久的历史、政治和经济联系,而同时也受到中国与日俱增的影响。就墨西哥而言,2018 年《北美自由贸易协定》的重新谈判导致了《美墨加三国协议》(USMCA)的签署。该协议目前未得到各国国会的批准,并且其中包括"反中国章节"(章节 32.10),实际上就是禁止与中国(作为"非市场经济体")达成自由贸易协定(Dussel Peters,2018)。

(4)中国在拉加地区的社会经济地位。除了已经讨论过的中美之间的紧张关系,以及两国在全球层面和在拉加地区层面分别给出的选择之外,了解中国近期在拉加地区的活动细节同样重要。相关研究者(Salazar – Xiranachs, Dussel Peters and Armony,2018)强调了转变对拉中关系的肤浅描述的重要性,并利用已有研究和进一步研究①提供了新的实证性分析。这一新方法对有关中国在拉加地区不断扩大的影响活动的数据和资料进行了系统化的分析。

21 世纪初以来的拉中社会经济关系可以按以下四个阶段来理解(Salazar – Xiranachs, Dussel Peters and Armony,2018):①从 20 世纪 90 年代开始,贸易关系迅速加强,中国成为拉加地区的第二大贸易伙伴②;②2007~2008 年,与全球金融危机平行期间,中国成为拉加地区的主要区域金融来源;③同一时期(2007~2008 年),中国也成为外国直接投资(或中国对外直接投资)的重要来源;④从 2013 年开始,作为中国一系列全球倡议的一部分,中国在该地区推进了大规模的基础设施项目。

日益增长的中拉贸易。在这一领域至少有四个相关主题:①中国在拉加地区贸易中所占的份额从 20 世纪 90 年代的不到 1% 增长到 2017 年的 14.08%,而且自 2013 年以来,中国取代了欧盟,成为拉加地区第二大贸易伙伴。此外,一个目前少有人关注的事实是拉加地区还增加了其在中国贸易中的份额,中国成为其第二大贸易伙伴,贸易占比从 20 世纪 90 年代的不到 4% 增长到 2017 年的 9.52%,仅次于美国。②拉加地区与中国的贸易特点是增长的贸易赤字——2012

---

① 以拉加地区为例,墨西哥国立自治大学(UNAM)经济学院中墨研究中心和拉丁美洲与加勒比地区中国学术网络(Red ALC-China)已经与中国同行在贸易、对外直接投资、国际关系、环境和采矿,以及历史、文化和汉语学习等方面开展公开的具体详细的学习项目。

② 该问题与整个地区相关,不管这些国家与中国有没有外交关系。

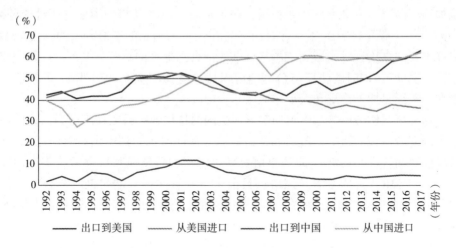

图1 拉加：中高科技水平贸易（分别占总体的百分比）

资料来源：根据 UN-COMTRADE（2018）数据笔者自绘。

年以后超过了 800 亿美元。这种趋势是贸易结构分散的结果。拉加地区从中国进口的三大主要商品（根据协调关税制度）——汽车、电子产品和汽车零部件在总进口额中的占比显著增加，从 1990 年的 26.67% 增至 2000 年的 38.63% 和 2017 年的 56.85%。拉加地区对中国的出口商品则明显更加集中，自 2007 年以来，三大主要出口商品——大豆、矿产和铜至少占总出口额的 65%。③拉中贸易的具体内容至关重要。如图 1 所示，从/向中国进/出口的拉加地区贸易内容根据商品的技术含量呈现显著差异。在过去十年中，拉加地区对中国的中高科技产品出口量占比不到总出口的 5%，而从中国的进口量则占 60% 以上。而与美国的贸易数据表明，拉加地区中高科技产品的贸易不仅渐渐进出平衡，更取得了可观的成绩：出口大于进口。④在中美在拉加地区贸易竞争日益加剧的情况下，美国成了主要的输家。在 2000~2017 年，美国在拉加地区的贸易份额从 53.57% 降至 40.76%，而中国从 1.72% 增至 14.08%（Dussel Peters，2016）。美国对拉加地区出口额的下降估计每年造成约 84 万个工作岗位损失，特别是在制造业和汽车零部件——全球汽车产业链中（Dussel Peters，2015）。

中国在拉加地区的对外直接投资。有关近期中国对拉加地区对外直接投资的一系列研究凸显了区域和国家特色。一些案例研究包括对全球价值链和公司的特定领域的分析（Dussel Peters，2014；Jiang，2017），并在国际、中国和拉丁美洲资源上做了方法论和统计学上的区别（Ortiz Velásquez，2016）。考虑到这些关于拉加地区和中国的相对详细的讨论，《对中国在拉加地区对外直接投资的观测》（Dussel Peters，2019）提出了 2001~2018 年的以下趋势：①中华人民共和国已经记录了对外直接投资的最终目的地的方法论规范（商务部、国家统计局和国家外汇管理局，2015）。但是，此类规范尚未产生记录中国对外直接投资的官方统计数据。②中国对外直接投资总额在过去十年中两次下降，在拉加地区的对外直接投资也不例外（在2018年从过去的31%下降到8%），2018年中国对外直接投资总额仅为2016年的51.66%。③中国公司在2000~2018年，特别是在最近的2010~2018年，对402笔交易投资了1217亿美元，创造了324096个工作岗位。④中国对外直接投资的最新投资结果包括兼并与收购（并购）份额的增加（2017年为72.24%，2018年为74.75%），并且显示出更大的多样性，特别是在服务业和制造业中（2010~2018年）。例如，对拉加地区的原材料的投资在对外直接投资总额中仅占36.21%；私人对外直接投资在对外直接投资总额中所占份额从2000~2018年的29.8%增加到2018年的93.74%。按国家分列，中国的对外直接投资还反映了近期有趣的变化，其中包括投资目标国家的多元化：在智利和秘鲁的业务有所增加，而中国对外直接投资在阿根廷、巴西和墨西哥的份额和绝对价值在2018年大幅下降。

2007~2008年，中国已成为拉加地区的主要融资来源国。相关研究者和机构，比如全球经济治理计划（GEGI）的凯文·加拉格尔，通过参与交易并从国家层面进行分析，对融资条件及国家和部门融资分布做了比较，为此类研究做出了重要贡献（Gallagher, Irwin and Koleski, 2013; Gallagher, 2016; Myers and Gallagher, 2019; Stanley, 2013）。总体而言，中国在2005~2018年对拉加地区的融资高度集中。国家开发银行和进出口银行提供了超过1400亿美元的资金。其中大部分资源已输送于委内瑞拉和2018年的基础设施项目。然而，同对外直接投资趋势一致，中国对拉加地区的融资在2017年和2018年大幅下降。

拉丁美洲和加勒比地区中国学术网（Dussel Peters, Armony and Cui, 2018）对中国在拉加地区的基础设施项目进行了详细的分析和讨论。通过对几个国家中公司级统计数据和案例研究进行分析，分别得出了公司级、基础设施项目内各部门和针对不同国家的广泛经验和政策建议。截至2017年，中国在拉加地区开展了69个基础设施项目，总价值超过560亿美元，在该地区创造了214000多个工作岗位。阿根廷、委内瑞拉、厄瓜多尔和巴西是该地区获得中国基础设施项目最多的国家，而中美洲其他国家和墨西哥目前接到的项目较少。杜塞尔·彼得斯、阿莫尼和崔（2018）的更具定性研究和案例研究工作反映出中国公司的实效主义。它们在该地区开展基础设施项目，并能够应对种种不同的运作条件，比如不同的劳动力条件、各种分包网络和因为不同的国家背景而产生的与客户之间灵活的关系。在某些情况下，同一家中国公司（均为上市公司）在该地区不同国家会形成截然不同的条件。在一些情况下，中国公司能够将项目所有主要土木工程分包给当地公司和东道国国营公司，并与当地供应商分包相应基础设施项目的主要部分。因此，工人和工作条件由当地公司提供和创造。有的情况下，员工不知道自己是在为中国的基础设施项目工作。其他情况下，该项目的整体由中国公司负责，包括项目的设计、融资、分包、员工、工程管理、建造和建后服务。尽管中国公司有能力提供这些"交钥匙工程"，但在大多数情况下，这还取决于东道国的具体条件。有的时候，由于涉及本地或国营公司、当地的工人和专门活动，尤其是由所在国敲定并接受的合同，这种形式的工程可能需要一个学习和适应的过程及技术的转让。从这个角度看，工程开发高度依赖于提出并签署合同的东道国和政府。只有相当少量的中国上市公司在该地区基础设施项目中处于核心位置。

（5）拉加地区、中国和美国在拉中关系方面的研究机构薄弱且不足。出乎意料的是，尽管中国与拉加地区之间的社会经济关系和政治联系急剧加强，但不管是拉加地区的中国研究机构，还是中国的拉加地区研究机构，抑或是在美国的针对中国与拉加地区各国家之间的双边研究机构，都没有表现出相应的发展活力。总体而言，致力于分析中拉关系和社会经济增长的公共、私人和学术机构之间存在着巨大的差异（Arnson et al.，2014；Dussel Peters and Armony，2015）。但整体上，除了这股中拉关系的研究潮，尽管过去 40 年来中拉关系的相关文献并不充足，但仍有大量的资料并没有受到中国、拉加地区和美国的研究者、研究机构和智库的足够重视与回顾。[①] 除了少数几个例外，比如 *Consejo Empresarial Brasil-China*（CEBC）、中国社会科学院的拉丁美洲研究所（ILAS / CASS）、中国当代国际关系研究所（CICIR）、墨西哥国立大学的中墨研究中心（CECHIMEX）及拉丁美洲和加勒比地区中国学术网络（Red ALC-China）——公共、私人和学术三大领域的各个机构的薄弱分析仅仅建立在拉加地区和中国已有的分析之上，少有机构跳出狭隘的机构竞争，尝试开展新的定性的学习过程。这些机构存在的有限性的最好例证就是拉中论坛（Cui and Pérez，2016）。论坛主席每年轮换一次，没有技术秘书处，每年都要依赖一个不同的拉加地区国家外交部。结果就是，在分析和提议方面的学习项目很薄弱；技术上的和定性的学习项目受限，从而影响并阻碍了对拉中论坛自 2015 年来讨论并提出的具体事项的实施、评估和提案。

---

① 如大西洋理事会（Avendaño，Melguizo and Miner，2017；González，2018）、布鲁金斯学会（Dollar，2017）和美洲对话（Myers，2018；Myers and Barrios，2018），其中就涉及中国的对外直接投资和基础设施项目等问题。但出乎意料的是，它们关于这些问题的中国文献和拉加文献资料却严重短缺甚至根本没有。它们缺乏对大量文献的认识与整合，尤其是拉加文献和中国文献。这些来自公共、私人和学术机构的文献资料涉及方法论问题、案例研究和对具体国家不同问题的分析，所以这种缺乏不仅会使明确的学习过程受到限制，而且反映出总结性和政策性提议收获寥寥，却对已经做过的讨论机械重复的问题。

三、结论与建议

本文在全球动态，特别是中美关系实质的背景下，强调了拉中双边关系的现状。从这个角度来看，"新三角关系"的概念在理解拉加地区未来发展的挑战上发挥了一定作用。

除了当前关于"贸易战"的讨论，更进一步的对美国和中国之间的紧张关系的思考对于理解拉加地区在任何新的三角关系中的立场也至关重要。双边关系中不断加剧的侵略性，比如原计划于2019年在成都举行的美洲开发银行（IADB）年会的取消，反映了一个更严峻的敌对性全球环境，也意味着拉加地区国家将面临更艰难的决定。近期美国要求拉加国家与其建立"排他型关系"，因此这些国家不能与中国结交，而最近刚与中国建立外交关系的一些拉加地区国家便面临着这种困境。美国新出台的对外交上承认中国的国家的反对立法正是对这一主张的强调。然而，中国作为"镇上的新富翁"，原则上却有更为开放和务实的态度，并基于"一带一路"倡议和许多具有潜力的具体机制开展战略来扩大和深化全球关系，并且不仅仅针对拉丁美洲。原则上，这些机制——从双边和区域性政治合作到针对教育、文化的具体措施再到通过建立工业园区和经济特区实现的技术转接和合作成果，比如拉加地区因为中国投资而实现提升的过程，都不应该排除在外，也不应该与拉加地区和美国之间的关系相矛盾。但是，未来美中关系的紧张升级将使新的三角关系变得越来越困难。两国各部门中，外交部将需要更加专业的人员和机制，以应对与美国/中国的谈判。

与中国建立新关系是否能促进拉加地区的发展？正如其他文本中详细讨论的那样（Dussel Peters, Armony and Cui, 2018；Salazar-Xiranachs, Dussel Peters and Armony, 2018；Dussel Peters, 2016），自20世纪90年代末和21世纪初以来，这种关系对于经济发展仍然具有巨大的潜力。虽然要理解特别是从2013年以来的大幅出口增长，中国的确是关键因素，但相比对美国的总出口和具体出口，拉加地区对中国的出口其实导致了它们增值商品和技术商品贸易内容的倒退。在基础设施项目方面，则不同于对外直接投资，进一步了解中国在拉加地区的基础设施项目的发展仍然是必要的。基于对拉加地区近20个中国基础设施项目的现有研究（Dussel Peters, Armony and Cui, 2018）显示出中国在拉加地区的公司运作的多样化。它们既能够将几乎所有需要的投入外包并交由中国提供（从融资、设计、建筑耗材、员工到建后服务），又能从拉丁美洲当地、东道国和地区获得材料、劳动力和服务。厄瓜多尔是中国基础设施项目产生最积极影响的国家之一，其能源矩阵和长期能源供应也受到了重大影响。但是，这些项目同样也导致了严重的环境和债务问题（Garzón and Castro，2018；Garzón，2018）。然而出乎意料的是，在中国和拉加地区甚至美国，对厄瓜多尔和"一带一路"倡议的关联分析却还很少。

初步结论是，中国在发展上给拉加地区带来了巨大的挑战和机遇。尽管拉加地区的执政者和政府部门可以采取具体措施来整合和升级贸易、对外直接投资、融资和基础设施项目，但目前，这种发展仍存在普遍的恶化现象。拉加地区一边出口低附加值和低技术水平的商品，一边大量进口高技术水平商品，而且还难以将本地和本国的供应商与中国的基础设施项目相协调整合。① 然而，造成这种恶化的原因主要还在于拉加地区的执政者和政府部门。对这些问题的详细而具体的协商（如下文建议）、中国提出的广义上包括"一带一路"的有力方法、两本白皮书（2008 年和 2016 年）和拉中论坛上的建议，均没有得到拉加地区执政者和政府的充分认可、理解、讨论、协商和实施。拉加地区的恶化及潜在的对社会和政治的影响，例如上文详细讨论的对贸易、对外直接投资、融资和基础设施项目的影响，也应引起中国的重视和分析，以解决拉加地区发展中的这些具体问题。未来，拉中双方都应更加努力去改善、扩展和加深贸易、对外直接投资、融资和基础设施项目，并从中学习。目前这种学习过程非常有限，并且严重威胁了长期关系的可持续性。

从本文分析中得出以下建议，其主要基于拉加地区和中国的已有分析和本文的第二部分：

（1）建立专门机构与美、中、拉三个国家/地区的公共、私人和学术三个领域讨论美中拉关系。而不应该的是，现在并没有这样的机构，而像拉中论坛这样的机构中不包括美国。其他的比如美中经济和安全审查委员会（Koleski and Blivas，2018）中又没有拉加地区。这样一个目标明确的"三角机构"可以由已有的双边关系发展而来，比如中国和美国、美国与拉加地区或中国与拉加地区之间；或者考虑到其对拉加地区的重要性和中美之间的紧张关系，也可以由拉加地区率先倡议。像拉共体、美洲开发银行和拉丁美洲开发银行（CAF）这些现有机构便是率先发动努力致力于建立新三角关系的理想机构。它们应致力于使这种关系"正常化"，并避免其走向"排他型"关系——无论是排除美国还是排除中国。这样一种初步的理解为机构深入具体分析所提出的这四个方面问题创造了可能：贸易、对外直接投资、融资和拉加地区基础设施项目。从这个角度入手，拉

---

① 从这个角度来看，比起南部合作关系，中心与边缘关系更能体现拉中社会经济关系（Dussel Peters，2014）。

加地区国家便能够决定应对战略并与中国和美国都建立适当关系。

（2）改善、扩大并深化公共、私人和学术机构的数量和质量，包括在拉加地区研究中国的机构、在中国研究拉加地区的机构和研究拉中关系的双边机构。如第二部分（5）点所述，如果没有进一步的了解、机构不开展学习过程，拉中关系将无法得到重大提升。这种学习过程应包含对贸易、对外直接投资、融资和基础设施项目等方面的双边活动经验更深入而广泛的系统化，这样才能建立起短、中、长期的更具可持续性的关系。这些机构应同时涉及双边和区域层面，并且应包含同中国一起工作的拉加地区国家的双边机构，以及此类区域性机构。而无论在何种情况下，公共、私人和学术三个行业的机构都要齐全。比如，尽管在商业机构中已有双边层面经验，例如巴西的巴中企业家委员会和墨西哥的中墨研究中心，但聚焦于中国的拉加地区的区域性机构可能更具特殊意义，并且能催生更多的双边机构。由拉加地区国家和中国提供资金和政治支持的拉中论坛可以而且应该建立一个长期且强大的技术秘书处，以使自身更加制度化。这个秘书处需要应对拉中关系面临的战略、质量和技术挑战。这种区域联合中国的机构可以满足中国和拉加地区的最大利益，但在目前的拉中论坛结构中它并不存在。而只有公共、私人和学术三个行业支持并明确参与其中的双边和区域性机构能够分析并提出具体问题——贸易、对外直接投资、融资、基础设施项目等方面。①

（3）拉加地区国家，无论进行双边还是区域性合作，都应该详细了解中国提出的具有中国特色的全球化的提议。目前，大多数与中国签署了"谅解备忘录"的国家对中国对面向拉加地区作出的诸如"一带一路"倡议和机制的期望并不真正了解。这在将来很容易造成重大误解。

（4）在贸易方面，尽管技术上存在巨大差距，拉加地区国家应建立如拉共体这类双边和区域性机构来利用中国在两本白皮书中提出的各种机制，并通过这些机制促进与中国的双边贸易关系，进而提升向中国出口的特定增值链上的商品，比如矿物、渔业产品、石油、天然气和其他的拉加地区出口商品。如第二部分所述，中国在贸易领域提出了一组具体机制，但到目前为止，这些机制尚未得到拉加地区政府的认可。

（5）拉加地区各国政府必须明确中国的融资、对外直接投资和基础设施项目是否适合自身的发展需要。一直以来，中国目标明确、行动积极，而无论是在区域性机构中，如拉共体、美洲开发银行和拉丁美洲开发银行，还是在其他双边机构中，拉加地区都无法阐明中国扩张的业务活动会如何促进拉加地区的发展。这种急速的扩张带来了重大的挑战。在融资、对外直接投资和基础设施项目每一

---

①　如第二部分所述，拉加地区和中国在公共、私人和学术领域都有重要的机构先例，或许能帮助与中国建立新的双边和区域性机构。

个领域中，拉加地区政府都需要对中国的提议做出具体回应。而目前为止，无论是在区域上还是双边上，这些回应都还没有出现。

参考文献

［1］ AIIB（Asian Infrastructure Investment Bank）. 2019. Members and Prospective Members of the Bank.

［2］Anguiano Roch, Eugenio. 2018. "El 19 Congreso Nacional del Partido Comunista de China". *Cuadernos de Trabajo del Cechimex* 1, pp. 1-24.

［3］Anguiano Roch, Eugenio. 2019. "La Iniciativa Una Franja - Una Ruta: evolución visible". *Ciclo de Conferencias del Cechimex*, April 4th.

［4］Arce Alvarado, Randall. 2016. "Mercado Común Centroamericano y República Popular China: retos del vínculo comercial de cara a la integración del MCCA". In, Dussel Peters, Enrique（coord.）. *La nueva relación comercial de América Latina y el Caribe con China. ¿Integración o desintegración regional?* México: Red ALC-China, UDUAL, and UNAM/CECHIMEX. pp. 97-140.

［5］Arnson, Cynthia, Jorge Heine and Christine Zaino（edits.）. 2014. *Reaching Across the Pacific: Latin America and Asia in the New Century*. Washington, D. C.: Woodrow Wilson Center.

［6］Avendaño, Ricardo, ÁngelMelguizo, and Sean Miner. 2017. *Chinese FDI in Latin America: New Trends with Global Implications*. Washington, D. C. and Paris: Atlantic Council and OECD.

［7］Belt and Road Portal. 2019. Profiles. Belt and Road Portal（https: // eng. yidaiyilu. gov. cn/info/iList. jsp? cat_ id = 10076&cur_ page = 1）.

［8］CELAC（Community of Latin American and Caribbean States）. 2015. *Cooperation Plan*（2015-2019）. CELAC, Beijing.

［9］CELAC. 2018. *Plan de Acción Conjunto de Cooperación en Áreas Prioritarias CELAC-China*（2019-2021）. Santiago de Chile: CELAC.

［10］Cui, Shoujun and Manuel Pérez García. 2016. *China and Latin America in Transition. Policy Dynamics, Economic Commitments, and Social Impacts*. Beijing: Springer.

［11］Díaz, Raymer. 2016. "La nueva relación de América Latina y el Caribe con China: ¿integración o desintegración regional? El caso de la CARICOM". In, Dussel Peters, Enrique（coord.）. *La nueva relación comercial de América Latina y el Caribe con China. ¿Integración o desintegración regional?* México: Red ALC-China, UDUAL, and UNAM/CECHIMEX. pp. 141–194.

[12] Dollar, David. 2017. "China's Investment in Latin America". *Geoeconomics and Global Issues* (Paper 4), pp. 1–24.

[13] Dussel Peters, Enrique . 2013. "Recent China–LAC Trade Relations. Implications for Inequality?" *Working Paper* 40 (desiguALdades. net), pp. 1–38.

[14] Dussel Peters, Enrique (coord.). 2014. *La inversión extranjera directa de China en América Latina*: 10 *estudios de caso*. México: Red ALC–China, UDUAL y UNAM/Cechimex.

[15] Dussel Peters, Enrique. 2015. Testimony before the Joint Subcommittee Hearing of the Committee on Foreign Affairs, Subcommittee on the Western Hemisphere and Subcommittee on Asia and the Pacific, US States House of Representatives, September 10th.

[16] Dussel Peters, Enrique (coord.). 2016. *La nueva relación comercial de América Latina y el Caribe con China, ¿integración o desintegración comercial?* México: Red ALC–China and UNAM/Cechimex.

[17] Dussel Peters, Enrique. 2018/a. *Comercio e inversiones: la relación de Centroamérica y China ¿Hacia una relación estratégica en el largo plazo?* . Ciudad de México: CEPAL, Sede Subregional en México.

[18] Dussel Peters, Enrique. 2018/b. "The New Triangular Relationship Between Mexico, the United States, and China: Challenges for NAFTA". In Dussel Peters, Enrique (coord.). *The Renegotiation of NAFTA. And China?* Mexico: Red ALC–China, UDUAL, and UNAM/Cechimex, pp. 87–99.

[19] Dussel Peters, Enrique. 2019. *Monitor of Chinese OFDI in Latin America and the Caribbean* 2018. Red ALC–China: Mexico.

[20] Dussel Peters, Enrique, Adrian H. Hearn, and Harley Shaiken. 2013. *China and the New Triangular Relationship in the Americas. China and the Future of US–Mexico Relations*. Mexico: University of Miami/CLAS, University of California Berkeley/CLAS and UNAM/CECHIMEX.

[21] Dussel Peters, Enrique and Ariel C. Armony (coord.). 2015. *Beyond Raw Materials. Who are the Actors in the Latin America and Caribbean–China Relationship?* Mexico and Buenos Aires: Red ALC–China, Friedrich Ebert Foundation and University of Pittsburgh/CLAS.

[22] Dussel Peters, Enrique, Ariel C. Armony and Shoujun Cui (coord.). 2018. *Building Development for a New Era. China's Infrastructure Projects in Latin A-*

merica. Mexico: Red ALC-China and University of Pittsburgh.

[23] ECLAC (Economic Commission for Latin America and the Caribbean), OC-DE and CAF. 2016. *Economic Perspectives of Latin America* 2016. *Towards a New Association with China*. Santiago de Chile: ECLAC, OCDE and CAF.

[24] Foreign Affairs. 2019. Who Will Run the World? *Foreign Affairs* (January/February).

[25] GPRC (Government of People's Republic of China). 2011. "La política de China hacia América Latina y el Caribe". *Cuadernos de Trabajo del Cehimex* 3, pp. 1-11.

[26] Gallagher, Kevin. 2016. *The China Triangle: Latin America's China boom and the fate of the Washington Consensus*. Oxford University Press: Boston.

[27] Gallagher, Kevin, Jin, J. and Ma, X. 2018. *China's Global Development Finance: A Guidance Note for Global Development Policy Center Databases*. GDPC/Boston University: Boston.

[28] Garzón, Paulina and Diana Castro. 2018. "A Look at the Coca Codo Sinclair and Sopladora Hydroelectric Projects". In Dussel Peters, Enrique, Ariel C. Armony and Shoujun Cui (coord.). 2018. *Building Development for a New Era. China's Infrastructure Projects in Latin America*. Mexico: Red ALC-China and University of Pittsburgh, pp. 24-58.

[29] Garzón, Paulina. 2018. *Handbook of Chinese Environmental and Social Guidelines for Foreign Loans and Investments: A Guide for Local Communities*. Quito: China-Latin America Sustainable Investment Initiative.

[30] Gave, Charles, and Luis-Vincent Gave. 2019. *Clash of Empires. Currencies and Power in a Multipolar World*. Beijing: Gavekal Books.

[31] González, Anabel. 2018. *Latin America-China Trade and Investment Amid Global Tensions. A Need to Upgrade and Diversify*. Washington, D. C. : Atlantic Council.

[32] GPRC. 2017. "Documento sobre la Política de China hacia América latina y el Caribe". *Cuadernos de Trabajo del Cechimex* 1, pp. 1-12.

[33] Hurley, John, Scott Morris, and Gailyn Portelance. 2018. *Examining the Debt Implications of the Belt and Road Initiative from a Policy Perspective*. Washington, D. C. : Center for Global Development.

[34] Jiang, Shixue. 2017. "La inversión china en América Latina y el Caribe: características, mitos y prospectos". In Pastrana Buelvas, Eduardo y Hubert Gehring (coord.). *La proyección de China en América Latina y el Caribe*. Editorial Pontificia

Universidad Javeriana: Colombia, pp. 267-292.

[35] Koleski, Katherine, and Alec Blivas. 2018. *China's Engagement with Latin America and the Caribbean*. Washington D. C.: U. S. -China Economic and Security Review Commission.

[36] Long, Guoqiang. 2015. "One Belt, One Road: A New Vision for Open, Inclusive Regional Cooperation". *Cuadernos de Trabajo del Cechimex* 4, pp. 1-8.

[37] Miller, Tom. 2019. "The End of China's ODI Party". *Gavekal Dragonomics*, March 19th.

[38] Nalbantoglu, Cem. 2017. "One Belt One Road Initiative: New Route on China's Change of Course to Growth". *Open Journal of Social Sciences* 5, pp. 87-99.

[39] MOFCOM (Ministry of Commerce), NBS (National Bureau of Statistics) and SAFE (State Administration of Foreign Exchange). 2015. *Statistical Registry Procedure OFDI*. Beijing: MOFCOM, NBS and SAFE.

[40] Myers, Margaret, and Kevin Gallagher. 2019. *Cautious Capital: Chinese Development Finance in LAC*, 2018. Washington, D. C.: Inter-American Dialogue and Global Development Policy Center.

[41] Myers, Margaret. 2018. *China's Transport Infrastructure Investment in LAC: Five Things to Know*. Washington, D. C.: Inter-American Dialogue.

[42] Myers, Margaret and Ricardo Barrios. 2018. *What Do China's New Investment Guidelines Mean for Latin America?* Washington, D. C.: Inter-American Dialogue.

[43] Ortiz Velásquez, Samuel. 2016. *Methodological Differences in Chinese OFDI. Monitor de la OFDI China in LAC*. Red ALC-China: Mexico.

[44] Pence, Michael. 2018. Remarks delivered by Mike Pence on the Administration's Policy Towards China. Washington, D. C.: Hudson Institute.

[45] Reuters. 2018. "U. S. recalls diplomats in El Salvador, Panama, Dominican Republic over Taiwan". *Reuters*, September 7th.

[46] Salazar-Xirinachs, José Manuel, Enrique Dussel Peters, and Ariel C. Armony (edits). *Efectos de China en la cantidad y calidad del empleo en América Latina (2000-2018)*. Lima: OIT.

[47] Stanley, Leonardo. 2013. "El proceso de internacionalización del RMB y el nuevo protagonismo del sistema financiero chino". In Enrique Dussel Peters (edit.). América Latina y el Caribe-China. Economía, comercio e inversiones. México: Red ALC-China, UDUAL and UNAM/CECHIMEX, pp. 147-169.

［48］Wang，Dang. 2019/a. "The US Technology Control Toolbox". *Gavekal Dragonomics*，*February* 28th.

［49］Wang，Dang. 2019/b. "The Long Arm of US Export Controls". *Gavekal Dragonomics*，February 12th.

［50］Wu，Hongying. 2010. "Has Latin America Become China's Backyard?". *Contemporary International Relations* 19（3），pp. 16-26.

中拉经贸关系发展报告

黄　磊　梁芸祯　张　逸[*]

摘　要： 2017 年以来，世界经济出现较大的波动性，经济复苏的步伐逐渐放缓。发达国家贸易保护主义抬头，国际通货膨胀居高不下，发展中国家尤其是新兴经济体的经济增长面临极大的不确定性。但是，新兴经济体的国际地位上升趋势越发明确，世界格局中的力量对比正在发生改变。在此背景下，中国与拉美国家和地区的交往更加紧密。借助全球化、技术进步、新兴经济体的崛起及"一带一路"倡议的力量，中拉关系走上了快速发展通道，中拉在全球价值链上的互补合作机遇凸显。但是，存在的挑战也很明显，如拉美国家对中国地位的认知、中拉经济最有效的合作方式、拉美国家的投资环境等都需要进一步考量。作者认为，中国与拉美的合作，要注重优势互补，明确合作重点，增加双方的合作目标认同，重视合作方式的国别差异，同时，妥善处理域外因素，在促进合作数量的基础上，提高合作的效益和质量。

关键词： 中拉经贸关系；全球价值链；优势互补；新兴经济体

一、导　言

世界经济在 2017 年表现良好，但在 2018 年的复苏中逐步放缓，发达国家贸易保护主义抬头，国际通货膨胀居高不下，发展中国家尤其是新兴经济体的稳定增长的不确定性增加。经贸关系是全球经济增长的重要推动因素，也是当今世界国与国之间往来的基础及政治关系的压舱石，因而全球的稳定发展依然要借助国

---

* 黄磊，澳大利亚悉尼科技大学博士，富布赖特学者，广东外语外贸大学商学院副教授；梁芸祯，广东外语外贸大学商学院研究生；张逸，广东外语外贸大学商学院研究生。

际经贸关系的力量。

自 2018 年以来，中国和拉丁美洲国家的高层次交流与互动频繁。2018 年 1 月，中拉论坛第二届部长级会议在智利首都圣地亚哥举行。习近平主席在贺信中高度肯定中拉论坛三年来的发展，提出以共建"一带一路"引领中拉关系。会议通过了《圣地亚哥宣言》《中国与拉共体成员国有限领域合作共同行动计划（2019-2021）》，发表了《中国—拉共体论坛第二届部长级会议关于"一带一路"倡议的特别声明》。王毅外长表示，这体现了中国对深化中拉合作、实现共同发展的真诚意愿。2018 年中国外交这一开篇之作开启了中拉合作新时代。2018 年底，二十国集团（G20）领导人峰会于 11 月 30 日至 12 月 1 日在阿根廷首都布宜诺斯艾利斯举行。中国国家主席习近平出席。峰会以"为公平与可持续发展凝聚共识"为主题，围绕世界经济形势、贸易和投资、数字经济、可持续发展、基础设施和气候变化等议题深入交换意见，达成广泛共识。

2019 年 4 月下旬，拉美和加勒比 25 个国家近百名嘉宾应邀出席了在中国北京举行的第二届"一带一路"国际合作高峰论坛，拉美国家成为中国"21 世纪海上丝绸之路"的自然延伸。与此同时，中方积极支持智利主办 2019 年亚太经合组织领导人非正式会议，以及巴西主办 2019 年金砖国家领导人会晤。近年来，国家主席习近平先后三次访问拉美，巴拿马、多米尼加、萨尔瓦多先后同中国建交，中国在拉美的"朋友圈"不断扩大，"一带一路"延伸到拉美。已有 11 个拉美国家与中国签订了共建"一带一路"合作谅解备忘录。中国同 10 多个拉美国家建立了战略伙伴关系。"中拉命运共同体"赋予了中拉关系新的方向，实现了新突破，进入了新的历史发展时期。

目前，新兴经济体的国际地位不断上升，它们在世界格局中的力量越来越强大，对世界政治、经济局势的影响力不断加深。然而，2017 年以来，世界经济出现较大的波动性，经济复苏的步伐逐渐放缓。发达国家贸易保护主义抬头，国际通货膨胀居高不下，发展中国家尤其是新兴经济体的经济增长面临极大的不确定性。各种挑战层出不穷，如拉美国家对中国地位的认知、中拉经济最有效的合作方式、拉美国家的投资环境等都需要进一步考量。如何应对这些挑战，成为中国、拉美政府及相关实体企业必须重视的战略问题。

二、中拉经贸关系政策与实践回顾

自党的十一届三中全会以来，中国踏上改革开放之路。从积极融入全球经济，到与世界各大经济体展开全面合作，中国日益成为全球经济增长的主要贡献者与世界经济治理的积极参与者①。伴随着中国对外开放步伐的逐渐加大，中国与作为新兴经济体集聚高地的拉美地区的经贸联系也在不断加深②。回望过去，中国与拉美地区的经贸合作取得了令人可喜的历史成就；立足当下，中国与拉美地区的经贸关系也发生了一些新的变化。

1. 中拉经贸关系发展历史回顾

中国与拉美地区虽地理距离遥远，但中国与拉美地区的合作颇有历史渊源。如表 1 所示，2018 年以前中国与拉美地区的合作发展历程大致可分为三个阶段③。

表1 2018 年以前中拉合作大事件一览

阶段	事件	时间
积累期（1978~2001 年）	十一届三中全会召开，中国踏上开放之路	1978 年 12 月 18 日至 12 月 22 日
	中国与厄瓜多尔、哥伦比亚两国建交	1980 年
	中国与安提瓜和巴布达建交	1983 年
	中国与玻利维亚、尼加拉瓜、格林纳达三国建交	1985 年
	中国领导人对拉美地区进行首次国事访问	1985 年 10 月 28 日至 11 月 12 日
	中国与伯利兹建交	1987 年
	中国与乌拉圭建交	1988 年
	中国国家主席（杨尚昆）首次访问拉美地区	1990 年 5 月
	巴西成为中国外交史上第一个"战略伙伴"	1993 年 11 月
	中国最高领导人对古巴完成首访	1993 年 11 月
	中国与墨西哥建立"跨世纪的全面合作伙伴关系"	1997 年 11 月 29 日至 12 月 3 日
	中国与巴哈马、圣卢西亚两国建交	1997 年
	江泽民主席三访拉美，首次提出"全面合作关系"	2001 年 4 月

① 岳云霞. 中拉经贸合作：改革开放的动能、影响与导向 [J]. 海外投资与出口信贷, 2018 (6)：25.
② 黄院粲. 共建"一带一路"背景下中拉金融合作的现与限 [J]. 中小企业管理与科技（下旬刊），2019 (8)：74-76.
③ 谢文泽. 改革开放 40 年中拉关系回顾与思考 [J]. 拉丁美洲研究, 2018, 40 (1)：11-35, 154-155.

续表

阶段	事件	时间
跨越期 （2002~ 2012 年）	中国加入世界贸易组织	2001 年 12 月 11 日
	胡锦涛主席首访拉美，宣布争取至 2010 年中国在拉直接投资存量翻番	2004 年 11 月
	中国政府发布第一份对拉文件：《中国对拉丁美洲和加勒比政策文件》	2008 年 11 月 5 日
	中与拉美（巴西）签署第一份长期合作规划：《中华人民共和国政府和巴西联邦共和国政府十年合作规划》	2012 年 6 月
构建期 （2013~ 2017 年）	拉共体第一届峰会举行，会议决定中拉双方共同协调筹建中拉论坛	2013 年 1 月
	拉共体第二届峰会举行，会议通过了支持建立中拉论坛的特别声明	2014 年 1 月
	中拉论坛正式成立	2014 年 7 月
	中拉论坛第一届部长级会议召开，通过了《中国与拉美和加勒比国家合作规划（2015—2019）》，同时发表了《北京宣言》	2015 年 1 月
	李克强总理提出了"3×3"模式	2015 年 5 月
	中国政府发布第二份对拉文件：《中国对拉美和加勒比政策文件》	2016 年 11 月
	第一届"一带一路"国际合作高峰论坛举办，拉美地区代表近 20 人出席	2017 年 5 月
	中国和巴拿马建交	2017 年 6 月 13 日

资料来源：笔者根据中国外交部官网公布文件整理，https：//www.fmprc.gov.cn/web/。

第一，以高访驱动为基础的快速积累期（1978~2001 年）。该阶段的形成以 1978 年 12 月党的十一届三中全会的召开为标志。党的十一届三中全会明确了中国"对内改革，对外开放"的基本原则，使中国得以登上世界发展舞台，从而为中国与拉美地区的经贸合作打下了基础。1985 年 10 月 28 日至 11 月 12 日，中国国务院总理填补了对拉美地区进行国事访问的空白，该次访问的目的是"求同"，"求同"有三个方面：一是提出了中拉双边具有八个共同点；二是阐明了中拉双边合作的四项原则；三是总结了中拉双边合作的六点基础。1990 年 5 月，中国国家主席杨尚昆首访拉丁美洲，此次访谈促使中拉双边达成两项共识：一是中国与拉美国家的利益具备一致性；二是中拉双边应为创立互相信赖与尊重的新型国际关系而共同努力。1993 年 11 月，中国国家主席江泽民首访拉美，使巴西成为中国外交史上第一个"战略伙伴"。1997 年 11 月 29 日至 12 月 3 日，中国国家主席江泽民二访拉美，使中国与墨西哥建立"跨世纪的全面合作伙伴关系"。2001 年 4 月，中国国家主席江泽民三访拉美，提出了中拉双边理应建立"全面合作关系"，此次访谈预示着中拉双边经贸合作关系积累期的结束，为中拉双边经贸合作关系迈入新阶段埋下了伏笔。

第二，以贸易驱动为抓手的大步跨越期（2002~2012年）。该阶段的形成以2001年12月11日中国加入世界贸易组织（WTO）为标志，随着中国加入WTO，中国经济得以腾飞，中国在对大宗商品进口需求不断增多的同时也提高了对于低级工业产品的出口供给。得益于中国因素影响，2002~2012年的中拉经贸合作关系进入大步跨越期。2004年11月，中国国家主席胡锦涛首访拉美，宣布争取至2010年，中国在拉直接投资存量翻番，此举获得拉美各国高层政要的支持，进一步强化了中拉双边的经贸合作关系。2008年11月5日，中国政府发布了第一份指导中拉经贸合作方向的文件，即《中国对拉丁美洲和加勒比政策文件》。该文件的第三部分明确指出了中拉双边经贸合作的总体目标，即互尊互信、扩大共识；互利共赢，深化合作；互鉴共进、密切交流；同时，该文件的第四部分内容提出了加强中国同拉美地区进行全方位合作的概念①。《中国对拉丁美洲和加勒比政策文件》的发布，表明了中国愿与拉美地区进行整体合作的初步意愿。2012年6月，温家宝总理访问拉美期间，与巴西签署了第一份长期合作规划，即《中华人民共和国政府和巴西联邦共和国政府十年合作规划》。该文件的发表，旨在以中巴合作为试点，试图推动中国与拉美地区展开全方位的整体合作。

第三，以整体合作为重点的主动构建期（2013~2017年）。该阶段的形成以2013年1月拉共体第一届峰会举行为标志，该次峰会做出了中拉双边共同协调筹建中拉论坛的重要决定。为了加快中拉论坛的筹建进度，2014年1月，拉共体第二届峰会于古巴首都哈瓦那举行，该次峰会通过了支持建立中拉论坛的特别声明。2014年7月，中国国家主席习近平应邀出席金砖国家领导人第六次会晤会议期间，与拉美地区国家共同签署了《中国—拉美和加勒比国家领导人巴西利亚会晤联合声明》及《中拉论坛机制设置与运作规则》两份文件，该次会议使中拉经贸合作关系取得了历史性的突破，即在中拉双边的共同努力之下，中拉论坛正式成立。2015年1月，中拉论坛第一届部长级会议顺利召开，会议通过了《中国与拉美和加勒比国家合作规划（2015~2019）》，该规划的发布表明中国与拉美地区已正式启动全方位的整体合作。2016年11月，中国政府发布了第二份指导中拉经贸合作方向的文件，即《中国对拉美和加勒比政策文件》。《中国对拉美和加勒比政策文件》的发布，明确了中国的国际化发展离不开包括拉美和加勒比在内的广大发展中国家的共同发展，表明了中方力求推动中拉全面合作伙伴关系再上新台阶的迫切愿望，指出了整体合作是中拉经贸合作关系进入全面合作新

---

① 中国政府网．中国对拉丁美洲和加勒比政策文件［EB/OL］．（2008-11-05）．http：//www.gov.cn/jrzg/2008-11/05/content_1140303.htm.

阶段的重要内容①。2017 年 5 月，第一届"一带一路"国际合作高峰论坛于北京举办，拉美地区代表近 20 人应邀出席。该次峰会明确提出"一带一路"向包括拉美在内的世界各国开放。由此，拉美地区成为中国"一带一路"倡议的自然延伸，中拉关系从而迈向了更高的台阶②。

2. 中拉经贸关系发展的新变化

自 2018 年以来，中国同拉丁美洲的经贸合作关系发生了一定的变化。这样的变化既体现于中拉双边经贸合作政策的变化，也表现为中拉双边经贸合作实践的转变。从中拉双边经贸合作政策的变化来看，随着 2018 年 1 月 22 日中拉论坛第二届部长会议的召开，中拉经贸合作结束了以整体合作为重点的主动构建期，从而迈入了以共商、共建、共享"一带一路"为原则的全面深化新阶段。该次会议发布了《圣地亚哥宣言》《中国与拉美和加勒比国家合作（优先领域）共同行动计划（2019-2021）》《"一带一路"特别声明》三份重要文件，再次明确了中拉双边于深化阶段共谋发展的意愿，同时阐明了中拉双边于优先领域合作的切实举措③。其中《"一带一路"特别声明》的发布，更是标志着拉美地区俨然从中国"一带一路"政策的"自然延伸的一部分"转型为"不可或缺的重要组成部分"④。2019 年 4 月，第二届"一带一路"国际合作高峰论坛于北京成功举办，该次会议拉美地区代表近 25 人应邀出席。此次会议的召开，明确了"一带一路"建设已从"以量为先"的旧阶段升格为"以质先行"的新时期，同时还标志着中拉双边将于一个更为优质的共赢发展平台上同谋发展（见表 2）。

表 2　深化期中拉合作大事件一览

深化期（2018 年至今）	
中拉论坛第二届部长会议召开，颁布《圣地亚哥宣言》《中国与拉美和加勒比国家合作（优先领域）共同行动计划（2019-2021）》《"一带一路"特别声明》三份成果文件	2018 年 1 月 22 日
习近平主席第四次访问拉美，应邀对阿根廷、巴拿马进行国事访问并出席 G20 领导人第十三次峰会	2018 年 12 月
第二届"一带一路"国际合作高峰论坛举办，拉美地区代表近 25 人出席	2019 年 4 月

资料来源：笔者根据中国外交部官网公布文件整理，https：//www. fmprc. gov. cn/web/。

① 中华人民共和国外交部. 中国对拉美和加勒比政策文件 [EB/OL]. （2016-11-24）. https：// www. fmprc. gov. cn/web/zyxw/t1418250. shtml.

② 江时学. "一带一路"延伸推动中拉合作进入新阶段 [J]. 当代世界, 2019（6）：24-30.

③ 张勇. 新时期中拉整体合作的历史机遇与现实挑战 [J]. 学术探索, 2018（11）：57-61.

④ 王珍. 走上"一带一路"的中国—拉丁美洲关系 [N]. 北京日报, 2019-04-21（003）.

从中拉双边经贸合作实践的转变来谈。据 World Integrated Trade Solution（WITS）统计，2017 年的中拉双边商品贸易总额近 2600 亿美元。2018 年的中拉双边商品贸易总额突破 3000 亿美元，达到 3074 亿美元，2018 年的中拉双边商品贸易总额较 2017 年上涨逾 400 亿美元，涨幅巨大①。在中拉双边经贸合作基本盘不断扩大的同时，中国与拉美地区的商品进出口结构也相应地发生了一些变化。据 WITS 统计，2017 年中国对拉美地区的商品出口总额为 1300 亿美元，进口总额为 1272 亿美元，中国对拉美地区的贸易顺差总额为 28 亿美元。2018 年中国对拉美地区的商品出口总额为 1487.9 亿美元，进口总额为 1586.1 亿美元，中国对拉美地区的贸易逆差总额近 100 亿美元（见表 3）。在中拉双边的经贸合作之中，中国由贸易顺差逐渐转变为贸易逆差，这不仅体现了中国不拘小节、帮助同伴谋发展的大国胸怀，还表明了中国正落实深化中拉双边经贸合作关系的历史承诺。与此同时，据 WITS 统计，截至 2017 年，中国分别占据了拉美地区总进出口份额的 10.34%、18.4%，中国仍然占据着拉美地区第二大合作伙伴的地位，中国仍然是促进拉美地区经济发展的不可或缺的重要力量。总的来说，自 2018 年以来，从属于中拉经贸合作关系概念下的中拉经贸合作政策与中拉经贸合作实践虽然发生了许多的变化，但是这些变化却是根植于中拉双边不断扩大经贸合作基本盘、不断深化两地间经贸合作关系、始终坚持以平等互助为发展原则的框架之中的，这样的现实表明了中拉经贸合作关系正沿着正确的道路行进，中拉经贸合作局面依然稳中向好。

表 3　中国对拉美地区进出口情况变化

年份	2014	2015	2016	2017	2018
出口总额（亿美元）	1349.1	1307.3	1131.1	1300.4	1487.9
进口总额（亿美元）	1260.0	1029.1	1024.0	1272.7	1586.1
贸易顺差（亿美元）	89.1	278.2	107.1	27.7	-98.2

资料来源：笔者根据 World Integrated Trade Solution 公布数据整理。

三、新环境下的拉美经贸发展综述

国际经贸环境发生新变化也让拉美面临新的发展局面，甚至让拉美走向发展

---

① 赵本堂．共建"一带一路"开启中拉合作新愿景 [J].拉丁美洲研究，2019，41（3）：1-12，154.

关键抉择的一步。如今，全球化的发展让国家之间、不同层次行为体之间的联系日益紧密①，认识拉美经济发展现状及未来的经贸发展趋向是能够与拉美地区建立联系的重要环节。

1. 拉美经济发展现状

当下，发达国家的主权受制于全球化进程的快速发展，尽管以美国为代表的单边主义和保护主义严重破坏了以规则为基础的国际秩序，然而，这对新兴市场国家之间的合作却产生了促进作用。随着时代变迁，拉美地区面临着深刻调整，政治格局和与世界的经济发展关系正经历着"大变局"。21 世纪以来，拉美各国不断调整政策，以削弱美国对本地区的影响，但在经济上仍然依赖与美国合作。特朗普上台后，坚持"美国优先"原则，提出一系列强硬政策，包括修建美墨边境墙、限制非法移民、重新商定北美自贸协定等，给拉美地区带来了严重的冲击，其以邻为壑和贸易保护主义的作为令拉美国家愤慨。在此背景下，中国始终维护自由贸易，以共建、共商、共享为原则的"一带一路"倡议自然延伸至拉美，打破了太平洋对拉美与亚洲地区合作与交流的阻碍，促进区域经济繁荣与文化交流，促进形成更加公正、合理、包容的国际政治经济新秩序。"一带一路"倡议不仅是中拉经济合作平台，也是拉美国家参与国际治理的重要平台。在此框架下，拉美国家加强了多元外交合作，全面加强和亚欧地区的交流，在新的国际秩序构建中拥有更多的话语权和国际影响力，贡献拉美力量及拉美智慧。昔日作为美国的"后花园"，拉美一直处于国际政治的"外围"体系，如今拉美需要更为广阔的发展空间，以谋求国家发展振兴。

根据拉美经委会的数据，2018 年拉美和加勒比地区经济增长约为 1.2%，其中，拉美前两大经济体巴西和墨西哥分别增长了 1.3% 和 2.2%。由于全球经济持续复苏、国际大宗商品市场回暖等因素，地区摆脱了衰退的阴影，从而实现了连续两年的增长。近期以来，拉美不少国家经历着政党和总统的更迭，同时也有可能形成新的区域内协同发展的模式。2018 年，美国发起的贸易战在很大程度上增加了全球可持续发展的不确定性，对世界经济的稳定增长提出挑战，但经济周期性规律仍将发挥主导作用。全球经济整体保持着上升态势，主要表现为世界主要经济体逐步加强了经济扩张的态势，商业和投资活动更加活跃。拉美国家政治更迭中出现了方向性的摆动，对原有的经济发展重点进行调整，地区经济增长目前仍然存在较大的提升空间，增长动力将以寻求产业结构的优化和增长动力的多元化为主。如墨西哥经济特区的设立，有利于资金和人力等经济要素的流入，为

① 朱锐. 平行外交视域下的拉美城市外交——以墨西哥和智利为例 [J]. 拉丁美洲研究，2019，41（3）：134-153，158.

国家的发展和全球的合作创造更多新的发展机会。①

根据《世界经济展望》，预计拉美的经济增长未来两年将复苏，从 2018 年的 1.1% 上升至 2019 年的 2.0% 和 2020 年的 2.5%，如表 4 所示。预计巴西经济将继续从 2015~2016 年的衰退中逐步复苏，墨西哥 2019~2020 年的增长前景因私人消费下降而恶化，委内瑞拉的经济收缩将比先前的预期更为严重。在阿根廷，由于旨在减轻失衡的政策收紧措施会减缓国内需求，因此，其经济在 2019 年将收缩，2020 年将恢复增长②。不难发现：拉美经济整体而言实现复苏，但各个国家表现不一。巴西经济增长势头良好，并有望在 2019 年开始实现 GDP 增长率提升；墨西哥经济发展态势较为稳定，增长动力源自外部环境优化及国内经济改革，美国将《北美自由贸易协定》（NAFTA）转变为《美墨加协定》（USMCA），短期内也为墨西哥的市场提供了相对稳定的环境，有利于市场需求的复苏。而以委内瑞拉、阿根廷为代表的拉美国家经济增长艰难，2018 年两国均为负增长，为 -2.6% 和 -15%，尤其是委内瑞拉总统大选风波，马杜罗连任引发国内反对派抵制，以及马杜罗宣布委内瑞拉与美国断交并受到美国及其盟友的制裁与经济封锁，该国政治内乱和经济危机持续发酵，给拉美国家本就脆弱的经济复苏蒙上阴影③。因此，地区经济复苏微弱，复苏持续存在不确定性。总体而言，拉美经济发展出现复苏，但是要面临不确定性增加的新形势。

表 4　2018~2020 年拉美及其主要国家 GDP 增长率预测　　　　单位:%

年份	2018	2019	2020
拉美和加勒比地区	1.1	2.0	2.5
巴西	1.3	2.5	2.2
墨西哥	2.1	2.1	2.2

资料来源：IMF《世界经济展望》，2019 年 1 月。

2. 拉美经贸发展前景

近年来，新兴经济体对国际经济发展起到了举足轻重的作用，国际地位不断提升。拉美地区拥有大量新兴经济体，包括巴西、墨西哥、智利、秘鲁等，但是从自身发展而言，拉美国家发展步伐仍然艰难，普遍陷入了"中等收入陷阱"，

① 周密，寇春鹤. 墨西哥经济特区建设与中墨特区合作的机遇和挑战 [J]. 拉丁美洲研究，2019，41（3）：60-82，156.

② 《世界经济展望》2019 年 1 月更新：全球扩张减弱，https://www.imf.org/zh/Publications/WEO/Issues/2019/01/11/weo-update-january-2019#report.

③ 徐曼. 拉美经济：艰难中复苏 [J]. 进出口经理人，2019（3）：25-27.

2011 年开始，拉美经济增速持续走低，2015 年和 2016 年该地区 GDP 出现负增长。拉美国家着力寻找突破经济发展的"瓶颈"，并逐渐意识到基础设施建设的滞后或是制约自身发展的重要影响因素，因而纷纷出台大规模的基建计划。比如，巴西推出了"投资伙伴计划"，着重促进经贸、投资、科技、基础设施建设等"一揽子"项目成立，提出"重振制造业"的目标，促进产业结构转型升级。智利总统皮涅拉在 2017 年竞选时提出了"2025 投资计划"，其中涉及公路、机场、港口、数字等基础设施建设，并以此作为推动经济领域的工作纲领。秘鲁提出的"独立 200 周年计划"，以加强基础设施建设、实现工业化和生产多元化为重点。此外，提出推动基础设施建设的还有阿根廷、玻利维亚、巴拿马等拉美国家。拉美地区的基础设施建设投资大约需要占国内生产总值的 5%①。囿于技术和资金支撑的缺乏，拉美各国亟待开展对外合作，进一步扩大技术和外资引入，积极融入经济全球化，以助力本国计划和倡议的落实。

同时，拉美地区先天地理优势使其拥有丰富的自然资源，包括石油、矿产和天然气等。拉美地区石油探明储量占全球总量的 19.9%，其中，委内瑞拉是全球石油储量最大的国家，占全球总量的 17.9%，巴西、厄瓜多尔次之。这些国家的石油除了自给，还用于出口。此外，该地区矿产资源丰富，许多国家的矿产储量位于世界前列。例如，巴西铁矿石的储量居世界第五位，而且是高品质的赤铁矿，加之智利和秘鲁的铜矿石，墨西哥的银矿石和牙买加的铝土矿也很有名②。优越的自然环境使拉美国家可以种植大量农产品和多种可食用药用的经济作物。初级产品成为拉美国家出口贸易的重要组成部分，但由于贸易模式和产业结构长期以来没有突破，其经济增长还无法摆脱对大宗商品出口的依赖。然而，金融危机以来，世界经济持续低迷，随之而来的是贸易条件恶化，这对于"出口导向"的拉美国家而言，不可不谓之重击，因此，拉美有望在未来进一步完善产业结构，在方向上进行结构性调整，以谋求经济贸易的转型升级。

在经济全球化、产品生命周期缩短的情况下，技术对经济发展的推动力显著增强。人工智能、区块链、物联网、生物技术和航天技术等前沿技术相互融合，新技术对经济的促进作用更加直接和迅速，有利于全球经济的优化布局。对于拉美国家而言，其目标市场不仅在于拉美地区和美国市场，更瞄准了中国等新兴市场，而中国的和平发展和"一带一路"倡议也将与拉美国家的发展战略和规划相得益彰。

3. 新环境下中拉经贸合作潜力

自 2014 年，中国经济进入新常态，中拉经贸发展也面临再平衡和再调整的

① 王骁波. 一带一路助推拉美发展 [N]. 人民日报，2017-06-15 (3).
② 马丹丹. "一带一路"视阈下中国对拉美贸易与投资研究 [D]. 上海师范大学硕士学位论文，2019.

新局面。如图1和图2所示，中国对拉美的进出口在2015~2016年连续两年出现负增长，而2017~2018年出现了恢复势头，年均增长率较为平稳，并伴有出口增长率减少而进口增长率增加的态势，贸易结构稍有调整。以2018年为例，中国与拉美进出口贸易额为3074亿美元，其中中国对拉美出口1487.9亿美元，进口1586.1亿美元，分别同比增长13.7%和24.1%，相较而言，拉美对华出口增幅更加明显，进出口差额为122.8亿美元，仅占双边贸易额的3.4%。从中拉贸易结构而言，拉美向中国出口初级产品并进口大量工业制成品，中拉贸易结构具有很强的互补性。中国的"一带一路"倡议或有利于进一步开放拉美市场，帮助拉美搭上世界经济发展的快车，也有助于提升中拉双方贸易结构。

2018年，二十国集团（G20）布宜诺斯艾利斯峰会和金砖国家领导人非正式会晤在拉美相继举行，拉美国家统筹推进经济发展，在全球多边经贸治理规则演变中扮演更为重要的角色①。由此可见，拉美国家对多边贸易制度建立的积极支持，这正与中国进一步扩大开放和倡导贸易自由的做法相一致。2019年4月下旬，拉美和加勒比25个国家近百名嘉宾应邀出席了在中国北京举行的第二届"一带一路"国际合作高峰论坛，拉美国家成为中国"21世纪海上丝绸之路"的自然延伸。与此同时，中方积极支持智利主办2019年亚太经合组织领导人非正式会议，以及巴西主办2019年金砖国家领导人会晤。新环境下，拉美与中国的发展理念更加趋同，合作意愿更加凸显，发展前景更加广阔。

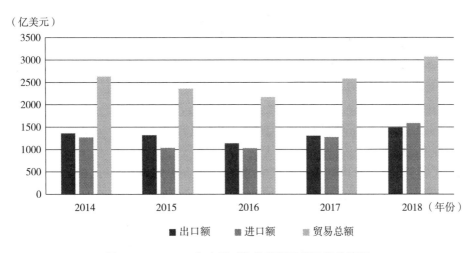

图1　2014~2018年中国对拉美贸易进出口贸易情况

资料来源：根据国家统计局官方数据统计整理。

---

① 周密. 我国与拉美经贸合作稳步推进 [J]. 中国国情国力, 2019 (9): 65-66.

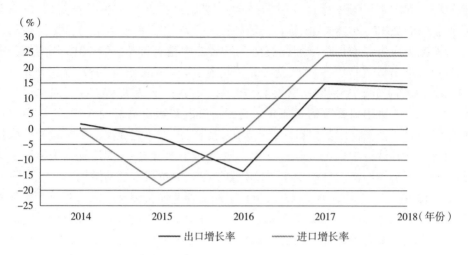

图 2　2014～2018 年中国对拉美贸易进出口增长率

资料来源：根据国家统计局官方数据统计整理。

四、中拉经贸关系新机遇与挑战

随着 2018 年 1 月 22 日《"一带一路"特别声明》的发布，中拉经贸合作结束了以整体合作为重点的主动构建期，从而迈入了以共商、共建、共享"一带一路"为原则的全面深化新阶段。2018 年不仅是自党的十九大以来的起始年，而且也是中国踏上改革开放之路的 40 周年。40 年来，中方在不断为世界经济增长贡献中国力量的同时，也在为推动全球经济一体化、加深世界各大经济体间的联系而做出努力。拉美地区作为中方重要的经贸合作伙伴，其顺应历史潮流，毅然踏上"一带一路"发展舞台，正在成为"一带一路"中不可或缺的重要部分。站在新起点，面临新形势，中拉整体经贸合作必然会迎来新的历史机遇，同时也不乏严峻挑战。

1. 中拉经贸关系新机遇

步入新关系阶段的中拉双边同时迎来三点发展机遇。第一，中国消费市场扩大，为中拉经贸发展新阶段注入活力。《中国统计年鉴 2018》显示，2018 年前三季度的中国居民消费支出占全国经济增长比例逾 78%，同比增长 13.8%。这表明，消费支出因素俨然凌驾于出口因素之上，成为中国经济增长的头驾马车。与此同时，《中国统计年鉴 2018》指出：中国居民人均可支配收入由 1978 年的 171元增至 2017 年的 25974 元，增长近 152 倍，年均增速达到 8.5%。排除通货膨胀等外部因素，中国居民的消费能力正稳步提升（见表5）。同一时间，相关报告阐明：2018 年的中国居民平均消费趋势指数为 113 点，较之 2017 年得到很大提高，且远超世界平均水平。这表明，中国居民的消费热情依旧高涨。随着中国居民消费能力的增长与消费意愿的提高，中国消费市场的需求正逐步扩大，拉美地区应顺势而为，于《中国与拉美和加勒比国家合作（优先领域）共同行动计划（2019-2021）》中所建议的优先领域深耕细作，以期抓住中国消费市场扩大的历史性机遇。第二，基础设施建设领域优劣互补，为中拉经贸发展新阶段奠定基础。基础设施完善与否，是决定某一区域一体化程度的关键因素。与此同时，区域一体化水平将在很大程度上决定某一区域形成规模经济的可能性及物流成本的多寡。据世界银行（World Bank）统计，2008~2013 年，拉美地区投入基础设施建设的资金总额每年所占 GDP 比例最低为 2.4%，最高为 3.2%，平均比例为 2.7%①。然而，拉美经委会于 2011 年的一篇报告中指出：为了促使区域一体化达到理想程度，2012~2020 年，拉美地区每年投入基础设施建设的资金总额应不少于所占 GDP 总额的 6.2%②。面临拉美如此之大的基建需求，凭仗于基建领域积累多年的丰富经验与先进技术，中国或可在该领域大展拳脚③。第三，中国先进科技驱动拉美创新，为中拉经贸发展新阶段提供持续动力。在世界经济快速发展的时代背景之下，创新成为个人、企业乃至国家获得比较优势的重要手段。2018 年的中国，已经成为世界一流的科技强国。资金及人力资源等多种比较优势的存在使中国较之拉美地区拥有更高的科技水平。拉美地区理应充分把握自身与中国之间的友好合作关系，制定相应政策，引入中国高新技术，培养自身创新能力，以期为中拉经贸合作提供持续动力。

表5　中国居民消费情况变化

年份	2013	2014	2015	2016	2017
人均可支配收入（元）	18310.8	20167.1	21966.2	23821.0	25973.8
人均消费支出（元）	13220.4	14491.4	15712.4	17110.7	18322.1

资料来源：《中国统计年鉴 2018》。

---

① Marianne Fay, Luis Alberto Andrés, Charles Fox, Ulf Narloch, Stéphane Straub, Michael Slawson. Rethinking Infrastructure in Latin America and the Caribbean: Spending Better to Achieve More, World Bank, 2017, p.17.

② Azhar Jaimurzina, Ricardo J. Sanchez. Governance of Infrastructure for Sustainable Development in Latin America and the Caribbean: An Initial Premise, FALBulletin, CEPAL, Issue No. 354, 2017, p.6.

③ 张勇．拉美地区吸引 FDI 特征及中国对拉美投资展望 [J]．西南科技大学学报（哲学社会科学版），2018，35（5）：9-16，35.

2. 中拉经贸关系挑战

　　站在新发展起点的中拉双边，同时面临三点严峻挑战。第一，拉美地区政治局势"左进右退"，影响中拉经贸合作稳定形势。2017～2019 年，拉美地区进入超级大选周期，总计 16 国举行最高领导人换届选举。在历经 2018 的大选之年后，拉美地区左翼势力"粉红色"潮流褪色，政治局势呈"左进右退"的态势。随着具有亲近美国、疏离中国的政策倾向的右翼势力的崛起，步入开局之年的拉共体必然会面临革新的利益分配与供需调整模式，中拉经贸关系必将面临严峻挑战。第二，拉美地区"去工业化"趋势严重，阻挠中拉经贸合作快速发展。2018 年的拉美地区，依然走在出口原始生产材料、进口初级工业制品的道路上。拉美地区仍旧没有抓住"简易"进口替代结束后的真空期，以实现进出口结构性改革、地区内制造业转型升级的整体目标①。伴随着拉美地区内制造业持续萎靡、"去工业化"趋势越发凸显的现实，拉美地区总体区域一体化程度必将面临下降趋势，从而扩大中拉经贸合作成本。第三，中拉双边认知差异，降低中拉经贸合作沟通效率。中国及拉美地区的文化具备一些共性，但也因社会发展脉络的不同而有所不同。正因为中拉双边文化异质性的存在，从而使双方对经贸合作行为产生了认知差异。中方普遍认为：中国从拉美地区进口生产原料，出口初级资本产品，加大政策扶持力度的经贸合作模式能有效推动拉美地区经济的快速发展。而拉美地区部分人民对此种合作模式具有疑虑，即认为随着中方初级工业制品的流入，拉美地区国内已有市场的空间将会被挤占，从而致使拉美地区"去工业化"趋势加重。拉美地区的文化特性使其目光聚焦于"分配蛋糕"上，而不同于中方的"做大蛋糕"上，这样的目的性认知差异必然会影响中拉经贸合作信任，从而降低双边经贸合作的沟通效率。总而言之，从全球局势而言，中拉双方都是全球问题的相关者，除关注经济发展问题之外，还要破解全球治理难题。与此同时，中拉关系受到"美国因素"的挑战，美国对中拉关系挑拨的负面影响是显而易见的，因此，必须要加强合作才能建立起抵御风险的屏障。从中拉合作角度而言，中拉也将遇到一些在合作上的问题，譬如，中国将中拉关系提升至新的高度，将拉美视为"一带一路"倡议的自然延伸，但拉美对中国的理解为何？中国在拉美如何开展合作活动才不会被拉美视为挑战而是相互成就？这些都是亟待中拉双方解决的关键问题。

---

　　① 张勇，史沛然. "一带一路"背景下的中拉经贸合作机遇：全球价值链视角 [J]. 太平洋学报，2018，26（12）：35-46.

五、结论与政策启示

2018 年是全球经济复苏的一年，尽管存在一些不确定因素，但全球化的步伐不会逆转，技术进步和新兴经济体的崛起将为中拉关系的快速发展提供动力。2018 年，中国经历了 40 年开放环境下的经济迅猛发展，并于 2019 年迎来了建国 70 周年的盛世展望，2020 年将是中国实现"两个一百年"奋斗目标的关键一年，实现全面的发展需要更好的经济发展作为保障，中国承诺开放的大门不会关闭，只会越来越大。新环境下，中国对拉美的关系也更进一步，中拉政策文件的签署、合作框架的确立、合作模式的开展和平台的对话都显示了政策的利好，中拉关系从初期构建到深化发展，中国与拉美的经贸发展已经进入了相互融合期。落实好政策，开展好合作并取得实质性的成效，才是真正推动中拉关系长远发展的关键。鉴于此，本文提出以下几点政策启示：

（1）明确合作领域。中国与拉美的合作要注重优势互补，明确合作重点。在"一带一路"倡议合作下，中拉合作要落实好产业融合，促进中拉产能合作，将我国的优势产业向拉美国家延伸发展，同时关注拉美对产业升级的需求，将中国的优势产业融入拉美的产业升级的进程中。如拉美处于再工业化的建设时期，基础设施建设的缺口大，需求也大，而中国在基建领域的技术水平、管理水平、工程质量等方面具有一定的比较优势，通过支持我国的基建企业进入拉美国家，有利于推动拉美国家基础设施建设，促进中拉双方合作。同时，拉美国家要努力改善其投资环境，尤其是在周期长、风险高的基建领域，良好和稳定的社会营商环境是吸引外资的重要因素。贸易合作是中拉合作的重要组成部分，由于中国与拉美国家地理位置相去甚远，中拉应进一步借助"一带一路"建设平台，利用当下互联网先进技术，将"一带一路"科技创新行动计划对接拉美，搭建"网上丝绸之路"，促进中拉双方跨境贸易电子商务①建设。在建设初期，中国要鼓励物流企业在拉美建立海外仓，拉美应完善交通环境等基础设施以降低双方各国电商合作成本，通过物流产业的带动，完善相应的法律法规体系和信用机制。此外，拉美地区也在积极推进数字经济战略，中国的互联网和可再生能源等高新技术产业正好可以开拓拉美市场，从而打造"数字丝绸之路"，实现跨地域的创新驱动发展。明确中拉合作领域，有利于进一步提升中拉贸易的合作潜力，不断拓

---

① 牛新宇."一带一路"下中国与拉美地区经贸发展的潜力研究 [D].河北大学硕士学位论文，2019.

展中拉经贸合作新领域。

（2）提升合作质量。近年来，中国与拉美国家的经贸往来越来越密切，中拉双方要把"一带一路"共商、共建、共享原则落到实处，加强治国理政和经济统筹经验交流，面向全球治理问题，包括全球贸易、全球金融、全球互联网治理等。在新环境下，要坚持开放、绿色、廉洁理念，落实《中国与拉共体成员国优先领域合作共同行动计划（2019~2021）》，中拉关系的主体目前还是双边合作，鉴于拉共体功能、作用和影响力的不足，我国要更加重视与拉美的次区域组织的合作，通过开展多方合作，降低市场信息不充分的壁垒，与拉美国家共同商定符合双方经济社会长远发展的投资和产能合作重点领域，努力实现贸易投资便利化水平的提升，推动双方企业和国家更好地融入全球价值链。与此同时，以《联合国反腐败公约》为治理框架，加强反腐败、反非法资金流动领域双多边合作，通过提高公共治理的效率和透明度，确立高标准、惠民生和可持续的目标，推动中拉合作高质量发展。

（3）增强目标认同。第二个《中国对拉美和加勒比政策文件》称，中国的"两个一百年"奋斗目标离不开全球发展中国家的共同发展，中拉关系是南南合作的组成部分。中国始终是发展中国家的一员，中国对拉美不存在所谓"霸权主义"的威胁，并旗帜鲜明地反对"霸凌主义""单边主义"和"保护主义"。拉美应正确认识中国的地位，不应通过第三方媒体的曲解来认识中国，应该充分认识中拉关系的实质。中国一如既往地支持拉美区域一体化进程，坚持平等互利的原则。根据《关于"一带一路"的特别声明》，要让中拉共建"一带一路"成果更多惠及双方人民，中拉的合作将促进透明、开放、包容的多边贸易体制形成，通过加强全球能源治理、全球卫生治理和全球生物多样性保护，以均衡互利的方式推动中拉乃至全球贸易可持续发展。最后，在目标落实层面，中国企业要重视企业社会责任，处理好多方利益相关关系。2017~2019 年是拉美国家的政治大选年，政策和社会风险普遍较大，应做好充分的评估和审查，进入东道国市场应先了解当地的法律、劳动力、经济状况等，降低合法性方面的不确定性风险。

（4）突出合作中的国别差异。拉美国家经济发展水平差异大，各国贸易情况也不尽相同。中国要在重视整体合作的基础上，突出与不同国家的不同合作方式，既要重视与拉美大国的经贸关系，也要兼顾与拉美小国的共同发展，积极承担贸易合作效果重任。在贸易谈判中，中国可根据不同国家的具体情况和现实需求采取不同的谈判方式，与更多拉美国家签订自由贸易协定。2017 年 11 月，中国与智利 FTA 的成功升级，促使了海关程序和贸易便利化、电子商务、竞争、环境与贸易的新领域产生，形成双方贸易融通的良好局面，其成功经验可延伸至与乌拉圭、厄瓜多尔和巴拿马等国家的经贸关系发展，而中国与哥伦比亚的自贸协定已经研究多年，更应抓紧谈判，尽快落实。在经贸合作领域中，拉美大国当前非常重视改善自身产业结构，重视科学技术与新兴产业的发展，例如，巴西、墨西哥、阿根廷等拉美大国将启动"再工业化"，着力于产业结构优化升级，但技术、资金、人才资源尚有不足，急需域外投资与合作伙伴，中国企业应当增加在拉美地区的高新技术投资，帮助拉美企业升级产业价值链。此外，墨西哥是北美一体化成员国，与美国市场关系密切，因而中国加大对墨西哥的投资合作也有利于加强与美国市场的交流与合作。所以说，只有重视经贸合作中的国别差异，中国方可深度挖掘在拉美的合作空间。

（5）妥善处理域外因素。美国是影响中国与拉美国家关系发展的重要因素，中国加快与拉美国家的关系发展必然引起美国的关注。一些美国保守势力表示，中国将"一带一路"延伸至拉美，必定会挑战美国在西半球的利益，甚至鼓吹"中国威胁论"。因此，中国应该理性看待并妥善处理中拉合作关系中的美国因素。事实上，在拉美地区"左近右退"的新形势下，拉美国家愈加注重外交多元化发展，加强与亚非国家的合作关系，同时，拉美国家积极参与全球治理，加快拉美一体化进程，在全球事务中发挥越来越重要的作用。拉美国家已经不完全受制于美国，只在经济发展中奉行温和的务实主义。对此，中国可以牵头就美、拉、中各方关切问题进行讨论协商和多方会谈，打造中国、拉美和第三方的协同合作机制，鼓励美国企业到中国投资、建设和运营"一带一路"项目，通过发挥自身优势实现共同发展，以此减少美国的疑虑。此外，对于其他域外国家干预因素，中国也应秉持相同的合作理念，与相关域外国家或区域经济体（如美国、欧盟、日本、印度）就中国在拉美"一带一路"项目开展联动合作，加强中国与第三方在拉美市场的合作、拉美与第三方在中国市场的合作、中国与拉美在第三方市场的合作，为中拉合作减少外部阻碍，推进中拉合作向更广更深发展。

参考文献

［1］岳云霞．中拉经贸合作：改革开放的动能、影响与导向［J］．海外投资与出口信贷，2018（6）：25-29.

［2］黄院䅟．共建"一带一路"背景下中拉金融合作的现与限［J］．中小企业管理与科技（下旬刊），2019（8）：74-76.

［3］谢文泽．改革开放40年中拉关系回顾与思考［J］．拉丁美洲研究，2018，40（1）：11-35，154-155.

［4］中国政府网．中国对拉丁美洲和加勒比政策文件［EB/OL］.（2008-11-05）. http：//www.gov.cn/jrzg/2008-11/05/content_ 1140303.htm.

［5］中华人民共和国外交部．中国对拉美和加勒比政策文件［EB/OL］.

（2016-11-24）. https：//www. fmprc. gov. cn/web/zyxw/t1418250. shtml.

[6] 江时学. "一带一路"延伸推动中拉合作进入新阶段 [J]. 当代世界，2019（6）：24-30.

[7] 张勇. 新时期中拉整体合作的历史机遇与现实挑战 [J]. 学术探索，2018（11）：57-61.

[8] 王珍. 走上"一带一路"的中国—拉丁美洲关系 [N]. 北京日报，2019-04-21（003）.

[9] 赵本堂. 共建"一带一路"开启中拉合作新愿景 [J]. 拉丁美洲研究，2019，41（3）：1-12，154.

[10] 朱锐. 平行外交视域下的拉美城市外交——以墨西哥和智利为例 [J]. 拉丁美洲研究，2019，41（3）：134-153，158.

[11] 周密，寇春鹤. 墨西哥经济特区建设与中墨特区合作的机遇和挑战 [J]. 拉丁美洲研究，2019，41（3）：60-82，156.

[12] 《世界经济展望》2019 年 1 月更新：全球扩张减弱，https：//www. imf. org/zh/Publications/WEO/Issues/2019/01/11/weo-update-january-2019#report.

[13] 徐曼. 拉美经济：艰难中复苏 [J]. 进出口经理人，2019（3）：25-27.

[14] 王骁波. 一带一路助推拉美发展 [N]. 人民日报，2017-06-15（3）.

[15] 马丹丹. "一带一路"视阈下中国对拉美贸易与投资研究 [D]. 上海师范大学硕士学位论文，2019.

[16] 周密. 我国与拉美经贸合作稳步推进 [J]. 中国国情国力，2019（9）：65-66.

[17] Marianne Fay, Luis Alberto Andrés, Charles Fox, Ulf Narloch, Stéphane Straub, Michael Slawson. Rethinking Infrastructure in Latin America and the Caribbean：Spending Better to Achieve More, World Bank, 2017, p. 17.

[18] Azhar Jaimurzina, Ricardo J. Sanchez. Governance of Infrastructure for Sustainable Development in Latin America and the Caribbean：An Initial Premise, FAL-Bulletin, CEPAL, Issue No. 354, 2017, p. 6.

[19] 张勇. 拉美地区吸引 FDI 特征及中国对拉美投资展望 [J]. 西南科技大学学报（哲学社会科学版），2018，35（5）：9-16，35.

[20] 张勇，史沛然. "一带一路"背景下的中拉经贸合作机遇：全球价值链视角 [J]. 太平洋学报，2018，26（12）：35-46.

[21] 牛新宇. "一带一路"下中国与拉美地区经贸发展的潜力研究 [D]. 河北大学硕士学位论文，2019.

拉美主要国家的服务贸易竞争力及中拉相关合作展望报告

孙秀丽[*]

摘　要: 本文选取联合国贸易与发展会议（UNCTAD）数据库2005~2018年的数据，采用国际市场占有率、TC指数和RCA指数对拉美七国，即阿根廷、巴西、智利、哥伦比亚、墨西哥、秘鲁和委内瑞拉2005~2018年的服务贸易整体及细项的竞争力及其演变进行了评价和分析，结果显示：拉美七国的服务贸易结构不合理，传统服务贸易细项占比偏高；服务贸易整体缺乏竞争力，竞争优势普遍集中在传统服务贸易细项，但可喜的是，部分新兴服务贸易细项发展势头很好，且已经具备较强的竞争优势。最后，文章对中拉服务贸易领域的进一步合作进行了分析和展望。

关键词: 服务贸易；竞争力；拉美

一、导　言

19世纪末20世纪初，阿根廷、乌拉圭等国率先实现经济腾飞，20世纪50~80年代，多数拉美国家在发展主义思潮影响下，先后通过实施进口替代推动了经济的迅速增长，实现了工业化。然而，20世纪80年代的债务危机和经济衰退，使拉美地区进入了"失去的10年"。21世纪以来，拉美地区经济再次呈现出强劲的增长，IMF 2013年发布的数据显示，2012年拉美地区33个国家中有11个

---

* 孙秀丽，广东外语外贸大学讲师，欧洲学博士，主要研究领域为区域经济、服务贸易、服务经济与管理。

国家的人均 GDP 超过 1 万美元。2018 年拉美国家吸引外商直接投资 1842 亿美元，对外直接投资为 378.7 亿美元。① 与此同时，拉美国家的发展潜力日益显现，国际竞争力不断增强。经济崛起后，拉美国家积极发展与欧洲、亚洲和非洲的政治与经贸往来，尤其是与第三世界国家的合作，中拉经贸合作走上了快车道。2018 年，中拉贸易额达到 3000 亿美元，十几年来增长了 20 多倍，中国对拉美地区的直接投资从不足 10 亿美元增加到 82 亿美元（杜塞尔，2019），中国与智利、秘鲁、哥斯达黎加签订了自由贸易协定，中国已成为拉美第二大货物贸易伙伴、第三大出口市场和第二大进口来源地（徐世澄，2018）。随着中拉经贸合作的日益紧密与深入，双方合作的形式和内容也在不断发生着变化，服务产品的贸易与投资的重要性日益凸显。投入于服务业和国内市场的投资额的占比从 2000~2005 年的 12% 增长到 2006~2018 年的 36.5%，服务业投资占比增长迅速。2019 年 3 月 1 日，中华人民共和国政府与智利共和国政府关于修订《自由贸易协定》及《〈自由贸易协定关于服务贸易的补充协定〉的议定书》（以下简称《议定书》）正式生效实施，《议定书》对于进一步发掘中拉经贸合作潜力，提升贸易便利化水平，尤其是拓展服务贸易领域的合作具有重要意义，也必将对深化中国与拉美其他国家的经贸合作起到示范和带动作用。目前，中拉服务产品的贸易与投资尚处于起步阶段，未来的合作前景广阔，本文期望通过分析拉美七个主要国家，即阿根廷、巴西、智利、哥伦比亚、秘鲁、委内瑞拉、墨西哥的服务贸易整体及各细项的竞争力，为中拉服务贸易的合作与投资提供有益参考。

二、拉美主要国家服务贸易发展概况

拉美七国的 GDP 占拉美地区 31 个国家 GDP 总额的 90% 以上，因此，对这七个国家服务贸易竞争力的研究，基本上可以代表整个拉美地区。与货物贸易相比，服务贸易并不是拉美地区国家的优势所在，但却处于蓬勃发展中，接下来将从贸易额和贸易结构两个方面进行详细的描述。

（一）服务贸易数量

通过比对拉美七国的服务贸易额，可以发现无论是出口额、进口额还是进出口总额巴西都稳居七国之首，同时它也是逆差额最大的国家，墨西哥的服务贸易规模居第二位，接下来是阿根廷、智利和哥伦比亚，秘鲁和委内瑞拉的服务贸易

---

① 数据源自中华人民共和国商务部网站，http://www.mofcom.gov.cn/article/i/jyjl/l/201910/20191002902869.shtml。

规模最小。2005～2018 年，拉美七国的服务贸易出口额、进口额及进出口总额大致保持着稳步的增长，出口额增长较快的国家是哥伦比亚和秘鲁，进口额增长明显的国家是巴西和阿根廷，进出口总额增长最多的国家是巴西。

（1）出口额。2018 年，巴西的服务贸易出口额最高，有 340 亿美元，墨西哥以 286 亿美元紧随其后，接下来是阿根廷、智利、哥伦比亚和秘鲁，最少的是委内瑞拉，仅有 20 亿美元左右（以 2005～2016 年的历年数据为参考）。2005～2018 年，除委内瑞拉的服务贸易出口增长不明显外，其他六个国家均呈现显著增长，增长最为迅速的是哥伦比亚和秘鲁，增长了 3 倍多，阿根廷和巴西增长了 2 倍多，智利和墨西哥增长了 1 倍多。其中，阿根廷、巴西和秘鲁的增长主要发生在 2005～2012 年，之后基本保持稳定，哥伦比亚和秘鲁保持了持续稳定的增长，墨西哥的增长主要发生在 2009 年后。

（2）进口额。2018 年，巴西服务贸易进口额高达 679 亿美元，是其当年出口额的近 2 倍，可见，巴西的服务贸易严重依赖进口。接下来是墨西哥、阿根廷、智利和哥伦比亚，秘鲁的进口额最少。值得注意的是，委内瑞拉虽然服务贸易出口额始终不高，但进口额却稳定高于秘鲁，甚至在多数年份都高于智利和哥伦比亚，2016 年，其服务贸易进口额是出口额的 7 倍多，是一个服务贸易严重依赖进口的国家。从进口额的变化上来看，2005～2018 年，阿根廷、巴西、哥伦比亚和秘鲁增长了 3 倍多，墨西哥和智利增长了 1 倍多。其中，巴西、智利和哥伦比亚的增长主要发生在 2005～2013 年，而阿根廷、墨西哥和秘鲁则始终保持着持续稳定的增长。

（3）差额。七个国家的服务贸易均为逆差，且除墨西哥外，逆差额持续逐年快速增长。2018 年，逆差额最大的国家是巴西，高达约 340 亿美元，几乎相当于其他六个国家逆差额之和。从逆差额的变化上来看，2005～2018 年，与其他六个国家相比，墨西哥的逆差增长最少，尤其是从 2015 年开始，出现大幅回落。增长最多的是阿根廷和智利，分别增长了 9 倍和 7 倍，其后依次是巴西、秘鲁、委内瑞拉、哥伦比亚和墨西哥。

（4）总额。从 2018 年的服务贸易进出口总额来看，巴西以 1020 亿美元稳居第一，其次是墨西哥，接下来是阿根廷、智利和哥伦比亚，规模最小的是秘鲁和委内瑞拉。2005～2018 年，服务贸易总额增长最为迅速的是秘鲁，增长了 3 倍多，阿根廷、哥伦比亚和巴西增长了 2 倍多，智利增长较为缓慢，委内瑞拉在 2005～2013 年保持了快速增长，后持续减少（见表 1）。

表 1 2018 年拉美七国服务贸易细项的进出口额 单位：亿美元

	出口额	进口额	进出口差额	进出口总额
阿根廷	141.29	238.36	-97.07	379.64

	出口额	进口额	进出口差额	进出口总额
巴西	340.23	679.75	-339.52	1019.97
智利	101.30	138.51	-37.22	239.81
哥伦比亚	93.08	133.24	-40.16	226.31
墨西哥	285.62	372.44	-86.82	658.06
秘鲁	73.65	99.02	-25.37	172.66
委内瑞拉	12.85	94.72	-81.87	107.57

注：委内瑞拉 2018 年的贸易数据缺失，此处列出的是其 2016 年的服务贸易数据，下表同。

资料来源：根据 UNCTAD 数据计算所得。

（二）服务贸易结构

拉美各国的服务贸易结构十分不合理，个别国家传统服务贸易细项的占比过高，部分新兴服务贸易细项的占比过低，这样的服务贸易结构非常不利于经济的健康发展。

（1）出口结构。拉美七国的服务贸易结构不合理，传统服务贸易细项占出口的大多数，与此同时，新兴服务贸易也在不断发展，占比有所增加，金融、知识产权、个人文娱、建筑及与产品相关的服务的出口占比均不高。墨西哥、哥伦比亚和秘鲁的旅游服务出口占服务总出口的 50% 以上，除了巴西，其他六国的旅游和运输服务出口占总出口的 50% 以上，其中，哥伦比亚、墨西哥、秘鲁和委内瑞拉的旅游和运输服务出口占总出口的 70% 以上。同时，新兴服务贸易细项也在逐渐发展壮大。阿根廷、巴西和智利的其他商业服务出口占总出口的 20% 以上，阿根廷的 TCI 服务、哥伦比亚的其他商业服务、墨西哥和秘鲁的保险与养老服务的占比均有所增加，达到 10% 左右及以上（见表 2）。

表 2 2018 年拉美七国服务贸易出口结构　　　　　　单位：%

项目	运输	旅游	建筑	制造服务	保养与维修服务	TCI	保险与养老	金融	知识产权	其他商业服务	个人文娱
阿根廷	12.73	39.34	0.01	0.02	0.50	13.27	0.32	1.05	1.94	26.48	2.81
巴西	17.70	26.87	0.00	0.01	1.22	6.67	1.87	0.71	7.24	34.07	1.19
智利	31.70	31.35	—	—	—	4.02	2.93	1.53	0.47	24.50	0.37
哥伦比亚	19.11	59.63	0.00		0.07	4.19	0.19	0.72	0.87	12.01	1.25

项目	运输	旅游	建筑	制造服务	保养与维修服务	TCI	保险与养老	金融	知识产权	其他商业服务	个人、文娱
墨西哥	7.64	78.80	—	—	0.04	0.22	10.88	1.56	0.02	0.20	0.01
秘鲁	21.87	53.60	0.00	—			9.25				—
委内瑞拉	45.76	36.81	—	—	0.003	4.98	0.16	1.25	—	6.93	0.47

资料来源：根据 UNCTAD 数据计算所得。

（2）进口结构。大多数拉美国家的进口以传统服务贸易细项为主，部分国家对新兴服务贸易细项的进口需求在不断增大，TCI、金融、建筑及与产品相关的服务的进口占比均不高。除了巴西和委内瑞拉，其他五国的运输和旅游服务进口占总进口的50%以上，其中，阿根廷的旅游服务进口占比最高，墨西哥的运输服务进口占比最高。新兴服务的进口在不断加大，巴西的其他商业服务进口占比47.10%，委内瑞拉的个人文娱服务及智利的其他商业服务的进口占比20%以上，智利的知识产权、哥伦比亚和委内瑞拉的其他商业服务、墨西哥和秘鲁的保险与养老服务的进口占比均达到10%以上（见表3）。

表3　2018年拉美七国服务贸易进口结构　　　　　　单位:%

项目	运输	旅游	建筑	制造服务	保养与维修服务	TCI	保险与养老	金融	知识产权	其他商业服务	个人、文娱
阿根廷	20.69	44.76	0.03	0.07	1.18	5.25	1.53	1.69	8.44	12.34	3.08
巴西	17.28	17.39	0.02	0.00	0.37	7.33	1.58	2.28	2.43	47.10	1.02
智利	35.15	16.92	—	—	—	4.14	1.84	6.09	12.15	20.54	0.27
哥伦比亚	22.46	36.22	0.00	0.02	0.10	5.91	7.51	9.07	3.36	13.42	0.91
墨西哥	41.57	30.31	—	—	0.78	0.45	11.72	6.05	0.81	7.78	0.01
秘鲁	29.40	26.96	0.00	—	—		10.63				—
委内瑞拉	28.23	19.13	—	—	0.003	2.42	2.84	0.98	2.72	16.29	22.78

资料来源：根据 UNCTAD 数据计算所得。

（3）逆差结构。从逆差额的构成来看，传统服务贸易细项运输服务是拉美七国服务贸易逆差的主要来源细项，旅游服务是阿根廷、巴西、哥伦比亚的主要逆差贡献细项，而同时也是墨西哥和秘鲁的唯一且主要的顺差贡献细项；新兴服务贸易细项其他商业和TCL服务是阿根廷的顺差贡献细项。具体来看，阿根廷的逆差主要源自传统服务贸易细项旅游和运输服务，占其逆差总额的80%以上，巴西的逆差主要来自旅游、其他商业、运输、知识产权和TCL服务，运输和知识产权服务是智利①逆差的绝大部分，运输、金融、保险与养老及旅游服务是哥伦比亚逆差的主要来源，旅游服务是墨西哥②服务贸易唯一且主要的顺差贡献细项，而运输、其他商业、金融及保险与养老服务是其逆差的主要贡献细项，秘鲁的旅游服务也是其唯一且主要的顺差贡献细项，运输和其他商业服务是主要的逆差贡献细项，运输、其他商业和个人文娱服务是委内瑞拉逆差的主要来源（见表4）。

表4 2018 年拉美七国服务贸易逆差结构　　　单位：亿美元

项目	总差额	运输	旅游	建筑	制造	保养与维修	TCI	保险与养老	金融	知识产权	其他商业	个人文娱
阿根廷	-97.07	-51.12	-31.33	-0.06	-0.13	-2.11	6.22	-3.20	-2.55	-1.74	8.01	-3.37
巴西	-339.52	-61.54	-123.46	0.06	0.03	1.62	-20.37	-7.36	2.96	-40.98	-71.32	-4.64
智利	-37.22	-16.58	8.32	—	—	—	-1.65	0.42	-6.88	-16.35	-3.63	0.01
哥伦比亚	-40.16	-12.14	7.25	0.00	—	-0.07	-3.97	-9.83	-11.41	-3.66	-6.70	-0.05
墨西哥	-86.82	-132.99	112.18	—	—	-2.81	-1.02	-12.59	-18.08	-2.95	-28.40	-0.01
秘鲁	-25.37	-13.00	12.78	0.00	—	—	-3.71	—	—	—	—	—
委内瑞拉	-81.87	-20.86	-13.39	—	—	-0.28	-1.65	-2.67	-0.77	—	-14.54	-21.52

资料来源：根据 UNCTAD 数据计算所得。

三、拉美七国服务贸易竞争力评价

（一）研究设计

1. 指标选择

本文从国际市场份额、贸易盈余及出口占比情况三个视角分别选取了三个指标进行评价，具体如下：

① 智利建筑服务的数据缺失。
② 墨西哥建筑服务的数据缺失。

（1）国际市场占有率（简称 M 指数），指一国某时期的出口总额与同期世界出口总额之比，反映的是一国出口的总体竞争力，具体表现形式为：

$$M_{ij} = \frac{\sum X_{ij}}{\sum X_{wj}} \qquad (1)$$

其中，M_{ij} 是 i 国 j 产业的国际市场占有率，$\sum X_{ij}$ 是 i 国 j 产业的出口额之和，$\sum X_{wj}$ 是世界 j 产业出口总额。

（2）出口竞争力指数（Trade Specialization Coefficient，TC 指数），又称比较优势指数、可比净出口指数或贸易专业化指数，是一国某产业进出口差额与进出口总额的比值。具体计算公式如下：

$$TC_{ij} = \frac{X_s - M_s}{X_s + M_s} \qquad (2)$$

其中，TC_{ij} 是 i 国 j 产业的出口竞争力指数，X_s 代表一国某产业总出口，M_s 代表一国某产业的总进口。TC 指数的值越大，表明一国某产业的出口竞争力越大，是应用最广泛的贸易盈余指标。

（3）显示性比较优势指数（Revealed Comparative Advantage Index，RCA 指数）是由 Balassa（1965）[①]提出的一个竞争力测度指标，具体计算公式如下：

$$RCA_{ij} = \frac{\dfrac{X_{ij}}{X_i}}{\dfrac{X_{iw}}{X_w}} \qquad (3)$$

其中，RCA_{ij} 是 i 国 j 产业的显示性比较优势指数，X_{ij} 代表 i 国 j 产业的出口额，X_i 代表 i 国所有产业总出口额，X_{iw} 代表世界 i 产业的总出口额，X_w 代表世界所有产业总出口额。RCA 指数采用比值的形式有效剔除了一国贸易总量和世界贸易总量的波动对竞争力评价的影响，可以准确地反映一国某产业的国际竞争优势，因此被广泛应用于竞争力的评价。如果 RCA > 2.5，则表明该国服务具有极强的竞争力；如果 1.25 ≤ RCA ≤ 2.5，则表明该国服务具有较强的国际竞争力；如果 0.8 ≤ RCA ≤ 1.25，则表明该国服务具有中度的国际竞争力；如果 RCA < 0.8，则表明该国服务竞争力弱。

2. 分析对象选择

选取拉美地区经济发展水平较高的七个国家，对其服务贸易竞争力指数进行

① Balassa B. Trade Liberalization and Revealed Comparative Advantage［J］. The Manchester School of Economic and Studies, 1965, 33（5）: 99-123.

整体和细项的比较与分析。细项分析方面，选取的是国际货币基金组织《国际收支和国际投资头寸手册（第六版）》（简称 BPM6）的分类标准，包括旅游、运输、建筑、制造服务、保养与维修服务、保险与养老、金融、知识产权、通信和计算机（TCI）、其他商业服务及个人文娱乐服务共 11 项。

3. 数据选择

选取应用广泛的国际收支统计制度（BOP）下的服务贸易统计的最新分类标准 BPM6 的分类数据进行评价和分析，具体采用的是联合国贸易与发展会议 2005~2018 年的服务贸易总额及其细项进出口数据。

（二）结果分析

从整体来看，拉美七国的服务贸易均不具有竞争力，其中，阿根廷和哥伦比亚相对具有竞争优势且保持稳步的提升，墨西哥和委内瑞拉的竞争力最弱。服务贸易竞争优势普遍集中于传统服务贸易细项，新兴服务贸易细项，如保险与养老、其他商业及个人文娱服务也有将近一半的国家表现出较高的竞争力，传统服务贸易细项旅游和运输服务，以及新兴服务贸易，细项 TCI、其他商业、知识产权、保险与养老服务等均呈现不同程度的增长，发展势头良好（见表 5、表 6）。2005~2018 年，阿根廷、巴西、智利和委内瑞拉的 TC 指数逐年递减，表明服务贸易的进口需求稳步增加，具有较大的市场潜力。下面对每一个国家的服务贸易竞争力进行逐一分析。

表 5　2018 年拉美七国优势服务贸易细项

项目	运输	旅游	建筑	制造	保养与维修	TCI	保险与养老	金融	知识产权	其他商业	个人、文娱
阿根廷	0	2	0	0	—	2	0	0	0	1	3
巴西	1	0	0	0	—	0	0	0	0	2	1
智利	2	2	—	—	—	0	1	0	0	1	0
哥伦比亚	1	2	0	—	—	0	0	0	0	0	2
墨西哥	0	3	—	—	—	0	3	0	0	0	0
秘鲁	1	2	—	—	0	0	3	0	0	0	0
委内瑞拉	3	2	—	—	0	0	0	0	0	0	0

注：0 表示竞争力弱或没有竞争力，1 表示具有中度竞争力，2 表示竞争力较强，3 表示竞争力极强，"—"表示数据缺失。

1. 阿根廷服务贸易竞争力的评价

综合三个指数来看，阿根廷的服务贸易整体不具有竞争力，但它是拉美七国中服务贸易竞争力相对较高的国家。从变化上来看，2005~2018年阿根廷服务贸易的RCA指数逐年增大，TC指数逐年递减。从细项来看，阿根廷有四个细项具有竞争力，其中，个人文娱服务是阿根廷极具竞争优势的细项，旅游、TCI和其他商业服务也是具有竞争力的细项，个人文娱和TCI服务在拉美七国中的竞争力居首，其余七个细项则不具有竞争力。从细项的变化上来看，TCI和知识产权服务的竞争力在稳步提升。可见，虽然阿根廷的服务贸易整体不具有竞争力，但其新兴服务贸易细项个人文娱、TCI及其他商业服务的竞争力均较强，且发展势头良好，传统服务贸易细项旅游服务的竞争优势也比较明显，呈现出传统与新兴服务贸易优势并存的特点。

2. 巴西服务贸易竞争力的评价

从整体来看，巴西服务贸易的竞争力在七个国家中处于中间水平，RCA指数低于阿根廷和哥伦比亚，服务贸易市场占有率是七个国家中最高的。从变化上看，M指数和RCA指数呈现U形波动，TC指数则逐年递减。从细项的竞争力分析中可以发现，巴西的服务贸易竞争力主要来自其他商业、个人文娱和运输服务这三个细项，其中，其他商业的竞争力在拉美七国中居首，个人文娱服务的竞争力仅次于阿根廷和哥伦比亚，其余8个细项则不具有竞争力。其中，其他商业服务的竞争力稳步提升，金融服务则从2013年开始竞争力由升转降。由此可见，巴西的服务贸易竞争优势主要集中于新兴服务贸易细项，传统服务贸易细项的竞争力相对较弱。

3. 智利服务贸易竞争力的评价

总的来看，智利的服务贸易竞争力与巴西相当，但它的服务贸易结构更为合理。从变化上看，2005~2018年，智利的服务贸易竞争力表现为较为明显的下滑，尤其是2011年以来，三个指数均表现为稳步的递减，说明智利在服务产品的国际竞争中处于不利地位。从有数据的细项来看，运输、旅游、保险与养老及其他商业服务是智利具有竞争优势的细项，其中，运输服务的竞争优势仅次于委内瑞拉，居第二。从变化上看，运输服务的竞争力下滑十分明显，是智利服务贸易竞争力减弱的主要原因之一。综上，与阿根廷类似，智利的服务贸易竞争优势也是传统服务贸易细项与新兴服务贸易细项优势并存的，且都呈现出良好的发展态势。

4. 哥伦比亚服务贸易竞争力的评价

在七国当中，哥伦比亚的服务贸易竞争力总的来看是比较高的，仅次于阿根廷，2011年以来，竞争力保持了稳步的增长，表现出较高的服务贸易发展潜力。从有数据的细项来看，运输、旅游和个人文娱服务是哥伦比亚的优势服务贸易细项。从变化上来看，金融和TCI服务的竞争力有所减少，而知识产权和旅游服务的竞争力提升比较明显，是哥伦比亚服务贸易竞争力稳步增长的主要原因。总的来看，哥伦比亚的服务贸易的竞争优势集中在传统服务贸易细项，新兴服务贸易细项除了知识产权服务外，其他均不具有竞争力，但新兴服务贸易细项的发展势头不错。

5. 墨西哥服务贸易竞争力的评价

墨西哥的服务贸易竞争力在拉美七国中总体偏低，仅略好于委内瑞拉，但其国际市场占有率在七国中居第二位，仅次于巴西。从有数据的细项来看，墨西哥的服务贸易竞争优势集中于旅游及保险与养老服务，其中，保险与养老服务在拉美七国中竞争力最强。从变化上看，墨西哥的旅游及保险与养老服务保持着稳定的增长。与其他拉美国家不同，墨西哥的服务贸易优势非常集中，一个传统服务贸易细项，一个新兴服务贸易细项，且都极具竞争力，发展态势很好，特色比较鲜明，优势十分突出。

6. 秘鲁服务贸易竞争力的评价

秘鲁的服务贸易竞争力在拉美七国中居第三位，仅次于阿根廷和哥伦比亚。从细项来看，与智利有些类似，秘鲁的服务贸易竞争优势集中体现在旅游、运输及保险与养老服务上，其中，保险与养老服务的竞争力极强，仅次于墨西哥，居第二位，且保持着稳定的增长态势。总的来看，秘鲁的服务贸易竞争优势集中在传统服务贸易领域，其新兴服务贸易细项除了保险与养老服务外均不具有竞争力，保险与养老服务极具竞争力，且保持稳定增长。

7. 委内瑞拉服务贸易竞争力的评价

委内瑞拉的服务贸易是拉美七国中竞争力最弱的，其国际市场占有规模也是最小的。它的竞争优势集中于传统服务贸易细项旅游和运输服务，且运输服务的竞争力保持稳定增长，而新兴服务贸易细项则都不具有竞争力，服务贸易优势集中分布在传统服务贸易细项，新兴服务贸易细项非常不发达。

表6　2018年拉美七国服务贸易竞争力指数　　　　　　　　单位:%

项目		整体	运输	旅游	建筑	制造	保养与维修	TCI	保险与养老	金融	知识产权	其他商业	个人、文娱
阿根廷	M	0.24	0.18	0.39	0.00	0	0.07	0.31	0.03	0.03	0.07	0.30	0.71
	TC	−25.57	−46.55	−31.50	−66.35	−64.45	−59.99	19.90	−77.90	−46.27	−76.00	11.99	−29.86
	RCA	76.24	73.18	160.05	0.53	1.31	—	127.97	13.03	12.52	28.11	122.33	295.67
巴西	M	0.58	0.58	0.41	0.01	0	0.41	0.41	0.37	0.16	0.20	1.27	0.62
	TC	−33.29	−34.36	−51.06	66.36	44.97	24.31	−28.99	−40.69	23.57	−71.28	−18.20	−40.12
	RCA	47.11	99.36	70.77	1.15	0.67	—	70.74	63.99	27.19	35.14	217.55	107.31

续表

项目		整体	运输	旅游	建筑	制造	保养与维修	TCI	保险与养老	金融	知识产权	其他商业	个人、文娱
智利	M	0.17	0.32	0.22	—	—	—	0.07	0.21	0.03	0.01	0.20	0.07
	TC	-15.52	-20.52	15.06	—	—	—	-16.86	7.59	-69.02	-94.45	-6.81	1.10
	RCA	44.58	182.29	127.56	—	—	—	38.81	118.88	18.20	6.87	113.19	39.12
哥伦比亚	M	0.16	0.17	0.39	0.00	—	0.01	0.06	0.01	0.01	0.02	0.09	0.21
	TC	-17.75	-25.44	6.98	-100.00	—	-34.97	-33.75	-96.58	-89.42	-69.30	-23.07	-2.05
	RCA	73.91	109.89	242.64	0.00	—	—	40.39	7.59	8.65	12.63	55.47	131.63
墨西哥	M	0.49	0.21	1.57	—	—	—	0.01	2.16	0.00	0.00	0.00	0.01
	TC	-13.19	-75.29	33.19	—	—	-93.23	-44.50	-16.85	-67.05	-95.45	-96.11	-9.71
	RCA	21.06	43.94	320.62	—	—	—	2.15	441.72	18.56	0.36	0.93	1.17
秘鲁	M	0.13	0.15	0.28	—	—	0.00	0.03	0.44	0.01	0.003	0.05	0.01
	TC	-13.55	-31.72	26.63	—	—	-100.00	-61.10	-26.34	-33.25	-94.59	-45.68	-68.86
	RCA	55.27	122.86	225.22	—	—	0.00	21.93	348.83	10.19	2.04	38.82	7.93
委内瑞拉	M	0.03	0.07	0.04	—	—	0.005	0.01	0.002	0.004	—	0.008	0.01
	TC	-76.11	-63.95	-58.60	—	—	-77.78	-56.31	-98.52	-70.64	—	-89.09	-99.45
	RCA	15.44	265.87	149.47	—	—	19.21	51.58	6.03	14.31	—	31.12	46.72

注：由于数据确失，此处使用2016年秘鲁和委内瑞拉的服务贸易数据计算所得。

资料来源：根据UNCTAD数据计算所得。表中的"0"表示数据过小，趋近于零，"—"表示数据缺失。

四、中拉服务贸易合作展望

通过对拉美七国服务贸易竞争力总体及细项的现状及其演变分析，我们可以看出，拉美国家普遍服务贸易的竞争力不足，其优势细项集中在传统服务贸易细项旅游和运输服务，部分新兴服务贸易细项发展势头很好，且已经具备较强的竞争力，如阿根廷的TCI和个人文娱服务、巴西的其他商业服务、哥伦比亚的个人文娱服务、墨西哥和秘鲁的保险与养老服务。

与拉美国家一样，中国的服务贸易竞争力总体上也不高，服务贸易长期保持着较大的贸易逆差，除了建筑服务的竞争力持续走高外，其他传统服务贸易细项的优势在逐渐减弱，与此同时，新兴服务贸易细项的竞争力普遍有所提高，其中，TCI 和其他商业服务均从不具有竞争力转变为具有竞争力，尤其是 TCI 服务，著名的华为公司因掌握了最为先进的 5G 技术而让美国甚为惶恐，不惜举国家之力制衡之。华为公司的产品更是受到了欧洲、非洲、东南亚等国的欢迎。

通过对中拉服务贸易竞争力的分析，我们可以看到双方存在许多优势互补的领域，合作空间巨大。TCI 服务和建筑服务是中国的优势细项，也正是拉美许多国家竞争力不足的细项，存在较大的市场需求空间，双方政府应高度重视，采取有效措施鼓励企业在相关领域的广泛合作。另外，中国人口众多，出国旅游需求旺盛，拉美国家具有较为丰富的旅游资源，许多国家的旅游服务都具有较高的竞争力，但苦于中国民众对拉美国家的旅游目的地的了解有限，以及签证手续复杂等原因，拉美仍未能成为中国人的主要旅游目的地，可以考虑采取扩大宣传的同时提供免签等措施，扩大中拉人民的友好往来，促进双方的经济和文化交流。另外，保险与养老、金融、其他商业服务是双方均处于快速发展中的服务贸易细项，在这些领域的合作与相互投资将有利于双方企业相互学习，积累宝贵的国际经营经验，提高企业的国际竞争能力。

参考文献

［1］杜塞尔，2019-03-31，2019 年中国在拉丁美洲与加勒比地区直接投资报告，https：//max. book118. com/html/2019/0830/8140004042002045. shtm，2019 - 12-08.

［2］徐世澄，2018 - 12 - 18. 察哈尔学会，http：//www. charhar. org. cn/newsinfo. aspx？newsid = 14297，2019-12-04.

［3］中华人民共和国商务部官网，http：//www. mofcom. gov. cn/article/i/jyjl/l/201910/20191002902869. shtml，2019-12-06.

［4］Foreign Direct Investment in Latin America and the Caribbean 2019，United Nations Website，https：//www. cepal. org/en/publications/type/foreign - direct - investment-latin-america-and-caribbean，2019-12-10.

第二部分
区域与领域合作趋势

汇率变动对中国向拉美及加勒比
地区出口二元边际的影响

孔 帅[*]

摘 要：利用 2000~2006 年中国向拉美和加勒比地区出口企业的中国工业企业数据库和中国海关进出口贸易数据库的合并数据，本文对汇率变动影响中国企业向拉美及加勒比地区出口的二元边际的程度大小进行了实证分析。同时，通过引入企业在生产率、企业规模等六个方面的异质性，进一步实证检验了企业异质性对汇率变动如何影响中国向拉美及加勒比地区出口增长的二元边际中的作用。主要结论有：第一，汇率变动对中国企业向拉美及加勒比地区的出口增长的二元边际具有显著的负向影响。人民币汇率升值不仅影响到了企业的出口决策行为，而且对企业的出口价格、出口数量及出口额有着显著的负向影响。第二，汇率水平的提高对中国企业向拉美及加勒比地区出口的扩展边际的影响显著大于集约边际。第三，在集约边际内部，企业主要通过出口数量的变动来应对汇率变动。第四，企业异质性的存在使企业在面对汇率冲击时有着不同的应对行为。

关键词：汇率变动；拉美及加勒比地区；出口；二元边际

一、引 言

进入 21 世纪以来，中拉经贸合作经历了一个加速发展的阶段。中拉双边贸易额由 2000 年的 126 亿美元增长到 2017 年的 2585 亿美元，增长了约 20 倍。中

---

* 孔帅，世界经济学博士，中国人寿国寿投资控股有限公司，战略管理部研究专员。地址：北京市西城区金融大街 17 号中国人寿中心。

拉贸易占中国总贸易的比重不断增长，从2000年的2.7%增长到2017年的约6.0%。2016年，中国政府发布第二份对拉美和加勒比政策文件，文件提出，中方愿同拉方共同构建务实合作新框架，推动中拉合作加快提质升级。其中，在贸易领域，该文件提出要"深挖双边贸易潜力，促进中国与拉美和加勒比国家特色优势商品、高附加值产品和技术密集型产品等贸易，加强服务贸易和电子商务合作"。同时，"一带一路"建设已成为促进中拉合作的重要平台和推动力。目前，拉美33个国家中已有14个国家与中国签署了"一带一路"合作备忘录，中拉经贸关系已成为中国全方位对外开放格局的重要组成部分。

同时，对于汇率和出口之间关系的研究由来已久，但由于微观数据的限制，以往对汇率与出口的研究大多局限于国家或产业层面。随着新贸易理论对企业异质性的强调及微观数据的可获得性，最近更多的文献从企业或者产品层面来研究汇率冲击的影响。从对现有研究的梳理来看，以中国为研究对象的该方面的研究主要是对中国整体出口数据的分析，而对中国向特定地区如拉美地区的分析则较为缺乏。因此，我们尝试使用中国向拉美及加勒比地区出口的微观企业层面数据，来分析人民币汇率变动对中国向拉美及加勒比地区出口增长的二元边际的影响。

二、实证模型、变量及数据说明

（一）实证模型

借鉴佟家栋等（2016）[①] 的研究，我们建立如下实证模型：

$$\Pr\left(\text{Exportdum}_{ipjt} = 1\right) = \Phi\left(\alpha_0 + \alpha_1 \ln\text{Reer}_{ijt} + \alpha \cdot X_{ijt} + \xi\right) \qquad (1)$$

下面我们对模型进行详细解释。首先，i、p、j、t分别在模型中代表研究企业、研究产品、研究行业和研究年份。Exportdum_{ipjt}为测度企业是否进行出口的虚拟变量 $\{0, 1\}$，若 $\text{Export}_{ipjt} > 0$，则 $\text{Exportdum}_{ipjt} = 1$；否则 $\text{Exportdum}_{ipjt} = 0$。$\text{Reer}_{ijt}$测度了人民币实际有效汇率。$\xi = \nu_j + \nu_t + \varepsilon_{ipjt}$，$\nu_j$ 和 ν_t 分别为行业效应和年份的时间效应，ε_{ipjt}为随机扰动项；控制变量 X_{ijt} 则包括：

$$X_{ijt} = X_{ijt}\left(\text{tfp}_{ijt}, \text{size}_{ijt}, \text{age}_{ijt}, \text{wage}_{ijt}, \text{profit}_{ijt}, \text{finance}_{ijt}, \text{subsidy}_{ijt}, \text{foreign}_{ijt}\right)$$

$$(2)$$

其中，tfp代表企业生产率，size代表企业规模，age为企业年龄，wage为平均工

---

① 佟家栋，许家云，毛其淋. 人民币汇率、企业出口边际与出口动态 [J]. 世界经济研究，2016（3）：70-85，135.

资，profit 为企业利润率，finance 代表融资约束，subsidy 表示政府补贴，foreign 表示企业类型的虚拟变量，foreign＝1 表示企业为外资企业，否则为内资企业。

进一步，为分析人民币汇率对中国向拉美及加勒比地区出口企业的二元边际的影响，考虑到样本随机性及样本的选择性偏差问题，我们使用 Heckman 两步法进行回归分析。二元边际的决定方程如下：

$$\ln Export\_ \ price_{ipjt} = \beta_0 + \beta_1 \ln Reer_{ijt} + \theta \cdot m_{ipjt} + \nu_j + \nu_t + \varepsilon_{ipjt} \quad (3)$$

$$\ln Export\_ \ volume_{ipjt} = \lambda_0 + \lambda_1 \ln Reer_{ijt} + \theta \cdot m_{ipjt} + \nu_j + \nu_t + \varepsilon_{ipjt} \quad (4)$$

$$\ln Export\_ \ value_{i\cdot jt} = \eta_0 + \eta_1 \ln Reer_{ijt} + \theta \cdot m_{ipjt} + \nu_j + \nu_t + \varepsilon_{ipjt} \quad (5)$$

其中，$Export\_ price_{ipjt}$ 为 i 企业 p 产品以人民币定价的出口价格，$Export\_ volume_{ipjt}$ 代表出口数量，$Export\_ value_{ipjt}$ 代表出口额；m_{ipjt} 则为逆米尔斯比率。

（二）变量的测度

1. 汇率测度

在测度人民币汇率时，我们拟采用算数加权算法和几何加权算法。其中，算术加权算法下得出的汇率水平是借鉴的 Baggs 等（2009）[①]。企业 i 在 t 期的实际有效汇率用公式可以表示为如下形式：

$$Reer_{it} = \sum_{k=1}^{n} \left(X_{ik} / \sum_{k=1}^{n} X_{ik} \right) \times rer_{kt} \quad (6)$$

其中，$\left(X_{ik} / \sum_{k=1}^{n} X_{ik} \right)$ 表示某一企业 i 在时间 t 内与贸易伙伴 k 的贸易数额占总贸易数额的份额，rer_{kt} 为一国层面的实际有效汇率。

在计算几何加权算法下的人民币汇率变动时，我们借鉴 Jeanneney 和 Hua（2011）[②] 的方法，对企业 i 在 t 期面对的 Reer 定义如下：

$$Reer_{it} = 100 \times \Pi \left(\frac{E_{kt}}{E_{k0}} \times \frac{P_{ct}}{P_{kt}} \right)^{\omega_{kt}} \quad (7)$$

2. 控制变量的测度

借鉴佟家栋等（2016）和许家云等（2015）[③] 的研究，我们的控制变量主要包括：使用 Olley 和 Pakes（1992）[④] 方法计算的企业生产率（tfp）、企业规模

① Baggs J., Beaulieu E., Fung L. Firm Survival, Performance, and the Exchange Rate［J］. Canadian Journal of Economics, 2009, 42（2）：393-421.

② Jeanneney S. G., Hua P. How does Real Exchange Rate Influence Labour Productivity in China?［J］. China Economic Review, 2011, 22（4）：628-645.

③ 许家云，佟家栋，毛其淋. 人民币汇率变动、产品排序与多产品企业的出口行为——以中国制造业企业为例［J］. 管理世界，2015（2）：17-31.

④ Olley G. S., Pakes A. The Dynamics of Productivity in The Telecommunications Equipment Industry［R］. National Bureau of Economic Research, 1992.

（size）、企业年龄（age）、平均工资（wage）、企业利润率（profit）、融资约束（finance）、政府补贴（subsidy）、代表企业所有制类型的虚拟变量（foreign），企业为外资企业时，赋值为1，否则为0。

三、基准估计结果及分析

（一）基准估计结果

表1为人民币汇率变动对中国向拉美及加勒比地区出口的中国企业二元边际影响的估计结果。通过表1可以看出，汇率变动对中国企业向拉美及加勒比地区出口的二元边际有着显著的负向影响。即人民币汇率的升值减少了中国企业向拉美及加勒比出口的行为，而且还对企业在竞争中的出口价格、出口数量和出口额产生了负面影响。同时，在出口价格、出口额和出口数量这三栏回归结果中，逆米尔斯比率均通过了1%的显著性检验，表明我们使用的Heckman两阶段回归的估计方法具有其合理性。

表1 基准回归结果

	出口决策	出口价格	出口额	出口数量
lnreerss	−0.175 ***	−0.00950 ***	−0.409 ***	−0.416 ***
	（0.0228）	（0.0171）	（0.0169）	（0.0236）
lntfp_op	0.399 *	1.081 ***	−0.229	−1.309 ***
	（0.235）	（0.147）	（0.144）	（0.202）
size	−0.243 ***	0.0319 **	0.225 ***	0.187 ***
	（0.0139）	（0.0125）	（0.0123）	（0.0172）
age	0.00219	0.000300	−0.00352 ***	−0.00374 ***
	（0.00155）	（0.000968）	（0.000952）	（0.00134）
lnwage	−0.307 ***	0.342 ***	−0.119 ***	−0.467 ***
	（0.0359）	（0.0216）	（0.0213）	（0.0299）
profit	0.195 **	0.148 *	−0.305 ***	−0.445 ***
	（0.0928）	（0.0855）	（0.0842）	（0.118）

续表

	出口决策	出口价格	出口额	出口数量
lnfinance	0.0531 ***	−0.00302	0.0398 ***	0.0437 ***
	(0.0109)	(0.00732)	(0.00720)	(0.0101)
subsidy	8.200 **	3.938 ***	−0.602	−4.486 ***
	(3.649)	(0.845)	(0.831)	(1.166)
state1	0.0731	0.0914 *	−0.0431	−0.134 *
	(0.0772)	(0.0498)	(0.0490)	(0.0687)
imr	—	2.394 ***	0.822 ***	−1.246 ***
		(0.299)	(0.292)	(0.412)
Constant	6.033 ***	−3.967 ***	10.14 ***	14.86 ***
	(0.533)	(0.506)	(0.386)	(0.357)
Observations	40232	39314	39366	39314
R^2	—	0.203	0.070	0.165
Industry	Yes	Yes	Yes	Yes
Year	Yes	Yes	Yes	Yes

注：括号内为标准误，*** 、** 和 * 分别表示 1%、5% 和 10% 的显著性水平。

（二）集约边际和扩展边际贡献度比较

在该部分，我们分析汇率变动对二元边际影响程度的大小。为统一不同变量的数量级，我们对上表中各变量的回归结果系数进行标准化处理：

A=α·se（lnReer）/se（EX），B=β·se（lnReer）/se（ln exportP），

C=λ·se（lnReer）/se（lnexportV），D=η·se（lnReer）/se（lnexportQ）

其中，se（lnReer）表示 lnReer 的标准差，α、β、λ 和 η 分别为各方程的回归系数。如果 |A|>|B|>|C|>|D|，表明人民币汇率水平变动对中国企业向拉美及加勒比的扩展边际的影响大于对集约边际的影响；反之则相反。

表 2　集约边际和扩展边际贡献度比较

变量	标准化系数	变量	标准化系数	变量	标准化系数
A	−0.71458	A	−0.71458	A	−0.71458
B	0.002812	C	−0.13259	D	−0.0916

表2给出了标准化后的贡献度大小的比较。表中数据显示，除C外，其他系数标准化后均小于0，且有｜A｜>｜B｜，｜A｜>｜C｜，｜A｜>｜D｜，这表明汇率水平的提高对中国企业向拉美及加勒比地区出口的扩展边际的影响显著大于集约边际，此外在集约边际内部，企业主要通过出口数量的变动来应对汇率变动。

（三）稳健性分析

1. 人民币汇率水平指标的内生性问题

为解决在汇率指标构建过程中可能导致的变量内生性问题，我们选取合适的工具变量对回归结果进一步修正。在文章中，我们使用汇率指标的滞后一期和滞后二期值作为工具变量，同时，使用 Heckman 两阶段估计方法进行回归。回归结果显示，在中国企业向拉美及加勒比地区的出口决策模型中，汇率水平的估计系数为负并且通过了1%的显著性检验。在出口额模型中，人民币实际有效汇率的估计系数显著为负，意味着汇率水平的提高降低了企业的出口额。结果也表明，在考虑汇率指标内生性问题后回归结果仍具有稳健性（见表3）。

表3　基于工具变量的 Heckman 两步法的估计结果

	出口决策	出口价格	出口额	出口数量
lnreerss	-0.209 ***	-0.145 ***	-0.572 ***	-0.705 ***
	(0.0672)	(0.0424)	(0.0451)	(0.0610)
lntfp_op	0.262	0.533 *	-0.205	-0.684 *
	(0.505)	(0.284)	(0.303)	(0.409)
size	-0.278 ***	0.0400 *	0.244 ***	0.194 ***
	(0.0277)	(0.0227)	(0.0241)	(0.0326)
age	0.00742 **	-0.00182	-0.00189	0.000193
	(0.00316)	(0.00175)	(0.00186)	(0.00252)
lnwage	-0.243 ***	0.404 ***	-0.142 ***	-0.556 ***
	(0.0672)	(0.0403)	(0.0429)	(0.0581)
profit	0.289	0.181	0.0772	-0.0929
	(0.451)	(0.197)	(0.210)	(0.283)
lnfinance	0.0655 ***	0.00748	0.0524 ***	0.0445 **
	(0.0199)	(0.0136)	(0.0145)	(0.0197)
subsidy	6.645	3.984 *	1.222	-2.597
	(5.421)	(2.341)	(2.495)	(3.371)

续表

	出口决策	出口价格	出口额	出口数量
state1	0.0353	-0.000192	-0.0229	-0.0232
	(0.155)	(0.0906)	(0.0965)	(0.130)
imr	—	2.746 ***	1.023 **	-1.325 *
		(0.485)	(0.513)	(0.698)
Constant	6.138 ***	-2.539 ***	10.84 ***	13.30 ***
	(0.925)	(1.056)	(0.642)	(0.684)
Observations	10911	10655	10669	10655
R^2	—	0.192	0.079	0.153
Industry	Yes	Yes	Yes	Yes
Year	Yes	Yes	Yes	Yes

注：括号内为标准误，*** 、** 和 * 分别表示 1%、5% 和 10% 的显著性水平。

2. 汇率的指标选择——几何加权

为保证回归结果的可靠性，我们考虑使用测度汇率指数的另一指标，即几何加权下的汇率水平，本部分仍使用 Probit 估计方法。从回归结果中可以看出，使用几何加权方法得出的回归结果依然显著。汇率变动对出口决策、出口价格、出口额和出口数量的影响均显著为负。这也表明我们得出的结论具有稳健性（见表 4）。

表 4 几何加权算法下的人民币实际有效汇率估计结果

	出口决策	出口价格	出口额	出口数量
lnreerjh	-0.134 ***	-0.0658 ***	-0.0425 **	-0.103 ***
	(0.0325)	(0.0196)	(0.0194)	(0.0272)
lntfp_op	0.354	1.086 ***	-0.243 *	-1.334 ***
	(0.241)	(0.147)	(0.145)	(0.203)
size	-0.259 ***	0.0220 *	0.181 ***	0.159 ***
	(0.0138)	(0.0129)	(0.0128)	(0.0179)
age	0.00275 *	0.000463	-0.00260 ***	-0.00307 **
	(0.00156)	(0.000970)	(0.000961)	(0.00134)

续表

	出口决策	出口价格	出口额	出口数量
lnwage	−0.319 ***	0.329 ***	−0.143 ***	−0.472 ***
	(0.0359)	(0.0219)	(0.0217)	(0.0304)
profit	0.215 **	0.160 *	−0.257 ***	−0.417 ***
	(0.0923)	(0.0856)	(0.0849)	(0.119)
lnfinance	0.0532 ***	−0.000972	0.0406 ***	0.0414 ***
	(0.0110)	(0.00733)	(0.00727)	(0.0102)
subsidy	5.498	3.946 ***	−0.523	−4.473 ***
	(4.386)	(0.844)	(0.837)	(1.170)
state1	0.0868	0.0952 *	−0.0357	−0.131 *
	(0.0772)	(0.0498)	(0.0494)	(0.0690)
imr	—	2.777 ***	1.257 ***	−1.407 ***
		(0.310)	(0.307)	(0.429)
Constant	4.882 ***	−4.113 ***	8.932 ***	13.70 ***
	(0.543)	(0.383)	(0.356)	(0.531)
Observations	40232	39314	39366	39314
R^2	—	0.203	0.056	0.157
Industry	Yes	Yes	Yes	Yes
Year	Yes	Yes	Yes	Yes

注：括号内为标准误，*** 、** 和 * 分别表示1%、5%和10%的显著性水平。

3. 人民币实际有效汇率的指标选择——名义汇率

进一步地，我们使用名义汇率作为人民币实际有效汇率稳健性检验的另一指标，结果见表5。可以发现，名义汇率水平的变动对中国企业向拉美及加勒比地区的出口决策、出口价格、出口额及出口数量的估计结果仍然为负，并且通过了1%的显著性检验，表明人民币名义汇率升值对向拉美及加勒比地区出口的中国企业的二元边际有着显著的负向影响。

表 5　名义汇率估计结果

	出口决策	出口价格	出口额	出口数量
lnmyhl	−0. 0318 ***	−0. 00904 **	−0. 0210 ***	−0. 0298 ***
	（0. 00627）	（0. 00394）	（0. 00390）	（0. 00546）
lntfp_ op	0. 357	1. 089 ***	−0. 223	−1. 315 ***
	（0. 239）	（0. 147）	（0. 145）	（0. 203）
size	−0. 263 ***	0. 0192	0. 171 ***	0. 149 ***
	（0. 0137）	（0. 0130）	（0. 0128）	（0. 0180）
age	0. 00288 *	0. 000511	−0. 00246 **	−0. 00294 **
	（0. 00156）	（0. 000970）	（0. 000961）	（0. 00135）
lnwage	−0. 310 ***	0. 328 ***	−0. 155 ***	−0. 486 ***
	（0. 0357）	（0. 0218）	（0. 0216）	（0. 0303）
profit	0. 222 **	0. 166 *	−0. 249 ***	−0. 412 ***
	（0. 0912）	（0. 0857）	（0. 0849）	（0. 119）
lnfinance	0. 0538 ***	−0. 000315	0. 0426 ***	0. 0432 ***
	（0. 0110）	（0. 00733）	（0. 00727）	（0. 0102）
subsidy	7. 343 *	4. 030 ***	−0. 430	−4. 443 ***
	（3. 891）	（0. 845）	（0. 837）	（1. 171）
state1	0. 0846	0. 0965 *	−0. 0333	−0. 129 *
imr	—	2. 828 ***	1. 591 ***	−1. 032 **
		（0. 306）	（0. 303）	（0. 425）
Constant	5. 463 ***	−3. 784 ***	8. 843 ***	13. 33 ***
	（0. 507）	（0. 377）	（0. 350）	（0. 522）
Observations	40232	39314	39366	39314
R^2	—	0. 203	0. 057	0. 157
Industry	Yes	Yes	Yes	Yes
Year	Yes	Yes	Yes	Yes

注：括号内为标准误，*** 、** 和 * 分别表示 1%、5% 和 10% 的显著性水平。

四、人民币汇率对向拉美地区出口的中国企业出口行为的异质性影响

由于中国向拉美及加勒比地区出口企业具有不同特征，具体表现在企业的生产率、企业生产规模、企业融资约束程度、企业所有制方式等方面，因而不同特征的企业在面临同一汇率冲击时，可能会有着不同的反应。基于这一考虑，我们在本部分从企业生产率异质性、企业规模异质性、融资约束异质性、企业所有制异质性、贸易方式异质性五个方面深入考察人民币汇率对中国企业向拉美及加勒比地区出口行为的异质性影响。

下面我们借鉴 Bustos（2011）[①] 的做法，构建式（8）~式（11）来考察人民币汇率对企业出口行为的异质性影响效应：

$$Pr(Exportdum_{ipjt} = 1) = \Phi\big[\,(\sigma_0 + \sum_{qr=1}^{5} \sigma_1^{qr} \cdot (lnReer_{ijt} \cdot C_{ijt\_qr}) +$$

$$\sum_{qr=2}^{5} \omega^{qr} \cdot C_{ijt\_qr} + \sigma \cdot X_{ijt} + \xi)\,\big] \tag{8}$$

$$lnExport\_price_{ipjt} = \alpha_0 + \sum_{qr=1}^{5} \alpha_1^{qr} \cdot (lnReer_{ijt} \cdot C_{ijt\_qr}) +$$

$$\sum_{qr=2}^{5} \beta^{qr} \cdot C_{ijt\_qr} + \alpha X_{ijt} + \xi \tag{9}$$

$$lnExport\_value_{ipjt} = \theta_0 + \sum_{qr=1}^{5} \theta_1^{qr} \cdot (lnReer_{ijt} \cdot C_{ijt\_qr}) +$$

$$\sum_{qr=2}^{5} \rho^{qr} \cdot C_{ijt\_qr} + \theta X_{ijt} + \xi \tag{10}$$

$$lnExport\_volume_{ipjt} = \gamma_0 + \sum_{qr=1}^{5} \gamma_1^{qr} \cdot (lnReer_{ijt} \cdot C_{ijt\_qr}) +$$

$$\sum_{qr=2}^{5} \eta^{qr} \cdot C_{ijt\_qr} + \gamma X_{ijt} + \xi \tag{11}$$

其中，C 为企业异质性特征变量，包括企业生产率 tfp、企业规模 size、融资约束 finance、补贴 subsidy。qr=1，2，3，表示企业特征按照从小到大排序的 3 分位数，相应地，C_{ijt_qr} 表示企业特征虚拟变量，当企业 i 的 C 特征变量属于第 qr

---

① Bustos P. Trade Liberalization, Exports, and Technology Upgrading：Evidence on the Impact of MERCO-SUR on Argentinian Firms ［J］. American Economic Review, 2011, 101（1）：304–340.

分位数时取值为 1，否则为 0。

（一）企业生产率异质性

表6考察了人民币对不同生产率特征的企业出口二元边际的影响。在出口决策方面，人民币升值对高生产率企业的冲击最小，对处于中间生产率水平企业的影响最大。在出口价格上，对中等生产率企业的冲击最小。在出口额上，人民币升值对生产率水平最高企业的影响最大，且通过了 1% 的显著性水平。在出口数量方面，人民币升值对生产率最高企业的影响最大。对于生产率最高的企业来说，在应对人民币汇率变动时，其有着充足的空间对出口数量和出口额进行调整。

表6　人民币汇率对企业出口异质性影响的估计结果——企业生产率异质性

	出口决策	出口价格	出口额	出口数量
lnreerss * tfplow	−0.141 ***	−0.0376 ***	−0.377 ***	−0.413 ***
	(0.0508)	(0.0294)	(0.0289)	(0.0405)
lnreerss * tfpmid	−0.205 ***	−0.0221	−0.388 ***	−0.371 ***
	(0.0414)	(0.0277)	(0.0273)	(0.0382)
lnreerss * tfphigh	−0.107 ***	0.00827	−0.458 ***	−0.456 ***
	(0.0299)	(0.0275)	(0.0270)	(0.0379)
size	−0.231 ***	0.0281 **	0.222 ***	0.188 ***
	(0.0138)	(0.0125)	(0.0123)	(0.0172)
age	0.00206	0.000291	−0.00345 ***	−0.00367 ***
	(0.00154)	(0.000967)	(0.000952)	(0.00133)
lnwage	−0.294 ***	0.338 ***	−0.122 ***	−0.466 ***
	(0.0352)	(0.0217)	(0.0213)	(0.0299)
profit	0.222 **	0.213 **	−0.311 ***	−0.516 ***
	(0.0914)	(0.0845)	(0.0832)	(0.117)
lnfinance	0.0559 ***	−0.00127	0.0404 ***	0.0425 ***
	(0.0109)	(0.00732)	(0.00720)	(0.0101)
subsidy	8.133 **	3.908 ***	−0.549	−4.413 ***
	(3.601)	(0.845)	(0.831)	(1.166)
state1	0.0640	0.0888 *	−0.0413	−0.129 *
	(0.0769)	(0.0497)	(0.0489)	(0.0686)

续表

	出口决策	出口价格	出口额	出口数量
imr	—	2.526***	0.966***	-1.266***
		(0.306)	(0.299)	(0.422)
Constant	6.617***	-1.587***	9.511***	11.84***
	(0.322)	(0.293)	(0.250)	(0.404)
Observations	40232	39314	39366	39314
R^2	—	0.203	0.070	0.165
Industry	Yes	Yes	Yes	Yes
Year	Yes	Yes	Yes	Yes

注：括号内为标准误，***、** 和 * 分别表示1%、5%和10%的显著性水平。

(二) 企业规模异质性

表7列出了人民币汇率对不同规模企业的二元边际的估计结果。回归结果显示：在出口决策方面，人民币升值对最大规模企业的影响最大，且通过了1%的显著性水平检验；在出口价格上，人民币汇率变动对规模最小企业影响最大；在出口额方面，对规模最大企业的影响最大；在出口数量上，人民币升值对规模最大企业影响最大。

表7　人民币汇率对企业出口异质性影响的估计结果——企业规模异质性

	出口决策	出口价格	出口额	出口数量
lnreerss * sizelow	-0.154*	-0.0448***	-0.337***	-0.384***
	(0.0851)	(0.0324)	(0.0320)	(0.0447)
lnreerss * sizemid	-0.169***	-0.0165	-0.368***	-0.354***
	(0.0477)	(0.0277)	(0.0273)	(0.0382)
lnreerss * sizehigh	-0.243***	0.0272	-0.478***	-0.500***
	(0.0254)	(0.0292)	(0.0287)	(0.0402)
Csized2	-0.119	0.301	0.393*	0.0903
	(0.487)	(0.209)	(0.206)	(0.288)
Csized3	-0.185	0.141	1.185***	0.994***
	(0.445)	(0.207)	(0.204)	(0.285)
lntfp_op	-0.460*	1.232***	0.325**	-0.926***
	(0.259)	(0.143)	(0.141)	(0.197)

续表

	出口决策	出口价格	出口额	出口数量
age	8.27e-05	0.000533	-0.00195**	-0.00244*
	(0.00148)	(0.000960)	(0.000946)	(0.00132)
lnwage	-0.341***	0.354***	-0.119***	-0.480***
	(0.0356)	(0.0236)	(0.0233)	(0.0326)
profit	0.211**	0.150*	-0.268***	-0.409***
	(0.0964)	(0.0861)	(0.0849)	(0.119)
lnfinance	0.0594***	-0.00526	0.0400***	0.0463***
	(0.0106)	(0.00751)	(0.00740)	(0.0104)
subsidy	8.941**	3.897***	-0.469	-4.302***
	(3.516)	(0.849)	(0.837)	(1.170)
state1	-0.00800	0.0987**	0.0118	-0.0874
	(0.0745)	(0.0496)	(0.0489)	(0.0685)
imr	—	2.165***	1.749***	-0.0865
		(0.390)	(0.382)	(0.537)
Constant	5.713***	-4.174***	10.66***	15.62***
	(0.738)	(0.425)	(0.399)	(0.586)
Observations	40232	39314	39366	39314
R^2	—	0.201	0.064	0.165
Industry	Yes	Yes	Yes	Yes
Year	Yes	Yes	Yes	Yes

注：括号内为标准误，***、**和*分别表示1%、5%和10%的显著性水平。

（三）企业融资约束异质性

国际资本流动性的加强，使企业在融资约束方面能力的大小在国际贸易问题研究中的意义增强。企业融资约束在汇率对贸易问题研究中的作用日益引起学者们的关注，表8列出了人民币汇率对不同融资约束特征企业的出口行为的影响结果。从估计结果可以看出，人民币实际有效汇率对不同融资约束企业的出口行为都具有显著影响。具体来看，在出口决策上，对融资约束程度高的企业影响最小，而对融资约束最低的企业影响最大。在出口价格上，对融资约束处于中等水平的企业影响最大。在出口数量上，可以看出，对融资约束最低的企业的影响最大，而对融资约束最高的企业影响最小。在出口数量方面，人民币汇率变动对融资约束最低的企业影响最大。

表 8　人民币汇率对企业出口异质性影响的估计结果——企业融资异质性

	出口决策	出口价格	出口额	出口数量
lnreerss * financelow	-0. 258 ***	-0. 0317 **	-0. 495 ***	-0. 466 ***
	(0. 0314)	(0. 0292)	(0. 0287)	(0. 0403)
lnreerss * financemid	-0. 123 ***	0. 0605 **	-0. 363 ***	-0. 408 ***
	(0. 0441)	(0. 0283)	(0. 0277)	(0. 0390)
lnreerss * financehigh	-0. 0853 **	0. 0105	-0. 366 ***	-0. 380 ***
	(0. 0418)	(0. 0268)	(0. 0264)	(0. 0370)
Cfinanced2	-0. 641 **	-0. 466 **	-0. 628 ***	-0. 249
	(0. 278)	(0. 197)	(0. 194)	(0. 272)
Cfinanced3	-0. 879 ***	-0. 155	-0. 594 ***	-0. 434
	(0. 268)	(0. 196)	(0. 193)	(0. 270)
lntfp_ op	0. 414 *	1. 057 ***	-0. 233	-1. 286 ***
	(0. 234)	(0. 147)	(0. 145)	(0. 203)
size	-0. 243 ***	0. 0367 ***	0. 225 ***	0. 183 ***
	(0. 0139)	(0. 0125)	(0. 0123)	(0. 0173)
age	0. 00216	0. 000246	-0. 00355 ***	-0. 00372 ***
	(0. 00154)	(0. 000969)	(0. 000953)	(0. 00134)
lnwage	-0. 309 ***	0. 346 ***	-0. 119 ***	-0. 471 ***
	(0. 0358)	(0. 0217)	(0. 0213)	(0. 0299)
profit	0. 198 **	0. 149 *	-0. 303 ***	-0. 444 ***
	(0. 0924)	(0. 0856)	(0. 0842)	(0. 118)
lnfinance	0. 0449 **	-0. 0166	0. 0271 **	0. 0440 **
	(0. 0180)	(0. 0128)	(0. 0125)	(0. 0176)
subsidy	7. 902 **	3. 901 ***	-0. 613	-4. 468 ***
	(3. 775)	(0. 845)	(0. 831)	(1. 165)

续表

	出口决策	出口价格	出口额	出口数量
state1	0.0746	0.0921 *	−0.0408	−0.132 *
	(0.0775)	(0.0498)	(0.0490)	(0.0687)
imr	—	2.283 ***	0.837 ***	−1.128 ***
		(0.300)	(0.293)	(0.414)
Constant	6.383 ***	−3.825 ***	10.51 ***	15.09 ***
	(0.527)	(0.412)	(0.385)	(0.568)
Observations	40232	39314	39366	39314
R^2	—	0.203	0.070	0.165
Industry	Yes	Yes	Yes	Yes
Year	Yes	Yes	Yes	Yes

注：括号内为标准误，*** 、** 和 * 分别表示 1%、5% 和 10% 的显著性水平。

(四) 企业所有制异质性

考虑到人民币汇率变动对不同所有制类型和不同贸易方式的企业会造成不同的影响 (陈婷, 2015①)，我们在模型 (1) ~ 模型 (5) 的基础上，引入了汇率项与所有制虚拟变量和贸易方式虚拟变量的交互项对上述问题进行了详细的分析。所有制方面，根据样本数据我们将企业分为国有企业、外资企业和私营企业三种类型；贸易方式方面，我们将样本划分为加工贸易企业、一般贸易企业和其他贸易企业三种类型。

从表 9 的回归结果可以看出，在出口决策方面，人民币汇率变动对国有企业影响最大，对其他企业的影响最小。由于国有企业出口在当前中国对外出口中占据较大的份额，人民币升值提高了企业出口成本，从而对企业出口决策产生了较大的负面影响。在出口价格方面，汇率变动同样对国有企业影响最大。在出口额方面，汇率变动对国有企业的影响最小。在出口数量方面，人民币升值对国有企业的影响最大。

---

① 陈婷. 人民币汇率对多产品企业出口的影响 [J]. 世界经济研究, 2015 (1)：48−55.

表 9　人民币汇率对企业出口异质性影响的估计结果——企业所有制异质性

	出口决策	出口价格	出口额	出口数量
lnreerss_ firm_ type_ fenleid1	-0. 117 ***	-0. 0287 *	-0. 412 ***	-0. 437 ***
	(0. 0252)	(0. 0172)	(0. 0169)	(0. 0238)
lnreerss_ firm_ type_ fenleid2	-0. 191 ***	0. 0150	-0. 412 ***	-0. 426 ***
	(0. 0231)	(0. 0174)	(0. 0171)	(0. 0240)
lnreerss_ firm_ type_ fenleid3	-0. 0874 ***	0. 0404 **	-0. 409 ***	-0. 446 ***
	(0. 0248)	(0. 0170)	(0. 0167)	(0. 0234)
lntfp_ op	0. 323	1. 030 ***	-0. 216	-1. 242 ***
	(0. 236)	(0. 147)	(0. 144)	(0. 202)
size	-0. 232 ***	0. 0569 ***	0. 221 ***	0. 157 ***
	(0. 0143)	(0. 0122)	(0. 0120)	(0. 0168)
age	-0. 00158	-3. 85e-05	-0. 00366 ***	-0. 00365 ***
	(0. 00161)	(0. 000994)	(0. 000978)	(0. 00137)
lnwage	-0. 228 ***	0. 379 ***	-0. 122 ***	-0. 507 ***
	(0. 0360)	(0. 0212)	(0. 0208)	(0. 0293)
profit	0. 180 *	0. 112	-0. 299 ***	-0. 403 ***
	(0. 0962)	(0. 0854)	(0. 0840)	(0. 118)
lnfinance	0. 0344 ***	-0. 0106	0. 0403 ***	0. 0515 ***
	(0. 0111)	(0. 00728)	(0. 00716)	(0. 0100)
subsidy	5. 634 *	3. 707 ***	-0. 563	-4. 226 ***
	(2. 969)	(0. 845)	(0. 831)	(1. 165)
imr	—	1. 742 ***	1. 017 ***	-0. 372
		(0. 288)	(0. 280)	(0. 397)
Observations	40232	39314	39366	39314
R^2	—	0. 202	0. 070	0. 165
Industry	Yes	Yes	Yes	Yes
Year	Yes	Yes	Yes	Yes

注：括号内为标准误，*** 、** 和 * 分别表示1%、5%和10%的显著性水平。1代表国有企业，2代表外资企业，3代表私营企业。

（五）贸易方式异质性

从出口企业的贸易方式来看，在企业出口决策方面，其他贸易受到汇率变动冲击的影响最大，一般贸易所受影响最小。在出口价格方面，人民币汇率变动对其他贸易方式的企业出口价格影响最大。而在出口额方面，人民币升值时对一般贸易的影响要大于其他两种贸易方式，即人民币汇率升值对出口的影响会因为加工贸易而受到弱化。在出口数量方面，对其他贸易方式的企业出口数量影响最大。

表 10　人民币汇率对企业出口异质性影响的估计结果——贸易方式异质性

	出口决策	出口价格	出口额	出口数量
lnreer * ordinary	−0.138 ***	−0.0222 ***	−0.426 ***	−0.443 ***
	(0.0250)	(0.0167)	(0.0163)	(0.0230)
lnreerss * process	−0.251 ***	0.0198	−0.339 ***	−0.356 ***
	(0.0257)	(0.0191)	(0.0187)	(0.0264)
lnreerss * other	−0.536 ***	−0.436 ***	−1.105 ***	−0.701 ***
	(0.0393)	(0.0787)	(0.0768)	(0.108)
lntfp_ op	0.0907	1.062 ***	−0.0707	−1.141 ***
	(0.260)	(0.147)	(0.143)	(0.202)
size	−0.188 ***	0.0431 ***	0.162 ***	0.118 ***
	(0.0153)	(0.0111)	(0.0109)	(0.0154)
age	0.000731	0.000138	−0.00250 ***	−0.00263 **
	(0.00163)	(0.000966)	(0.000943)	(0.00133)
lnwage	−0.299 ***	0.352 ***	−0.167 ***	−0.521 ***
	(0.0373)	(0.0210)	(0.0205)	(0.0289)
profit	0.140	0.134	−0.216 ***	−0.349 ***
	(0.128)	(0.0852)	(0.0833)	(0.117)
lnfinance	0.0264 **	−0.00604	0.0567 ***	0.0623 ***
	(0.0117)	(0.00723)	(0.00706)	(0.00996)
subsidy	5.418	3.830 ***	0.0841	−3.747 ***
	(3.559)	(0.843)	(0.824)	(1.161)
state1	−0.0299	0.0838 *	0.000898	−0.0849
	(0.0805)	(0.0498)	(0.0486)	(0.0686)

续表

	出口决策	出口价格	出口额	出口数量
imr	—	2. 174 ***	2. 242 ***	0. 257
		(0. 273)	(0. 266)	(0. 376)
Constant	6. 005 ***	−4. 136 ***	10. 53 ***	15. 37 ***
	(0. 555)	(0. 381)	(0. 350)	(0. 525)
Observations	40232	39314	39366	39314
R^2	—	0. 203	0. 083	0. 168
Industry	Yes	Yes	Yes	Yes
Year	Yes	Yes	Yes	Yes

注：括号内为标准误，*** 、** 和 * 分别表示 1%、5% 和 10% 的显著性水平。

五、结　论

基于新新贸易理论，本文从企业层面分析了汇率变动对中国向拉美出口的二元边际的影响。主要结论有：第一，汇率变动对中国企业向拉美及加勒比地区的出口增长的二元边际具有显著的负向影响。人民币汇率升值不仅影响到了企业的出口决策行为，而且对企业的出口价格、出口数量及出口额有着显著的负向影响。第二，汇率水平的提高对中国企业向拉美及加勒比地区出口的扩展边际的影响显著大于集约边际。第三，在集约边际内部，企业主要通过出口数量的变动来应对汇率变动。第四，企业异质性的存在使企业在面对汇率冲击时有着不同的应对行为。

中拉经贸关系在中国全方位对外开放格局中的作用不断增强，中国经济持续增长带来的对能源和原材料的巨大需求，带动了国际市场初级产品的出口繁荣和价格上涨，使拉美及加勒比地区的能源和原材料输出国从中受益，中拉较为互补性的贸易结构促进了双边贸易增长和经济发展。然而，汇率变动成为扰动中拉贸易的重要因素。因此，保持汇率稳定能够保障中拉贸易的持续发展。同时，鉴于汇率变动对中拉出口贸易扩张边际的影响大于集约边际，因此，企业应积极通过深耕出口市场和已有产品，保证企业和企业产品及当地市场的份额，从而可以较为有效地规避汇率波动带来的冲击。此外，由于企业生产率、企业规模、企业融资约束、企业所有制及贸易方式的不同，在面对汇率变动带来的冲击时，应选择对企业较为有利的应对方式，以将影响最小化。

拉美主要国家政府债务规模与风险比较研究

李翠兰[*]

摘　要：在全球经济总体呈现低迷状况下，多数国家采取积极的财政政策和宽松的货币政策，使全球债务规模急剧增加。政府债务对一国宏观经济发展及经济政策选择具有"双刃剑"的作用。如何有效地发挥拉美各国政府债务的积极效应，又能避免债务危机的发生，则需要深入分析拉美国家的政府债务规模的多少及政府债务的风险状况，从而使拉美国家根据本国的实际情况，有效实施财政政策并规避债务风险。本文选取巴西、阿根廷、墨西哥、哥伦比亚、智利和秘鲁六个主要拉美国家作为研究对象，分别从政府债务规模和政府债务风险两方面进行比较，分析得出目前阿根廷和巴西的政府债务风险较大，其次是墨西哥、哥伦比亚和秘鲁，智利的政府债务风险较小，通过对拉美各国的政府债务规模与风险的比较，总结出主要存在的问题和解决的策略。

关键词：拉美主要国家；政府债务规模；政府债务风险

一、引　言

2008 年国际金融危机距今已有十余年，全球经济由此所产生的负面影响至今还未完全消除，世界经济总体呈现低迷状况。特别是 2011 年先后由希腊、西班牙等国家引发了欧洲主权债务危机，使多个国家处于债务危机边缘。为了减缓国家经济的衰退，很多国家都采取逆周期的经济调节方式，运用积极的财政政策

＊ 李翠兰，广东外语外贸大学经济贸易学院讲师，博士。

和宽松的货币政策对经济进行刺激。积极的财政政策增加了财政赤字和政府债务，宽松的货币政策在注入流动性的同时也使企业债务和私人债务规模不断扩大。在这种趋势下，全球债务规模急剧膨胀，国际金融协会（Institute of International Finance，IIF）2019年1月15日最新公布的数据显示，2018年全球债务升至244万亿美元，为全球GDP的318%，只略微低于2016年中期创下的历史高点320%。①

目前世界许多国家都承受着高昂的债务成本，拉美国家也不例外。纵观历史我们不难发现，1980~1985年的拉美债务危机使拉美国家的经济倒退了几十年；而近年来多数拉美国家的债务规模增长日趋明显，并存在较大的区域差异。截至2018年底，拉美国家的政府负债总额达到2.75万亿美元，其中巴西、墨西哥、阿根廷、哥伦比亚、秘鲁、智利六个国家的债务总额占拉美地区的92%。② 2018年，巴西和阿根廷政府债务占GDP比重分别高达86.06%和87.89%，墨西哥为53.6%，哥伦比亚为52.2%，智利和秘鲁政府债务占GDP比重相对较低，分别为25.6%和26.1%。拉美国家债务规模扩大的同时，各国经济发展也有所不同。自2015年以来，贸易保护主义抬头、美元步入加息周期、大宗商品价格波动、国际市场有效需求不足等，使国际发展环境充满挑战，拉美各国的结构性矛盾问题也不断显露出来。拉美国家的经济增长总体上落后于世界平均水平，并且出现了明显分化。从GDP增长速度来看，2018年世界经济增长的平均速度为2.53%，拉美国家的平均水平仅为1.84%，其中智利和秘鲁的经济速度较快，分别为4.02%和3.98%，但巴西和阿根廷经济近两年出现了较大幅度衰退，阿根廷2018年的经济增长率为-2.51%，巴西2016年经济增长率为-3.31%，2018年回升到1.12%。再从人均GDP来看，2009~2018年，世界各国人均GDP平均增长率为1.34%，但拉美国家的平均增速明显低于世界平均水平，仅为0.71%，其中增长率最高的是秘鲁，为3.21%，超过世界经济的平均增速，其次是哥伦比亚（2.34%），最低的是阿根廷，人均GDP的增长速度为负（-0.06%）。③

如果拉美各国不能对政府债务的风险做到及时有效的评估，任其无序扩大，可能会导致债务风险扩散到相关领域，最终形成全面的、不可逆的经济危机。如何有效地发挥拉美各国政府债务的积极效应，又能避免债务危机的发生，则需要深入分析拉美国家的政府债务规模和政府债务风险状况，只有先了解这些问题，拉美国家才能根据本国的实际情况，有效实施财政政策并规避债务风险。对于拉美各国政府来说，实现对政府债务风险的有效控制，加强风险防控，完善管理体

---

① 资料来源：https：//www.iif.com/。
② 资料来源：CEIC。
③ 资料来源：世界银行数据库。

系，稳定经济秩序是当前的首要任务。本文选取巴西、阿根廷、墨西哥、智利、哥伦比亚和秘鲁六个主要拉美国家作为研究对象，对各国的政府债务规模与政府风险进行比较分析，这将有助于使拉美国家政府准确识别自身的债务风险，能为各国化解各自的债务危机提供有针对性的建议和思路。

二、政府债务风险的文献综述

政府债务风险实质上就是政府债务规模积累超过本国政府所能承受的一定程度后所产生的必然结果。但是当政府债务的规模与政府债务的风险在某一时段或某一条件下处于均衡状态，债务风险也可能会受到内部或外部因素影响而突然爆发。围绕政府债务风险的研究，学者们主要从债务规模、货币错配和外部环境三方面对政府债务风险进行研究。

（一）债务规模对债务风险的影响研究

在债务规模对债务风险的影响研究方面，莫亚琳和徐鹏程（2016）认为，目前东盟地区的政府债务规模还处于可以控制的范围，爆发系统性政府风险危机的可能性较小，但是，必须要密切观察东盟国家政府债务风险在短期的上升趋势。Cole 和 Kehoe（1998）假定政府无法通过提高税收等渠道获得资金，又不能很容易地借到新债务，对于投资者而言，出于自身利益考虑会先对政府的偿还能力进行考量，并要求提高新的政府债务收益率，这会导致政府偿债能力的下降。李扬等（2012）在研究中国的资产负债表时，深入比较了中央政府债务和地方政府债务的演变过程，他们认为截至 2012 年底，中国政府的中央债务与地方债务的累计总和超过 27.7 万亿元，债务总额与 GDP 比值达 51.64%，中国的隐性债务规模已经接近国际规定的警戒线水平。Reinhart 和 Rogoff（2010）通过对 44 个国家数据的研究表明，高企的政府债务规模（超过 90%）对经济的增长具有相关性，并且认为政府债务是 2008 年金融危机后解释宏观经济脆弱性的一个重要变量。

（二）货币错配对债务风险的影响研究

货币错配对债务风险的影响研究主要包括以下内容：Calvo 和 Reinhart（1996）认为，债务危机出现最根本的原因在于本国的财政政策和货币政策存在失衡现象，市场的过度恐慌使大量抛售政府债务成为必然，加快了债务危机的到来。Hausmann 和 Panizza（2011）的研究指出，在新兴市场国家，不管是经济实力还是信誉度等都存在局限，货币错配在很大程度上又反过来增加了货币危机诱发的概率。Roubini 和 Setse（1992）认为，若某个国家流动资产比重较低，短期债务比重较高，若该国出现突发状况，其风险水平会在短期债务需要短时间内偿付的情况下迅速上升，随之而来的便是借款利率的快速提高。同时，外国投资者往往会抽离资本，导致其资金短缺问题更加严重，进而对市场流动性造成严重的影响。

（三）外部环境冲击对债务风险的影响研究

外部环境冲击对债务风险的影响研究文献较多。从新兴市场国家来看，很多是凭借对外贸易发展起来的，这些国家就只能依靠增加对外借款来稳定经济。如20世纪60年代爆发的拉丁美洲债务危机，就是由于外向型经济主要凭借出口来维持，一旦外部出现变化，商品出口的价格也会有所变动，忽高忽低的价格使当地经济受到不良影响，进而诱发债务危机。Manasse和Roubini（2003）阐释了债务危机的发生原因，即受经济发展环境的影响，政府无法对债务加以清偿的情况下会导致违约，从而影响政府的主权信用，并产生连锁反应，形成严重的债务危机。不同发展程度的经济体之间的危机和风险传导机制是否有差异，引起了部分学者的争论。Krasavina（2010）研究了发达国家对发展中国家的危机传导机制，他通过分析2010年俄罗斯在美国金融危机影响下的国外贷款和主权债务的风险，指出正是由于俄罗斯内外债务结构不合理，才使美国金融危机对俄罗斯债务风险的冲击更为严重。韦艳华和齐树天（2008）研究了发展中国家之间债务风险的传导问题。他们对越南金融市场与亚洲其他国家金融市场之间的相关性加以探究，利用Copula函数、Z检验、Bayes时序诊断等方法，研究得出发展中国家之间的危机传导机制并不明显。

三、拉美主要国家的政府债务现状比较

（一）政府债务绝对规模

2018年底，拉美六个主要国家的政府债务规模总和已经超过了2.53万亿美元，占整个拉美国家债务总量的90%以上。如图1所示，从绝对规模上讲，巴西政府债务规模最大，其次为墨西哥，再次为阿根廷、哥伦比亚，最低为智利和秘鲁。巴西政府债务总规模为13575.69亿美元，超过整个拉美地区政府总体债务的一半。墨西哥的政府债务总规模为5524.67亿美元，阿根廷政府债务总规模为3321.92亿美元，哥伦比亚政府债务总规模为1605.33亿美元，智利和秘鲁分别为702.48亿美元和567.61亿美元。

通过图1进行比较分析还可以发现，各国政府债务都呈现总体增长的趋势，

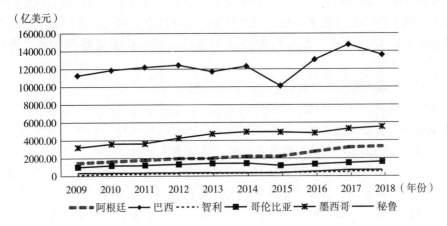

图1　2009~2018 年拉美主要国家的政府债务绝对量

资料来源：世界宏观经济数据库。

其中巴西的政府债务规模波动较大。从 2015 年开始，巴西的政府债务规模表现出了大幅增加的趋势，其上升的速度最快，到 2017 年开始有所下降。墨西哥和阿根廷的政府债务规模增长速度也较快，其中阿根廷自 2015 年开始债务量一直处于持续增加的状态，政府债务绝对规模的增长趋势较为接近，都处于一个快速增长的阶段。相对而言，秘鲁和智利政府债务则维持了一个较低的增长态势。如图 2 所示，2018 年底拉美主要国家人均政府债务规模最高的是阿根廷，为 7466 美元，巴西为 6511 美元，墨西哥为 4430 美元，智利为 3722 美元，哥伦比亚为 3221 美元，最低的是秘鲁，为 1765 美元。从图 2 还可以看出，2015~2017 年，巴西、阿根廷和智利三个国家的人均债务增长速度较快，均超过 20%；相对而言，墨西哥、哥伦比亚和秘鲁三国的债务增长速度较为缓慢。从债务的整体规模和人均水平分析，阿根廷和巴西的债务负担较重，而智利、哥伦比亚和秘鲁的债务负担相对较轻。

（二）政府债务相对规模

从国际通行方法来看，政府债务所形成的相对规模能够借助政府债务率（政府债务余额所占 GDP 的比重）进行衡量。到 2018 年底，阿根廷和巴西政府债务率最高，分别为 87.89% 和 86.06%，墨西哥和哥伦比亚的政府债务率分别为53.62% 和 52.16%，债务率最低的是智利（25.56%）和秘鲁（26.15%）。通过分析政府债务率在 2009~2018 年的变化，从静态方面比较，巴西和印度的债务水平都超过了国际一般标准的 60%，处于危险的高位状态；从动态方面比较，除秘鲁以外，其他各国的政府债务率都呈现出不断上升的趋势。巴西的政府债务率从 2009 年的 55.40% 上升到 2018 年的 86.06%，上升了约 30 个百分点；阿根廷

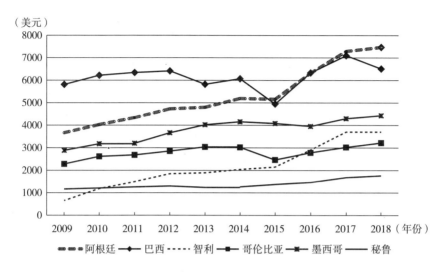

图 2　2009~2018 年拉美主要国家人均政府债务规模

资料来源：世界宏观经济数据库。

的政府偿债率从 2009 年的 65.52% 上升到 2018 年的 87.89%，上升了约 22 个百分点；智利、哥伦比亚和墨西哥三国政府债务率在 2009~2018 分别增长了 19.74%、16.79% 和 9.94%。

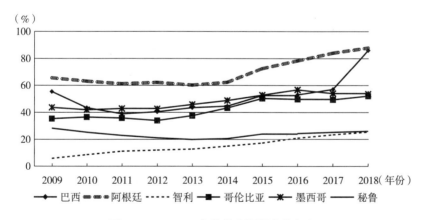

图 3　2009~2018 年拉美主要国家债务率

资料来源：世界宏观经济数据库。

政府偿还债务与财政收入水平的比值可以用来衡量政府的偿债压力，其数值越高，则反映出该国政府在当年的偿债压力就越大。从图 4 中可以看出，除秘鲁以外，多年来各国政府债务的压力变化都呈现出总体增长趋势，且在 2018 年六个国家的偿债压力水平都超过警戒线 100%[①]。2018 年债务压力最大的是巴西，偿债压力为 280.68%。再对比巴西和墨西哥两国的偿债压力，在 2009~2012 年偿债压力相差不大，且变化不明显，但是两国明显的差异在于自 2014 年后墨西哥偿债压力表现为缓慢上升，巴西偿债压力的增长速度远高于其他国家，2014~2018 年上升了近 90 个百分点。阿根廷和秘鲁两个国家的偿债压力在 2017 年都呈现出先降低再增加的变化，这表明两国政府都在对政府债务进行控制，并在 2013年前都取得了明显的效果，两国在 2012 年的偿债压力都达到历史的最低点，但是此后都呈现为增长趋势，特别是阿根廷在 2017 年后呈现明显的大幅增长，在2018 年达到 254.9%。智利政府的偿债压力一直在缓慢增加，但在 2016 年前，偿债能力总体维持较好，但在此之后也已超过警戒线水平。

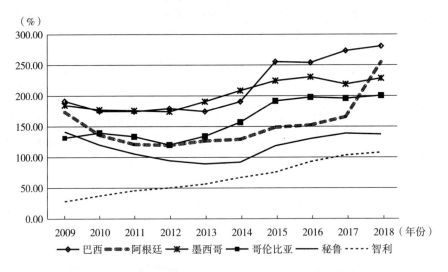

图 4　主要拉美国家政府偿还债务与财政的比值

资料来源：世界宏观经济数据库。

（三）政府债务结构

除了反映政府债务存量的债务规模以外，还有一项非常值得考察的指标就是政府债务的结构。政府债务结构主要包括债权结构、期限结构。债权结构是指国内和国外投资者分别持有的本国政府债务占本国全部政府债务的比例；期限结构是指政府债务在短期、中期和长期之间的分布状况，分别是短期、中期和长期债务占本国全部政府债务的比例。目前已有的实证研究已经证明，在债权结构上，国外投资者持有本国债务比例越高，政府债务风险越大；在期限结构中，短期债

---

① 普遍认为，警戒线为 100%。

务占比越高，政府债务风险越大。因此，政府债务的结构情况对于理解政府债务的风险也具有非常重要的意义。

1. 政府债权结构

一般来说，适度的外债规模可以加速一国的经济增长，而超出国力承受极限的外债则可能对一国的经济产生很大的压力，这主要表现在外债的还本付息可能会减少一国今后所能动用的资源的多少。外债占 GDP 比重和以外币计价的外债占比越大，一国外债违约的风险也就越大。外债规模的大小可以通过负债率来表示，它是指一国外债余额占国民生产总值的比例。首先从图 5 中可以看出，2009~2018 年拉美六个主要国家的负债率都在增长；其次是智利相比其他主要的拉美国家外债占 GDP 的比重更高；最后是阿根廷的政府外债占 GDP 的比重的变化较其他国家更为明显。具体来看，智利在十年间负债率增加了 25 个百分点，在六个拉美主要国家中负债率居第二位，2018 年外债占 GDP 比重为 67.1%；阿根廷外债占比呈 U 形变化，2009~2015 年，负债率从 44.4% 逐年下降到历史最低点 26.0%，2015~2017 年呈现较为缓慢的增长，但是在 2017~2018 年这一占比则从 36.9% 猛增到 71.5%，约增长了 1 倍。哥伦比亚的外债占 GDP 的比重为 44.2%，秘鲁与巴西的外债占 GDP 的比重分别为 35.9% 和 37.8%，墨西哥的外债比重最低，仅为 28.6%。从各国的政府外债结构的变化来看，政府外债增长速度较慢的是秘鲁和墨西哥，十年间分别仅增加了 6.8% 和 10.8%，这表明秘鲁和墨西哥政府对外债发行有明显的控制。

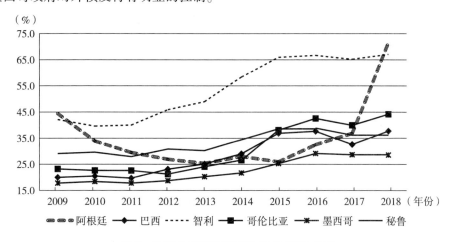

图 5 主要拉美国家政府外债占 GDP 比重

资料来源：拉丁美洲和加勒比经济委员会（http://www.cepal.org）。

2. 债务期限结构变化

短期外债占比是衡量一个国家是否面临债务风险的重要指标，合理的外债期

限结构能够有效地预防外债风险，国际上一般认为短期债在总债务中的比例不能
超过 20%。综观各个国家发生的债务危机，大多是因为短期债到期无法偿还才导
致的。短期债在总债务中所占的比重小，则近期偿还外债的压力就小，那么发生
债务问题的概率也会相应地减少。政府债务中短期债务比重越高，对政府短期偿
债能力的影响就越大，并且会造成政府资金流动性的下降，因此需要对拉美国家
政府的短期债务占全部债务的比重进行分析。从图 6 可以发现，秘鲁和哥伦比亚
两国的短期债务比重在 2010~2018 年变化幅度小，维持了相对平稳且较低的水
平，总体呈缓慢下降的趋势，在 2018 年比重分别为 11.2% 和 12%；阿根廷、墨
西哥、智利和巴西这四个国家都出现了明显的变化。阿根廷的短期债务的波动变
化最为明显，表现为总体上升，其占比相对其他拉美国家更高，自 2012 年后一
直处于警戒线之上，在 2015 年达到最高点 33.7%，近两年比重有所下降，在
2018 年短期债务仍占有 24.1% 的比重。从多年变化的数据来看，巴西、智利和
墨西哥的短期债波动较大，并且各个时期升降幅度不同。智利在 2010 年短期债
所占比例在六个拉美国家中居于首位，超过 20% 的警戒线水平，但是此后的五年
间，这一比例一直在下降，直到 2015 年降到最低水平（9.68%），之后有较为缓
慢的上升。墨西哥政府对短期债务的管理也较为明显，从图 6 中可以看出，2013~
2016 年短期债务的比重都在下降，共下降了约 10 个百分点。巴西在 2010~2013
年，短期债务的比重也出现了明显的下降；2014 年后这一比重仍处于较低的水
平。因此，总体来看，除阿根廷以外，其他的拉美国家近五年的短期债占比虽然
有些波动，但是始终没有超过国际标准线，且控制在 11%~14% 的区间内，债务
结构较为合理。

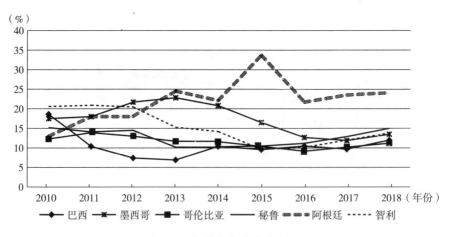

图 6　短期债务占外债的比重

资料来源：世界银行数据库（http：//datatopics. worldbank. org/debt/ids/countryanalytical/per）。

四、拉美主要国家的政府债务风险现状比较

（一）政府债务的信用风险

主权信用评级是信用评级机构进行的对一国政府作为债务人履行偿债责任的信用意愿与信用能力的评判，也是一个国家政府债务风险程度高低的体现。目前涉及主权信用评级业务的主要是国际三大评级机构（标准普尔、穆迪和惠誉）和中国大公国际评级机构。2017~2018年各评级机构对拉美主要六个国家的评级结果如表1所示。

表1　2017~2018年拉美主要国家政府主权信用评级

	阿根廷	巴西	墨西哥	智利	哥伦比亚	秘鲁
标普	CCC+	BB-	BBB	A+	BBB	BBB+
穆迪	Caa2	Ba2	A3	A1	Baa2	A3
惠誉	CC	BB-	BBB	A+	BBB	BBB+
大公国际	B-	BB+	BBB	AA-	BBB+	BBB

资料来源：https://zh.tradingeconomics.com/country-list/rating。

从表1可以看出，主权信用最高的是智利，各个评级机构给予的评级都达到A或A以上。标普的信用评级为A+，穆迪的信用评级为A1，惠誉的信用评级为A+，大公国际的信用评级为AA-。智利的信用风险较低，信用风险整体可控。2018年智利的经济增长速度为4.02%，超过2.53%的世界GDP平均增长速度。政府债务占GDP比重仅为25.56%。秘鲁主权信用也较高，标普的信用评级为BBB，穆迪的信用评级为Baa2，惠誉的信用评级为BBB，大公国际的信用评级为BBB+。2009~2018年的经济平均年增长率为4.8%，政府债务规模占GDP的比重保持在26.15%，外债与短期债务的比重都不高，总体上政府债务风险较低。再次是墨西哥和哥伦比亚两个国家的评级结果也较为良好，标普和惠誉将两国的信用等级分别评为BBB和BBB+，穆迪将其信用等级评为A3，大公国际的信用评级为BBB。两国在2018年的经济增长率分别为2.0%和3.5%，两国的债务相对规模分别为53.62%和50%左右。

相对而言，巴西信用风险处于中等水平。巴西经济近几年呈现出明显的"滞

胀"特征，2014 年经济增长为 0.5% 的水平，2015 年和 2016 年分别出现了
-3.5% 和-3.3% 的经济负增长，政府相继采取提高利率、削减财政开支、扩大基
建规模等措施，但效果并不明显。2018 年，巴西政府债务为 11271.55 亿美元，
占 GDP 比重为 86.06%。目前，由于其短期外债较少，资本管制程度较高，整体
风险可以控制，但是潜在政府债务风险明显存在。

阿根廷信用风险较高。自 2009 年以来，阿根廷经济波动较大，2009 年、
2012 年、2014 年、2016 年和 2018 年的经济均为负增长，总体上全国处于持续不
降的高失业率和经济下行的状态。最近十年的经济年平均增长率仅为 1.3%。
2018 年底，阿根廷的政府债务规模为 1471.19 亿美元，占 GDP 比重高达
87.89%，人均政府债务为 3665.67 美元，阿根廷是全世界主权信用评级风险最
高的国家之一，其中穆迪的信用评级为 Caa2，标普的信用评级为 CCC+，惠誉的
信用评级为 CC，大公国际的信用评级为 B-。

（二）政府债务的融资成本风险

一国政府在资本市场融资成本即政府债券到期收益率，它受到债务水平和结
构、政府信誉高低、政府财政结构、货币弹性、国内经济状况等因素影响。较高
的债务水平和较低的政府信誉导致资本市场上要求较高的风险溢价，该国国债收
益率水平也会较高。国债收益率的高低反映了政府债务风险程度，当国债收益率
越高，该国政府的债务水平较高，政府的信誉较低，存在的债务风险也就越大。
2018 年主要拉美国家的国债收益率可以反映出各国政府债务的风险高低程度
（见表 2）。

表 2　2018 年拉美主要国家国债收益率

单位：%

	阿根廷	巴西	墨西哥	智利	哥伦比亚	秘鲁
1 年期	38.23	4.530	7.200	1.780	4.100	2.250（2Y）
5 年期	83.54	6.358	7.042	2.470	5.470	2.965
10 年期	—	6.796	7.259	3.300	6.138	4.206

资料来源：https://cn. investing. com/rates - bonds/argentina - government - bonds? maturity _ from =
90&maturity_ to＝180.（2019 年 11 月 23 日数据）

从表 2 中看到，智利一年期国债收益率仅为 1.78%，10 年期国债收益率为
3.300%，总体表现为收益率较低，智利的融资成本风险较小。与国债利率相对
应的基础利率也能反映出政府货币政策对经济的影响。从智利政府所推行的货币
政策也能看出该国利率风险的大小。智利政府为保持货币政策对经济推动作用的
强度，智利央行在 2017 年 5 月至 2018 年 9 月期间维持基础利率在 2.5% 的水平。

2018 年 10 月，考虑到宏观经济条件的演变使维持货币刺激措施的必要性降低，智利央行决定加息 25 个基点，将基础利率调至 2.75%，同时重申其奉行灵活的货币政策，以期在未来两年维持通货膨胀率在 3%。2019 年 1 月，智利央行再度加息 25 个基点将基础利率调至 3.00%。因此，从智利国债收益率与基础利率可以看出该国政府债务风险较低。

秘鲁国债收益较低，长期处于相对较低水平，二年期、五年期和十年期的国债收益率分别为 2.250%、2.965% 和 4.206%，这使秘鲁政府通过债务融资的成本不高。此外，秘鲁政府为刺激经济增长，2017 年 5 月至 2018 年 3 月期间先后 6 次下调利率，每次 25 个百分点，使基准利率从 4.25% 降至 2.75%，基准利率达到 2010 年 9 月以来最低水平。2018 年 3 月之后的货币政策会议上，央行均维持基准利率为 2.75% 不变。因此，从总体上来看，秘鲁政府的利率较为稳定，国债收益率较低，政府债务风险较低。

哥伦比亚、巴西和墨西哥的政府国债收益率比智利和秘鲁高，三个国家一年期国债收益率分别为 4.100%、4.530% 和 7.200%，三个国家的十年期国债收益率分别 6.138%、6.796% 和 7.259%。从这些数据可以看出，这三个国家政府通过债务融资的成本相对较高，相对于智利和秘鲁政府所承担的债务利息更高，政府的债务负担会更重，特别是巴西和墨西哥两国的绝对债务总额较大，2018 年分别为 13575.69 亿美元和 5524.67 亿美元，这使巴西和墨西哥两国政府债务存在潜在的风险。由于哥伦比亚的政府债务绝对规模相对较小，政府债务风险可控，出现债务违约的风险比较小。

阿根廷的政府国债收益率的一年期和五年期分别为 38.23% 和 83.54%，如此高的国债收益率直接带来的是债务负担的高企。阿根廷国债总额并不是拉美国家中最多的，排名第三，总量为 3321.92 亿美元，但是国债的人均负担为 7466 美元。与此同时，阿根廷还存在一个债务期限结构的问题，短期债务的占比较高，2018 年的短期债务比重约为 25%，远超过 20% 警戒线，一年内到期的债务超过了债务总额的 20%，相当于当年 GDP 的 12% 左右。此外，从阿根廷央行的利率来看，阿根廷是全球借贷利率最高的国家之一。自 2017 年底，面对比索突然大幅贬值，为了稳定经济，阿根廷央行 8 天之内连续 3 次加息：2018 年 4 月将基准利率由此前的 27.25% 升至 30.25%，之后将基准利率提升到 33.25%；5 月阿根廷央行直接将基准利率调升到 40%，8 月阿根廷央行宣布将利率从 45% 提升至 60%，并称在今年 12 月前都不会降息。加之通货膨胀压力居高不下，致使阿根廷的利率市场存在着巨大的不确定性。从上面的分析可以看出，阿根廷政府债务存在较大的风险，债务危机发生的可能性较大。

（三）政府债务的外汇风险

外汇汇率的变化可以通过一国政府的外债规模多少对政府债务风险进行直接

的影响，也可以通过货币的流动性对本国经济进行间接的影响，从而影响政府债务风险，因此，汇率的变化是影响政府债务风险的重要因素之一。从拉美主要国家的月度平均货币汇率可以看出，六个主要拉美国家在 2009～2018 年十年间汇率都呈现出了贬值的现象，但是两极分化较为严重，阿根廷政府的外汇变化幅度最大，贬值程度超过 10 倍，巴西的贬值程度约为 2 倍，其他四个国家均低于 1.5倍（见表 3）。

表 3　拉美主要国家的月度平均货币汇率

年份	智利	墨西哥	巴西	阿根廷	哥伦比亚	秘鲁
2009	560.86	13.50	2.00	3.60	2158.26	2.90
2010	509.98	12.63	1.76	3.90	1898.57	2.80
2011	483.42	12.43	1.67	4.11	1848.14	2.70
2012	485.98	13.15	1.95	4.54	1796.90	2.60
2013	495.28	12.77	2.16	5.46	1868.79	2.80
2014	570.64	13.31	2.35	8.08	2001.78	2.98
2015	654.32	15.87	3.33	9.23	2741.88	3.40
2016	676.54	18.63	3.49	14.76	3054.12	3.35
2017	648.68	18.87	3.19	16.56	2951.33	3.23
2018	691.36	19.66	3.88	37.61	3246.00	3.37
2009～2018 年变化幅度	1.23	1.45	1.94	10.44	1.50	1.15

资料来源：拉丁美洲和加勒比经济委员会，https：//cepal.org/（每 1 美元兑换本国货币数）。

从表 3 还可以看出，智利和秘鲁的汇率较为稳定。2009～2011 年智利的比索一下处于升值状态，2012～2016 年则出现了贬值，2017 年币值有所回升。随着智利外汇储备增加，外汇风险逐渐好转，相比世界其他货币，智利比索成为相对较稳定的货币之一。2013～2015 年，秘鲁索尔兑美元汇率显著贬值，但 2016～2017 年出现小幅回升。2018 年以来，随着美联储加息，秘鲁索尔兑美元汇率小幅贬值，截至 2018 年底，1 美元可兑 3.37 秘鲁索尔。考虑到秘鲁具有较为充足的外汇储备和长期稳定的资本流入，因此秘鲁索尔大幅贬值的风险较低。在外汇储备方面，2019 年 9 月，智利的外汇储备额为 385.94 亿美元，占 GDP 的13.07%；秘鲁的外汇储备 2019 年 8 月为 645.49 亿美元，占 GDP 的 28.33%，因此，两国的政府债务风险较低。

墨西哥和哥伦比亚的汇率风险相对较稳定。2009~2013年，两国的汇率都呈现为总体升值，但是自2013年后两国的汇率变化有所不同，墨西哥一直表现为贬值的趋势，但是哥伦比亚在总体贬值的变化下，2016~2017年汇率有明显的回升。2019年9月墨西哥和哥伦比亚的外汇储备分别为170.485亿美元和530.83亿美元，所占GDP的比重分别为13.69%和15.63%，所占比重并不高，偿还债务的能力有限，因此两国的政府债务仍存在着潜在的风险。

巴西汇率风险较高。自2014年美国开始退出量化宽松政策，巴西货币雷亚尔即出现大规模贬值，与2013年相比贬值了13.7%。2015年与2014年相比，巴西雷亚尔兑美元汇率又贬值近18%，2017~2018年汇率的贬值程度一路攀升，这使巴西央行干预汇市的成本上升。2018年摩根银行预测巴西排名最具风险的新兴市场第三名，仅次于阿根廷和土耳其。①

阿根廷汇率风险最高。从近几年拉美国家汇率的变化数据来看，阿根廷汇率风险最为严重。2014年以来，阿根廷的外汇风险持续恶化，自2017年阿根廷比索一直承受贬值压力，比索兑美元汇率累计跌幅一度达到15%以上，2018年以来，阿根廷比索已累计贬值超50%。加上国家政治不稳定性，致使其经常账户长期出现财政赤字，国内的通胀水平长期居高，因此，比索的汇率走势存在较大不确定性。

五、拉美主要国家政府债务问题与解决策略

（一）拉美主要国家政府债务问题总结

1. 拉美主要国家政府债务比较的结果

通过对巴西、阿根廷、墨西哥、智利、哥伦比亚和秘鲁六个主要拉美政府债务问题的基本情况进行比较，可以看出各国的政府债务风险高低程度，如表4所示，阿根廷存在的债务风险最高，其次是巴西，再次是哥伦比亚和墨西哥，智利与秘鲁的债务风险最低。

---

① https://economia.uol.com.br/noticias/estadao-conteudo/2018/11/22/brasil-sera-emergente-de-risco-preve-jpmorgan.htm.

表 4　拉美主要国家政府债务比较结果

	指标		风险高	风险较高	风险较低
政府债务规模	绝对规模	债务规模总额	巴西	墨西哥、阿根廷	哥伦比亚、秘鲁、智利
		人均债务规模	阿根廷、巴西	墨西哥、哥伦比亚、智利	秘鲁
	相对规模	债务率	阿根廷、巴西	墨西哥、哥伦比亚	秘鲁、智利
		偿还债务与财政收入比重	巴西、阿根廷	墨西哥、哥伦比亚	秘鲁、智利
	债务结构	外债占 GDP 比重	智利、阿根廷		墨西哥、哥伦比亚、巴西
		短期债务占外债比重	阿根廷		巴西、墨西哥、哥伦比亚、秘鲁、智利
政府债务风险	信用风险	主权信用	阿根廷、巴西	秘鲁、墨西哥、哥伦比亚	智利
	融资成本风险	国债收益率	阿根廷	墨西哥、巴西、哥伦比亚	秘鲁、智利
	外汇风险	汇率	阿根廷	巴西	墨西哥、哥伦比亚、秘鲁、智利

　　从政府债务规模来看，阿根廷、巴西最高，墨西哥次之，秘鲁和智利最低，从政府债务率和偿还债务与财政收入比重来看，阿根廷、巴西最高，墨西哥和哥伦比亚次之，秘鲁和智利最低，因此在债务规模方面，阿根廷、巴西存在着较大的债务风险。再从债务结构来看，无论是从外债占 GDP 比重，还是从短期债务占外债比重指标来看，阿根廷也是居于最高风险，尽管智利的外债比重也较高，但是短期需要偿还的比例比较低，因此对本国所产生的债务负担也不大。再从政府的信用风险来看，从国际上四大评级机构的评价结果来看，阿根廷是未来债务风险最严重的国家，巴西也存在较大的政府债务风险，而相对具有较低风险的国家是智利。融资成本的高低决定了国家以债务支付利息的多少与财政负担，阿根廷的五年期国债收益率已超过 80%，使本国承受着较大的融资成本，债务风险非常高。相对而言，其他五个国家的融资成本较低，负担较轻。最后从汇率变动来看政府债务风险，尽管各国多年来都存在货币贬值的情况，但是阿根廷政府的货币贬值幅度极大，不仅使本国居民资产严重缩水，同时也使债务负担极大地增加。

拉美国家政治发展方向上的不确定性和部分国家国内政治的不稳定使危机解决的措施往往难以出台或者拖延，这些问题将可能导致阿根廷和巴西两个债务风险较大的国家爆发债务危机。尽管其他国家的政府债务风险还不高，目前的政府债务规模和债务到期收益率均在可控范围之内，但是各国仍需要对本国财政进行调整，进一步增加财政空间，减少政府债务风险程度。

2. 拉美主要国家债务存在的主要问题

第一，拉美各国的经济周期趋同性进一步提高，政府债务风险易传递。经济周期的不同是拉美国家宏观调控面临的一个重要难题。虽然拉美国家的经济周期趋同的趋势越来越强，但总体而言，拉美国家的经济周期趋同与各国的经济形势发展具有密切联系，当各国的经济形势发展较好时，各国对经济政策的执行效果也较好，经济周期也较为趋同。当各国经济衰退时，各国的首要任务是发展本国经济，无暇顾及其他经济体的进展，各国的宏观经济波动差异较大。在拉美各国的经济周期趋同性进一步提高的同时，各国债务风险的传导性更容易。政府债务风险传递主要体现在两个方面：一方面，拉美各国现阶段存在的不同程度的债务风险，完全可以通过传递及转嫁等方式实现在政府间的传导。在目前实行的政府管理体制下，一旦一国国家政府受到债务风险的影响，这种债务风险通常会依托上下级政府和政府间的关系传导性逐步扩散。另一方面，由于拉美国家的现行体制的关系，在债务风险的初始阶段，这一债务风险往往以其他领域存在的风险形式表现出来，比如存在于资产风险中，通过经济运行，将债务积累到政府头上，最终全部转化为国家政府的债务风险。

第二，政府外债规模并不是风险的主要影响因素。从前面的比较和分析结果中可知，智利的外债规模较大，2018 年外债率达到 67.1%，但是这并不意味着该国的政府债务风险较大，相反巴西的外债率一直都不高，但是巴西历史上曾有两次债务问题的产生是由于内债过大造成的。1993 年和 1999 年发生的金融危机就是由于巴西地方政府无力偿还联邦政府的债务而拒绝偿还所引起的，面对金融危机的发生联邦财政部不得不接管地方政府债务代为偿还。从上面的数据中可以看出，巴西的内外债的比值呈一路上升的趋势，内债在债务总额中的比例不断扩大。虽然内债的风险较小，但是政府不能任由内外债比值过大或过小，保持在一个合理的比值是比较恰当的。因此，政府外债规模并非导致政府债务风险的主要原因。

第三，政府债务结构对于政府债务风险有重要影响。拉美国家的政府债务结构存在着部分国家短期政府债务所占比例偏高的问题。回顾发生主权债务危机的国家，西班牙、葡萄牙、爱尔兰就是由于短期政府债务较高引起的。一旦外国经济形式发生变化，势必将对本国经济造成不利影响。20 世纪 60 年代发生的拉美债务危机很大程度上就是由于汇率波动，对于需要偿还短期债务的能力大大削减。由此可见，拉美国家尤其是发生主权债务危机的国家其自身政府债务的结构问题具有很多容易引发危机的因素。

第四，政府债券收益率和通货膨胀率与政府债务风险密切相关。政府债券收益率、利率都是金融市场的重要基准指标，对于金融市场的走向具有重要的导向意义，而且这两项指标也往往具有高度的相关性。在发达国家，利率往往是中央银行和市场共同作用的结果，因此中央银行可以通过利率间接影响到政府债券的到期收益率。控制通货膨胀同样也是中央银行的重要政策目标。阿根廷政府债券收益率较高的一个原因是其近年高的通货膨胀率（部分年份甚至发生了通货膨胀）。尽管当前拉美国家都在控制国内通货膨胀率，而当前通过国债收益率、利率和通货膨胀进一步影响政府债券到期收益的政策空间已经不大，而且需要特别防范的是通货膨胀，一旦发生通货膨胀，政府债务的到期收益率将迅速上升，有可能引发这些国家的政府债务危机。

（二）解决拉美主要国家政府债务问题的政策建议

拉美各国政府债务风险潜在的根源在于其政治发展方向上的不确定性和经济结构的失衡，政治问题的解决往往需要特殊的条件。这里仅从经济上来考虑解决拉美各国政府债务问题可能的政策措施。从解决时间长短的顺序来看，实现经济增长是长期的目标，而短期内能够奏效的措施主要是由财政调整来实现的。下面分别从各国国内可以采取的短期、长期政策选择上来分析拉美各国为应对债务问题可以采取的政策措施。

第一，短期来看财政调整是主要的政策工具。在财政调整方面，主要目标是实现年度财政赤字的下降或者逐步实现财政盈余。当前拉美国家的经济增长存在着普遍乏力的情况，增加税收收入的政策已经很难实行，目前最现实的政策选择只能是削减开支。总体来看，拉美各国的政府支出占比的平均水平高于世界多数国家。在这样高的政府支出水平下，如果拉美各国进一步增加支出刺激经济增长，通过增加税收来获得财政收入的可能性已经不大，如果通过债务进行融资，将增加拉美国家的融资成本和融资难度，因此进一步增加支出已很难实施。如果考虑削减财政支出的话，从当前的财政支出结构来看，拉美各国的社会保障支出方面显著高于其他新兴国家，因此削减财政支出首当其冲应该削减社会保障支出。目前，各国财政改革的主要措施应该是削减社会保障中的养老金支出及在一般公共服务中裁减公务员以达到削减支出的目的。此外，还应该削减与经济发展没有直接关系的一般公共服务方面的支出等。这些财政调整将在短期内对政府债务风险的降低起明显直接作用。

第二，长期来看经济实现较快增长是化解债务问题的根本出路。拉美各国长期存在的经济发展结构性问题是政府债务风险存在的根源，同时这种结构性差异的存在也使各国之间经济的发展周期、要素流动等问题无法解决。因此，拉美各国政府债务问题的解决归根结底是促进经济整体发展。要实现这一目标，拉美各国必须加快改革。拉美各国必须通过削减劳动力的成本、加速创新驱动等，提高劳动生产率，进而增强本国经济的竞争力，实现经济持续稳定增长。只有通过经济持续稳定增长，才能逐步实现经常账户平衡，保持较合理的政府债务规模和债务结构，从根本上化解政府债务风险。

参考文献

［1］Calvo G. A., Mendoza E. G. Mexico's Balance of Payments Crisis：Foretold ［J］. Journal of International Economics，1996，41（3-4）.

［2］Cole H. L. Kehoe P. J. Models of Sovereign Debt：Partial Versus General Reputations ［J］. International Economic Review，1998，39（1）.

［3］José Mauricio Gil León1. Public Debt and Stability in Economic Growth：Evidence for Latin America ［J］. International Journal of Economics and Financial Issues，2019，9（4）.

［4］Hausmann R., Panizza U. Redemption or Abstinence? Original Sin, Currency Mismatches and Counter Cyclical Policies in The New Millennium ［J］. Journal of Globalization and Development，2011，2（1）.

［5］Krasavina L. N. The Risks in the Foreign Loan Sphere and Problems of Modernizing the Debt Policy of Russia ［J］. Studies on Russian Economic Development，2010，21（4）.

［6］Manasse P., RoubiniN N., Schimmelpfennig A. Predicting Sovereign Debt Crises ［J］. Social Science Electronic Publishing，2003（3）.

［7］Reinhart C. M., Rogoff K. S. Growth in a Time of Debt ［J］. American Economic Review，2010，100（2）：573-578.

［8］Roubini N., Sala I., Martin X A. Growth Model of Inflation, Tax Evasion, and Finacial Repression ［J］. New Haven Connecticut Yale University Economic Growth Center Apr，1992，35（2）.

［9］李扬，张晓晶，常欣等. 中国主权资产负债表及其风险评估（下）［J］. 经济研究，2012（7）.

［10］莫亚琳，徐鹏程. 东盟国家政府债务现状及风险研究 ［J］. 亚太经济，2016（3）.

［11］韦艳华，齐树天. 亚洲新兴市场金融危机传染问题研究——基于Copula 理论的检验方法 ［J］. 国际金融研究，2008（9）.

《中国—智利自由贸易协定》及其对智利非金属出口的影响

吉列尔莫·亚涅斯[*]

摘　要：本文通过定量研究的方法，分析了《中国—智利自由贸易协定》背景下智利非金属产品出口的动因和趋势。全文依据地区寻求对这些出口产生影响的证据，将智利全国分为从北到南的 16 个大区（相当于中国的省份），并被分配了不按纬度顺序排列的数字编号。对这些区域出口的研究结论表明：自由贸易协定使智利的出口量大大增加，而且不仅限于北部阿塔卡马沙漠的采矿业，还包括农业、畜牧业和林业。本文对铜以外的智利出口产业受到的积极影响提供了一些见解，例如智利北部和巴塔哥尼亚部分地区非金属的出口量比金属大得多，所以虽然安托法加斯塔大区出口的铜甚至达到了全国铜出口量的 90% 以上，但自贸协定对智利的区域经济发展产生的积极影响绝不仅限于此。

关键词：中智自贸协定；个体观测；对数形式；非金属出口

一、引　言

《中国—智利自由贸易协定》于 2005 年 11 月 18 日签署，自 2006 年 10 月起全面实施。两国在 21 世纪 10 年代末进行了新的谈判，以进一步增加贸易和投资。2015 年 1 月 1 日，97% 的智利出口中国商品和 100% 的中国出口智利商品免征关税，给双边贸易带来了新的便利。预计中国将大幅增加投资，而这也是智利

---

* 智利圣托马斯大学经济管理学院院长，教授。本文由广东外语外贸大学高级翻译学院研究生周柳豆翻译。

扩大家畜、农产品和林木等非矿产出口的诱因。在这篇简短的文章中，笔者将展示一些指明这一方向的证据，并辨识出哪些智利地区（省）在表1所列类别上从自贸协定中获益最大。

表1　智利对中国某些部门的出口（2018/2006年贸易量变化）

	农产品	木材	家畜
出口增长（X｛2018｝/ X｛2006｝）	43.1倍	6.5倍	10.6倍

资料来源：智利食品经营与分配中心。

农产品出口量的变化令人震惊。但尽管如此，相比于对华出口最多的金属产品就相形见绌了。虽然数字没有那么可观，木材和家畜也是出口量大幅度增加的另外两个部门。图1展示了对中国金属和非金属出口的对比。由于矿产出口增长突出，我们往往倾向于忽略细线中显示的其他出口行业的优秀表现。

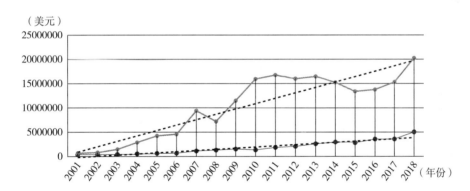

图1　2001~2018年智利对中国的贸易

资料来源：联合国商品贸易统计数据库。

对中国出口的金属为粗线，非金属为细线。从图1中可以看出，对中国的出口有很大一部分是金属矿产品。简言之，主要产品是铜及其衍生物，约占出口总额的90%。这些出口高度集中在智利北部的安托法加斯塔地区。

本文着力引起人们对上述非金属行业的关注，并寻求自贸协定对智利非金属出口产生积极影响的证据。如果从总体上得出结论认为智利受益于自贸协定，那未免有些太直接，而从矿产以外的其他产业来评估出口影响将带来更多有趣的收获。本文中提到的非金属产品，仅指将分类范围缩小后的农产品（包括羊驼和一些其他动物及葡萄酒）、林业产品（木材）和牲畜（包括鱼类）。

另外，本文将按地区寻求对这些出口产生影响的证据。智利全国分为从北到南的 16 个大区（相当于中国的省份），并被分配了数字编号，但这些编号并不按纬度顺序排列。40 多年前智利的大区划分系统刚建立的时候，这些编号是按照从北到南的顺序分配的，后来则根据近几年大区分化的进程按时间顺序给予编号。

表 2 按从北到南的顺序给出了行政大区的名称和编号。

表 2　智利行政大区（从北到南）

大区	编号	主要生产部门
阿里卡和帕里纳科塔	15	北部：矿业
塔拉帕卡	1	北部：矿业
安托法加斯塔	2	北部：矿业
阿塔卡马	3	北部：矿业
科金博	4	北部：矿业
瓦尔帕莱索	5	中部：农业
首都	13	中部：工业与服务业
贝尔纳多·奥希金斯将军解放者	6	中部：农业和矿业
马乌莱	7	中部：农业
努布雷	16	中部：农业
比奥比奥	8	南部：林业
阿劳科	9	南部：林业
河流	14	南部：农业和畜牧业
湖	10	南部：农业和畜牧业
伊瓦涅斯将军的艾森	11	南部：矿业和畜牧业
麦哲伦	12	南部：畜牧业

从表 2 可以看出，智利北部大多与矿业相关，而中部与农产品、食品和葡萄酒相关。智利南部则主要是畜牧业、农业和林业。尽管表 2 仅呈现了描述性信息，但它也为我们提供了一个初步了解：除了矿产区，还有哪些区域应该从自贸协定中获得最大收益。但是，稍后我们将发现，在这方面做出结论为时尚早。

二、研究方法

通过使用协调系统，本文以八位数水平分析了智利对中国的农业、林业及畜牧业产品出口情况，并基于 1995~2019 年的月度数据和地区数据（16 个），在数据库中观测记录 571 个不同的代码/产品，来报告 25 年来每个出口的第 i 大区的年份（时间 t=25）。

考虑到平面数据中的每一个代码地区的个体观测［中国（i, j）=（1765, 1）］，已在一个框架间建立了关于个体效应和时间效应的两个不同平面模型。

无效或不具有一致性的数据，如导出值为负的代码/地区已被过滤。模型 1 包含 1634 个个体观测值，模型 2 包含 211 个个体观测值。与大多数平面数据相同，最终观测数值显著增长，最终获得 27516 个可观的观测样本。

使用了 Anderson（1979）意义上的传统引力方程作为基础模型，通过增加自贸协定效应结构，总结为 T，如下式所示。导出方程如下：

$$X_{ijt} = \exp \{ \beta_0 + G_{ijt} + T_{ijt} + \varepsilon_{ijt} \}$$

其中：

$$G_{ijt} = \beta_1 GDP_{ijt} + \beta_2 D_{ijt}$$

且：

$$T_{ijt} = \beta_3 d_t + \beta_4 t_{ijt} + \Phi R$$

G_{ijt} 包括基于中国 GDP 的引力分量，D 作为距离度量值，其中石油价格为距离变量，以各地区最近海港距北京的固定时间计算距离。T_{ijt} 提供了基于 2006 年（d）的时间模型，i 为特定关税率，R 为区域影响因子。

三、结　论

如上所示，为获得最小鲁棒性，给出两个模型。表 3 基于对数形式，给出两个模型得出的智利对中国非金属出口的情况。那么，线性面板为对数形式，（1）表示模型 1，（2）表示模型 2。的确，GDP 解释能力有限，同时方程中的引力部分需进一步解释。但基于所考虑目标为国家内部的地区，而非国与国之间比较的情况，所以相比于人口数据所具有的统计学意义，智利地区与中国之间的 GDP

差异对出口并无特别影响。而自由贸易协定带来的影响，的确符合预期并能成为智利向中国出口非金属的原因，但最重要的结论或许与相关签订自贸协定而获益最多的地区有关。

表3　引力模型

	log（X）	
	（1）	（2）
GDP	0.000	−0.000
	(0.000)	(0.000)
D	0.026 ***	0.054 *
	(0.005)	(0.029)
Pop	0.000 **	0.000 ***
	(0.000)	(0.000)
d	1.133 ***	0.125
	(0.216)	(0.110)
T	−0.917	0.512
	(0.799)	(1.929)
第1大区	1.540 ***	9.998 ***
	(0.487)	(3.075)
第2大区	1.062 **	6.563 *
	(0.494)	(3.479)
第3大区	0.332	13.530 ***
	(0.491)	(3.033)
第4大区	1.132 **	7.116 ***
	(0.466)	(2.580)
第5大区	0.245	4.542 *
	(0.740)	(2.465)
第6大区	−3.680 ***	−2.988
	(0.744)	(4.695)

续表

	log（X）	
	（1）	（2）
第 7 大区	−6.106***	−8.413
	（1.103）	（7.020）
第 8 大区	−0.314	2.212
	（0.624）	（2.029）
第 9 大区	−4.924***	−4.591
	（1.017）	（6.516）
第 10 大区	1.592***	8.417***
	（0.477）	（2.593）
第 11 大区	−0.693	5.635
	（0.611）	（3.752）
第 12 大区	1.617***	5.808**
	（0.472）	（2.759）
第 13 大区	−8.421***	−17.398***
	（2.684）	（2.880）
第 14 大区	0.976**	11.178***
	（0.428）	（2.477）
第 15 大区	0.050	0.044
	（0.800）	（0.288）
第 16 大区	0.996**	1.255**
	（0.380）	（1.032）
常数	6.835***	0.436
	（0.428）	（2.572）
观测值	1634	211
R^2	0.100	0.876
修正后的 R^2	0.090	0.864
F 统计量	9.461*** （df = 19；1614）	71.049*** （df = 19；191）

注：***、** 和 * 分别表示 1%、5% 和 10% 的显著性水平。

由表 3 可知，第 1、第 2、第 3、第 4 和第 15 大区为北部矿区，而除第 3 和第 15 大区外，均对出口有显著正向统计意义。值得一提的是，这些地区从非金属出口获益相对比其他地区多，因而智利对中国的出口并不仅仅意味着出口北部地区的铜矿。智利中部和南部情况好坏参半，而我们常关注负面迹象。浆果和木材等属于智利非金属出口的重要部分，但其代码显示数据却出人意料。其实负面迹象并不意味着出口下降，相反，自贸协定对每个地区都有益，只是对智利中部和南部的益处较少而已。值得注意的是，有些智利中部产品，例如葡萄酒，可能因为从北部海港出口而被计入北部地区出口产品。比如，有 288 个记录葡萄酒出产的代码均报告计入北部大区出口总量（第 1、第 2、第 3、第 4 和第 15 大区）。同理，在巴塔哥尼亚最南端，麦哲伦（第 12 大区）就是大量出口原产于其他区域产品的出口大区之一。南部地区的洛斯里奥斯和洛斯拉各斯是显示积极迹象的两个大区，而这一结果归功于林业、浆果和其他农业及畜牧业食物产品。此类影响在巴塔哥尼亚地区显然是积极的。

四、结束语

尽管中国和智利是世界上最遥远的两个国家，但两国在文化和贸易上却有着紧密的联系。自由贸易协定使智利的出口量大大增加，却不仅限于北部阿塔卡马沙漠的采矿业，还包括农业、畜牧业和林业。本文对铜以外的智利出口产业受到的积极影响提供了一些见解，同时分析了各个大区所受到的广泛而不同的影响。在智利北部和巴塔哥尼亚部分地区非金属的出口量比金属大得多，所以虽然安托法加斯塔大区出口的铜占全国铜出口量的 90% 以上，但中智自贸协定对智利的区域经济发展产生的积极影响绝不仅限于此。

"一带一路"背景下广东与拉美国家贸易与投资合作的现状、问题与对策研究

朱文忠　孙鑫琪　张燕芳*

摘　要：近年来，随着中国与拉丁美洲地区经济贸易联系的日益紧密，尤其是 2018 年共建"一带一路"伟大构想全面延伸到拉美大陆，广东作为我国对外开放的前沿阵地，广东与拉丁美洲的贸易投资合作面临重大战略机遇期。本文在对广东与拉丁美洲国家进出口贸易、投资合作数据进行分析的基础上，从抓住政策优势、提升资源互补优势、开拓服务贸易新业态等方面提出了发展广东—拉美贸易、投资合作的相关对策和建议。此外，广东企业赴拉美投资存在巨大的空间。广东对拉丁美洲国家投资方面存在投资规模小、地域分布不均衡、行业高度集中、投资风险较高等现实问题。本文也针对这些问题提出了相应的建议和对策。

关键词：对外贸易；投资合作；广东与拉美国家；发展现状；对策研究

中国和拉丁美洲两大经济体各自的资源禀赋和产业结构具有很强的互补性，促使这两大经济体之间不断加强经济贸易合作和产业部门的相互投资。近年来中拉关系飞速发展，不断谱写新篇章。2008 年，中国政府发布了《中国对拉丁美洲和加勒比政策文件》，确立了对拉美地区的政策目标，明确了具体的合作领域，致力于建立中拉平等互利、共同发展的全面合作伙伴关系。2012 年，中国和拉美国家地区的双边贸易创下 2612 亿美元的新高，同比增长 8.1%，此后中国成为拉美地区的第二大贸易伙伴和主要投资来源国，成为巴西、智利等多个拉美国家的第一大贸易伙伴。伴随着中拉双边贸易规模的不断扩大，中国企业投资拉美的意愿不断增强，目前中国已成为拉美地区的主要外资来源国之一，拉丁美洲也是

---

* 朱文忠，广东外语外贸大学商学院院长，教授，博士生导师；孙鑫琪，广东外语外贸大学商学院硕士研究生；张燕芳，华南理工大学工商管理学院博士研究生。

中国对外直接投资的第二大投资目的地。

2013 年"一带一路"提出时虽然并未明确将拉美纳入其中，但是在中拉双方的共同努力和积极推动下，2017 年成为"中拉对接'一带一路'元年"。2018年中拉论坛第二届部长级会议的召开则标志着共建"一带一路"伟大构想已经全面延伸到拉美大陆。随着中拉关系不断升温，拉美成为中国贸易和投资增长最快的地区之一。

然而，由于其资源禀赋、地理位置和既有经贸往来等因素的影响，"一带一路"背景下中国各省份同拉丁美洲国家的经贸往来合作存在一定差异。广东省作为改革开放的桥头堡和"一带一路"特别是"21 世纪海上丝绸之路"建设的主力军，在对外经贸合作方面拥有丰富的经验和独特的优势，同时广东与拉美国家在资源、市场、资金、技术等方面具有很强的互补性。近年来，广东与拉美国家不断拓宽合作领域，贸易额占中拉贸易额 1/6 以上，广东对拉美投资也位居全国各省份的前列。深入研究广东—拉丁美洲贸易与投资合作的现状和问题不仅对广东产业结构的优化升级、经济发展多元化、粤企竞争力的提升等有积极影响，也对拉美国家工业结构的优化、基础设施的完善、获取新的经济增长点等有重要意义。

一、广东与拉丁美洲国家贸易与投资合作概况

（一）广东与拉丁美洲国家贸易概况

拉丁美洲是指从墨西哥起的西半球南部的整个地区，东临大西洋，西靠太平洋，北靠墨西哥湾和加勒比海，南北全长 11000 多公里，东西最宽处 5100 多公里，最窄处巴拿马地峡仅宽 48 公里，面积 2056.7 万平方公里。人口约 6.51 亿人，主要是印欧混血种人和黑白混血种人，次为黑人、印第安人和白种人。拉丁美洲共有 33 个国家和 12 个未独立地区。目前，与中国建交的国家和地区有墨西哥、哥斯达黎加、古巴、多米尼加、牙买加、委内瑞拉、哥伦比亚、巴西等 23国，其中墨西哥、阿根廷、智利、巴西、秘鲁、委内瑞拉、哥伦比亚等国与中国经贸关系较为密切。

改革开放初期的 1980 年，中拉双边贸易额仅为 13.3 亿美元。到 2000 年，双方贸易额达到 126 亿美元，占中国对外贸易总额的 2.7%。2008 年，中国政府发布了《中国对拉丁美洲和加勒比政策文件》，确立了对拉美地区的政策目标，明确了具体的合作领域，致力于建立中拉平等互利、共同发展的全面合作伙伴关

系，拉美成为中国贸易增长最快的地区之一。2014 年中国对拉美贸易额已增至 2636 亿美元，2016 年虽有回落但仍达 2166 亿美元，占中国对外贸易总额的 6%，约为 1980 年的 163 倍。目前中国已成为拉美地区的第二大贸易伙伴，也是很多拉美国家的第一大贸易伙伴。

2017 年 5 月，"一带一路"国际合作高峰论坛在北京成功举行，其中，智利、阿根廷两国总统及近 20 位拉美和加勒比国家部级官员和地区组织负责人积极参会；中国政府和阿根廷政府的联合声明确认，双方将在"一带一路"框架内加强发展战略对接，成为中国与拉美国家的第一份确认加入"一带一路"的联合声明；南美洲区域基础设施一体化倡议正式列入《"一带一路"国际合作高峰论坛圆桌峰会联合公报》，成为拉美地区首次列入元首级"一带一路"多边联合公报。同年 11 月，中国与巴拿马签署"一带一路"建设谅解备忘录，成为中国与拉美国家的第一份"一带一路"建设谅解备忘录。在中拉双方的共同努力和积极推动下，2017 年成为"中拉对接'一带一路'元年"。

然而，"一带一路"背景下与拉美国家合作的中国各省份或区域的地位或作用实际上存在差异，由其资源禀赋、地理位置和既有的经贸往来等决定。广东无疑是其中颇有分量的省份之一。一方面，广东作为我国改革开放的桥头堡，作为"一带一路"特别是"21 世纪海上丝绸之路"建设的排头兵和主力军，对构建开放型经济新体制、为全国提供支撑、助推国际合作等都具有重要的作用。另一方面，广东与拉美国家在资源、市场、资金、技术等方面具有很强的互补性，促使双方不断加强经济贸易合作和产业部门的相互投资。近年来，广东与拉美国家不断拓宽合作领域，贸易额占中拉贸易额 1/6 以上，同时拉美国家也是粤企"走出去"的重要目的地，粤企在拉美国家的投资项目累计超过 300 个，包括华为、中兴等知名企业。党的十八大以来，广东继续坚持改革开放，着力提高对外开放水平，在严峻复杂的国内外经济环境下，充分发挥改革开放桥头堡作用，紧抓"一带一路"带来的机遇，以开放的主动赢得发展的主动、国际竞争的主动。当前，随着全球经济的低迷对拉美国家资源型大宗商品市场造成冲击，以及自 2011 年下半年以来中国新一轮产能过剩问题日益突出，中国经济进入"新常态"，广东和拉美国家都在加快推进经济结构调整，"一带一路"背景下进一步扩大两地的经贸合作面临着新的机遇。

（二）广东与拉丁美洲国家投资合作概况

对外直接投资是当今参与世界经济活动的一种重要形式，也是我国在开放条件下实现国内产业升级和中国企业开展国际化经营的重要途径。伴随着我国经济实力的增强和国际经济全球化趋势的快速发展，中国在对外直接投资的存量和增量上都表现出迅猛增长的趋势，成为世界上对外投资最重要的国家之一。中国贸促会研究院 2018 年发布的《中国对外直接投资战略研究报告》数据显示，近 10 年来，中国对外投资年均增长 27.2%，对外直接投资已经跻身世界前列。2018 年中国对外直接投资 1430.4 亿美元，同比下降 9.6%，在全球对外直接投资流出总额同比减少 29%，连续 3 年下滑的大环境下，略低于日本（1431.6 亿美元），成为第二大对外投资国。2018 年末，中国对外直接投资存量达 1.98 万亿美元，是 2002 年末存量的 66.3 倍，跃居第 3 位，仅次于美国和荷兰。中国在全球外国直接投资中的影响力不断扩大，流量占全球比重连续 3 年超过一成，2018 年占 14.1%，较上年提升 3 个百分点。

从中国资本流向的地域来看，中国对外直接投资遍及世界各地，最主要还是集中在亚洲地区。此外，伴随着中拉双边贸易规模的不断扩大，中国企业投资拉美的意愿不断增强，目前中国已成为拉美地区的主要外资来源国之一，拉丁美洲也是中国对外直接投资的第二大投资目的地。2014 年习近平主席访问拉美，提出构建"五位一体"的中拉新关系和构建"1+3+6"中拉合作新框架，标志着中拉关系迈入全面合作的历史新时期。2015 年 5 月，李克强总理访问拉美期间，强调要加强中国与拉美地区的产能合作，并首次提出中拉产能合作"3×3"模式，积极推动中拉经贸的转型，打造中拉合作的升级版。随着中拉关系不断升温，拉丁美洲也成为中国对外投资增长最快的区域之一。但 2017 年受全球对外投资趋势放缓、美欧对跨国企业"避税天堂"投资采取惩罚措施等不确定性因素影响，中国对拉丁美洲投资降幅较大。2017 年中国对拉丁美洲直接投资流量占当年中国对外直接投资流量的 8.9%，截至 2017 年末中国在拉丁美洲的投资存量为 3868.9 亿美元，占中国对外投资存量的 21.4%。

从投资流量来看（见图 1），中国对拉丁美洲直接投资波动较为明显，2015~2016 年出现激增，上涨至 272.3 亿美元达到近 10 年来的最高水平，2017 年又回落至 140.8 亿美元，相较于 2010 年虽有上涨，但受国际局势和政策影响波动较大。自 2007 年以来，除个别年份以外，拉丁美洲吸收的中国对外投资流量一直仅次于亚洲。就投资流向的区域而言，2003~2017 年的《中国对外直接投资统计公报》的数据显示，中国对拉美的投资主要流向了开曼群岛和英属维尔京群岛这两个离岸金融中心，其他投资主要分布在巴西、委内瑞拉、阿根廷等地。

以上阐述了中国对拉美直接投资的整体情况，然而，"一带一路"背景下与拉美国家合作的中国各省份或区域的地位或作用实际上存在着差异，由其资源禀赋、地理位置和既有的经贸往来等决定。广东无疑是其中颇有分量的省份之一。一方面，广东作为我国改革开放的桥头堡、试验区和"一带一路"的排头兵、主力军，对外投资发展相比其他省份而言起步较早，对外投资发展也较为成熟，是我国对外直接投资的大省，在我国对外直接投资领域一直发挥着极为关键和重

（亿美元）

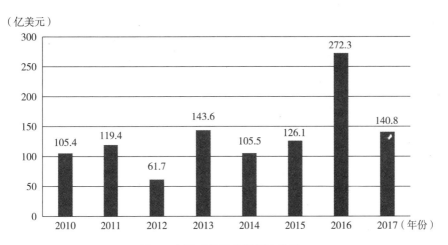

图1 中国对拉丁美洲投资流量

资料来源：《2018年中国对外直接投资统计公报》。

要的作用。近年来，为了缓解生产成本上升倒逼经济转型的压力，广东省大力鼓励企业"走出去"、开拓国际市场，希望借助企业国际化及对外直接投资解决当前广东省面临的困境。另一方面，拉美是广东企业"走出去"的重要目的地，粤企在拉美国家的投资项目累计早已超过300个，包括华为、中兴、美的等知名企业。2017年广东对拉丁美洲投资占比激增，实际投资8亿美元，占广东对外投资总量的9.12%，仅次于亚洲，排名第二（见图2）。

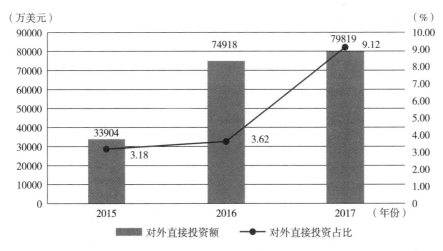

图2 广东对拉丁美洲投资额及占比

资料来源：《2018年广东省统计年鉴》。

随着中拉经贸联系越来越密切,"一带一路"向拉美延伸,深入研究广东投资拉美的现状和问题不仅对广东产业结构的优化升级、经济发展多元化、粤企竞争力的提升等有积极影响,也对拉美国家工业结构的优化、基础设施的完善、获取新的经济增长点等有重要意义;除此之外,也可为提升中国投资拉美的效率提供部分的分析基础和现实依据。但目前相关研究还较少,系统研究"一带一路"背景下广东投资拉美的现状、问题等越发重要和迫切。

二、广东与拉丁美洲国家贸易与投资合作现状及问题

(一)广东与拉丁美洲国家贸易现状及问题

广东是我国的外贸大省,2017 年,广东省进出口总额为 68155.9 亿元,同比增长 8.0%,增幅同比提高 8.8 个百分点。其中,出口额 42186.8 亿元,同比增长 6.7%;进口额 25969.1 亿元,同比增长 10.1%。尤其是对"一带一路"国家进出口增长较快,累计进出口增长 12.4%。随着国内工业生产回暖,市场需求扩大,十类大宗商品进口 387.29 亿美元,同比增长 15.6%,除天然气进口额下降 15.4%外,其他商品均实现增长,其中铁矿石进口增长 34.6%。进出口新模式发展迅速,全年跨境电子商务进出口同比增长 93.8%。

广东与拉丁美洲的贸易往来不断波动,但总体呈上升趋势发展。除 2016 年出现较大下降之外,整体保持稳步发展水平。从进出口占比情况来看,广东对拉丁美洲国家出口大于进口。出口总额呈波动上升趋势,2017 年达到 290.31 亿美元,较 2013 年上涨了 17.73 亿美元,而进口总额呈波动下降趋势(见图 3、见图 4)。

广东与拉丁美洲不同国家的贸易发展情况也有所不同,贸易往来金额较大的主要是墨西哥、巴西、智利、阿根廷,其中与巴西、墨西哥两国进出口贸易金额最多。广东与墨西哥的进出口贸易情况最为稳定,从 2013 年的 80.28 亿美元持续上升到 2017 年的 115.99 亿美元。广东与巴西的进出口贸易波动较为显著,从 2013 年的 98.68 亿美元上升到 2014 年的 103.20 亿美元,之后略有回落,持续降低至 2016 年的 72.69 亿美元,2017 年又回升至 90.48 亿美元。与智利、阿根廷的进出口贸易金额一直总体保持平稳状态,略有波动(见图 5)。

通过对广东与拉丁美洲主要四个国家(阿根廷、巴西、智利、墨西哥)的贸易行业数据分析发现,广东对拉丁美洲的经济贸易合作主要集中在计算机、通信和其他电子设备制造业,电气机械和器材制造业,文教、工美、体育和娱乐用品制造业,农副食品加工业,皮革、毛皮、羽毛及其制品和制鞋业,农业,金属

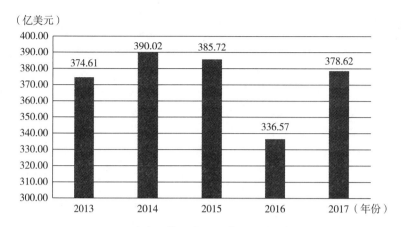

（亿美元）

图3 广东—拉丁美洲进出口贸易总额

资料来源：《2017年广东省统计年鉴》。

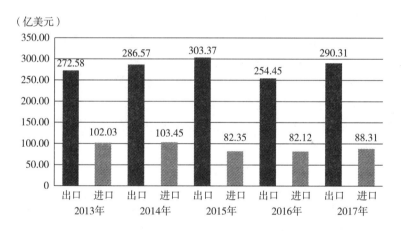

（亿美元）

图4 广东—拉丁美洲进出口总额

资料来源：《2017年广东省统计年鉴》。

制品业，纺织服装、服饰业，专用设备制造业，通用设备制造业等10余个主要行业。广东对拉丁美洲主要国家主要出口行业为计算机、通信和其他电子设备制造业，电气机械和器材制造业，文教、工美、体育和娱乐用品制造业，纺织服装、服饰业，金属制品业。

广东与巴西之间的进出口贸易金额主要集中在农业，计算机、通信和其他电子设备制造业，电气机械和器材制造业及黑色金属矿采选业这四个行业（见图6）。商务部的统计资料显示，截至2014年，中国至今仍然是巴西最大的贸易顺差国。其中，农产品的出口量占巴西对华出口量的近一半，2000年以来，巴

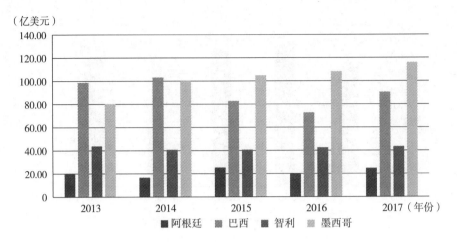

图 5　广东省与拉美主要国家进出口总额

资料来源：历年《广东省统计年鉴》。

西对华农产品出口量的增长十分显著。2000 年，巴西对华农产品出口量仅为 5 亿美元，其中大豆出口量为 178 万吨，价值 3.37 亿美元。14 年后，2014 年巴西对华农产品出口量增长到了 200 亿美元，占对华出口总量的 40%。品类方面，大豆始终是巴西对华出口的主要产品，从 2014 年的统计数据来看，巴西对华大豆出口占总出口量的 1/3，即 403 亿美元。其他几项主要产品分别为棉花（127.6 亿美元）、乳制品（64.1 亿美元）、棕榈油（43.8 亿美元）、羊毛（24.1 亿美元）和木薯（21.1 亿美元）。巴西是中国重要的农业贸易合作伙伴，因此，广东与巴西在农业方面的进出口贸易额一直领先于其他行业。2013 年广东与巴西的进出口贸易额为 25.26 亿美元，虽然受到巴西农产品平均价格降低和 2014 年大豆、蔬菜进口量降低的影响，2014~2015 年农业贸易额有所下降，2015 年仅为 13.51 亿美元，但之后逐渐恢复，2017 年恢复到 29.24 亿美元，相较于 2013 年上涨了 3.98 亿美元，涨幅达到 15.75%。除了农业，广东与巴西在黑色金属矿采选业方面的贸易金额近年来涨幅最大。2013 年双方在这一行业的贸易金额仅为 4.92 亿美元，2015 年波动下降至 3.36 亿美元后迅速攀升，2017 年达到 11.43 亿美元，相较于 2013 年翻了两倍还要多。但广东和巴西在计算机、通信和其他电子设备制造业，电气机械和器材制造业两个行业的进出口额却出现了一定程度的下跌。在计算机、通信和其他电子设备制造业方面，双方的进出口额从 2013 年的 25.81 亿美元持续下跌至 2015 年的 12.76 亿美元，之后虽然有所回升，2017 年达到 17.73 亿美元，但相较于 2013 年，跌幅仍达到 31.3%。在电气机械和器材制造业方面，2013 年进出口金额为 19.38 亿美元，2015~2016 年出现较大幅度下跌，跌至 2016 年的 12.13 亿美元，2017 年回升至 16.31 亿美元，相较于 2013 年跌幅达到 15.8%。其他行业中，造纸和纸制品业，纺织服装、服饰业涨幅最大。纺织服装、服饰业从 2013 年的 2.62 亿美元持续上涨至 2015 年的 4.52 亿美元，虽然 2016 年有所波动，下跌至 2.7 亿美元，但 2017 年仍迅速回升至 5.16 亿美元，相较于 2013 年上涨了 2.54 亿美元。造纸和纸制品业则从 2013 年的 2.08 亿美元上涨至 2017 年的 4.16 亿美元，虽然 2016 年出现了略微波动，但整体涨幅仍超过 100%。而皮革、毛皮、羽毛及其制品和制鞋业，文教、工美、体育和娱乐用品制造业及金属制品业等行业出现了不同程度的波动下跌情况。除了进出口贸易金额排名前 10 的行业之外，广东与巴西在林业和化学纤维制造业方面的贸易往来出现较快速度的增长，涨幅均超过 100%。林业的进出口金额从 2013 年的 130 万美元持续上涨至 2017 年的 327 万美元；化学纤维制造业的进出口金额则从 2013 年的 542 万美元上涨至 2017 年的 1186 万美元。

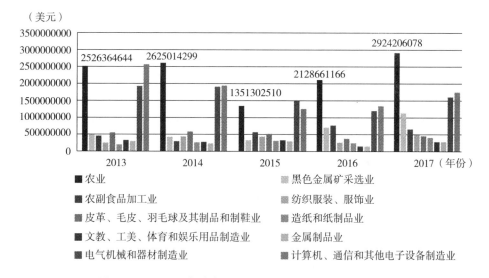

图 6　2013~2017 年广东—巴西对外贸易主要行业发展情况

资料来源：EPS 数据库。

相较于其他国家，广东与墨西哥之间的贸易关系最为稳定，进出口贸易额排名前 10 位的行业近 5 年来虽略有波动，但整体均呈现稳定增长局势（见图 7）。

如图 7 所示，广东与墨西哥的贸易往来最多的行业依然是计算机、通信和其他电子设备制造业，电气机械和器材制造业。计算机、通信和其他电子设备制造业的进出口金额从 2013 年的 30.40 亿美元持续上涨至 2017 年的 46.68 亿美元，涨幅达到 53.55%。电气机械和器材制造业从 2013 年的 11.84 亿美元上涨至 2017

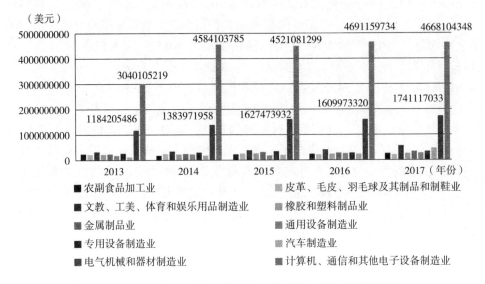

图 7　2013~2017 年广东—墨西哥对外贸易主要行业发展情况

资料来源：EPS 数据库。

年的 17.41 亿美元，涨幅达到 47.03%。相较于其他四国，广东与墨西哥在汽车制造业的贸易情况突出，且涨幅巨大，从 2013 年的 1.15 亿美元上涨至 2017 年的 4.64 亿美元，上涨了 3.48 亿美元，翻了 3 倍还要多。此外，双方在文教、工美、体育和娱乐用品制造业，通用设备制造业，金属制品业，专用设备制造业四个行业也出现较大增长。文教、工美、体育和娱乐用品制造业的进出口金额从 2013 年的 3.27 亿美元上涨至 2017 年的 5.61 亿美元，涨幅达到 71.92%。通用设备制造业的进出口金额从 2013 年的 1.91 亿美元上涨至 2017 年的 2.89 亿美元，涨幅达到 51.47%。金属制品业的进出口贸易金额从 2013 年的 2.48 亿美元上涨至 2015 年的 3.10 亿美元，虽然 2015~2016 年出现了下跌，但 2017 年回升至 3.44 亿美元，相较于 2013 年，涨幅达到 38.49%。专用设备制造业的进出口金额也从 2013 年的 2.72 亿美元上涨至 2017 年的 3.57 亿美元，涨幅达到 31.04%。除了进出口贸易金额排名前 10 的行业，广东与墨西哥在化学原料和化学制品制造业，酒、饮料和精制茶制造业两大行业也出现了较快的增长速度。酒、饮料和精制茶制造业的进出口贸易金额从 2013 年的 590 万美元持续上涨至 2017 年的 1295 万美元，涨幅达到 119.60%。化学原料和化学制品制造业的进出口贸易金额从 2013 年的 4806 万美元持续上涨到 2017 年的 1.42 亿美元，涨幅达到 196.11%。

广东与智利的进出口总额排名靠前的是有色金属冶炼和压延加工业，计算机、通信和其他电子设备制造业，电气机械和器材制造业，纺织服装、服饰业

（见图8）。其中，广东与智利在有色金属冶炼和压延加工业的进出口金额虽然一直处于第一位，但近5年来呈现迅速下跌趋势。2013年广东与智利在有色金属冶炼和压延加工业的进出口金额为15.46亿美元，之后持续迅速下跌至2016年的5.70亿美元，2017年虽有所回升，达到6.54亿美元，但仍不及2013年的1/2。而双方在计算机、通信和其他电子设备制造业，电气机械和器材制造业两大行业方面呈现平稳上涨趋势。双方在计算机、通信和其他电子设备制造业的贸易额从2013年的5.27亿美元持续上涨至2017年的6.47亿美元，进出口贸易额在各行业中排名第二，仅次于有色金属冶炼和压延加工业，相较于2013年，涨幅达到22.81%。在电气机械和器材制造业方面，双方进出口金额从2013年的3.34亿美元持续上涨至2017年的4.83亿美元，相较于2013年，涨幅达到44.53%。智利圣地亚哥商会发布的信息显示，2014年拉美地区电子商务利润总额达520亿美元。智利2014年电子商务利润额约35亿美元，发展水平高于拉美其他国家平均水平。因此，广东与智利在计算机、通信和其他电子设备制造业方面的贸易往来未来仍可能实现更高增长，并且广东与智利之间在电子商务方面的合作也有可能带来新的贸易增长点。其他行业中，文教、工美、体育和娱乐用品制造业，非金属矿物制品业，金属制品业均出现较大幅度的增长。文教、工美、体育和娱乐用品制造业从2013年的1.37亿美元持续上涨至2017年的2.57亿美元，涨幅达到87.42%。非金属矿物制品业从2013年的9749万美元上涨至2017年的1.50亿美元，涨幅达到53.98%。金属制品业则从2013年的1.12亿美元持续增长至2017年的1.53亿美元，涨幅也达到了36.27%之多。除了皮革、毛皮、羽毛及其制品和制鞋业出现了小幅下跌之外，广东与智利进出口贸易金额排名前10位的行业均呈现整体稳定攀升的态势。除了进出口贸易金额排名前10的行业之外，广东与智利的进出口贸易金额在林业，酒、饮料和精制茶制造业，医药制造业，黑色金属矿采选业，黑色金属冶炼和压延加工业5个行业的增长幅度较大。林业方面，从2013年的34万美元持续上涨至2017年的409万美元，翻了10倍还要多。酒、饮料和精制茶制造业从2013年的2712万美元持续上涨至2017年的9175万美元，涨幅达到238.25%。而黑色金属矿采选业则属于近两年来新开拓的贸易行业，黑色金属冶炼和压延加工业也从2013年的987万美元上涨至2017年的4124万美元，涨幅达到317.60%。

广东与阿根廷之间的贸易往来主要集中在计算机、通信和其他电子设备制造业，电气机械和器材制造业，农业这三大行业，主要行业的贸易额整体呈上升趋势，2015年达到顶峰后稍有回落，2017年又逐渐恢复（见图9）。广东对阿根廷的主要进口行业为农业，农副食品加工业，皮革、毛皮、羽毛及其制品和制鞋业，石油和天然气开采业；主要出口行业为计算机、通信和其他电子设备制造

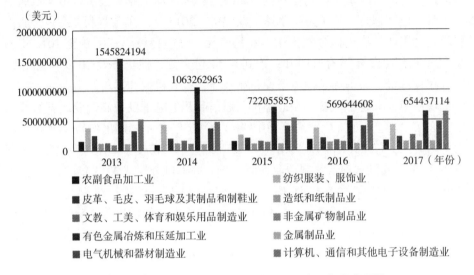

图 8　2013~2017 年广东—智利进出口贸易主要行业发展情况

资料来源：EPS 数据库。

业，电气机械和器材制造业，文教、工美、体育和娱乐用品制造业，专用设备制造业，通用设备制造业。

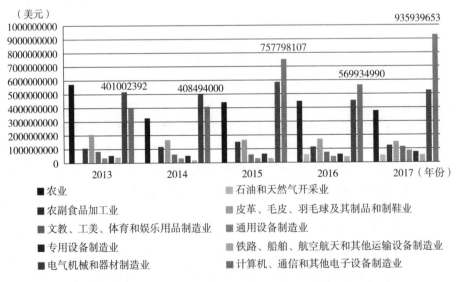

图 9　2013~2017 年广东—阿根廷进出口贸易主要行业发展情况

资料来源：EPS 数据库。

在广东同阿根廷贸易金额前 10 位的主要行业中，计算机、通信和其他电子设备制造业上涨幅度最大，从 2013 年的 4.01 亿美元持续上涨到 2017 年的 9.36 亿美元，涨幅达到 5.35 亿美元之多。其次，通用设备制造业也从 2013 年的 3810 万美元上涨到 2017 年的 8827 万美元，涨幅超过 100%。专用设备制造业，文教、工美、体育和娱乐用品制造业、铁路、船舶、航空航天和其他运输设备制造业也有较大幅度的上涨，近 5 年来的进出口贸易金额上涨幅度均超过 30%。而农业及皮革、毛皮、羽毛及其制品和制鞋业近 5 年来贸易金额却呈现下跌趋势。皮革、毛皮、羽毛及其制品和制鞋业从 2013 年的 2.08 亿美元下跌至 2014 年的 1.7 亿美元后，一直保持在这一水平，2017 年又进一步下跌至 1.54 亿美元，跌幅超过 50%。农业方面，阿根廷对于农业发展非常重视，近年来在农业科技方面的投入迅速增长，2017 年阿根廷农业科技领域投资金额超过 7 亿美元，2016 年和 2015 年农业科技领域投资金额分别为 3.32 亿美元和 2.33 亿美元。阿根廷利用先进智能科技对农业技术初创公司进行投资，目的在于大幅提高农业生产效率。中国与拉丁美洲在农业方面的贸易往来也较为频繁，据统计，2016 年，中粮集团下属阿根廷子公司共出口粮油 1033 万吨，跃升至第二位。其中，出口谷物类食品 721 万吨，居第一位。广东与阿根廷的农业进出口贸易金额虽然近 5 年来从行业上来看一直保持在前几位，贸易量大，但出现了波动下跌的趋势。2013 年双方农业进出口贸易额达到 5.78 亿美元，2014 年却跌至 3.29 亿美元，2015~2016 年持续回升至 2016 年的 4.49 亿美元后又出现下跌情况，2017 年为 3.79 亿美元。随着阿根廷农业技术的发展和生产效率的提高，双方在农业方面的贸易往来应该进一步加强，力求平稳回升。此外，广东与阿根廷在废弃资源综合利用业方面的贸易往来涨幅巨大，引人注目。双方在这一行业的进出口贸易金额 2013 年只有 4637 美元，而之后 5 年一直保持迅速上涨趋势，2017 年已经达到 111 万美元，是 2013 年的 240 余倍。

从广东与拉丁美洲的进出口贸易数据中可以看出，广东与拉丁美洲之间的贸易往来虽然整体保持增长态势，但存在较为明显的波动。广东与拉美之间的进出口贸易受到地区经济发展状况和国际局势的影响较大。自 2006 年以来，中国与智利、秘鲁、哥斯达黎加等国不断签署和完善自由贸易协定。2017 年阿根廷、智利总统来华出席"一带一路"国际合作高峰会并进行国事访问；11 月，首届"中国—拉美国际博览会"在广东珠海举行；中智签署自由贸易协定升级议定书。从国际局势来看，全球经济以制造业复苏为支撑逐步步入上行周期，但美国反复主动挑起贸易战争，奉行贸易保护主义，加强贸易壁垒等行为，增加了中国经济发展的外部不确定性。中国与拉丁美洲之间的贸易关系正面临着重大的战略机遇期。从广东自身来看，2014 年 12 月起，广东开始建设自贸区，涵盖广州南沙自贸区、深圳蛇口自贸区和珠海横琴自贸区。广东将对外贸易视为经济发展的重要推动力量，抢占国际市场份额。

从行业发展角度来看，广东与拉丁美洲国家存在较强的互补优势。广东与拉美国家的贸易往来份额最大的是电气机器和器材制造业，计算机、通信和其他电子设备制造业两大行业。机电产品是广东对外贸易出口的中坚产品，为保障广东出口贸易增长起了关键性的支撑作用。2013~2016 年，广东机电产品出口年均增长 1.1%，2016 年占全省出口产品比重超过六成，达 67.9%。自实施科技兴贸战略以来，广东高新技术产品出口比重稳定在 35% 以上，2016 年广东高新技术产品出口占全省出口 35.7%。而拉丁美洲资源丰富，尤其是林业、矿产资源。例如，墨西哥已探明石油储量达 103 亿吨，委内瑞拉的石油储量为 80 多亿吨，均居世界前列。巴西的铁矿储量居世界前列，其产量和出口量均居世界第 2 位铜储量约在 1 亿吨以上，居各洲之首智利铜储量居世界第 2 位，秘鲁居世界第 4 位。煤蕴藏量约 500 亿吨，主要分布在哥伦比亚和巴西，仅哥伦比亚煤蕴藏量就多达 240 亿吨。此外，巴西的铍、钽、铌，苏里南和牙买加的铝土，墨西哥的银、硫黄，智利的硝石，古巴的镍，哥伦比亚的绿宝石等储量均居世界前列。

（二）广东与拉丁美洲国家投资合作现状及问题

1. 广东与拉丁美洲国家投资合作现状

2017 年，中国对外直接投资虽呈负增长，但仍以 1582.9 亿美元位列全球第三位，继续保持发展中国家首位。截至 2017 年底，中国 2.55 万家境内投资者在国（境）外共设立对外直接投资企业 3.92 万家，分布在全球 189 个国家和地区，境外企业资产总额达 6 万亿美元，对外直接投资存量达 18090.4 亿美元。广东省作为对外投资的大省，2017 年对外投资流量 117.7 亿美元，位居全国第二（见图 10）。

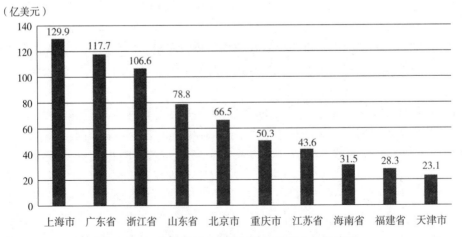

图 10　2017 年我国地方对外投资流量前十位的省份

资料来源：根据《2017 年度中国对外直接投资统计公报》整理。

截至 2016 年底，中国 2.44 万家境内投资者在国（境）外共设立对外直接投资企业 3.72 万家，分布在全球 190 个国家（地区），年末境外企业资产总额 5 万亿美元。从境外非金融类企业的隶属情况看，地方企业占 88%，中央企业和单位仅占 12%。广东省是中国拥有境外企业数量最多的省份，占境外企业总数的 18%（见表 1 和图 11）。2017 年粤商海外投资论坛发布的数据显示，广东在海外设立企业已经超过 7000 家，遍布全球 130 多个国家和地区。在地方境外企业数量排名和年增长率方面，自 2013 年广东超过浙江居地方设立境外企业数第一，广东省已经连续四年蝉联第一，而且除个别年份外，广东省设立境外直接投资企业的年增长率超过 20%。

表 1　2012～2016 年各年末广东省设立境外直接投资企业情况

年份	境外企业数量（家）	年增长率（%）	占境外企业总数比重（%）	地方境外企业数量排名
2012	2733	33.5	12.5	2
2013	3965	45.1	15.6	1
2014	5293	33.5	17.7	1
2015	5232	-1.2	17.3	1
2016	6592	26	18	1

资料来源：根据 2013～2016 年《中国对外直接投资统计公报》整理。

广东省对外投资的目的地以经济发展缓慢和技术落后的亚洲不发达国家和地区为主（见表 2）。2016 年，广东省对亚洲海外国家和地区直接投资 136.9 亿美元，占比 66.2%，这与广东和亚洲的地缘及同一民族性有着密不可分的联系；对北美洲、拉丁美洲、欧洲直接投资 20.2 亿美元、7.5 亿美元和 4.9 亿美元，占比分别为 9.8%、3.6% 和 2.4%，较 2015 年分别提升 0.7%、0.4% 和 1.6%；对大洋洲和非洲直接投资 2.5 亿美元和 3500 万美元，占比分别为 1.2% 和 0.2%。其中，对中国香港、美国、英属维尔京群岛、开曼群岛、法国、印度尼西亚和泰国共投资 161.3 亿美元，占比高达 78%。此外，广东省对外直接投资的行业结构也在不断优化。2016 年，广东省对外投资行业分布广泛，涵盖了国民经济的 18 个行业分类，在以租赁和商务服务业、批发和零售业为主的情况下（见图 12），制造业和信息传输、软件和信息技术服务业等高端产业项目的投资占比较上年分别提升 5.3% 和 2.2%，在资金、技术、就业、税收等方面为投资目的地国家和地区带来极大的裨益，促进了当地社会经济发展。

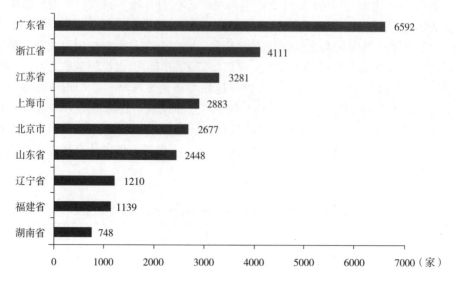

图 11　2016 年末中国主要中央企业和省市区设立境外企业状况

资料来源：根据《2016 年度中国对外直接投资统计公报》整理。

表 2　2016 年广东省对外直接投资市场布局

序号	洲	总额（亿美元）	占比（%）	主要分布的国家（地区）
1	亚洲	136.9	66.2	中国香港、新加坡
2	北美洲	20.2	9.8	美国、加拿大、百慕大群岛
3	拉丁美洲	7.5	3.6	英属维尔京群岛、开曼群岛
4	欧洲	4.9	2.4	德国、卢森堡、法国
5	大洋洲	2.5	1.2	新西兰、萨摩亚
6	非洲	0.35	0.2	南非、加纳、埃塞俄比亚

资料来源：根据《2017 年中国对外投资合作发展报告》整理。

2. 广东与拉丁美洲国家投资合作存在的主要问题

从目前广东省对拉丁美洲投资的现状来看，主要存在以下一些问题：

投资流量呈上升趋势但所占比重较小。广东对拉丁美洲直接投资也呈现扩大趋势，2016 年，广东对拉丁美洲直接投资金额从 2015 年的 3.39 亿美元扩大到 7.5 亿美元，占当年对外直接投资总额的 3.6%，较上一年提升 0.4%，但是在广东省对外投资总量中所占比重仍然较小。其中，英属维尔京群岛和开曼群岛在广东省对外直接投资地域排名中分别位居第二位和第三位，占据十分重要的地位。

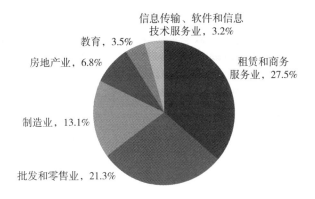

图12 2016年广东省对外直接投资行业结构

资料来源：根据《2017年中国对外投资合作发展报告》整理。

　　设立直接投资企业的数量较少。通过对商务部境外投资企业（机构）备案结果公开名录进行筛选和整理，截至2018年6月30日，中国大陆省份已在拉美设置投资企业（机构）的概况如图13所示。经商务部备案的境外投资企业（机构）共有30311家，投资目的地为拉美地区的有1374家，占境外投资企业（机构）的4.5%。广东省企业在拉美地区设立投资企业（机构）122家，占中国企业在拉美设立境外投资企业（机构）的8.9%，在全国各省份的企业在拉美设立企业（机构）数中排名第五。但是这仅是总数的对比，由于目前没能获得更详细的数据，因此无法进一步分析各年份广东省在拉美新增投资企业（机构）的数量变化。

　　境外投资企业的国别（地区）分布不均衡。广东省企业在拉美设立投资企业（机构）绝大部分集中在英属维尔京群岛和开曼群岛，分别占比33.6%和26.2%，占广东省在拉美设立境外企业总数的59.8%，分布在其他地区国家的比例则相对较低。由于具有特殊的政策和法律环境，这两个群岛吸引了许多中国企业尤其是互联网企业在此注册。其他境外投资企业（机构）主要分布在智利、巴西、墨西哥、哥伦比亚、阿根廷、厄瓜多尔和秘鲁，这些国也是与广东贸易最为密切的几个拉美国家（见图14）。

　　境外投资企业的行业布局较为集中。从行业分布看（见图15和图16），流向租赁和商务服务业占25.4%，主要分布在英属维尔京群岛和开曼群岛等；制造业占23.0%，主要分布在墨西哥、巴西、秘鲁和哥伦比亚等；批发和零售业占18.9%，主要分布在英属维尔京群岛、智利和开曼群岛等；金融业占13.1%，主要分布在英属维尔京群岛和开曼群岛等；信息传输、软件和信息技术服务业占7.4%，主要分布在英属维尔京群岛和开曼群岛等；科学研究和技术服务业占4.9%，主要分布在巴西和开曼群岛等。上述六个行业比重高达92.7%。这是由

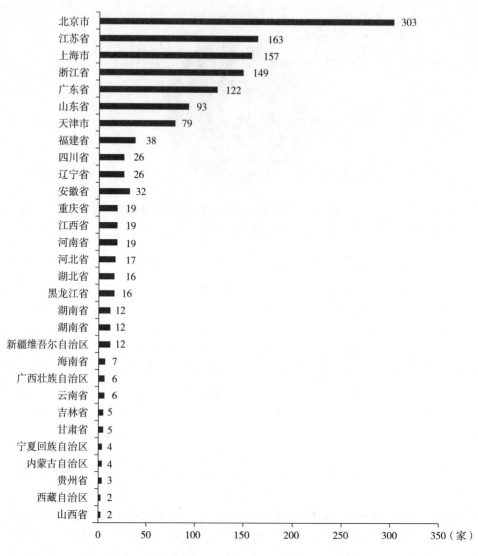

图13 中国大陆省份已在拉美设置投资企业的数量

资料来源：中华人民共和国商务部数据库（2018）。

拉美地区的实际发展情况所决定的。英属维尔京群岛和开曼群岛集中了广东省甚至中国绝大部分对拉美的直接投资，其作为避税天堂和著名的离岸金融中心，具有低税率、注册简便、资金进出自由等优势，吸引了许多企业在这里投资租赁和商务服务业、金融业及信息传输、软件和信息技术服务业等。拉美地区与北美地区毗邻，还拥有北美自由贸易协定、南美共同市场等政策优势，广东制造业投资墨西哥、巴西等拉美国家可以通过这一优势将产品覆盖北美、南美大部分国家，

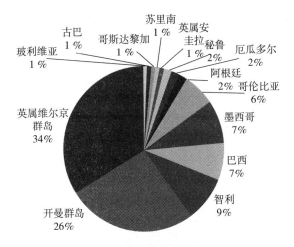

图 14　广东省在拉美设立直接投资企业的国别分布

资料来源：中华人民共和国商务部数据库（2018）。

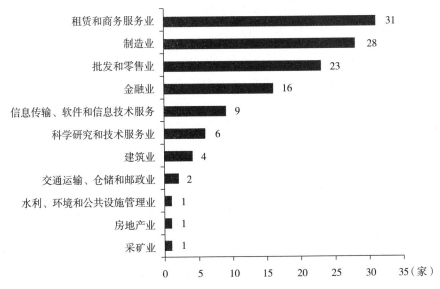

图 15　广东省在拉美设立直接投资企业的行业分布数量

资料来源：中华人民共和国商务部数据库（2018）。

从而扩大产品销量。此外，广东省与墨西哥、巴西、秘鲁和哥伦比亚等拉美国家在资源、技术、产业等方面互补性很强，在产业对接上有很大的空间。通过投资，双方可以重整价值链，逐步扩大产业内贸易的比例，形成新的贸易增长点。墨西哥、巴西、秘鲁和哥伦比亚等急需加快工业化进程，生产并出口更多高附加值的优质产品，推动产业结构的转型；广东省也面临经济结构调整和开放型经济新格局的挑战，通过将中低端产业链转移到墨西哥等国家，推动产业的优化升级，另外，这些新兴国家经济发展较快，是潜在的巨大市场。

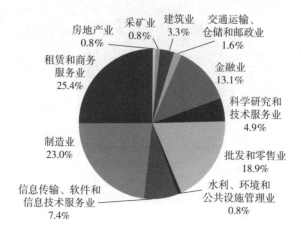

图16 广东省在拉美设立直接投资企业的行业分布占比

资料来源：中华人民共和国商务部数据库（2018）。

境内投资主体高度集中在珠三角地区。如图17所示，在拉美设立境外投资企业（机构）的广东省企业来自珠三角地区的比例高达94.2%：深圳市占45.9%，广州市占27.9%，珠海市占9.8%，东莞市占9.0%，佛山市占0.8%，惠州市占0.8%。虽然近年来汕头、湛江等市的企业加快"走出去"的步伐，但由于粤东西北地区产业基础薄弱，"走出去"企业尚未形成规模，因此粤东西北地区投资拉美的规模占全省比重仍然偏小。

部分拉美国家仍然存在一定的投资风险。拉美地区资源丰富，气候、环境、生物多样。但是从投资的角度看，部分拉美国家却不是投资者的沃土。营商环境排名表明一个经济体的排名越高，其投资便利化程度越高，监管环境越有利于开办和运营一家本地企业。世界银行依据开办企业、办理许可、获得电力、登记财产、获得信贷、保护少数投资者、纳税、跨境贸易、执行合同和办理破产这10个议题的前沿距离（DTF）得分对各经济体进行综合排名。世界银行发布的《2017年营商环境报告》对全球190个经济体的营商环境进行分析和评估，其中拉美地区营商环境的地区排名和全球排名如表3所示。2017年中国的DTF得分为64.28，全球排名居78位。在被评估的32个拉美经济体中，排名居中国之前的仅有7个；居中国之后的有25个，超过拉美经济体总数的3/4，表明大多数的拉美国家的投资便利程度较低。

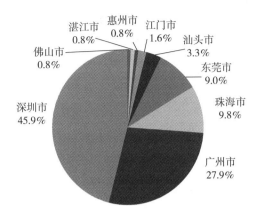

图 17　广东省在拉美设立直接投资企业的境内投资主体的地域分布

资料来源：中华人民共和国商务部数据库（2018）。

表 3　2017 年拉美地区营商环境的地区排名和全球排名

拉美地区排名	国家	DTF 得分	全球排名	拉美地区排名	国家	DTF 得分	全球排名
1	墨西哥	72.29	47	17	伯利兹	58.06	112
2	哥伦比亚	70.92	53	18	安提瓜和巴布达	58.04	113
3	秘鲁	70.25	54	19	厄瓜多尔	57.97	114
4	智利	69.56	57	20	阿根廷	57.45	116
5	哥斯达黎加	68.5	62	21	巴巴多斯	57.42	117
6	牙买加	67.54	67	22	巴哈马	56.65	121
7	巴拿马	66.19	70	23	巴西	56.53	123
8	圣卢西亚	63.13	86	24	圭亚那	56.26	124
9	危地马拉	62.93	88	25	圣文森特和格林纳丁斯	55.91	125
10	乌拉圭	61.85	90	26	尼加拉瓜	55.75	127
11	萨尔瓦多	61.02	95	27	圣基茨和尼维斯	53.96	134
12	特立尼达和多巴哥	60.99	96	28	格林纳达	53.75	138
13	多米尼加	60.27	101	29	玻利维亚	49.85	149
14	多米尼加联邦	59.35	103	30	苏里南	47.28	158
15	洪都拉斯	59.09	105	31	海地	38.66	181
16	巴拉圭	59.03	106	32	委内瑞拉	33.37	187

资料来源：The World Bank Group. A World Bank Group Flagship Report 2017 ［R］. Washington：The World Bank Group，2017：15.

广东投资拉美也需要谨慎应对与中国存在较大差异的制度环境、来自媒体和非政府组织等的挑战。拉美国家大多实行民主制，但各国政局较为动荡，影响其制定境外投资政策及政策实施的稳定性，政府的违约行为和各国间大相径庭的法律条款都增加了境外投资企业潜在的政治法律风险。同时，大部分拉美国家的法制框架比较健全，在劳工权益和环境保护等方面都制定了严格的制度，而广东省企业"走出去"在处理人事问题和劳工保护措施上如果依据中国的法律或惯常做法，就会与当地相关制度措施存在较大出入，容易引起劳资纠纷，给经营发展带来困难。例如，巴西《统一劳工法》明确规定各工种的工资、工作时间等内容，并规定巴西境内企业不得雇用少于 2/3 的巴西籍工人，外籍劳工必须具有某项特殊的技能才能在巴西工作等。

拉美国家尤其是墨西哥、巴西等经济相对发达的国家十分注重环境保护等企业社会责任的履行，例如巴西早在 1982 年就颁布了《环境法》，社会各界更是普遍将环保问题放在经济发展的重要位置。而根据《中资企业海外社会责任研究报告（2016~2017）》发布的 2016 年中资企业对外投资 100 强海外社会责任发展指数，上榜的 13 家广东企业超过八成的海外社会责任发展指数评分低于 20 分，大部分广东企业在海外社会责任实践方面履行不足。拉美非政府组织的影响力也较强，可能增加企业的运营成本。许多拉美国家深受欧美国家文化的影响，工会势力普遍强大，独立运营，不受政府及企业主的支配，在劳动立法方面享有话语权，具有很强的薪资谈判能力。在工会的有力保护下，拉美工人工作效率普遍较低，劳动力市场效率在全球排名靠后。

此外，由于长期被欧洲和美国作为"后院"，当地的贸易保护主义思潮也比较明显，鼓噪"中国威胁论"的政客和主张限制中国商品和资本进入的媒体尚有"市场"，这在一定程度上增加了广东企业的投资风险。

三、广东与拉丁美洲国家贸易与投资合作发展对策与建议

（一）广东与拉丁美洲国家贸易发展对策与建议

根据目前对广东与拉丁美洲国家进出口贸易情况的分析，提出以下几点建议：

（1）抓住政策优势，稳定国际市场份额。广东应当充分利用中国同智利、秘鲁等国签订的自由贸易协定及广东自贸区的政策优势，稳定国际市场份额，与拉丁美洲尤其是贸易政策相对宽松的国家开展深入长期合作，充分发挥自身政策优

势，抓住国际市场需求回暖机遇期，加强对口岸通关、退税融资等的支持力度，尽可能地减少由于国际政治经济局势变化带来的进出口贸易额的波动，保持双边贸易额稳定增长局势。

（2）提升资源互补优势，扩大行业比较优势。广东与拉丁美洲国家进出口贸易的最主要行业就是机电行业，并且，从广东与巴西、智利、墨西哥等五国的贸易数据来看，电气机器和器材制造业，计算机、通信和其他电子设备制造业两大行业的贸易额受到政策影响导致的波动较小，近五年来的增长趋势迅速。广东应当抓住这一行业发展的比较优势，继续强化机电行业对外贸易发展，加强自主品牌的研发和生产，进一步扩大同拉丁美洲在机电通信行业的贸易合作。同时，广东还应当充分利用拉丁美洲林业、矿产资源的资源优势，加强非金属矿物制品业、橡胶制品业、黑色金属冶炼延压加工业及金属制品业等行业的贸易合作，充分挖掘自然资源价值。

（3）开拓服务贸易新业态，寻求双方贸易新的增长点。广东应当深入推进广州、深圳国家服务贸易创新发展试点，大力培育发展外贸综合服务业、跨境电商、市场采购贸易等外贸新业态。将与拉丁美洲国家传统的贸易行业，文教、工美、体育和娱乐用品制造业，纺织服装、服饰业等行业，与跨境电商等新的贸易业态相结合，能够更加充分地发挥其价格和质量优势，扩大贸易份额。

（二）广东与拉丁美洲国家投资合作问题对策与建议

（1）持续改进广东省"走出去"的政策措施。对广东省现有的"走出去"政策措施的实施情况进行全面客观的整理，尤其重视其中存在的漏洞和问题，并结合实际情况提出促进广东企业加快投资拉美的相关政策支撑体系，使全省投资拉美的主体更广泛，投资更便利，进一步扩展对拉美的投资业务，并逐步突破当前广东省在投资领域及行业等方面呈现出的局限性。

（2）加大对广东企业投资拉美的财政支持。通过优化财政政策，安排专项资金，例如设立以财政资金为基础、投资主体多元化、资本动作市场化的专项基金，鼓励广东企业到拉美进行投资经营活动。

（3）建立健全广东企业投资拉美的综合信息服务平台和专题数据库。针对企业信息不对称的问题，建立集政策发布、国别指南、实时资讯、在线办事等功能为一体的综合服务平台，整合外汇、税务、金融机构、人员管理、境外投资促进机构等部门的信息服务，整理和更新拉美各国（地区）的政策信息，及时发布拉美国别投资合作指南、投资产业指引、市场需求、项目合作、全球风险预警等信息，使企业更加快捷便利地获取拉美的市场信息和政府服务信息。建立广东省投资拉美的主体企业和境外企业数据库，以及重点项目库等。

（4）加强相关课题的研究，搭建投资拉美的交流平台。针对现存的问题，联合高校或研究机构开展优化广东省在拉美投资布局的课题研究，针对不同区域市场的情况，结合广东省产业优势和现有的与拉美投资合作的基础，提出全省投资拉美的重点区域、重点领域等，为广东省企业提供投资指引。在加强研究的基础上多渠道搭建广东省企业投资拉美的交流平台，通过广东省企业赴拉美开展经贸活动和实地考察，邀请我国驻外使领馆经商机构、拉美地区重点国家投资促进机构及已在拉美投资并取得成效的广东企业代表为省内企业介绍到东道国投资经商的情况及有关政策并分享交流经验，帮助有意到拉美投资的广东企业全面了解拉美的帮助投资贸易政策和市场情况。

（5）加强广东企业投资拉美的相关政策宣传和业务培训。分片组织投资拉美的政策宣传和业务知识培训工作，邀请有关部门和专家解答企业疑难问题，帮助全省企业深入了解有关在拉美投资经营的各项政策法规并提高风险防范意识和能力。尤其要重视对在拉美进行投资经营的基础较为薄弱的粤东西北地区的宣传和培训。

参考文献

［1］朱文忠，张燕芳．中拉产能合作的机遇、挑战与对策建议［J］．国际经贸探索，2018，34（4）：60-74.

［2］王友明．构建中拉整体合作机制：机遇、挑战及思路［J］．国际问题研究，2014（3）：105-117.

［3］Ortiz J.，刘德学，吴建新．拉丁美洲与中国的国际贸易：经济增长的启示［J］．产经评论，2014（3）：97-107.

［4］王春丽．福建—拉丁美洲经贸关系发展现状与拓展策略［J］．亚太经济，2017（1）：155-159.

［5］赵晨阳．拉美国家贸易限制分析及中拉双边贸易限制［J］．拉丁美洲研究，2017（1）：64-81，159-160.

［6］王素芹．中拉区域经贸合作影响因素与路径探析［J］．区域经济评论，2017（6）.

［7］吕玉花．中国进出口贸易流量的影响因素研究——基于引力模型面板数据［J］．经济问题，2009（10）：31-33.

［8］马建蕾，秦富，刘岩．中国与拉丁美洲国家农产品贸易前景与挑战——从中国角度对问题与机遇的分析［J］．世界农业，2012（1）：68-74.

［9］左品．关于"一带一路"建设与中拉合作深化的若干思考［J］．国际观察，2015（5）：151-163.

［10］王芳．中国成为拉美第二大贸易伙伴［J］．中国报道，2016（12）：36-37.

中国—墨西哥经贸合作最新态势

艾 龙 张 逸 黄 磊*

摘 要：过去 40 年，中墨两国在加强多样化合作和深化包容性议程等方面均取得不俗进展，这为双边建立和谐共助、互利共赢的新型经贸合作模式奠定了基础。现如今，基于墨西哥政策导向变化、中国经济快速发展及国际经济形势转变等多重因素影响，中墨两国的经贸合作关系正逐步步入深化期。处于深化期的中墨两国经贸合作关系，在浮现出一些新发展机遇的同时，也凸显出一系列严峻挑战。如何正确把握合作发展机遇，迅速解决协同发展难题，已成为中墨双边亟待解决的重大问题。

关键词：中国；墨西哥；中墨经贸关系；经济发展；合作；竞争

一、导 言

自中国与墨西哥建交以来，中国即同墨西哥建立起了以平等互利为原则的经贸合作关系。在这样的历史关系基础上，中墨双边在深化多样化、扩大经贸合作基本盘等方面均取得不俗进展。截至 2017 年，中墨双边贸易总额近 480 亿美元。回望历史，对墨西哥来说，中国是墨西哥第二大贸易伙伴；对中国来说，墨西哥是中国"走出去"政策中不可或缺的一部分。着眼当下，随着中墨两国政府对加强双边经贸合作关系的重视及对完善两国战略关系政策的支持，中墨双边经贸合作关系更是迈向更高的台阶。

---

* 艾龙（Corona Chong Irving Oliver），广东外语外贸大学商学院墨西哥留学生，硕士研究生；张逸，广东外语外贸大学商学院硕士研究生；黄磊，澳大利亚悉尼科技大学博士，富布赖特学者，广东外语外贸大学商学院副教授。

在中墨双边经贸合作关系不断加深的背景下，两国越来越多的企业在对方市场上成功地抓住了贸易和投资机会。中国企业在墨西哥的投资体量巨大，约有1000家中国企业正在挖掘墨西哥这一国际化平台的潜力。分属不同行业的中国企业（如华为、海信、敏实等）正于墨西哥蓬勃发展。同样，墨西哥企业于中国的投资体量也十分可观，具备不同特质的墨西哥企业（如 Bimbo、Maseca、Nemak 等）在中国市场上也取得了长足进步。这些成功事例不仅能给予后来者以激励，还能为拟进入对方市场的中墨两国本土企业提供多样化的成功发展范式。与此同时，旅游业正为中墨两国经贸合作发展注入新的动力。近年来，越来越多的中国游客发现，墨西哥有着瑰丽的自然景观与独特的人文体系，中国游客越来越愿意到墨西哥旅游。从这一趋势中受益最大的是中墨两国的航空公司。其中，海南航空公司和中国南方航空公司就是明显的例子。上述公司在墨西哥和中国之间建立起了直飞航班，促使墨西哥 2010~2016 年的中国游客增加近 10 万人。

展望未来，在中墨双边经贸合作的范围不断扩大、合作的程度持续加深的同时，中墨两国理应迅速解决在这一过程之中所凸显的合作发展难题：第一，中墨双边民间交流不足，降低两国经贸合作沟通效率；第二，中美摩擦加剧，对中墨经贸合作关系产生冲击；第三，墨西哥新政颁布，倒逼中墨固有贸易模式进行转型。

二、中墨经贸关系回顾

1. 墨西哥概览

墨西哥合众国位于北美洲西南部，北邻美国，东南接危地马拉和伯利兹，东濒墨西哥湾和加勒比海，西、南临太平洋，面积 1972547 平方千米，海岸线长101000 多千米。墨西哥是一个高原和山地国家，东、西、南三面为马德雷山脉所环绕，中间为平坦的墨西哥高原，高原南部多火山，地震频繁。墨西哥湾和加利福尼亚湾沿岸有狭窄的平原，东南沿海和向风山坡降水丰富，年平均降水量1000~2000 毫米，为热带雨林气候；尤卡坦半岛为热带草原气候；北部地区占全国面积的一半，气候干燥，多沙漠，大部分为沙漠气候。同时，墨西哥是一个具有悠久历史的文明古国，为印第安人古文化中心之一。墨西哥印第安人创造了闻名世界的古玛雅文化、托尔特克文化和阿兹台克文化。1521 年，墨西哥沦为西班牙殖民地。1810 年 9 月 16 日墨西哥人民掀起了反抗殖民统治、争取民族独立的战争，并于 1821 年取得独立地位。1824 年 10 月墨西哥建立联邦共和政体。1917 年墨西哥颁布宪法，定国名为墨西哥合众国。

墨西哥的国庆日是 9 月 16 日，货币是墨西哥比索，国花为仙人掌和大丽菊。墨西哥全国约有 1000 种仙人掌，其中 200 多种为墨西哥所特有。墨西哥的国名起源于阿兹特克人传说中的太阳神墨西哥特耳，"哥"为"地方"之意。2019 年，墨西哥人口约为 1.26 亿，政府预计到 2020 年可能会增长至 1.28 亿。墨西哥的首都是墨西哥城，是世界上人口最为稠密的城市之一，同样也是墨西哥全国的政治、经济、文化和交通中心。由于过去是西班牙的殖民地，墨西哥大部分人口是天主教徒，母语为西班牙语，但墨西哥全国各地仍有大量的土著语言存在。

墨西哥矿物资源丰富，主要以银、石油、天然气、铅、锌、锑、铜、汞、铁、铋、硫黄等为主，其中硫黄、汞、铋储量均居世界前列。墨西哥全国石油储量约 655 亿桶，主要分布在东部墨西哥湾沿岸、海底；铀矿多分布于奇瓦瓦、杜兰戈、索诺拉等州。墨西哥森林面积占全国面积的 25%。同时，加利福尼亚湾和墨西哥湾有着丰富的水产资源，盛产鱼、虾等。

2. 墨西哥经贸特点

墨西哥的经济较发达，国内生产总值居拉美国家前列，是仅次于巴西的拉丁美洲人口第二大国和第二大经济体。墨西哥工矿业门类齐全，制造业占首要地位。采矿业以采集原油、银、硫黄、汞、铅为主，以开采天然气、汞、铁、锌、锑、铜、金、萤石等自然资源为辅，年产原油 9.6 亿桶，银 2300 吨。墨西哥工业以有色冶金、钢铁、石油提炼、电力、化学、汽车制造、纺织、食品加工为主，其中钢铁、石油、电力等主要工业部门的产量居拉美前列。农业是墨西哥经济的重要组成部分。墨西哥全国耕地约 2300 万公顷，主要农作物有玉米、小麦、棉花、咖啡、甘蔗、剑麻等。墨西哥主要外贸对象是美国、德国、西班牙、日本、中国等，出口多以原油、咖啡、蔗糖、棉花、大虾、玉米、水果、蜂蜜、硫黄、铅、锌、钢铁、纺织品、化工产品为主，进口多以机器设备、运输机械、石油产品、粮食、工业原料和轻工业品为主。墨西哥交通运输以铁路为主，全国共铺设铁路 27000 千米，公路 32 万千米。

因为墨西哥当地的人力成本低廉，且和美国、加拿大及其他 29 个国家（主要在拉丁美洲、欧洲）签订了自由贸易协定（NAFTA），使墨西哥成为供给美国市场的重要中转基地。三星、富士康等韩国、中国台湾地区企业都热衷于在墨西哥设厂，以享受免税政策。中国的一些高端制造业，如主要向北美的 NAFTA 国家市场出口产品的企业，也得以考虑在墨西哥设厂，或者利用 NAFTA 国家的加工厂生产产品，然后再将产品出口到美国或加拿大等市场，以使中国企业获得合法免税的比较优势。

截至 2017 年初，墨西哥在线互联网用户数量已达 7000 万，并预计将在五年内增加 2000 万互联网新用户。同时，墨西哥在线网购的人数预计在 2020 年超过

5500 万。同很多新兴市场一样，25～35 岁的年轻人是墨西哥消费的主力，主要消费品类为美妆、3C 电子产品及配件、家具厨房、玩具类产品。与此同时，随着墨西哥经济的不断发展，休闲运动类产品也展现出了巨大的市场潜力。墨西哥低端消费品价格昂贵，而中国产品大多物美价廉，中国企业或可利用这一比较优势，让低端产品也可以做到利润丰厚。

墨西哥于 2017 年颁布了多项新经济措施，Lázaro Cárdenas 地区、Corredor Transísmico 地区和 Puerto Chiapas 是第一批经济特区刺激政策受惠区域。墨西哥财长梅亚德在全球州长会议暨经济特区委员会第一次会议上声明，在特区投资的企业和个人将享受前 10 年免缴所得税（后 5 年所得税优惠 50%）及医疗设施优惠 50%（之后将永久享受医疗设施优惠 25%）的福利。2017 年 12 月 19 日，墨西哥总统培尼亚签署法令，宣布设立 Salina Cruz 和 Progreso 两个经济特区。Salina Cruz 经济特区位于瓦哈卡州东南部萨利纳克鲁斯市，总面积 4598 公顷，人口近 9 万。该特区主要具备三个特点：一是依托港口海运发达，Salina Cruz 是墨西哥太平洋沿岸重要港口，承担全国 5% 的海运货物，同北美、中南美、亚洲和大洋洲 28 个港口建立了运输航线，年均货物吞吐量逾 1500 万吨。二是镇守地峡连接两洋，特区地处特万特佩克地峡最南端，与夸察夸尔克斯特区共同构成连接大西洋和太平洋的"两洋走廊"，成为墨国际贸易关键窗口。三是承接能源重地运输枢纽的职责。特万特佩克地峡是墨主要清洁能源中心、"南电中送"基地和油气输送枢纽。该地区风能资源一流，风力发电发展迅速，近年来发电量已占全国清洁能源发电量九成以上。地峡两岸沿海区域油气储备充沛、输送管道覆盖面广，是墨最具潜力的能源走廊和电力中枢。

在政策方面，该经济特区延续首批特区的财政方针，提出包括免除或抵免企业所得税、免征特区内货物增值税、员工培训税收抵扣、免征土地使用税等一系列税收优惠举措。Progreso 经济特区隶属 Yucatán 州，北临墨西哥湾，南靠州首府梅里达市，是目前尤卡坦半岛唯一的经济特区。特区总占地面积 1752 公顷，人口约 6 万，划为 18 块产权地，控制区（Área de Influencia）覆盖 7 座周边城镇。Progreso 将建成资金和技术密集、物流交通畅达、教育文化发达的经济特区，以吸引外商投资为首要目标，着力吸引跨国集团落户，重点发展以信息通信产业为龙头的高新技术产业，推动打造尤卡坦创新生态系统，力争成为墨西哥创新型发展特区的"排头兵"和世界软件"摇篮"。墨西哥政府专门就 Progreso 经济特区发展出台全新的企业投资优惠政策，主要包括以下几个方面：一是放宽加计扣除优惠。法令规定：①企业自项目取得第一笔生产经营收入所属纳税年度起，前八年购置基础设备（房产、铁路、通信设施、办公用品等）投资可享受 50%～90% 不等的税前加计扣除比例；②前八年企业支付的员工培训费享受 50% 的税前加计扣除优惠。二是鼓励高新科技企业发展。具体表现为银行将加大对创新型企业和中小微企业的信贷支持力度，向其提供长期低息贷款和一站式金融服务，为企业研发创新、拓展新业态提供坚强的资金保障。三是建立风险投资机制。法令决定建立"Fondo Mixto de Yucatán"，培育有利于高新技术产业发展的资本市场，有效动员和集中创业资本，促进其向高新技术产业流动。未来的中国本土企业或可选择入驻上述两个经济特区，在享受政策优惠的同时获得组织合法性，迅速于墨西哥扎根，从而占据较多的墨西哥市场份额。

3. 中墨经贸关系回顾

墨西哥合众国和中华人民共和国于1972年2月14日建立外交关系，关系正式化一年后，埃切维里亚总统即对中国进行了正式访问。迄今为止，所有墨西哥总统都对中国进行过国事访问。2003年，两国之间的关系提升为战略伙伴关系。为了落实这一伙伴关系，两国政府于2004年成立了常设两国委员会。2006年，墨西哥在珠江三角洲开设了领事馆，这使墨西哥与珠江三角洲本土企业展开深入合作成为可能。墨西哥除了这一大使馆外，还在中国设有三个领事馆，分别位于广州、上海和香港，并设有墨西哥促进旅游理事会、班克斯、经济秘书和萨加帕办事处等多个办事中心。

中墨两国从建交至今，两国之间的经贸合作关系即呈现出不断深化的趋势。随着中墨经贸合作基本盘的不断扩大，墨西哥与中国的经贸合作历史关系呈现出这样几个特点：

第一，墨西哥与中国的贸易赤字总额呈现出持续走高的趋势。1999~2000年，墨西哥与中国的贸易赤字总额从7.91亿美元增加到13.55亿美元。在2000~2010年，墨西哥与中国的贸易赤字总额从13.55亿美元增加到近110亿美元。这一趋势在随后几年中得以延续，2010~2017年，墨西哥与中国的贸易赤字总额从近110亿美元增加到241.02亿美元（见表1）。值得注意的是，自2005年以来，墨西哥与中国的贸易逆差总额呈指数增长。截至2014年，墨西哥与中国的贸易逆差总额相较于与欧洲联盟的逆差总额增加了2.5倍，是同时期墨西哥与日本贸易逆差总额的4倍。

表1　近年中国对墨西哥进出口总额一览　　　　单位：亿美元

参数＼年份	2010	2011	2012	2013	2014	2015	2016	2017
出口总额	178.72	239.76	275.18	289.66	322.55	337.92	323.56	359.05
进口总额	68.75	93.78	91.61	102.38	111.73	100.28	103.25	118.03

资料来源：笔者据 World Integrated Trade Solutions 公布数据统计。

第二，随着美国因素的影响，中国产品所占墨西进口总额的比例发生了一些转变。美国进口占墨西哥非石油进口总额的比例从 1994 年的 72% 下降到 2014 年的 47%，中国的进口总额占比在同一时期从 1% 上涨到了 19%。这表明，墨西哥对外贸易的结构发生了动态变化，美国减少了对墨西哥的出口，而中国则占据了由美国退出而留下的市场空间。

第三，两国贸易遍地开花，于多个领域展开贸易往来。2017 年，中国对墨西哥的出口总额达到 359 亿美元，主要出口产业涵盖机械（45%）、消费品（27.73%）、化学制品（4.72%）、中间产品（16.00%）等。出口的主要产品包括计算机、广播设备、电话等。在同期，墨西哥对中国的出口总额达到 118 亿美元，主要出口产业涵盖机械（43.01%）、消费品（8.82%）、燃料（3.56%）等。出口的主要产品包括集成电路、电话、汽车、矿物等（见表 2）。

表 2　2017 年中国对墨西哥进出口各类产品比例一览　　　　　单位:%

比例＼类别	化学制品	消费品	食品	鞋类	燃料	中间产品	机械和电子类产品	石头和玻璃产品
出口	4.72	27.73	1.28	1.26	0.99	16.00	45.44	1.38
进口	1.76	8.82	1.60	0.01	3.56	9.49	43.01	0.20

资料来源：笔者据 World Integrated Trade Solutions 公布数据统计。

第四，墨西哥本土贸易主义抬头，与中国既有竞争，也有合作。尽管墨西哥是世界上签署较多自贸协定的经济体之一，但中国作为其主要商品来源国，仍需缴纳平均 2%~5% 的关税，其中棉织品关税高达 24%，而鞋类关税则更是高达 26%。同时，墨西哥海关也在进口清关、查验、税收和认证中国产品方面有着严格的规定。此外，墨西哥还有 10%（美墨边境 20 公里内的边境城市）到 15%（其他城市）的附加值税和 1.2% 的清关税。由于中国与墨西哥出口商品竞争激烈，墨西哥采取了不少的贸易保护措施，构筑起较高的贸易壁垒。除了频繁对华发起反倾销调查外，墨西哥还存在大量的技术性贸易壁垒，这些贸易壁垒成为中国产品进入墨西哥市场的巨大障碍和潜在威胁。值得注意的是，在中墨双边竞争之中，两国也存在着许多技术合作，中墨双方在物理、化学、数学、防灾和减灾、工业和农业、运输和通信、能源和基础设施等领域开展了双边科学和技术合作，并在联合科学合作委员会的框架内举行了六次会议，总计确定了 100 多个合作项目。

第五，中墨两国明确了优先合作项目，为建立"以质先行"的合作模式打下了基础。自2013年6月中墨两国建立全面战略伙伴关系以来，两国政府就确定了一个优先目标，即将合作放在行动的质量上，而不是放在数量上。在这方面，中墨两国已携手制定了一个有关优先事项的综合框架，努力把合作重点放在清洁能源、生物技术、农业、航空航天工程、水资源、环境和卫生等领域上，并通过两国公共机构的相关官员和专家的工作访问来进行经验交流，以加强双边相互合作的水平。

第六，重视文化交流。墨西哥是拉丁美洲与中国文化交流最为频繁的国家之一。2000年9月1日至2001年3月31日，墨西哥在其几十个州和市举办了题为"中国帝国：西安王朝"的大型文化遗产展览。2001年，墨西哥代表在西安、广州、北京和上海举办了"玛雅文化"展览。2006年5月，墨西哥作为受邀荣誉国家参加了"在北京见面"节，并借此机会在中国举办了一系列艺术活动。同时，中国作为荣誉嘉宾参加了2007年的墨西哥塞万提斯节，并在"中国在墨西哥的体验"节框架内举办了各种文化活动。2007年9月至2008年7月，中国在墨西哥蒙特雷和蒂华纳巡回举办了古中国观音佛像艺术展。2014年11月，在佩尼亚·涅托总统对中国进行国事访问期间，墨西哥在北京举办了墨西哥考古学展览——"玛雅人，美丽的语言"。

三、中墨经贸发展新趋势

1. 墨西哥新政概览

自墨西哥成功完成换届选举以来，新任总统安德烈斯·曼努埃尔·洛佩斯·伊尔博尔多为了实现激发墨西哥国际贸易活力、深化自由贸易协定多样性、促进海外直接投资总量（对墨）增长、拉动墨西哥经济向好发展等整体目标，通过优化行政程序、完善分配措施、明确对外贸易准则等方式，制定了一系列新政。2019年3月，墨西哥驻华大使何塞·路易斯·贝尔纳尔（José Luis Bernal）访问中国社会科学院拉丁美洲研究所，并就墨西哥新政府的内外政策和中墨关系发表了题为"墨西哥新政府100天：内外政策与中墨关系"的演讲。贝尔纳尔从政治、经济、外交、社会等方面介绍了新政府的优先政策。在墨西哥国内政策方面，洛佩斯总统上任第一天就提出了100项工作承诺，目前，已有65%的工作正在推动。总的来说，墨西哥新国内政策的立足点是关注国内弱势群体和医疗、教育领域，经济政策的目标是改善分配，包括税收、资源再分配、基础设施建设等。在政府治理方面，墨西哥新政府上台后即开启了对公共部门和私营部门的审视，加强了反腐检查机关的职能权力。

在社会项目方面，墨西哥新政府将最低工资标准提高了 16%，并新创造近 22 万个就业岗位。同时，墨西哥新政府将社会发展部改为国家福利部，致力于改善国内全民福利水平。在教育领域，墨西哥新政府拟设立多项教育奖学金项目，积极创造职业培训机会，并计划新建 100 所公立大学。在原住民问题上，墨西哥新政府也给予了足够的关注，墨西哥的原住民占墨西哥总人口的 7%，新政府创建了"国家土著人学院"，拟提升墨西哥原住民的文化水平及国家认同感。在具体经济举措方面，贝尔纳尔介绍说，新政府提出了实现 4% 的年度经济增长目标。洛佩斯政府的优先经济政策主要有：成立促进投资、就业和经济增长理事会，希望扩大贸易规模，与私营部门达成相关协议，促进各行业发展，提升经济发展速率；设立多个基础设施建设项目，以促进制造业和旅游业发展，主要项目包括在北部发达地区建立自贸区，在南部落后地区特万特佩克地峡建立经济特区；推动"玛雅列车"项目展开，用于促进旅游业、交通服务业发展；兴建新港口、新机场，并拟通过招标的方式吸引外国投资；在油气和电力领域增加公共投资，促进生产；强调发展电子商务和电子支付，促进墨西哥国内金融市场良好运转。

此外，在 2019 年 9 月，墨西哥外交部和国家外贸银行宣布签署一项促进出口和吸引外国资本的协定。此协定优先考虑支持墨西哥企业，特别是中小型企业融入全球价值链。同时，该协定宣布了增加出口中的墨西哥国产产品比例、减少中间产品及最终产品进口的基本对外贸易准则。总的来说，墨西哥新政既包括国内民生治理方面，也包括对外合作贸易方面，这为今后墨西哥与中国展开进一步的经贸合作做下了铺垫。

2. 中国企业于墨西哥经济发展趋势

中国是墨西哥第二大贸易伙伴，墨西哥是中国"走出去"政策中不可或缺的重要部分。据中国海关总署统计，2017 年中墨贸易总额达 477 亿美元，其中中方出口 359.05 亿美元，进口 118.03 亿美元，分别同比增长 11.7%、10.9%、14.0%。2018 年 1~10 月，中墨双边贸易总额约为 479.6 亿美元，其中中方出口 361.7 亿美元，进口 115.3 亿美元，同比分别增长 23.4%、24.2% 和 21%。在中墨进行双边经贸合作的进程中，墨西哥主要向中方出口计算机与通信技术产品、服装、电器及电子产品、机械设备、电视、收音机、无线电讯设备零附件、原油等，进口计算机与通信技术产品、电子技术产品、自动数据处理设备零附件、集成电路及微电子组件、汽车零附件等（见表 3）。在墨西哥与中国的贸易中，全球价值链的上游主体趋于多元化，包括能源矿山、低技术产业、中高技术产业、服务业；全球价值链的下游主体主要集中在中高技术产业。近年来，制造业对墨西哥于中进口总额的增长做出了突出贡献。电气和电子设备、核反应堆设备、机械、光学设备和医疗设备、普通塑料及钢铁等制造产品成为了中国对墨西哥出口总价值最高的几类产品。总的来说，中墨双边贸易主要以墨西哥的初级商品交换中国的消费品和制成品为基础，这样的进出口产品构成表明：在中墨展开经贸合作的过程中，墨西哥在中间投入和消费品这两方面均依赖于中方的制成品。由于墨西哥新政的颁布，未来中墨两国的进出口产品结构必然发生转变，中方企业理应顺势而为，不应将目光局限于中间产品及最终产品的制成上。

表3　2017年中国对墨西哥进出口各类产品总额一览　　单位：亿美元

总额 \ 类别	化学制品	消费品	食品	鞋类	燃料	中间产品	机械和电子类产品	石头和玻璃产品
出口总额	16.94	99.58	4.61	4.53	3.57	57.50	163.17	4.97
进口总额	1.72	10.41	1.89	0.0073	4.20	11.19	50.76	0.23

资料来源：笔者据 World Integrated Trade Solutions 公布数据统计。

从旅游业来看，墨西哥是中国公民出境旅游的重要目的地国，中国是墨西哥在亚太地区的第二大游客来源国。继南方航空公司开通广州—墨西哥直航航线后，海南航空公司于2018年3月成功开通了北京—蒂华纳—墨西哥城直航航线。直飞航线的增多昭示着中墨双边旅游消费体量将得到进一步提升，这样的趋势也表明：伴随着墨西哥旅游业的快速发展，其正为中墨经贸发展注入新的活力。与此同时，墨西哥新政明确指出，墨西哥政府将持续重视本国旅游业的发展，未来的中方企业应抓住这样的发展机会，加大于墨西哥旅游业的相关投资，以期获得良好收益。

从中国驻墨西哥企业的发展现状来看，墨西哥城的摩拜共享单车在起初受到了消费者的热烈欢迎，但在其进行推广之时，也遇到了与中国相同的问题（自行车被偷），这使该公司进入发展瓶颈。滴滴在最近很好地处理了有关墨西哥市场的营销和商业策略，其正步入快速扩大墨西哥市场阶段。李宁是第一个进入墨西哥市场的运动服装企业，近年来，其基本发展策略是以赞助体育赛事、知名篮球队为手段，以期在墨西哥全境扩大其市场占额，但却收效甚微。在通信行业，小米凭仗其独特的营销策略及华为依靠其过硬的产品品质均在墨西哥市场上有着不俗表现（见表4）。未来有意进入墨西哥本土市场的中方企业应充分吸取前人的经验教训，在理性考虑墨西哥本土特性及墨西哥新政的背景下，采用适当的营销策略，依靠过硬的产品质量，占据墨西哥本土市场份额，实现互利共赢。

表 4 中国企业在墨西哥市场表现综述

企业	优势	劣势
摩拜	是受人民欢迎的出行新方式	面临道德风险问题，管理不易
滴滴	方便出行，价格低廉	安全问题凸显，冲击传统运输行业
李宁	价廉物美	品牌认同度不如 NIKE 等国际运动品牌
华为	产品质量具备竞争优势	用户黏性不足
小米	营销战略得当	产品质量不具比较优势

资料来源：笔者据相关资料统计。

四、中墨经贸关系机遇与挑战

据中国海关统计，2018 年，墨西哥是中国在拉美地区的第二大贸易伙伴、第一大出口对象国和第四大进口来源国。2018 年，中墨双边贸易总额为 580.6 亿美元，同比增长 22%。其中，中方出口 440.2 亿美元，进口 140.4 亿美元，分别同比增长 23% 和 19%。2019 年 1~6 月，中墨双边贸易总额达 278.8 亿美元，同比增长 6.5%，其中，中方出口 212.2 亿美元，进口 66.6 亿美元，分别同比增长 6.9% 和 5.4%。如上数据所示，一方面表明了中墨两国的经贸合作基本盘正逐步扩大的现实，另一方面也预示着在新的发展背景下，中墨双边既有新发展机遇，也不乏严峻挑战。

处于合作发展"蜜月期"的中墨双边，同时迎来了四点发展机遇。第一，中国消费市场扩大，为中墨双边经贸合作发展注入活力。据《中国统计年鉴2018》显示，2018 年前三季度的中国居民消费支出所占全国经济增长比例逾78%，同比增长 13.8%。这表明，消费支出因素俨然凌驾于出口因素之上，成为中国经济增长的头驾马车。与此同时，《中国统计年鉴 2018》指出：中国居民人均可支配收入由 1978 年的 171 元增至 2017 年的 25974 元，增长近 152 倍，年均增速达到 8.5%。排除通货膨胀等外部因素，中国居民的消费能力正稳步提升。同一时间，相关报告阐明：2018 年的中国居民平均消费趋势指数为 113 点，较之2017 年得到很大提高，且远超世界平均水平。这表明，中国居民的消费热情依旧高涨。随着中国居民消费能力的增长与消费意愿的提高，中国消费市场的需求正逐步扩大，墨西哥应顺势而为，于中墨两国携手制定的优先合作综合框架内深耕细作，以期抓住中国消费市场扩大的历史性机遇。第二，基础设施建设领域优劣互补，为中拉经贸发展新阶段奠定基础。墨西哥新政府所颁布的新政明确指出，新政府将加强墨西哥国内基础设施建设，并承诺在未来推动多个基础设施建设项目的设立，例如"玛雅列车"项目。面临墨西哥巨大的基建需求及政策支持，凭仗于基建领域积累多年的丰富经验与先进技术，中国或可在墨西哥基建市场大展拳脚。第三，墨西哥旅游资源丰富，为中墨合作开辟新的道路。2018年，墨西哥依靠其独特的人文历史和自然景观成为中国公民出境旅游的重要目的地国，中国也在墨西哥新政刺激下成为墨西哥于亚太地区的第二大游客来源国。面临如此之大的旅游需求，中墨两国在增设两国直飞航班的同时，理应发展新的旅游创收模式，以进一步挖掘已有旅游市场的潜力。第四，人才互补，为两国各界交流打开大门。2018年，中国高等教育中的科技（科技、工程、数学）人才占48%，而墨西哥高等教育中的非科技（经济、法学）人才占73%。中墨两国的人才比例并不相同，今后两国或可制定相关人才跨国交流政策，以达成两国知识人才的显隐性知识互换，从而实现优劣互补。

处于深化合作期的中墨双边，也面临着三点严峻挑战。第一，中墨双边民间交流不足，降低两国经贸合作沟通效率。中墨双边都脱胎于殖民入侵，因此两国均秉持着和谐互助的基本对外贸易准则，但两国也因社会发展脉络的不同而产生了不同的意识形态。在这样的背景之下，民间交流的严重缺乏便使中墨两国人民对双边经贸合作行为产生了巨大的认知偏差。中方人民普遍认为：中国从墨西哥进口生产原料，出口中间产品及最终产品，加大政策扶持力度的经贸合作模式能有效拉动墨西哥经济向好发展。而墨西哥部分人民对此种合作模式具有疑虑，即认为随着中方初级工业制品的流入，墨西哥国内已有市场的空间将会被挤占，从而对墨西哥本土制造业造成毁灭性的打击。墨西哥的文化特性使其目光聚焦于分配蛋糕上，而不同于中方的"做大蛋糕"上，这样的目的性认知差异必然会影响中墨经贸合作信任，从而降低双边经贸合作的沟通效率。第二，中美摩擦加剧，对中墨经贸合作关系产生冲击。美国历年来都是墨西哥的最大贸易对象，墨西哥向美国出口商品总额占全国出口总额的近75%。由于中美两国贸易战的展开，墨西哥出于利己性动机，其与美国的经贸合作关系可能将得到加强，而同中国的经贸合作关系可能会被减弱。进一步地，贸易战导致了全球贸易减速，从而间接抑制了中墨双边的协同合作效率。第三，墨西哥新政颁布，倒逼中墨固有贸易模式进行转型。在墨西哥成功实现换届选举之前，中墨双边贸易主要以墨西哥的初级商品交换中国的消费品和制成品为基础，墨西哥在中间投入和消费品这两方面均依赖于中方的制成品。这样的贸易模式导致了两个问题的出现：一是中国对墨西哥的贸易顺差总额持续增多；二是墨西哥人民认为其本土的制造业受到了冲击。针对这两个问题，墨西哥总统安德烈斯·曼努埃尔·洛佩斯·伊尔博尔多自上任之初即颁布了相关应对措施，具体包括加增某些进口产品关税、降低对某些进口产业的政策扶持力度等。墨西哥新政的颁布，预示着中墨固有贸易模式将被打破。中墨双方是否能妥善处理这个问题，是未来中墨经贸合作能否更进一步的关键所在。

五、对策建议

处于新发展周期的中墨两国面临着许多重大挑战，其中最为紧迫的有三个问题：第一，中墨双边民间交流不足，降低了两国经贸合作沟通效率。第二，中美摩擦加剧，对中墨经贸合作关系产生了冲击。第三，墨西哥新政颁布，倒逼中墨固有贸易模式进行转型。中墨两国理应对这三类合作发展难题进行有效应对。笔者拟从以下几个方面提出对策建议：

第一，加强语言互通，增进文化交流，以使中墨两国人民就经贸合作发展行为达成认知一致。汉语和西班牙语在中墨双方经贸合作的历程中发挥着重要作用，一方面中墨两国要加强双方语言的交互传播，另一方面也要通过文化交流促进两国人民相互认知和理解。中国可以利用针对墨西哥的"走出去"政策提升墨西哥"汉语热"的机会，发挥孔子学院的"窗口"作用，可以考虑在日常教学中增加中国国情的内容，普及墨西哥人民对中国国情的认知。此外，墨西哥在对中墨经贸合作理念及相关具体合作举措进行宣传时，理应利用客观公正的媒体进行报道，以在增加墨西哥人民对中墨合作了解的同时，改善墨西哥民间对中国的负面印象。

第二，双边高层驱动，妥善处理域外因素。美国历年来都是墨西哥最大的贸易伙伴，由于中美贸易战的展开，致使墨西哥政府对是否继续加大与中国展开经贸合作产生了一定的顾虑。中国应秉持着大国胸怀，牵头墨西哥、美国两方，就重大争议问题进行协商讨论和三方洽谈，造就中国、墨西哥和美国的三方协同合作机制，利用本国比较优势实现互利共赢，以此减少墨西哥的顾虑。

第三，改变思维模式，控制新政施行速率，以度过中墨双边固有贸易模式转型"阵痛期"。随着墨西哥针对性政策的颁布，中墨双边的固有贸易模式必将面临转型。一方面，中国企业理应改变以往的思维模式，在将中间产品和最终产品带入墨西哥的同时，选择性地对墨西哥本土制造产业进行技术支持；另一方面，墨西哥应控制相应新政的施行速率，从而确保中墨双边平稳度过贸易模式转型期，推动两国贸易向好发展。

第四，开拓双边新市场，进一步扩大双边经贸合作基本盘。近年来，虽然中墨双边经贸合作基本盘在不断扩大，但双边市场还有很多潜力可挖。一方面，对于中国企业来说，墨西哥已知市场的潜力正在降低，其应着力于开拓墨西哥的一些新兴市场，比如旅游业、农业等；另一方面，对于墨西哥企业来说，其在进一步开发中国已知市场的同时，还要迅速进入中国所出现的一些新兴市场，比如咖啡和葡萄酒市场，利用自身比较优势，以占据较多的市场份额。

第五，建立长效监察机制，以迅速应对可能出现的协同发展难题。中国和墨西哥政府应防患于未然，共同设立长效监察机构，在保障已有合作项目顺利进行的同时，制定相应预防措施，以应对未来可能出现的协同发展难题。

第六，加强双边学界交流，提供多样化成功发展范式。学术界与行业协会等机构是帮助中墨双边经贸合作发展实践的重要力量。学术界对外可以研究合作国的法律政策，评价相应合作项目的风险指数，用以指导中墨两国的经贸合作实践。对内可以研究本国相应跨国企业案例，总结成功经验和失败教训，从而为拟进入对方市场的本国企业提供多样化的发展范式。

总而言之，中墨两国之间的经贸合作关系不仅要着眼于短期利益的捕获，还要重视对中期和长期利益的获取，在保障已有合作项目顺利进行的同时，还要制定相应的预防措施，以应对未来可能出现的协同发展难题。

六、结　论

自 1972 年中墨两国建交以来，中墨两国始终走在和谐互助、共谋发展的道路上。回望过去，中墨两国在争取民族解放、捍卫国家主权、建设现代化国家的奋斗中相互声援、彼此支持。立足当下，中墨两国都进入了经济社会发展快车道，都为推动全球经济一体化做出了重大贡献。展望将来，处于深化期的中墨两国经贸合作关系，在浮现出一些新发展机遇的同时，也凸显出一系列严峻挑战。本文以中墨两国历史贸易数据、墨西哥所颁布的新政为立足点，提出中墨经贸合作所面临着的四点发展机遇：一是中国消费市场扩大，为中墨双边经贸合作发展注入活力；二是基础设施建设领域优劣互补，为中拉经贸发展新阶段奠定基础；三是墨西哥旅游资源丰富，为中墨合作开辟新的道路；四是人才互补，为两国各界交流打开大门。同时，本文结合中墨经贸合作的历史现实，凸显出中墨经贸合作发展中所面临的三个重要挑战：一是中墨双边民间交流不足，降低了两国经贸合作沟通效率；二是中美摩擦加剧，对中墨经贸合作关系产生了冲击；三是墨西哥新政颁布，倒逼中墨固有贸易模式进行转型。进一步地，为解决上述三类协同发展难题，本文提出了六点针对性的对策建议：一是加强语言互通，增进文化交流，以使中墨两国人民就经贸合作发展行为达成认知一致；二是双边高层驱动，妥善处理域外因素；三是改变思维模式，控制新政施行速率，以度过中墨双边固有贸易模式转型"阵痛期"；四是开拓双边新市场，进一步扩大双边经贸合作基本盘；五是建立长效监察机制，以迅速应对可能出现的协同发展难题；六是加强双边学界交流，提供多样化成功发展范式。

参考文献

［1］黄院粲. 共建"一带一路"背景下中拉金融合作的现与限［J］. 中小企业管理与科技（下旬刊），2019（8）：74-76.

［2］江时学."一带一路"延伸推动中拉合作进入新阶段［J］. 当代世界，2019（6）：24-30.

［3］墨西哥驻华大使馆. https：//embamex. sre. gob. mx/china/index. php/es/.

［4］Statista. https：//www. statista. com/.

［5］周密，寇春鹤. 墨西哥经济特区建设与中墨特区合作的机遇和挑战［J］. 拉丁美洲研究，2019，41（3）：60-82，156.

［6］谢文泽. 改革开放 40 年中拉关系回顾与思考［J］. 拉丁美洲研究，2018，40（1）：11-35，154-155.

［7］ECLAC. People's Republic of China and Latin America and the Caribbean［J］. Ushering in A New Era in the Economic and Trade Relationship，2011（6）：129.

［8］张勇，史沛然."一带一路"背景下的中拉经贸合作机遇：全球价值链视角［J］. 太平洋学报，2018，26（12）：35-46.

［9］Azhar Jaimurzina，Ricardo J. Sanchez. Governance of Infrastructure for Sustainable Development in Latin America and the Caribbean：An Initial Premise［J］. FALBulletin，CEPAL，2017（354）：6.

［10］张勇. 拉美地区吸引 FDI 特征及中国对拉美投资展望［J］. 西南科技大学学报（哲学社会科学版），2018，35（5）：9-16，35.

［11］腾讯教育. 国际市场竞争日益激烈　国际工程商务人才缺口不断扩大［EB/OL］. 腾讯网，2017 年 6 月 26 日，http：//edu. qq. com/a/20170626/032435. htm.

［12］周志伟，岳云霞. 中拉整体合作：机遇、挑战与政策思路［J］. 世界经济与政治论坛，2016（5）：122-135.

［13］Ming Wan，Natasha Hamilton-Hart. China on The Ground in Latin American［M］. Palgrave Macmillan，2014：129-130.

［14］王嫘亚．中墨贸易环境发展利弊及前景［J］．中国商论，2017（4）：55-57.

［15］岳云霞．中拉经贸合作：改革开放的动能、影响与导向［J］．海外投资与出口信贷，2018（6）：25-29.

第三部分

拉丁美洲国别研究

特朗普政府对委内瑞拉的外交政策述评

黄 忠[*]

摘 要：特朗普政府主要以经济与个人制裁、外交围堵与政治渗透和军事威胁与参与政变这三大手段对马杜罗政权实施外交上的极限施压政策。就其原因而言，选举政治的需要、委内瑞拉对当前美国地区安全政策的负面影响和大国在拉丁美洲博弈的新态势是特朗普政府采取这个政策值得关注的新要素。委内瑞拉固然会因为特朗普政府的施压而损失惨重，并导致人道主义灾难进一步加剧，然而美国也面临着极限施压的困境，非但无法达成根本目标，在拉美地区的影响力也会受损，国际形象更差。

关键词：美国；委内瑞拉；极限施压

尽管马杜罗政府为特朗普的总统就职仪式捐赠了 50 万美元①，但是这并没有改善自查韦斯上台以来一直龌龊不断的美委关系。不仅如此，特朗普还一改奥巴马政府对委内瑞拉的有限施压政策，从外交、经济与军事等诸多层面对马杜罗政权贯彻极限施压（maximum pressure）的方针。目前，美国与委内瑞拉之间的关系已经空前恶化，处于有史以来最差的状态，相关问题值得关注。

一、主 要 手 段

尽管在特朗普政府的外交议程中，朝鲜、伊朗、叙利亚与贸易战等问题处于

＊ 黄忠，国际政治学博士，广东外语外贸大学 21 世纪海上丝绸之路协同创新中心、加拿大研究中心、拉美研究中心讲师。

① Ana Campoy. Venezuela, Where People are Starving, gave Trump Half a Million Dollars for his Inauguration，［EB/OL］. *Quartz*, 20 April 2017, https：//qz. com/963702/fec-report-venezuelas-citgo-donated-500000-to-donald-trumps-inaugural-committee/. （最后访问日期：2019 年 6 月 29 日）

其精力聚焦的核心，但是对委内瑞拉的打压并未因此受到影响。甚至可以说，相对于奥巴马政府，特朗普对马杜罗政权的围追堵截可谓变本加厉。2019 年，他甚至公开喊出极限施压的口号，即"运用美国经济和外交力量全力施压，恢复委内瑞拉的民主，摆脱当前的宪政危机"。① 8 月 28 日，美国国务院更是宣布在驻哥伦比亚大使馆成立委内瑞拉事务组，由前驻委代办詹姆斯·斯托里（James Story）负责"恢复委民主和宪政秩序，以及与委人民相关的安全与福利工作"。② 其主要措施如下：

1. 经济与个人制裁

特朗普政权自上台之日起，就不断升级对委内瑞拉的制裁措施。它对马杜罗政权的制裁是全方位的，既有国家层面的经济制裁，也有政府高官层面的个人制裁。

在经济制裁上，2017 年 8 月 25 日，特朗普签署法令禁止委内瑞拉政府在美国发行债券，禁止国有企业委内瑞拉石油公司在美国金融市场融资，也禁止美国银行给两者提供超过一定期限的新贷款。③ 在马杜罗政府计划发行数字石油货币后，2018 年 3 月 19 日，白宫签署行政令禁止美国个人或在美境内供应、购买和交易该货币。④ 5 月初，在副总统彭斯敦促委内瑞拉暂停新一轮总统大选之际，美国对委内瑞拉的 20 家企业进行制裁。⑤ 5 月 21 日，在马杜罗赢得总统大选后，美国禁止公司或者个人交易与委内瑞拉政府和委内瑞拉石油公司相关的债务或者应收账款。⑥ 11 月 1 日，特朗普政府宣布禁止美国公民同与委内瑞拉黄金出口等

① The White House. Statement from National Security Advisor Ambassador John Bolton on Venezuela［EB/OL］. January 11, 2019, https：//www. whitehouse. gov/briefings-statements/statement-national-security-advisor-ambassador-john-bolton-venezuela/，（最后访问日期：2019 年 7 月 31 日）；John Geddie. U. S. Bringing "Maximum Pressure" on Venezuela：Sanctions Official［EB/OL］. *REUTERS*, MARCH 29, 2019, https：//www. reuters. com/article/us-usa-venezuela-pressure/us-bringing-maximum-pressure-on-venezuela-sanctions-official-idUSKCN1RA0A3.（最后访问日期：2019 年 6 月 29 日）

② Creation of the Venezuela Affairs Unit［EB/OL］. AUGUST 28, 2019, https：//ve. usembassy. gov/creation-of-the-venezuela-affairs-unit/.（最后访问日期：2019 年 8 月 30 日）

③ Venezuela：Why Trump's sanctions won't work［EB/OL］. *The Conversation*, August 31, 2017, https：//theconversation. com/venezuela-why-trumps-sanctions-wont-work-82970.（最后访问日期：2019 年 7 月 1 日）

④ 刘秀玲. 美禁购委内瑞拉"石油币"马杜罗：违反国际法［EB/OL］. 新华网，2018 年 3 月 21 日，http：//us. xinhuanet. com/2018-03/21/c_ 129833138. htm.（最后访问日期：2018 年 8 月 24 日）

⑤ 赵怡蓁. 美国对委内瑞拉祭新制裁　彭斯吁暂缓"骗局"大选［EB/OL］. 环球网，2018 年 5 月 8 日，http：//world. huanqiu. com/exclusive/2018-05/11994064. html.（最后访问日期：2018 年 8 月 24 日）

⑥ Nicholas Casey, Julie Hirschfeld Davis. As Trump Adds Sanctions on Venezuela, Its Neighbors Reject Election Result［EB/OL］. *The New York Times*, May 21, 2018, https：//www. nytimes. com/2018/05/21/world/americas/venezuela-nicolas-maduro-sanctions. html.（最后访问日期：2019 年 7 月 1 日）

行业有关的个人和实体进行交易，以降低后者在黄金方面的收入。① 2019 年 1 月 28 日，美国财政部将委内瑞拉石油公司在美国约价值 70 亿美元资产进行冻结，随后将其转交给瓜伊多，博尔顿甚至预期这个行动还能够让马杜罗失去来年 110 亿美元的石油销售收入。② 8 月 5 日，委内瑞拉政府在美国的全部资产又被宣布冻结。

在对委内瑞拉相关人员的个人制裁方面，截至 2019 年 6 月，特朗普政府根据奥巴马时期制定的委内瑞拉人权与公民社会保护法案（the Venezuela Defense of Human Rights and Civil Society Act of 2014），对马杜罗政府和军队的 75 名成员施加了制裁措施，成员包括总统马杜罗及其夫人西莉亚·弗洛雷斯（Cecilia Flores），副总统德尔茜·罗德里格斯（Delcy Rodriguez），委内瑞拉石油公司第一任副总裁（First Vice President）迪奥斯达多·卡韦略（Diosdado Cabello），八名最高法院法官，国家军队、国民警卫队和警察的领导人，四名州长，国家银行行长和外交部长，等等。不仅如此，根据《外国毒枭认定法案》（Foreign Narcotics Kingpin Designation Act），特朗普政府还对委内瑞拉前副总统塔雷克·埃尔·艾萨米（Tareck el Aissami）、前情报官员佩德罗·路易斯·马丁（Pedro Luis Martin）等 22 人施加了制裁。③ 当然，美国也不忘利用这一措施来分化马杜罗集团。前国家情报局局长克里斯托弗·菲格拉（Cristopher Figuera）背叛马杜罗之后，美国副总统彭斯旋即宣布取消对他的个人制裁。④

2. 外交围堵与政治渗透

在国际舞台，特朗普政府一方面极力利用各种场合压缩委内瑞拉的外交空间，另一方面加大对委内瑞拉反对派的扶植力度。

美国政府高官一直试图通过多种手段在国际舞台打压马杜罗。蒂勒森、马蒂斯、彭斯和蓬佩奥的拉美访问之行都将联合其他国家孤立委内瑞拉作为重点。在蓬佩奥于 2019 年 4 月的拉美四国访问中，他更是明确表示将委内瑞拉列为主要议题，强调它是这四国面临的"共同威胁"。⑤ 联合国、美洲国家组织与利马集

---

① 朱东阳. 特朗普下令对委内瑞拉黄金出口实施制裁［EB/OL］. 新华网，2018 年 11 月 2 日，http：//www. xinhuanet. com//2018-11/02/c_ 1123653129. htm.（最后访问日期：2019 年 7 月 1 日）

② Corina Pons, Marianna Parraga. Venezuela's Guaido Aims at Control of PDVSA, Citgo as U. S. Imposes Sanctions ［EB/OL］. *REUTERS*, JANUARY 29, 2019, https：//www. reuters. com/article/us-venezuela-politics-citgo- exclusive/venezuelas－guaido－aims－at－control－of－pdvsa－citgo－as－u－s－imposes－sanctions－idUSKCN1PM2B6.（最后访问日期：2019 年 7 月 1 日）

③ Venezuela：Background and U. S. Relations ［EB/OL］. Updated June 4, 2019, pp. 23-24, https：//fas. org/sgp/crs/row/R44841. pdf.（最后访问日期：2019 年 7 月 2 日）

④ 徐烨，王瑛. 马杜罗称委内瑞拉前情报局局长策划未遂政变［EB/OL］. 新华网，2019 年 5 月 11 日，http：//www. xinhuanet. com/world/2019-05/11/c_ 1124481486. htm.（最后访问日期：2019 年 7 月 14 日）

⑤ 崔元磊，王蔚，高春雨. 蓬佩奥拉美之行收获寥寥［EB/OL］. 新华网，2019 年 4 月 16 日，http：//www. xinhuanet. com/world/2019-04/16/c_ 1124373520. htm.（最后访问日期：2019 年 7 月 3 日）

团等多边机制也是美国施压委内瑞拉的重要平台。2019 年 1 月 26 日在联合国安理会举行的有关委内瑞拉局势的紧急讨论会上，蓬佩奥敦促所有成员国站在自由一边支持委内瑞拉的民主转型，指责中国和俄罗斯在不遗余力支持马杜罗这样一个失败政权。① 鉴于美洲国家组织在多次干涉委内瑞拉过程中的作用，马杜罗称其为美国政府的"殖民部门"，宣布于 2019 年 4 月 27 日正式退出该组织。② 在利马集团不承认委内瑞拉选举大选结果和认可瓜伊多为委临时总统的过程中，美国也参与了其中的协调活动。副总统彭斯甚至于 2019 年 2 月 25 日直接参加了利马集团在哥伦比亚首都波哥大的会议，为其制裁委内瑞拉支招，并代表特朗普会见了瓜伊多，表达美国对他全力支持的立场。③

在对委内瑞拉的民主和人权援助上，特朗普政府于 2018 财年和 2019 财年分别拨款 1500 万美元和 1750 万美元。在 2020 年度的财政预算中，特朗普政府计划对委内瑞拉提供民主援助基金 900 万美元，并为委内瑞拉可能的危机或者政权过渡应急准备高达 5 亿美元的资金。④ 2019 年 7 月，特朗普政府计划将给中美洲国家的 4190 万美元人道主义援助转拨瓜伊多，用于支持他们的"民主建设"项目。⑤ 美国民主基金会在美国对委内瑞拉的政治渗透中扮演了重要角色，2017 年和 2018 年其对委内瑞拉分别投入 2603176 美元和 2355293 美元，主要从事公民接触、人权、民主价值观和信息传播等活动。需要强调的是，美国民主基金会在委内瑞拉也活动已久，委反对派领导人瓜伊多在学生时代就深受其影响，组织参与过一系列反政府活动。⑥ 此外，美国还对委内瑞拉进行了一系列人道主义和紧急援助，只不过这些同样扮演了推进委内瑞拉民主化进程的重要角色。比如，2019 年 2 月，因瓜伊多请求，美国向委内瑞拉与哥伦比亚和巴西边境地区运输了大量物

①　"Secretary of State Michael R. Pompeo at the United Nations Security Council Meeting on Venezuela［EB/OL］. January 28, 2019, https：//py. usembassy. gov/secretary－of－state－michael－r－pompeo－at－the－united－nations－security－council－meeting－on－venezuela/. （最后访问日期：2019 年 7 月 3 日）

②　徐烨，王瑛. 委内瑞拉正式退出美洲国家组织［EB/OL］. 新华网，2019 年 4 月 28 日，http：//www. xinhuanet. com/world/2019－04/28/c_ 1124427302. htm. （最后访问日期：2019 年 7 月 3 日）

③　沈敏. 美国欲对马杜罗"勒紧套索"利马集团反对动武［EB/OL］. 新华网，2019 年 2 月 27 日，http：//www. xinhuanet. com/world/2019－02/27/c_ 1210068524. htm. （最后访问日期：2019 年 7 月 3 日）

④　Venezuela：Background and U. S. Relations［EB/OL］. Updated June 4, 2019, p. 30, https：//fas. org/sgp/crs/row/R44841. pdf. （最后访问日期：2019 年 7 月 2 日）

⑤　Tracy Wilkinson. Trump Administration Diverts Central America Aid to U. S. －backed Opposition in Venezuela［EB/OL］. *Los Angeles Times*，JULY 16, 2019, https：//www. latimes. com/politics/story/2019－07－16/usaid－diverting－humanitarian－aid－to－political－opposition－in－venezuela. （最后访问日期：2019 年 7 月 22 日）

⑥　National Endowment for Destabilization? CIA Funds for Latin America in 2018［EB/OL］. *TeleSUR*, 4 April 2019, https：//www. telesurenglish. net/analysis/National－Endowment－for－Destabilization－CIA－Funds－for－Latin－America－in－2018－20190403－0042. html. （最后访问日期：2019 年 7 月 2 日）；VENEZUELA 2018［EB/OL］., https：//www. ned. org/region/latin－america－and－caribbean/venezuela－2018/. （最后访问日期：2019 年 7 月 2 日）

资，表面上是为了解决委内瑞拉难民和国内人道主义危机问题，但实质上却是替反对派笼络人心，并借机试图直接干预委内瑞拉内政。①

3. 军事威胁与参与政变

美国对马杜罗政权的讨厌虽由来已久，且自克林顿时期起，美国就不掩饰对委内瑞拉的恶劣态度，但是只有特朗普政府公开支持以军事政变手段谋求委内瑞拉政权的更迭。②

早在 2017 年 8 月中旬，特朗普就在考虑以军事方式推翻马杜罗的可能性。当时，他直接质问其执政团队为何不能仿效美国以往在拉美进行炮舰外交的历史，对委内瑞拉动用武力。③ 尽管他的这个想法在决策圈没有通过，马杜罗也试图与其通电话缓和双方关系，但是他还是公开对委内瑞拉发出了军事威胁的声音，并与拉美四国领导人就此展开了讨论。④ 而在之前的 2017 年 4 月，美军负责南美事务的南部战区司令库特·泰德（Kurt W. Tidd）在给国会的报告中就已经指出委内瑞拉"日趋严重的地区危机可能会迫使地区做出反应"。⑤ 委内瑞拉前计划部长里卡多·奥斯曼（Ricardo Hausmann）于 2018 年 1 月公开与之呼应称，面对日益严重的危机，委国会只要任命一个新的合法政府对外发出邀请，那么国际联合军事干涉便可以顺理成章，且无须联合国安理会的批准。⑥

自 2017 年秋季至 2018 年夏季，委内瑞拉军队内部的反叛分子一直在和特朗

① 严珊珊. 无视中俄否决，美国继续往委内边境送物资［EB/OL］. 观察者网，2019 年 3 月 1 日，https：//www. guancha. cn/internation/2019_ 03_ 01_ 491943. shtml.（最后访问日期：2019 年 7 月 3 日）

② Timothy M. Gill. US Encouragement of a Military Coup in Venezuela is Dangerous for Both Countries［EB/OL］. February 22nd, 2018, http：//blogs. lse. ac. uk/latamcaribbean/2018/02/22/us-encouragement-of-a-military-coup-in-venezuela-is-dangerous-for-both-countries/.（最后访问日期：2019 年 7 月 3 日）

③ 王恺雯. 美官员披露：特朗普去年曾问"为什么美国不直接入侵委内瑞拉？"［EB/OL］. 观察者网，2018 年 7 月 5 日，https：//www. guancha. cn/internation/2018_ 07_ 05_ 462782. shtml.（最后访问日期：2019 年 6 月 29 日）

④ Alex Ward. We Need to Talk about The Fact That Trump Seriously Considered Invading Venezuela［EB/OL］. VOX, Jul 6, 2018, https：//www. vox. com/2018/7/6/17536908/trump-venezuela-invade-military.（最后访问日期：2019 年 7 月 3 日）；Jill Colvin and Joshua Goodman. Trump says he won't rule out military response to Venezuela；rejects Maduro's phone call"，FOX，Aug 11 2017, http：//www. ktvu. com/news/white-house-rejects-venezuelan-president-maduros-phone-call-wont-rule-out-military-action.（最后访问日期：2018 年 8 月 24 日）

⑤ United States Southern Command. Posture Statement of Admiral Kurt. W. Tidd, Commander, United States Southern Command Before the 115th Congress Senate Armed Service Committee［EB/OL］. 6 April, 2017, http：//defenseassistance. org/primarydocs/170406_ southcom_ posture. pdf.（最后访问日期：2019 年 7 月 4 日）

⑥ Ricardo Hausmann. D-Day Venezuela［EB/OL］. Panam Post, Jan 2, 2018, https：//panampost. com/editor/2018/01/02/d-day-venezuela/? cn-reloaded = 1.（最后访问日期：2019 年 7 月 4 日）；Ryan Mallett-Outtrim, "Harvard Economist Suggests D-Day Style Invasion to Fix Venezuela's Humanitarian Crisis"，MPN NEWS, January 12th, 2018, https：//www. mintpressnews. com/harvard-economist-suggests-d-day-style-invasion-to-fix-venezuelas-humanitarian-crisis/236283/.（最后访问日期：2019 年 7 月 3 日）

普政府的官员讨论政变计划，但最终因时机不成熟而被美国否决。① 2019 年 1 月 23 日，随着议会主席瓜伊多自立为国家临时总统，美国对委内瑞拉的军事威胁与政权颠覆活动达到高潮。1 月 25 日，特朗普任命被誉为"颠覆专家"的艾略特·艾布拉姆斯（Elliott Abrams）出任委内瑞拉特使。3 月 7 日，委内瑞拉发生了给国家造成 8.75 亿美元损失的大面积停电事件，马杜罗指责美国参与了针对委电力系统的"网络攻击"。② 在美国支持下，瓜伊多试图于 2 月 23 日将救援物资运回国内，并于 4 月 30 日发动政变，但都以失败告终。5 月 1 日，参谋长联席会议主席邓福德（Joseph Dunford）表示美军已经做好准备，以支持总统的进一步要求。③ 5 月 3 日，美军信任南部战区司令克雷格·法勒（Craig Faller）也做出了类似表示。④ 6 月 26 日，马杜罗宣布挫败一起有美国参与的涉嫌炸政府抢银行的政变活动。⑤ 在这过程中，美国反复对马杜罗政权进行施压，强调虽然希望委内瑞拉能够和平完成民主化过渡，但是其他所有选择也都摆在桌面上，其中武力威胁的意味不言自明。

不仅如此，美国还对委内瑞拉发动了猛烈宣传舆论攻势。西方媒体普遍将马杜罗描绘成失败的独裁者，而瓜伊多则是恢复委内瑞拉民主的希望。在瓜伊多 4 月 30 日发动政变活动中，美国主流媒体更是配合散布流言蜚语，混淆视听，煽动民众和军队对抗马杜罗政府。⑥ 美国政府高官在其中也发挥了重要作用，博尔顿宣称美国已经与委内瑞拉军方的三名高官做好了直接沟通，蓬佩奥甚至造谣马杜罗因为顶不住政变压力而乘坐俄罗斯专机逃离古巴。

---

① Ernesto Londoño, Nicholas Casey. Trump Administration Discussed Coup Plans With Rebel Venezuelan Officers [EB/OL]. *The New York Times*, Sept. 8, 2018, https：//www.nytimes.com/2018/09/08/world/americas/donald-trump-venezuela-military-coup.html.（最后访问日期：2019 年 6 月 17 日）；Ciara Nugent. What to Know About Reported Meetings Between Trump Administration Officials and Venezuelan Coup Plotters [EB/OL]. Time, SEPTEMBER 11, 2018, https：//time.com/5392521/trump-us-venezuela-coup-plot-meetings/.（最后访问日期：2019 年 6 月 14 日）

② 委内瑞拉水电供应恢复　即将复工复课 [EB/OL]. 中国新闻网，2019 年 3 月 14 日，http：//www.chinanews.com/gj/2019/03-14/8780025.shtml.（最后访问日期：2019 年 7 月 4 日）

③ Ryan Browne. Trump National Security Team, Military Officials Meet about Venezuela [EB/OL]. *CNN*, May 3, 2019, https：//edition.cnn.com/2019/05/03/politics/venezuela-national-security-team/index.html.（最后访问日期：2019 年 6 月 9 日）

④ Kylie Atwood, Kevin Liptak, Barbara Starr, etc. Trump Admin Seeking to Get Money to Venezuela's Guaido [EB/OL]. *CNN*, May 3, 2019, https：//edition.cnn.com/2019/05/02/politics/us-guaido-venezuela-money/index.html.（最后访问日期：2019 年 6 月 9 日）

⑤ 马杜罗宣布挫败政变阴谋：炸政府抢银行 [EB/OL]. 澎湃新闻，2019 年 6 月 28 日，https：//www.thepaper.cn/newsDetail_forward_3789510.

⑥ Dave Lindorff. Propaganda：U.S. Media's Role in The Venezuela Coup That Never Was [EB/OL]. May 10, 2019, https：//www.peoplesworld.org/article/propaganda-u-s-medias-role-in-the-venezuela-coup-that-never-was/.（最后访问日期：2019 年 7 月 3 日）

二、影响特朗普政府对委内瑞拉政策的新动因

在探讨影响特朗普政府对委内瑞拉决策的原因中，虽然委内瑞拉的巨量石油储备和委内瑞拉宣称要走 21 世纪社会主义路线和坚持反对霸权主义的方针导致美国历届政府与其交恶受到重视，奥马巴政府甚至将委内瑞拉列为对美国安全和外交异乎寻常的威胁①，但是一些新的因素更加值得注意。

1. 选举政治的需要是国家层面动因

选票政治对特朗普的委内瑞拉决策产生了重要影响。佛罗里达州对于特朗普赢得 2016 年总统大选产生了极其关键的作用，因此它也被特朗普的选举团队视为自己赢得总统连任而不可失去的最重要的基本盘。就历史而言，美国两党在此地区的选举竞争一直势均力敌，而占 1/6 人口的西班牙语选民则占有举足轻重的作用，这其中委内瑞拉后裔约有 20 万。在特朗普竞选团队的选举策略中，对委内瑞拉采取极限施压政策有两个方面的作用：其一，打击民主党。特朗普一直将他的民主党对手描绘成极左极端分子，说后者试图在美国推行社会主义政策。他认为通过攻击委内瑞拉的社会主义路线，可以有效打击民主党在选民中的声誉。其二，吸引西班牙语裔尤其是委内瑞拉裔选民的支持。这些选民中的很多亲人正居住在委内瑞拉和古巴，正饱受经济困难的痛苦。特朗普团队认为只要马杜罗下台，他们就会赢得这些选民的更强力支持。②

在选票政治的影响下，美国两党在委内瑞拉民主自由化议题上拥有高度共识，一些共和党成员对马杜罗政权的立场比特朗普还要强硬。当特朗普说所有选项都在桌面上的时候，前参议员梅尔·马丁内斯（Mel Martinez）则强调直接军事行动的威胁更可信。民主党同样支持瓜伊多，认为特朗普当前的政策还不够强

① Brian D' Haeseleer. Trump's Latin America Policy: Send in the Troops [EB/OL]. *Foreign Policy In Focus*, July 19, 2018, https://fpif.org/trumps-latin-america-policy-send-in-the-troops/. （最后访问日期：2019 年 7 月 13 日）

② Sean Sullivan. Florida Republicans Warn That Trump's Venezuela Policy is at Risk of Backfiring [EB/OL]. *The Washington Post*, May 12, 2019, https://www.washingtonpost.com/steps-for-disabling-adblocker/2016/09/14/a8c3d4d2-7aac-11e6-bd86b7bbd53d2b5d_ story.html? utm_ term =.7a909b9a467c, （最后访问日期：2019 年 7 月 13 日）；Kylie Atwood, Kevin Liptak, Barbara Starr, Michelle Kosinski. Trump admin seeking to get money to Venezuela's Guaido [EB/OL]. *CNN*, May 3, 2019, https://edition.cnn.com/2019/05/02/politics/us-guaido-venezuela-money/index.html. （最后访问日期：2019 年 7 月 13 日）

硬，以至于委内瑞拉僵局一直在持续。① 在瓜伊多自立为总统的当天，众议院外交委员会主席埃利奥特·恩格尔（Eliot L. Engel）就表示自己站在反对派组织的游行队伍一边拒绝马杜罗的集权统治，要求委内瑞拉军队尊重公民权利保持克制。2月13日，恩格尔再次强调委内瑞拉是一个残酷压迫的盗贼统治国家（kleptocracy）。② 2019年2月17日，众议院代表唐纳·沙拉拉（Donna Shalala）在公开声明中说，国会两党强烈支持委内瑞拉人民走自由与民主道路。③ 5月22日，参议院外交关系委员会通过了一项高达4亿美元的委内瑞拉民主发展紧急援助法案，旨在协调有关国家共同推动委内瑞拉的政权更迭及后马杜罗时代的委内瑞拉国内治理工作。此前的3月，它还通过了众议院提出了三个涉及委内瑞拉的修正法案，内容包括扩大对委内瑞拉援助，禁止军售给马杜罗政权及对抗俄罗斯在南美的存在等。④ 共和党参议员马可·卢比奥（Marco Rubio）在特朗普的委内瑞拉政策制定执行过程中扮演了急先锋角色。自特朗普就职以后，他就一直推动政府和国会对马杜罗执行各种施压政策。2019年2月17日，他抵达委内瑞拉和哥伦比亚边界的边界桥梁，警告委内瑞拉军队不要支持马杜罗，放行美国的援助物资进入委内瑞拉境内。⑤

2. 委内瑞拉对特朗普政府地区安全政策的负面影响是区域层面原因

安全是美国拉美外交政策的核心支柱，历届美国政府都担心拉美国家的安全

① Sean Sullivan. Florida Republicans warn that Trump's Venezuela policy is at risk of backfiring［EB/OL］. *The Washington Post*, May 12, 2019, https：//www. washingtonpost. com/steps-for-disabling-adblocker/2016/09/14/a8c3d4d2-7aac-11e6-bd86-b7bbd53d2b5d_ story. html？utm_ term =. 7a909b9a467c. （最后访问日期：2019年7月13日）

② Engel Statement on Venezuela［EB/OL］. January 23, 2019, https：//foreignaffairs. house. gov/2019/1/engel-statement-on-venezuela. （最后访问日期：2019年7月14日）；Engel Remarks at Full Committee Hearing on Venezuela, February 13, 2019, https：//foreignaffairs. house. gov/press-releases？ID = 6B4DB510-7A3A-4DE7-B924-85BB67F70EC3. （最后访问日期：2019年7月14日）

③ Joseph Puente. Rep. Donna Shalala Statement on President Trump's Venezuela Speech at FIU Campus［EB/OL］. February 19, 2019, https：//shalala. house. gov/news/documentsingle. aspx？DocumentID＝164. （最后访问日期：2019年7月14日）

④ Ben Kew. Senate to Vote on＄400 Million Humanitarian Aid Bill to Venezuela［EB/OL］. 23 May 2019, https：//www. breitbart. com/national-security/2019/05/23/senate-to-vote-on-400-million-humanitarian-aid-bill-to-venezuela/. （最后访问日期：2019年7月14日）；Luis Alonso Lugo, "U. S. Senate committee passes bill to deal with crisis in Venezuela", Global News, May 22, 2019, https：//globalnews. ca/news/5303988/us-venezuela-bill/. （最后访问日期：2019年5月24日）

⑤ Marco Rubio at Venezuela border warns Maduro's troops against "crime" of blocking aid［EB/OL］. FEBRUARY 18, 2019, https：//www. cbsnews. com/news/venezuela-marco-rubio-warns-nicolas-maduro-troops-crime-block-humanitarian-aid/. （最后访问日期：2019年7月14日）；Curt Mills. Trump's Full Venezuela Policy Comes Into View［EB/OL］. *The National Interest*, March 12, 2019, https：//nationalinterest. org/feature/trump%E2%80%99s-full-venezuela-policy-comes-view-46882. （最后访问日期：2019年7月14日）

问题会波及美国本土。从特朗普政府的官方声明来看,拉美国家更多以非法移民、毒品犯罪和政治不稳定等威胁地区安全的面貌存在。① 在彭斯 2017 年的拉美之行演讲中,跨国犯罪和毒品贸易甚至被当作地区安全最迫在眉睫的威胁。② 委内瑞拉恰好都成为特朗普政府地区安全政策聚焦的对象。

2018 年美国国务院发布的国家反恐报告认为,委内瑞拉漏洞百出的边境线为恐怖分子提供了宽松的活动环境。③ 哥伦比亚非法武装组织和贩毒集团充分利用委内瑞拉不稳定的国内政治环境在两国边境开展活动,种植毒品可卡因的原料古柯叶。不仅如此,委内瑞拉的一些金矿和对哥伦比亚的石油输出管道也被游击队和黑帮控制。④ 美国认为,目前委内瑞拉已经成为南美贩毒集团对外输出毒品优先选择的中转站。通过委内瑞拉,可卡因经由中美洲和东加勒比地区进入美国,经由西非进入欧洲。⑤ 此外,委内瑞拉还被怀疑和伊朗支持的黎巴嫩真主党有长期联系,后者甚至在委内瑞拉设有一个训练基地。⑥

因为国内动乱,2019 年 6 月,委内瑞拉离境人数已经高达 400 万,比 2018 年多了 100 万,委内瑞拉也就此成为世界流失人口最多的国家之一。目前,大量难民或移民生活在与委内瑞拉交界的其他国家。其中,哥伦比亚约 130 万,秘鲁76.8 万,智利 28.8 万,厄瓜尔多 26.3 万,巴西 16.8 万,阿根廷 13 万,另外还有大量人口位于墨西哥及中美洲加勒比地区。⑦ 这些流离失所的委内瑞拉人正不仅成为拉美地区日益不稳定的重要隐患,也成为特朗普政府眼中的洪水猛兽。除了给东道国带来人道主义援助所需的巨大经济负担外,他们还让这些国家的社会治理问题日趋严重,比如医疗资源短缺、黑社会犯罪和毒品种植等。目前,这些

① Bartłomiej Znojek. The Trump Administration's Latin America Policy [EB/OL]. 7 August 2017, p. 1, http://www.pism.pl/publications/bulletin/no-76-1016. (最后访问日期:2019 年 7 月 15 日)

② "Remarks by the Vice President on Latin America", *The White House*, August 23, 2017, https://www.whitehouse.gov/briefings-statements/remarks-vice-president-latin-america/. (最后访问日期:2019 年 7 月 15 日)

③ U.S. Department of State. Western Hemisphere Overview [EB/OL]. in Country Reports on Terrorism 2017, September 2018, p. 215, https://arctic-intelligence.com/wp-content/uploads/US-Country-Reports-on-Terrorism-2017-Published-Sep-2018.pdf. (最后访问日期:2019 年 7 月 15 日)

④ Venezuela: Background and U.S. Relations [EB/OL]. Updated June 4, 2019, pp. 33-34, https://fas.org/sgp/crs/row/R44841.pdf. (最后访问日期:2019 年 7 月 2 日)

⑤ Shannon K. O'Neil. Options for U.S. Policy in Venezuela [EB/OL]. March 2, 2017, p. 4, https://www.foreign.senate.gov/imo/media/doc/030217_ONeil_Testimony_REVISED.pdf. (最后访问日期:2019 年 7 月 15 日)

⑥ Alex Ward. The US May Name Venezuela as a State Sponsor of Terrorism. Here's Why That Could Back-fire [EB/OL]. *VOX*, Nov 20, 2018, https://www.vox.com/2018/11/20/18104698/venezuela-trump-terrorism-state-hezbollah-eln. (最后访问日期:2019 年 6 月 17 日)

⑦ The UN Refugee Agency. Refugees and Migrants from Venezuela Top 4 million: UNHCR and IOM [EB/OL]. 7 June 2019, https://www.unhcr.org/news/press/2019/6/5cfa2a4a4/refugees-migrants-venezuela-top-4-million-unhcr-iom.html. (最后访问日期:2019 年 7 月 15 日)

国家都需要来自美国的援助。不仅如此，委内瑞拉难民问题还正在向美国本土蔓延。2018 年，委内瑞拉有将近 3 万人向美国申请庇护，是美国相关人数申请最多的国家。但是该年特朗普政府全年可接受的外国难民入境人数也就为 3 万，为1980 年以来的最低值。对此，美国国会于 2019 年要求政府给予这些委内瑞拉难民以临时保护身份，但是被拒绝。不仅如此，特朗普政府还在加速驱逐境内的委内瑞拉人。① 在这种情况下，特朗普政府自然会更多向马杜罗政权施压，期待委内瑞拉的民主过渡能解决难民问题。

此外，2015 年底以来拉美左翼力量衰退、右翼政治力量上升的趋势也为特朗普政府对委内瑞拉采取极限施压创造了有利条件。当前美国拉美外交的一个主题就是打压以委内瑞拉、尼加拉瓜和古巴为首的"暴政三国"，拉拢哥伦比亚、智利和阿根廷等右翼政府。② 更何况，处在困境中的委内瑞拉和古巴还在相互扶持对抗美国。目前，经济陷入困难的委内瑞拉仍然每天向古巴运送石油 5 万桶，尽管不到高峰期的一半。与此同时，古巴则是委内瑞拉在拉美地区的最坚强盟友，两者在地区合作中利用世界社会论坛、圣保罗论坛和玻利瓦尔美洲联盟机制等重要国际和地区平台，凝聚拉美左翼力量。③

3. 大国在拉丁美洲博弈的新常态对特朗普政府的刺激是全球层面原因

尽管奥巴马政府时期时任国务卿克里曾经宣布在美国的拉美政策中门罗主义已经寿终正寝，但是特朗普上台后美国高层却丝毫不掩饰对门罗主义的偏爱，博尔顿甚至公开表示"不介意对委内瑞拉使用'门罗主义'这个词"。④ 这其中有着深刻的大国博弈背景。

进入 21 世纪，俄罗斯加大了对拉美战略投入的步伐，委内瑞拉、古巴、尼加拉瓜和玻利维亚等美洲玻利瓦尔联盟核心成员国家是其战略接触的核心，委内瑞拉、尼加拉瓜、秘鲁和巴西则是主要军事合作伙伴。其中，委内瑞拉在俄罗斯

① 陶紫东，刘月. 难民问题会压垮拉美吗？［EB/OL］. 人民日报海外版，2019 年 6 月 27 日，转引自 http：//paper. people. com. cn/rmrbhwb/html/2019-06/27/content_ 1932823. htm. （最后访问日期：2019 年 7 月 16 日）；Molly o' Toole, Staff Writer, Venezuela, Now a Top Source of U. S. Asylum Claims, Poses a Challenge for Trump ［EB/OL］. *Los Angeles Times*, JUNE 5, 2019, https：//www. latimes. com/politics/la-na-pol-trump-venezuela-asylum-immigration-20190605-story. html. （最后访问日期：2019 年 7 月 16 日）

② 周志伟. 拉美地区大变局及中拉关系展望 ［N］. 参考消息，2019-06-11.

③ With Spies and Other Operatives, A Nation Looms Over Venezuela's Crisis：Cuba ［EB/OL］. *The New York Times*, Jan. 26, 2019, https：//www. nytimes. com/2019/01/26/world/americas/venezuela-cuba-oil. html. （最后访问日期：2019 年 7 月 17 日）；Patrick Oppmann. The History That Chains Cuba to Venezuela's Crisis ［EB/OL］. *CNN*, February 3, 2019, https：//edition. cnn. com/2019/02/02/americas/venezuela-cuba-history-oil/index. html. （最后访问日期：2019 年 7 月 17 日）；袁东振. 拉美政治生态的新变化与基本趋势分析 ［J］. 国际论坛，2019（3）：136.

④ 王珍. 干预委内瑞拉，门罗主义回归？［N］. 环球时报，2019-02-02.

全球战略格局中有着特殊地位。目前，俄罗斯是委内瑞拉石油行业重组的主要贷款人，俄罗斯在拉美地区军售的 73% 都流向了委内瑞拉。预计到 2025 年，委内瑞拉将成为俄罗斯除了印度之外的第二大军售对象国。① 可以说，俄罗斯对这些国家的支持有着地缘政治和经济实用主义的双重考虑。冷战结束之后，俄罗斯的民主转型并未受到西方国家待见，以美国为首的北约更是步步蚕食俄罗斯的生存空间。目前，俄罗斯被视为美国的主要挑战者之一，受到西方的空前孤立。对于西方试图颠覆中小国家政权的行为，俄罗斯更是感同身受。因此，对于马杜罗的困难俄罗斯自然想尽力帮助解决。除此之外，对于俄罗斯而言，以委内瑞拉为首的拉美左翼阵营还有反美前沿阵地的作用，更能扰乱美国视线。2018 年 12 月 10 日，俄罗斯派遣了两架图-160 战略轰炸机飞抵委内瑞拉参加联合军演，其针对美国的威慑含义不言自明。

中国在拉美的经济影响也与日俱增。2018 年，中拉贸易额首次突破 3000 亿美元大关，中国已成为绝大多数拉美国家的重要贸易伙伴。② 目前，中国是巴西、古巴、智利、乌拉圭和秘鲁最大的出口对象国。2000~2016 年，中国占拉美地区商品进口的比重由 3% 提升到 18%，美国则由 50% 下降到 33%。③ 在投资领域，过去 15 年，中国成为拉美和加勒比海地区的主要资金来源。2005 年以来，中国对拉美的贷款约为 1400 亿美元，直接投资则从几乎为零增至 2018 年的可能超 1100 亿美元。④ 目前，已经有巴西、秘鲁、委内瑞拉、智利、玻利维亚、阿根廷、厄瓜多尔七个拉美国家加入亚投行，18 个拉美国家与中国签署了"一带一路"谅解备忘录或合作文件。⑤ 对于委内瑞拉，中国提供了约 600 亿美元的以石油做担保的贷款。中国在经济上的影响力随之渗透到拉美政治领域。2007 年以来，哥斯达黎加、多米尼加共和国、萨尔瓦多和巴拿马等国先后与中国台湾中止

① Roberto Mansilla Blanco. Russia in Latin America：Geopolitics and pragmatism ［EB/OL］. *Global Americans*, November 28, 2018, https：//theglobalamericans. org/2018/11/russia-in-latin-america-geopolitics-and-pragmatism/. （最后访问日期：2019 年 7 月 19 日）

② 秦刚. 中拉关系进入全方位发展的新时期 ［J］. 国际问题研究，2019（3）：1-4.

③ Andrés Oppenheimer. China is Eating America's Lunch in Latin America — and Trump is helping, DECEMBER 21, 2017, https：//www. miamiherald. com/news/local/news-columns-blogs/andres-oppenheimer/article191041634. html. （最后访问日期：2019 年 7 月 19 日）；Lara Seligman. U. S. Military Targets Growing Russian and Chinese Influence in Latin America ［EB/OL］. NOVEMBER 19, 2018, https：//foreignpolicy. com/2018/11/19/us-military-targets-growing-russian-and-chinese-influence-in-latin-america/. （最后访问日期：2019 年 7 月 19 日）

④ 奥塔维亚诺·卡努托，陈俊安译. 美媒：中国对拉美的投资正发生巨变 ［EB/OL］. 环球网，2019 年 3 月 14 日，http：//oversea. huanqiu. com/article/2019-03/14541152. html？agt = 15438. （最后访问日期：2019 年 7 月 19 日）

⑤ 周志伟."一带一路"推动中国与巴西发展深度对接 ［EB/OL］. 察哈尔学会网站，2019 年 4 月 23 日，http：//www. charhar. org. cn/newsinfo. aspx？newsid = 14803. （最后访问日期：2019 年 7 月 19 日）

外交关系，转而与大陆建立外交关系。

中俄在拉美影响力的扩大自然会引起美国保守派的敌视，这从蒂勒森将中俄在拉美的存在定位为新帝国主义列强及蓬佩奥说中俄在拉美散布失序和腐败就可以看出。① 特朗普政府对于门罗主义的强调，无非就是在打击不与自己合作的拉美政权同时，限制中俄在拉美的活动。这其中，委内瑞拉因其独特的国内形势和与中俄之间的友好合作关系而成为特朗普政府的首要施压对象。美国国务院的一名高级官员更是明确表示，特朗普政府对委决策的一个重要考量就是，向中国和俄罗斯展示自己依然会维持在拉美地区的主导地位。②

三、特朗普政府对委内瑞拉施压的困境与影响

特朗普政府对委内瑞拉采取极限施压政策已经有了一段时间。就效果而言，至少到目前为止，它并未实现预期目标。马杜罗政权依然控制着国家形势，并能够对反对派发起反攻。在国际社会，委内瑞拉也没有陷入孤立无援的境地，美国军事解决委内瑞拉的想法更是遭遇国内外的普遍反对。就极限施压政策的前景而言，它无非是如下情况，但每一种结果对于美国而言都是困境。

1. 特朗普政府不顾反对声音，选择了武力解决马杜罗政权的极端方式

这种方式可能有两种前景：一是美国的军事干涉准备不足，遭遇"猪湾事件"式的失败。这种结果对于美国在西半球的霸主地位而言无疑是又一场当头棒喝，特朗普团队赢得下一轮总统大选的可能也就几乎为零。二是在美国的强力进攻下，委内瑞拉军队崩溃，俄罗斯和古巴也放弃对马杜罗的军事支持。然而，委内瑞拉虽然在美国的"后院"，但准备一场武力进攻也并非易事。委内瑞拉的面积是伊拉克的2倍，人口3300万，军队16万，另有支持马杜罗的古巴士兵约1.5万，并且配备大量先进的俄罗斯武器。据估计，美国想要打赢这场仗必须集结15万地面部队，外加海空军和网络部队的配合。在这之后，如何进行战后治理也是美国面临的巨大难题。在占领阿富汗和伊拉克之后到2017年底，美国共在这两个地区派遣军队200万人次，耗资1.8万亿美元，死亡士兵7000余人。目前的情况是，委内

① Tyler Durden. China, Russia "Spread Disorder" And "Corruption" In Latin America: Pompeo [EB/OL]. *Zerohedge*, Apr 13, 2019, https: //www.newcoldwar.org/china-russia-spread-disorder-and-corruption-in-latin-america-pompeo/. （最后访问日期：2019年7月19日）

② Paul Sonne, John Hudson. Applying "maximum pressure", Trump Faces Burgeoning Crises Overseas [EB/OL]. *The Washington Post*, December 5, 2019, cited by https: //www.msn.com/en-gb/news/spotlight/applying-maximum-pressure-trump-faces-burgeoning-crises-overseas/ar-AABg7ZE. （最后访问日期：2019年8月14日）

瑞拉国内相当混乱，仅各种犯罪分子就有 10 万余名，且不说美国如何应对各种支持马杜罗的游击队袭击，完成这个国家的战后重建，单是维持社会治安就是一场长期消耗战。这些对于美国财政来说是又一笔难以承受的负担，会再次削弱美国本来已经衰落的国家实力。[1] 就全球影响而言，美国在没有联合国授权和诸多国家反对的情况下，再次入侵一个主权国家，无疑使国际秩序又受到严重破坏，美国国际形象也会一落千丈。不仅如此，由于同时深陷中东和委内瑞拉，美国针对俄罗斯的围堵计划势必会削弱，战略重心东移自然也会成为一句空话。

2. 在美国的极限施压下，委内瑞拉军队推翻马杜罗或者马杜罗政府被迫将权力和平交给反对派

表面来看，这是最有利于特朗普政府的结果，但事实并非如此。军队在推翻民选政府之后，必然要面临如何处理委内瑞拉内部左翼势力的对抗问题。1973年，智利皮诺切特将军在颠覆阿连德之后，用血腥屠杀解决了智利的社会主义势力，也让自己及支持它的美国陷入千夫所指中。进入 21 世纪，更是没有一支军队敢于在国内开展大肆清洗活动。不仅如此，马杜罗政变失败的悲剧同样会使拉美左翼联想起阿连德，整个拉美地区的反美运动也极有可能再次兴起，这对于看到拉美政治右转不久的美国而言，绝非一个好消息。即便是马杜罗被迫以和平方式将权力移交给国内反对派，委内瑞拉仍然难以摆脱发展困境。当年查韦斯能够上台，就是因为委内瑞拉以推行私有化为核心的新自由主义改革失败诱发政治危机。现在，以瓜伊多为首的反对派只会空喊民主与私有化口号，提不出有效的国家治理方案。从其两次发动政变失败的过程来看，瓜伊多在国内缺乏有力支持，自身组织能力也很薄弱。不仅如此，瓜伊多团队同样面临着腐败指责，绝非西方所宣传的那样是自由与正义的化身。[2] 所以，美国寄希望于委内瑞拉反对派本身就不现实。就算反对派有足够能力完成委内瑞拉的民主转型和重建，在这过程中它们仍然要经历改革的巨大阵痛，也需要美国提供巨额经济援助，而这对于上台后就致力于削减对外援助、强调美国优先的特朗普而言，几乎是不可能承受的负担。

3. 委内瑞拉僵局持续或者马杜罗成功战胜国内反对派，也就是美国既有的施压措施失败

这种情况下，如果特朗普政府还想以和平方式达成目的，就必须加大施压力

---

① Frank O. Mora. What a Military Intervention in Venezuela Would Look Like［EB/OL］. *Foreign Affairs*, March 19, 2019, https://www.foreignaffairs.com/articles/venezuela/2019-03-19/what-military-intervention-venezuela-would-look？utm_ medium=newsletters&utm_ so%E2%80%A6. （最后访问日期：2019 年 7 月 20 日）

② Dan Cohen. From Coup Leaders to Con Artists：Juan Guaidó's Gang Exposed for Massive Humanitarian Aid Fraud［EB/OL］. *The Grayzone*, June 17, 2019, https://thegrayzone.com/2019/06/17/from-coup-leaders-to-con-artistry-juan-guaidos-gang-exposed-for-massive-humanitarian-aid-fraud/. （最后访问日期：2019 年 7 月 20 日）

度。问题是，其空间已经非常有限。经济上，特朗普政府于 2019 年 1 月 28 日宣布对委内瑞拉石油公司进行制裁，对于深陷经济困境中的马杜罗政权而言，已经是釜底抽薪。石油占委内瑞拉对外出口总收入的 96% 和国家财政收入的一半，而委内瑞拉 41% 的石油都出口到了美国。[①] 特朗普政府的这一措施可谓是对委经济制裁的最强手段，再接下来的新经济施压措施边际效用有限。军队层面，尽管美国和瓜伊多对委内瑞拉军方软硬兼施，但是除了少数中下层官兵外，绝大部分军队高层和士兵仍然坚持承认马杜罗政权的合法性。在瓜伊多于 2019 年 4 月 30 日发动的政变中，虽然博尔顿和艾布拉姆斯均公开表示委国防部长帕德里诺、最高法院首席大法官莫里诺和总统卫队司令达拉曾经有过放弃马杜罗的打算，帕德里诺甚至已经与反对派谈判了三个月，但最终结果证明这只是美国的一厢情愿。政治上，相对于瓜伊多这样年轻的政治素人而言，马杜罗政权在政治策略上显得灵活很多，已经从 2019 年 1 月的被动局势中走出来。目前，他们一方面对反对派强力人物进行打压，严重削弱了瓜伊多阵营的势力；另一方面又释放出与反对派和谈的信号，甚至提议于 2020 年提前举行总统和议会大选，帮助自己在国内外赢得话语优势。[②] 就社会舆论而言，虽然委内瑞拉目前的发展处于困境中，且委内瑞拉反对派在极力呼吁国外干预，但特朗普政府的政策在委内瑞拉民众中没有号召力。2019 年 1 月初的一项民调显示，委内瑞拉 86% 的人不同意国际军事干涉，81% 的人反对美国制裁。[③] 在国际上，以中俄为首的一大批国家坚决反对特朗普政府的委内瑞拉政策，这一点短期内不可能改变，它意味着特朗普政府对委内瑞拉的外交围堵不可能再有重大突破。此外，随着美国总统大选的临近，委内瑞拉的这种僵局势必会被民主党当作攻击特朗普外交政策无能的靶子。

尽管如此，特朗普政府对马杜罗政策的极限施压政策还是对委内瑞拉和美国自身产生了重要影响。

委内瑞拉蒙受了巨大损失，人道主义灾难进一步加剧。诚然，委内瑞拉的经济困难有国际经济大环境不景气和马杜罗政府经济政策失误的因素，但是美国的制裁严重加剧了委内瑞拉的危机。华盛顿经济与政策研究中心（Center for Eco-

① Franco OrdoÑez, tim johnson. The White House Threatens Oil Sanctions If Venezuela's Maduro Crosses Red Line, *Mcclatchy*, JANUARY 25, 2019, https：//www. mcclatchydc. com/news/politics - government/white - house/article225098695. html. （最后访问日期：2019 年 7 月 22 日）；Alexandra Olson, Cathy Bussewitz. AP Explains：US Sanctions to Hit Venezuelan Oil Company［EB/OL］. January 29, 2019, https：//www. apnews. com/25aee86b728546c0b4de64e3c6dc6733. （最后访问日期：2019 年 7 月 22 日）

② 孙岩峰. 委内瑞拉危机为何突然间"峰回路转"［J］. 世界知识，2019（11）：32-33.

③ Ben Norton. 86% of Venezuelans Oppose Military Intervention, 81% Against US Sanctions, Local Polling Shows［EB/OL］. *The Grayzone*, January 29, 2019, https：//thegrayzone. com/2019/01/29/venezuelans-oppose-intervention-us-sanctions-poll/. （最后访问日期：2019 年 7 月 23 日）

nomic and Policy Research）的一份研究报告指出：美国 2017 年对委内瑞拉石油部门的制裁导致该国 2018 年的石油收益减少 60 亿美元。2019 年，委内瑞拉石油出口的收益会在 2018 年基础上再次下跌惊人的 67.2%。估计 2019 年，委内瑞拉的国民生产总值会在 2018 年下降 16.7% 的情况下，再次下降 37.4%。因为制裁，委内瑞拉人民的生活也进一步陷入困境中。2018 年，委内瑞拉仅进口了 100 亿美元的商品，其中食物和药品只有 26 亿加元。但在 2013 年，委内瑞拉仅食品就进口了 112 亿美元。因为制裁，2018 年委国内死亡人数比 2017 年增加了 31%，相当于 4 万多人。目前，该国仍有 30 多万人的生命因为无法得到足够医疗而处于危险中，包括 8 万艾滋病毒携带者、1.6 万需要做透析的病人和 1.6 万癌症病人，另外尚有 400 万缺乏药物治疗的糖尿病和高血压患者。预计 2019 年，委内瑞拉的商品进口会再次下降 39.4%，仅为 61 亿美元，人道主义危机会更加严重，逃离国家的新增人口则会达到 190 万。① 事实上，在马杜罗掌权之初的 2013～2015 年，当美国还没有对委内瑞拉实施制裁时，该国人均能够获得 20 种不同的药品。甚至连联合国当时都认为委内瑞拉能够实现千年发展目标。②

美国在拉美地区的影响力会进一步下降，国际形象也会更差。事实上，无论是一个健康发展还是一个崩溃混乱的委内瑞拉，对于美国而言都是一个沉重负担。前者意味着美国对马杜罗政权制裁政策的彻底失败，特朗普会为此付出政治代价，后者则意味着美国的"后院"出了乱子，它将在阿富汗和中东之外面对另外一个泥潭。此外，特朗普政府对委内瑞拉的极限施压政策也并非没有漏洞，它甚至在某种程度上自拆现有的反马杜罗阵营。比如，哥伦比亚正因为委内瑞拉难民而不堪重负之时，特朗普却对其毒品问题横加指责，同时美国驻哥伦比亚大使也在威胁该国议会如果不通过美国倾向的国家和平进程法案，美国就会切断对哥伦比亚的援助。③ 又如，前文已经提到过，委内瑞拉日渐增加的难民数字与特朗普政府日益收紧的移民政策形成了鲜明对比，让人感觉不到特朗普对这些难民的丝毫怜悯之心。不仅如此，特朗普政府对武力进攻的不断强调也在拉美内部引起了反感，遭遇反委盟友的抵制。这些再加上特朗普本人对拉美的鄙视、反自由

① Mark Weisbrot, Jeffrey Sachs. Economic Sanctions as Collective Punishment：The Case of Venezuela［EB/OL］. April 2019, http：//cepr. net/images/stories/reports/venezuela-sanctions-2019-04. pdf.（最后访问日期：2019 年 7 月 23 日）

② How US Sanctions on Venezuela are Threatening the Lives of Sick Children［EB/OL］. May 20, 2019, https：//sputniknews. com/latam/201905201075141480-us-sanctions-venezuela-children/.（最后访问日期：2019 年 7 月 23 日）

③ Shannon K O'Neil. Trump's Misguided Policies Are a Gift to Venezuela's Maduro［EB/OL］. bloomberg, April 23, 2019, https：//www. bloomberg. com/opinion/articles/2019-04-23/trump-s-venezuela-mistakes-are-a-gift-to-maduro.（最后访问日期：2019 年 7 月 24 日）

贸易立场、退出巴黎气候协定的行为及其对拉美援助力度的一再削减，诸多拉美国家感到不快。① 事实上，由于近20年来专注于欧亚大陆的斗争，拉美在美国外交政策中的角色地位一再下降，美国在拉美地区的领导地位也在随之衰落。近20年来，美国没有在西半球执行一个综合的贸易与能源战略，没有推进西半球贸易机制建设，泛美体系没有展现出其应有活力。② 在这种情况下，拉美国家必然眼光向外，中俄等国家在拉美影响力的扩大也就在情理之中。对此，特朗普政府不仅没有反省，反而高调宣扬门罗主义，试图打压，只会进一步暴露其自私的本性和缺乏远见的眼光，加剧拉美国家的离心倾向。

①　Andrés Oppenheimer. China is Eating America's Lunch in Latin America — and Trump is Helping [EB/OL]. *MIAMI HERALD*, DECEMBER 21, 2017, https：//www.miamiherald.com/news/local/news - columns - blogs/andres-oppenheimer/article191041634.html.（最后访问日期：2019年7月24日）

②　Thomas Andrew O'Keefe. U. S. -Latin America：Lack of Vision from Washington Didn't Start with Trump [EB/OL]. March 16, 2018, https：//aulablog.net/2018/03/16/u-s-latin-america-lack-of-vision-from-washington-didnt-start-with-trump/.（最后访问日期：2019年7月24日）

左翼上台后墨西哥的发展形势及面临的挑战

张芯瑜[*]

摘　要： 2019 年是墨西哥左翼总统洛佩斯·奥夫拉多尔上台执政的第一年，其政策呈现出政治民粹主义、经济民族主义及外交传统主义的特点。洛佩斯上任后支持率持续高企，加上其所在的执政联盟首次在国会获得多数席位，这为其政策的制定和实施创造了更多的可能性。2019 年墨西哥经济保持了低速增长的态势，暴力犯罪问题依旧是墨西哥最为突出的社会问题。墨西哥左翼政府通过重新签署的北美自由贸易协定，继续保持了与美国的紧密关系。通过开展多元化外交，墨西哥与其他国家的经贸合作也在不断扩大。目前，中墨双边关系处于稳定发展的状态。

关键词： 墨西哥；左翼政府；美墨关系；中墨关系

墨西哥新总统安德烈斯·曼努埃尔·洛佩斯·奥夫拉多尔（Andrés Manuel López Obrador）在 2018 年 12 月 1 日正式宣布就职。在同年 7 月的总统选举中，洛佩斯以 53.17% 的得票率赢得了大选。这是墨西哥自 1988 年大选以来第一次出现绝对多数得票率的总统选举，这也是墨西哥 40 多年来产生的首位左翼总统。洛佩斯所在的执政联盟首次在墨西哥国会获得多数席位，这为其未来政策的制定和实施创造了更多的可能性。洛佩斯的当选为近年来逐渐走向衰退的拉美左翼政治带来了一丝希望。但从目前的情况看，虽然总统的支持率持续高企，但现政府仍然难以改变墨西哥政策的基本走向。墨西哥新左翼政府上台执政后，依旧面临经济疲软、社会问题突出的问题。然而这位"非典型左派"总统的政策走向具有高度的不确定性，这将为墨西哥的发展形势带来新的变数。

＊　张芯瑜，国际政治学博士，中山大学拉美研究中心博士后研究员。

一、政治形势：政局变动、总统支持率高企

学界普遍将 2000 年的总统大选看作墨西哥政治转型的转折点。这次大选结束了墨西哥革命制度党一党威权和官方党长期执政的政治格局，该党在议会中的绝对优势地位也不复存在，从而形成了墨西哥革命制度党（PRI）、国家行动党（PAN）和民主革命党（PRD）三足鼎立的政党格局，平稳实现了政治变革。2018 年大选后，墨西哥政治格局再次发生重大变化。在墨西哥参议院 128 个席位和众议院 500 个席位中，洛佩斯领导的国家复兴运动党（MORENA）分别获得 59 位和 259 位。MORENA 联合墨西哥劳工党（PT）、社会汇合党（PES）组成的竞选联盟"我们一起创造历史"获得了两院席位的简单多数（见图 1、图 2）。

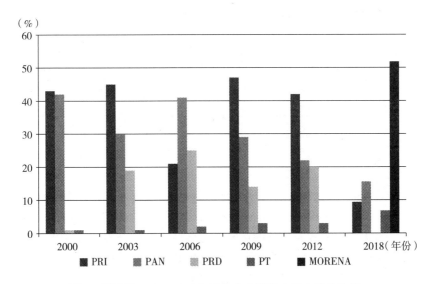

图 1　墨西哥 2000～2018 年政党在众议院中所占席位比例

资料来源：墨西哥众议院（Cámara de Diputados）。

有学者把过去 20 年墨西哥民主化进程中存在的问题归咎于权力分散的多元化政治结构，认为墨西哥民主政治陷入了利益博弈和权力制衡的困境。[1] 这样的

---

[1]　Mauricio Merino. La segundatransicióndemocrática de México：Esfuerzos, tropiezos y desafíos de México en busca de un sistemacompleto, articulado y coherente de rendición de cuentas［R］. *Mexico institute of Wilson Center*, 2012.

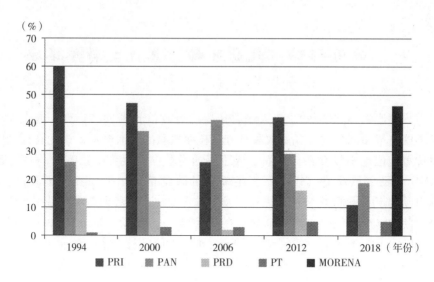

图 2　墨西哥 1994~2018 年政党在参议院中所占席位比例

资料来源：墨西哥参议院（Senado de la República）。

困境导致墨西哥政党对决策机构和决策过程控制的减弱。从 1997 年起，没有一个政党能在墨西哥国会中占绝大多数席位。当没有一个单独的政党控制议会时，立法者便可以在违背总统利益的情况下自由地提出和批准议案，也可以拒绝政府的提案，特别是当涉及需要修改宪法时。独立且分散化的决策机构，加上缺乏协商经验和妥协技巧的墨西哥官僚精英，构成了对年轻的墨西哥民主的主要威胁之一。[①] 从图 3 可以看出，1997~2018 年墨西哥众议院提案通过率呈明显下降趋势，这意味着大部分国家治理的议案都没能得到议会通过。但是如果有用的公共政策不能及时通过，错过了国家治理的最有效时间，不仅会影响政党的代表性，而且会影响到执政党所代表政府本身的运转。洛佩斯所在的左翼执政联盟首度在国会获得多数，这样的结果或将改变墨西哥分权式政党博弈困境。

　　掌控大量权力资本的洛佩斯，宣扬要对墨西哥推行历史性的改革——第四次转型（Cuarta Transformación），目的是要终结新自由主义、暴力和腐败。[②] 洛佩斯宏大的改革目标，首先从一场大量削减政府成本的革命开始。除了卖掉了自己

---

①　Wil G. Pansters. La gobernabilidad en México y los agujerosnegros de la democracia ［R］. Gobernabilidad y Convivencia Democrática en América Latina：Las Dimensionesregionalsnacionales y locales，Perspectiva Digital S. A.，2013：113.

②　根据洛佩斯的公开发言，在他上任总统前墨西哥存在三次历史性转型：独立时期（1810~1821 年）、改革时期（1858~1861 年）、革命时期（1910~1917 年）。参见 https：//www.bbc.com/mundo/noticias-america-latina-45712329.（最后访问日期：2019 年 9 月 20 日）

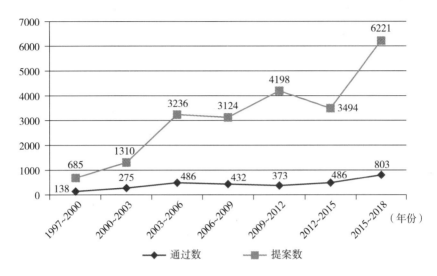

图 3　1997~2018 年墨西哥众议院提案数和通过数

资料来源：根据墨西哥众议院公布数据绘制。

的专车和专机，他还要求降低和限制公职人员工资、废除官员免费医疗保险、削减上万个公职岗位等。2019 年 7 月，墨西哥参议院批准了一项法案，已将许多削减成本的措施纳入法律。墨西哥《2018—2019 政府报告》，洛佩斯上任后，在对抗官场特权和奢侈文化的改革中，政府公共开支减少了 50%，节省了 5000 亿墨西哥比索。[①] 洛佩斯称要将剔除特权的改革延伸至联邦预算中。为此，墨西哥政府对 2020 年政府预算进行了大规模的调整。如图 4 所示，总统办公室、农业、旅游及政府开支的预算削减幅度最大，分别减少了 41%、42%、83%、90%。缩减的预算转向了其他优先事项中，比如在法律委员会、公共运转、能源等方面的预算分别增加了 30%、62%、78%。墨西哥左翼政府对抗腐败特权的激进措施引起了部分公职人员和企业家的质疑和反抗，但却得到了大多数墨西哥民众的拥护。墨西哥《金融家报》进行的民意调查显示，自洛佩斯上台后，其支持率始终保持在 70% 左右。[②] 在总统支持率高企的同时，洛佩斯开始着手将其创建的 MONERA 党逐渐扶持和转变为一个稳固的国家型政党。这样的政党将有助于巩固墨西哥左翼的执政，即便在洛佩斯卸任后，也能继续推动其寻求的改革措施。

[①]　Informe de Gobierno 2018-2019, Gobierno de Mexico, 1 de septiembre de 2019：323.

[②]　Alejandro Moreno, AMLO llega con 67% de aprobación a su Primer Informe, El Financiero, 30/08/2019, https：//www. elfinanciero. com. mx/nacional/amlo-llega-con-67-de-aprobacion-a-su-primer-informe. （最后访问日期：2019 年 9 月 22 日）

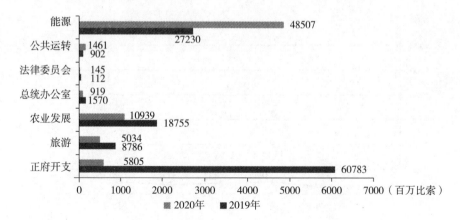

图 4 墨西哥 2019 年和 2020 年政府预算对比

资料来源：墨西哥 2020 年财政预算，Paquete Económico para el Ejercicio Fiscal 2020。

二、经济形势：经济低速增长，下行风险加大

受政策不稳定、公共支出和私人投资减少、石油产量下降等因素的影响，2019 年墨西哥经济活动有所减弱。2019 年 7 月，世界银行下调了墨西哥该年的经济增长预期至 1.7%，此前为 2.3%，与拉美地区低迷的经济走势基本趋同。[①] 联合国拉美经济委员会（CEPAL）也预测墨西哥 2019 年经济增长率为 1.7%，低于 2018 年的 2%。总体而言，墨西哥继续保持了经济低速增长的态势（见图 5）。2019 年墨西哥财政部继续推行紧缩性财政政策，目标在该年实现预算盈余占GDP 的 1%，并将 2020 年通货膨胀目标设定为 3%。根据 CEPAL 估计，墨西哥2019 年通货膨胀率为 3.6%，低于 2018 年的 4.8%，在中央银行制定的目标范围内（2%~4%）。到 2019 年末，墨西哥公共部门财政赤字和国际收支经常账户赤字将约占国内生产总值的 2% 和 1.8%，失业率将略高于 2018 年水平，为 3.5%（见图 6）。[②] 另外，如图 7 所示，截至 2019 年 8 月，墨西哥基本实现了进出口贸易顺差（除了 1 月和 7 月），其中出口额最高月份为 5 月，达到 407.94 亿美元，最低为 1 月，出口额仅为 372.63 亿美元。墨西哥经济发展高度依赖对外贸易，

---

① Global Economic Prospects: Heightened Tensions, Subdued Investment, World Bank, June 2019: 106.

② Perspectivaseconómicas de México, CEPAL, 11 de abril de 2019.

近年来贸易量对 GDP 的贡献率不断提升，并在 2018 年到达了 80%（见图 8）。

图 5　墨西哥 GDP 年增长率

注：2019 年为预测值。

资料来源：联合国拉美经委会（CEPAL），Perspectivas económicas de México。

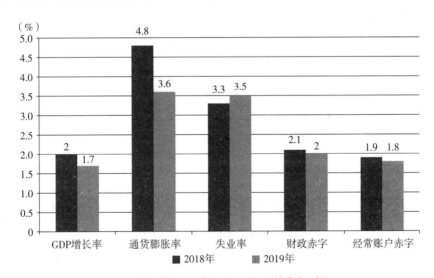

图 6　墨西哥 2018 年和 2019 年经济指标对比

资料来源：联合国拉美经委会，Perspectivas económicas de México, 11 de abril de 2019。

65 岁的洛佩斯从政经验丰富，曾参加过两届总统大选，并担任过墨西哥前市长。他曾誓言，要降低墨西哥对美国的经济依赖。因此市场人士普遍认为，洛佩斯将带领墨西哥朝着更加民粹主义的方向发展。但在墨西哥左翼政府上台后，政治上的激进与经济上的保守却形成了对比。甚至在大选前，洛佩斯就组建了一支由墨西哥经济学家卡洛斯·乌尔苏阿（Carlos Urzúa）领导的经济团队。这样

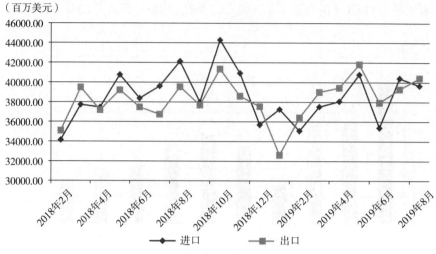

图 7 墨西哥 2018～2019 年贸易状况

资料来源：墨西哥国家统计、地理和信息研究所（el Instituto Nacional de Estadística, Geografía e Informática）。

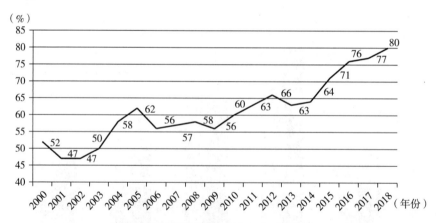

图 8 墨西哥对外贸易占 GDP 的比重

资料来源：世界银行。

的组合有效地安抚了市场情绪，意味着即将到来的左翼政府将尊重中央银行自主权并保持财政纪律。鉴于此，在洛佩斯赢得大选后，墨西哥比索闻讯大涨。

但墨西哥新政府上任后的一系列行动和措施很快搅乱了市场情绪。首先是洛佩斯决定废除一个部分建成且价值 130 亿美元的墨西哥城新机场，认为这是前任政府腐败和无能的象征。就此事，洛佩斯还呼吁其政党组织了一次关于"是否取消墨西哥城新机场"的全国性民意调查。投票的民众站在了新总统的一边，支持废除新机场项目。这个极具民粹主义色彩的举动很快让市场保持了警惕。而后，墨西哥左翼政府提出了第一份旨在平衡社会支出和财政纪律的预算法案。该预算案设定了较为保守的经济增长指标，制订了减少政府部门开支和减税的计划，同时还承诺将增加社会福利支出，包括大概 52 亿美元的公共养老金计划、32 亿美元的奖学金和工人培训项目，以及超过 18 亿美元的各类农业项目。墨西哥前财政部长卡洛斯·乌尔祖阿指出，这份预算法案不是救济性的，而是总统洛佩斯·洛佩斯承诺遵守财政和金融纪律的体现。① 尽管如此，左翼政府经济和社会政策上的不确定性依旧笼罩着墨西哥。2019 年 7 月，因为在经济问题上与总统存在分歧，卡洛斯·乌尔祖阿突然宣布辞职，而后墨西哥比索和股指双双大幅下跌。

另一个备受外界关注的经济议题是墨西哥左翼政府的"能源新政"。曾经贡献财政收入高达 40% 的墨西哥国家石油公司（PEMEX），如今却是拖累墨西哥经济发展的难题。如图 9 所示，从 20 世纪 70 年代开始墨西哥石油产量猛增，但在进入 21 世纪后，由于管理效率低下、技术开发滞后、投资力度不足，墨西哥石油产量出现断层式的下降趋势。2013 年，前总统培尼亚·涅托开始对每况愈下的能源行业进行改革，允许私营企业和外国企业进入墨西哥能源领域，打破国有企业垄断。改革本意是引入资本和技术，促进市场竞争，提高国企运营水平，但收效不大。自改革以来，墨西哥国家石油公司总债务量继续不断攀升（见图 10）。目前，PEMEX 净负债 1040 亿美元，另有 640 亿美元的养老金债务，占墨西哥债务总量的 20%，成为全球负债最多的石油公司。②

图 9　墨西哥 1960~2018 年石油产量

资料来源：墨西哥国家石油委员会，Comisión Nacional de Hidrocarburos。

---

① Propuesta del paqueteeconómico no es asistencialista：Carlos Urzúa，El heraldo de Mexico，Deciembre 17，2018，https：//heraldodemexico. com. mx/mer－k－2/propuesta－del－paquete－economico－no－es－asistencialista－carlos-urzua/. （最后访问日期：2019 年 10 月 2 日）

② Pemex requiere una inversiónprivada de 20. 000 millones de dólares，dice BBVA，EFE，agosto 7，2019，https：//www.efe. com/efe/espana/economia/pemex－requiere－una－inversion－privada－de－20－000－millones－dolares－dice-bbva/10003-4039224. （最后访问日期：2019 年 10 月 2 日）

（百万比索）

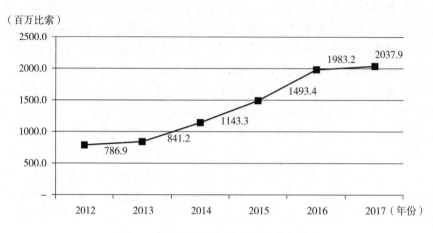

图 10 墨西哥国家石油公司总债务量

资料来源：PEMEX。

以洛佩斯为代表的墨西哥左派一向反对能源改革，诉责涅托政府是在出卖国家资源。但墨西哥左翼政府上台后，没有完全推翻能源改革，而是暂停了能源部门的开放。洛佩斯颁发了其"能源新政"，扬言要对墨西哥石油行业进行自救。为了提升原油产量，墨西哥新政府计划投入巨资，在修复六座老炼油厂的同时，在塔巴斯科的多斯博卡斯（Dos Bocas）地区建造一座新炼油厂。洛佩斯的"能源新策"不仅没有获得好评，反而因庞大的开支提案而频遭诟病。此外，墨西哥新政府从年初开始出动军队严厉打击国内燃油偷盗现象。据了解，PEMEX 因"偷油"现象，每年至少损失 30 多亿美元。① 墨西哥政府的严打措施效果显著，但也因一些炼油厂和输油管道的暂时关闭，墨西哥部分地区一度出现"油荒"的现象。② 外界普遍不看好洛佩斯的能源政策及 PEMEX 的前景。2019 年 6 月，国际评级机构惠誉将 PEMEX 的债务评级下调至垃圾级，穆迪也将该公司评级展望降至"负面"。

为了减轻债务压力，2019 年 9 月 PEMEX 出售了 75 亿美元的中长期债券以偿还当前债务。另外，根据墨西哥 2020 年政府预算，财政部将再次向 PEMEX 提供 50 亿美元的财政补贴，以及 44 亿美元的现金和税收减免计划。同时，墨西哥政府对 PEMEX 设置了 2020 年内债为 100 亿比索和外债为 25.5 亿美元的最高限

---

① Explainer: Mexico's Fuel Woes Rooted in Chronic Theft, Troubled Refineries [EB/OL]. Reuters, January 20, 2019, https://ca.reuters.com/article/topNews/idCAKCN1PE0UH-OCATP.（最后访问日期：2019 年 10 月 5 日）

② Christopher Wilson. A New Administration Confronts a Changing World: Mexico's Economic Competitiveness Strategy at a Geopolitical Inflection Point [EB/OL]. Foreign Policy at Brookings, 2019: 5.

额。洛佩斯政府当前的主要目标是要提高PEMEX的原油产量。为此，PEMEX计划在今年年末和明年年初，以PPP（public-private-partnerships）的模式对外再招标15个"勘探开发一体化"项目。目前有20个此类项目正在墨西哥湾南部进行。①

三、社会形势：犯罪问题突出，改革难以推进

近年来，墨西哥饱受社会安全问题困扰，抢劫、偷盗等一般性犯罪活动攀升，以毒品走私集团为主的有组织犯罪集团渗透至全国绝大部分地区。2019年，暴力犯罪问题依旧是墨西哥最为突出的社会问题。根据墨西哥国家统计、地理和信息研究所的数据，2018年墨西哥每10万人中有29人死于谋杀。然而仅在2019年的前六个月，墨西哥的谋杀案就超过了历史上任何一年的数据。根据墨西哥国家公共安全系统（Sistema Nacional de Seguridad Pública-SNSP）的统计，2019年1~6月，墨西哥共有17608人被杀害，与2018年同期相比，增长了近5%。② 墨西哥暴力犯罪率的增加与该国的政治更替具有相关性：政治交替和政党轮换破坏了非正式的庇护网。③ 2019年墨西哥左翼政府上台后，击垮了革命制度党对议会、各州及数百个地方政府的控制。随着犯罪集团与其竞争对手在同新的政治当局达成新平衡的过程中，暴力犯罪事件也随之增加。墨西哥现任总统洛佩斯上任以来，致力于解决境内暴力犯罪事件，呼吁"不要以牙还牙"，"要用拥抱而不是子弹"感化罪犯。但他真正的策略同往届政府一样，也是致力于武力打击和加强军事化。为此，洛佩斯通过改革宪法成立了一支由军队和警察整编的国民警卫队。国民警卫队的建立在墨西哥国内引起了较大的争议，甚至引发了警察的抗议。2019年7月，数百名墨西哥联邦警察封锁首都墨西哥城部分道路和周边的高速公路，抗议政府将警察并入墨西哥新组成的国民警卫队，并称总统让他们

① Mexico Gives Pemex an Additional USD ＄5 Billion［EB/OL］. El Universal, 12/9/2019, https：//www.eluniversal.com.mx/english/mexico-gives-pemex-additional-usd-5-billion.（最后访问日期：2019年10月6日）

② Primer semestre de 2019 deja nuevo récord de homicidios, Animal Politic, 21 de Julio, 2019, https：//www.animalpolitico.com/2019/07/nuevo-record-homicidios-primer-semestre/.（最后访问日期：2019年10月10日）

③ Guillermo Trejo, Sandra Ley. Why Did Drug Cartels Go to War in Mexico? Subnational Party Alternation, the Breakdown of Criminal Protection, and the Onset of Large-Scale Violence［J］. Comparative Political Science, 2017, 51（7）：900.

听从军方指挥的举动违背宪法，同时可能导致他们失去工作及其福利。①

犯罪问题突出的背后，是长期困扰墨西哥的贫穷、不平等和失业等社会经济问题。近年来，墨西哥贫困问题并未得到改善。根据墨西哥国家社会发展政策评估委员会（El Consejo Nacional de Evaluación de la Política de Desarrollo Social，CONEVAL）统计，2018 年墨西哥有 5240 万人处于贫困状态，占总人口的 41.9%，其中极端贫困人口占 6.9%。另外，贫困人口中 74.9% 为印第安人，并有 35.5% 的印第安人处于极端贫困之中。事实上，随着近年来的经济增长，墨西哥人均 GDP 得到了较大的提升，但贫困问题依旧比较严峻。如图 11 所示，2000～2018 年墨西哥民众的年均工资名义上呈现逐年上升趋势，但相对于 2018 年墨西哥比索价格，实际工资却没有变化。自遭受 2009 年经济危机以来，墨西哥民众的实际收益和购买力仍未恢复到危机前的水平。另外，自左翼政府上台以来，墨西哥失业率呈上升趋势，目前约有 3.6% 的墨西哥人口处于失业状态。截至 2019 年 7 月，墨西哥创造的就业机会比 2018 年减少了 39%（见图 12）。对此，洛佩斯没有鼓励投资和加强私营部门，而是宣布将增加公共就业。② 除了兴建大型基础设施和投资炼油厂，洛佩斯还拨款 250 万美元设立了"青年建设未来"（Jóvenes Construyendo el Futuro）的援助项目，用于资助那些在社会上既不上学也不工作的青年人。另外，墨西哥左翼政府已将 2019 年国内最低工资提升至每天 102.68 比索，较 2018 年增长了 16%，其中北部边界地区为 176.72 比索，并计划在 2020 年再提高至每天 133.8 比索。墨西哥雇主联合会（La Confederación Patronal de la República Mexicana，Coparmex）指出，最低工资的提升是一个渐进和持续的过程，在洛佩斯政府任期内，墨西哥最低工资将最高达到 293 比索每天。③

---

① Las protestas de la Policía Federal golpean la estrategia de seguridad de México, El Pais, 5 de Julio, 2019, https：//elpais. com/internacional/2019/07/04/mexico/1562263207_ 763735. html. （最后访问日期：2019 年 10 月 10 日）

② Políticas de López Obrador incentivan el desempleo, La gran epoca, 26 de septiembre de 2019, https：// es. theepochtimes. com/politicas-de-lopez-obrador-incentivan-el-desempleo_ 534758. html. （最后访问日期：2019 年 10 月 11 日）

③ México aguantaaumento de 30% al salariomínimo, Publimetro, 7 de octubre de 2019, https：// www. publimetro. com. mx/mx/noticias/2019/10/07/salario- minimo - mexico - aguanta - aumento - 30 - 2020. html. （最后访问日期：2019 年 10 月 11 日）

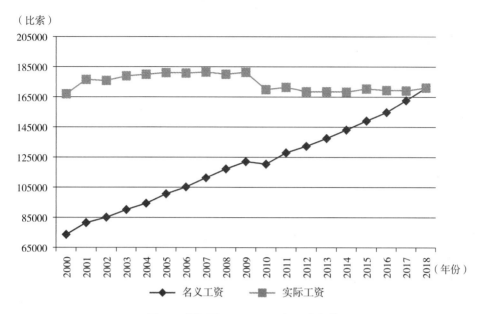

图 11　墨西哥 2000~2018 年平均年薪

资料来源：Organization for Economic Cooperation and Development（OECD）。

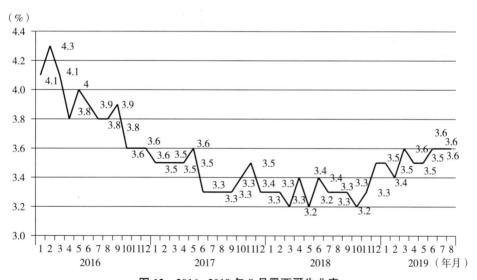

图 12　2016~2019 年 8 月墨西哥失业率

资料来源：墨西哥国家统计、地理和信息研究所（el Instituto Nacional de Estadística, Geografía e Informática）。

四、对外关系：应对困局，寻找新机

墨西哥左翼政府上台后，在外交事务方面面临的最大议题是美墨关系。因为地缘关系和美墨两国的经济互补性，每年 80% 以上的墨西哥出口商品销往美国。因此，把握美国市场的优先准入权是墨西哥的首要利益。美国总统特朗普上台后，开始积极推动《北美自由贸易协定》（NAFTA）的重新谈判。对墨西哥来说，与美国签订自由贸易协定标志着其市场开放政策定局，从而阻止国内改革退回以前的保护主义。① 在 2018 年 7 月洛佩斯赢得大选时，NAFTA 的重新谈判已接近尾声。大选后，洛佩斯任命了赫苏斯·塞奥德（Jesús Seade）作为新政府的代表，与涅托团队合作完成了谈判。2018 年 11 月 30 日，北美三国领导人在阿根廷签署了《美国—墨西哥—加拿大协定》（USMCA），以替代 NAFTA。2019 年 6 月 19 日，墨西哥参议院以 114 票对 4 票的压倒性优势，率先通过了 USMCA。目前，仍有待美国和加拿大国会通过后，USMCA 才能最后生效。从各方达成的协议来看，墨西哥除了在汽车原产地要求上做出了较大让步，同意将汽车原产地净成本价值含量占比从 62.5% 提高至 75%，在其他领域基本达到了目的，同时也维护了国家核心利益产业，比如能源、电信和交通基础设施。通过与美国签订自由贸易协定，墨西哥左翼政府重申了其开放市场及参与全球和区域供应链的承诺，以提高投资者信心，吸引更多的外国投资。

美墨关系中的另一个重要议题是边境移民问题。特朗普政府多次强调来自墨西哥和中美洲的非法移民正威胁美国国家安全，并指责墨西哥政府在非法移民问题上的"缺少作为"，甚至要求墨西哥为修筑的美墨边境隔离墙埋单。为了应对边境移民危机，2019 年 6 月特朗普威胁要对墨西哥的商品征收 5% 的关税。他警告称，如果墨西哥没有阻止非法移民涌入美国，关税将逐月上涨，一直涨到今年 10 月。基于美国的压力，洛佩斯政府同意调派 6000 名国民警卫队队员，管控南部和危地马拉边境，以及打击贩卖人口的组织。尽管如此，尝试非法通过美墨边界的移民数量只增不减。根据美国海关与边境保护局公布的数据，截至 9 月 30 日，在 2019 财政年度内，美国南部边境被拘留的非法移民人数增至近 100 万，

---

① 魏红霞.《美墨加协定》谈判中的各方利益博弈 [J]. 拉丁美洲研究，2019（2）：45.

比去年增加了 88%，是 2007 年以来的最高纪录。①

墨西哥左翼政府一方面积极巩固和发展与美国的双边合作关系，另一方面则坚持多元化外交政策，特别是寻求在对外贸易领域与其他国家的合作，以逐渐减少对美国的经济依赖。2018 年 4 月，墨西哥与欧盟达成了新的自由贸易协定。据协议，几乎所有与墨西哥的贸易货物都将免税，它还将允许两国的公司得以参与双方政府合同的竞标，包括州级的政府合同。截至当前，墨西哥已与全球 53 个国家谈判了自由贸易协定。通过建立庞大的自由贸易和投资保护协议网络，墨西哥生产商享有进入占全球 GDP 一半以上的市场优先准入权。在世界银行 2018 年公布的全球 190 个国家营商便利指数（Ease of Doing Business Index）中，墨西哥排名第 54 位。在 32 个被统计的拉美国家排名中，墨西哥的营商便利指数地区排名第一。此外，美国智库传统基金会公布的 2019 年《经济自由度指数》报告显示，在参评的全球 180 个经济体中，墨西哥排名第 66 位，在美洲地区排名第 12 位。

墨西哥是中国在拉美重要的经贸合作伙伴。自 2013 年中墨两国确立全面战略伙伴关系以来，中墨经贸关系发展的步伐不断加快。目前，墨西哥是中国在拉美第二大贸易伙伴、第一大出口目的地国和第四大进口来源国，中国则是墨西哥第二大进口来源国和第三大出口市场。2019 年 1～6 月，中墨双边贸易额为 278.8 亿美元，同比增长 6.5%，其中，中方出口 212.2 亿美元，进口 66.6 亿美元，同比分别增长 6.9% 和 5.4%。同时期，中方在墨新签合同额 10.0 亿美元，完成营业额 3.2 亿美元。② 未来中墨经贸关系的发展主要取决于以下几个因素：第一，USMCA 一旦生效实施会对中墨经贸关系产生直接或间接影响，其中不利影响包括：将会抑制中国对墨西哥汽车和纺织品出口贸易，并影响中国的全球价值链分工；宽领域和高标准规则将会约束中墨自贸协定的谈判和签订；强化了墨西哥对中国非市场经济地位的定位，从而阻碍中墨经贸合作的深入发展。③ 第二，墨西哥左翼政府政策的不确定性会对中墨经贸关系产生影响。墨西哥对中国长期存在贸易逆差，由此引发的墨西哥对华反倾销和反补贴等贸易摩擦频发。洛佩斯上台后曾针对中墨之间贸易不平衡的状况发表过一些言论，或许未来会对这

① Nearly 1 Million Migrants Arrested along Mexico Border In Fiscal 2019, The Washington Post, Oct. 8, 2019, https：//www. washingtonpost. com/immigration/nearly－1－million－migrants－arrested－along－mexico－border－in－fiscal－2019－most－since－2007/2019/10/08/749413e4－e9d4－11e9－9306－47cb0324fd44＿ story. html. （最后访问日期：2019 年 10 月 15 日）

② 中国与墨西哥经贸关系简况 ［EB/OL］. 中国商务部美洲大洋洲司，2019 年 8 月，http：// mds. mofcom. gov. cn/article/Nocategory/200812/20081205968699. shtml. （最后访问日期：2019 年 10 月 15 日）

③ 宋利芳，武皖.《美墨加协定》对中墨经贸关系的影响及中国的对策 ［J］. 拉丁美洲研究，2019（2）58.

样的贸易关系做出政策性的调整。第三，中国和美国的贸易战也会对中墨经贸关系产生影响。有分析者认为，墨西哥一直是中美贸易战最大的受益者之一。2019年，墨西哥首次超过中国和加拿大，成为美国目前最大的贸易伙伴。从短期看，墨西哥在内的部分拉美国家能从中美贸易战中获利，但从长期来看，随着全球贸易环境的恶化，这样的收益或将被抵消。

五、小　结

洛佩斯上台一年，向外界展示自己"非典型左派"的特征：左翼民粹主义、经济民族主义和外交传统主义。2018年大选后，墨西哥政治格局发生了重大改变，更有利于左翼执政纲领的实施。尽管经济成绩平平，通过扩大社会福利和进行民粹主义式的社会动员，洛佩斯上台后国内支持率持续高企。为了实现宏大的改革目标，洛佩斯将希望较大地寄托在了墨西哥能源行业之上。基于经济上的民族主义，墨西哥左翼政府提出了自救型的"能源新政"，以减少墨西哥能源对私人投资的依赖。但庞大的开支提案，或将为墨西哥能源行业带来更加沉重的债务压力。此外，墨西哥左翼政府通过重新签署的北美自由贸易协定，继续保持了与美国的紧密关系，重申了维护墨西哥开放市场的承诺。通过开展多元化外交，墨西哥与其他国家的经贸合作也在不断扩大。目前，中墨双边关系处于稳定发展的状态。虽然短期内中墨经贸关系可能会受到一些潜在因素的影响，但通过加强双方的交流和认识，两国经贸合作能迈上新的台阶。

中美贸易摩擦背景下哥伦比亚
当地媒体影响研究*

周安婧　陈　星**

摘　要：为减少美国与中国的贸易逆差并增加国内生产，特朗普采取了一系列以提高从中国进口商品关税为主的措施；作为回应，中国政府对美国进口商品实施了关税限制。中美两国作为世界举足轻重的两个大国，双方贸易对全球贸易及经济影响巨大，对哥伦比亚也是如此。美国是哥伦比亚第一大市场，中国是其第二大市场，哥伦比亚与中美两国的贸易来往几乎占了哥国对外贸易的一半。因此，中美间的贸易摩擦不可避免地影响了哥伦比亚对外贸易，主要体现在哥伦比亚比索贬值、原材料出口价格下降等方面。哥国媒体也争相报道中美贸易摩擦的相关新闻及对本国的影响。本文旨在探讨中美贸易摩擦对哥伦比亚的影响及分析当地媒体的相关报道。

关键词：中美贸易摩擦；哥伦比亚；中国；美国；媒体报道

一、中美贸易摩擦

在过去几年中，美国经济逐步下滑，特朗普上任后，将复兴美国经济作为重要任务，弃用自由贸易主义，改用贸易保护主义。同时，中美贸易失衡严重，美

---

*　本文是广东外语外贸大学 2019 年校级科研特色创新项目（师生共研类）阶段性成果（项目编号：19SS13）。

**　周安婧，广东外语外贸大学西班牙语系 2018 级硕士研究生，主要研究方向为拉丁美洲国家国情与区域研究；陈星，广东外语外贸大学西班牙语系副教授，外国文学研究中心在读博士生，主要研究方向为拉丁美洲国情与区域研究、跨文化传播。

国对华贸易逆差巨大，而相对来说，中国经济发展势头强劲，给美国政府带来了威胁。综上所述，特朗普政府利用中美贸易逆差多次提高了对中国的关税壁垒。

美国于 2017 年 8 月对中国知识产权问题和技术转让规则发起 301 调查（1974 年贸易法第 301 条），主要标的为中国的高新技术产业。而 301 调查由美国自身发起、调查、裁决、执行，具有强烈的单边主义色彩。301 主张内容主要包括所谓的不平等贸易逆差，盗窃知识产权，政府强制技术转让，抨击中国制造 2025 产业政策。美国政府企图通过贸易摩擦，再度振兴旧有的美国工业体系（马骁骁，2019）。

中美贸易摩擦的开始有不同的说法，国际上比较承认的是 2018 年 3 月 8 日美国开始对钢铝产品加征关税。3 月 22 日，美国贸易代表办公室 USTR 发布 201 报告，总统特朗普正式签署对华贸易备忘录，并对从中国进口的 600 亿美元商品加征关税。4 月 16 日，美国宣布禁止向中兴通讯销售软件及零部件，开始对中兴实施制裁。6 月 15 日，美国宣布对中国输出美国的 500 亿美元商品加征 25% 关税，与此同时，中国对美国实施 600 亿美元商品加征 25%。9 月 24 日，美国对 2000 亿美元中国对美国出口的产品加征 10% 关税。12 月 1 日，中美元首会晤。中美双方一致同意停止相互加征关税，并"休战" 90 天。特朗普政府同意把关税提高到 25% 的决定推迟到 2019 年 3 月 1 日。2019 年 5 月 10 日，美国对 2000 亿美元中国输出美国的关税正式从 10% 提高到 25%。2019 年 8 月 1 日，特朗普发布推特表示，美国将从 9 月 1 日开始，对剩下的 3000 亿美元中国出口到美国的商品加征 10% 关税。

美国政府不仅在对华贸易关税上刻意提高壁垒，而且正在深度和广度上剧烈升级，并出现了超出贸易争端范畴的趋势，这给世界经济的前景带来了越来越多的不确定性，成为威胁全球利益与人类福祉的一大祸根。

二、哥伦比亚概况及其与中国和美国关系

（一）哥伦比亚概况

哥伦比亚是拉丁美洲的第三人口大国，面积约 115 万平方千米，人口近 5000 万，首都为波哥大。现任总统伊万·杜克·马尔克斯（Iván DUQUE Márquez）于 2018 年 8 月上任，是哥伦比亚历史上最年轻的总统。哥伦比亚拥有丰富的矿产、农业和生物资源，以咖啡、古柯及祖母绿闻名世界。自 16 世纪起沦为西班牙殖民地长达三个世纪，于 1819 年独立战争胜利。20 世纪的哥伦比亚内忧外患众多，

自 60 年代起，反政府武装、准军事组织、贩毒集团和政府间的武装冲突频繁，导致了大量受害者，造成哥伦比亚国内社会极其不稳定，往届政府都曾试图同哥伦比亚最大的反政府武装力量 FARC 进行和谈，但都以失败告终。直到桑托斯总统吸取过去的经验教训，历时 4 年，最终于 2016 年达成和平协议，结束了与哥伦比亚革命武装力量 FARC 的武装冲突，自此，国内政局和社会秩序逐渐趋于稳定（莉娜·卢纳和陈岚，2017）。

在拉美，哥伦比亚处于中等发展水平。根据拉丁美洲和加勒比经济委员会发布的 2018 年拉美加勒比地区人均国内生产总值数据，哥伦比亚 2018 年人均国内生产总值为 6041.4 美元，在 33 个拉美加勒比国家中排名 22（CEPAL，2019）。农业、矿业为哥伦比亚国民经济的支柱产业。哥伦比亚是世界第二大鲜花出口国、第三大咖啡和香蕉出口国及第四大煤炭出口国，绿宝石储量世界第一。哥伦比亚也是拉美重要的旅游国之一，主要旅游区有波哥大、卡塔赫纳、麦德林、圣玛尔塔、圣安德烈斯等。

哥伦比亚自 1984 年实行贸易自由化，是世贸组织创始成员国之一。截至 2019 年，哥伦比亚已与安第斯共同体、加勒比共同体、欧洲自由贸易联盟、南方共同市场、太平洋联盟、墨西哥、萨尔瓦多、危地马拉、洪都拉斯、智利、加拿大、美国、委内瑞拉、古巴、哥斯达黎加、韩国签订了自由贸易协定（Ministerio de Comercio, Industria y Turismo, 2019）。

美国是哥伦比亚第一大贸易国，其次是中国。根据哥伦比亚 2018 年对外出口市场统计，美国是哥伦比亚第一出口国，占总出口额的 25.4%，其次是中国，占比约为 9.7%。出口产品主要为石油、煤炭、化工产品、咖啡及鲜花，并极度依赖石油出口。哥伦比亚进口产品有五大类：机电产品、化工产品、运输设备、贱金属及制品和矿产品。2018 年哥伦比亚从美国和中国进口商品额分别占总额的 25.4% 和 20.6%。2015 年因石油产品价值大幅下降，哥伦比亚整体对外贸易额下降 24.2%。自 2017 年起，哥伦比亚为了减少对原材料出口的依赖，实施出口多元化。2018 年对外贸易额回升，总额超 900 亿美元，同比增长 11%（见图 1）。

（二）中哥关系

自 1980 年与中国建立外交关系以来，两国各方面关系发展良好，逐渐扩大各领域合作交流，相互理解不断加深，在国际事务中也保持着良好的合作关系。哥伦比亚政府坚持一个中国政策原则，中国政府也坚定支持哥伦比亚和平进程。自 2016 年哥伦比亚政府与反政府武装 FARC 签订"和平协议"后，国内政局和社会秩序逐渐趋向稳定，与国际合作的条件和空间有了明显的扩大和改善（徐贻聪，2019）。

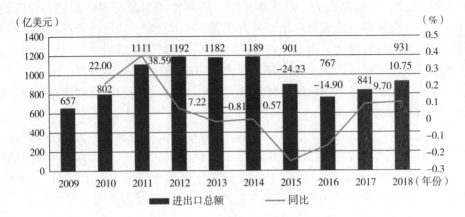

图1　2009~2018年哥伦比亚货物进出口总额

资料来源：哥伦比亚国家统计局，DANE。

中国和哥伦比亚在政治和经济上一直保持着良好关系。中哥两国高层在近几年交往越来越密切，习近平主席曾在2014年、2015年和2016年三度会见桑托斯总统，双方就进一步深化中哥各领域互利合作达成了重要共识。2014年，中国人大常委会委员长张德江首次访问哥伦比亚，有力地推动了两国立法机构间的交流和合作。2015年，恰逢中哥建交35周年之际，李克强总理正式访问哥伦比亚。在此次访问中，双方进一步深化中哥经贸合作，积极推进中哥自贸区建设。

2019年，哥伦比亚共和国总统伊万·杜克·马克斯应中国国家主席习近平邀请，于7月28~31日对中国进行了国事访问。此次访华是他的首次亚洲之行。他认为哥伦比亚与中国这个世界经济大国发展关系对该国至关重要。杜克希望通过这次访华，推动两国关系进一步发展，促进两国在经贸、能源、基础设施、互联互通、数字经济、创意产业等领域的合作，尤其是为咖啡、农产品出口寻找新市场。杜克在与习近平会谈中表示，哥方欢迎中国企业赴哥投资，重视中方在各国际事务中发挥重要作用，也愿意为推动中拉关系发展做出积极努力。会谈后，两国领导见证了多项双边合作文件的签字仪式（国家国际发展合作署，2019）。

中国目前是哥伦比亚第二大贸易伙伴。据哥伦比亚统计局数据，2018年双边贸易额超过146亿美元，同比增长35.7%；中哥贸易额占哥伦比亚总贸易额比重为15.69%，创历史新高，中哥双边贸易程度加深（见图2）。

2012年，中国与哥伦比亚正式启动自贸区可行性研究，如今研究仍在继续。如果协议正式签署，哥伦比亚将可能是第四个与中国建立自贸协定关系的拉美国家。

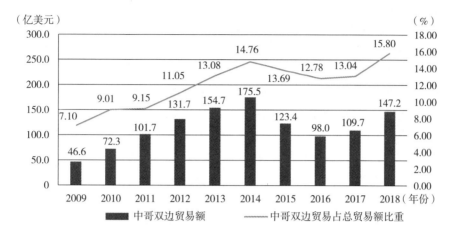

图 2　2009～2018 年中国和哥伦比亚双边贸易额及增长情况

资料来源：哥伦比亚国家统计局，DANE。

在哥伦比亚对中国出口的产品中，矿产品占比最大，同时也是哥伦比亚出口全球比重最大的产品。2018 年哥伦比亚出口中国的矿产品额为 34.97 美元，占哥伦比亚对中国出口总额的 86.2%[1]。而中国主要对哥伦比亚出口电话机、电脑、钢铁、有机化学品、车辆及其零附件等商品。

哥伦比亚总统杜克 2019 年访华，进一步加强了中哥双方贸易来往。中方和哥伦比亚签署了 11 项协议文本，包括教育合作规划、电子商务合作谅解备忘录、鳄梨输华谅解备忘录等。此外，哥伦比亚还获得了来自中国的价值 4000 万美元的香蕉订单。

随着中哥两国政治、经济关系逐渐升温，两国文化交流也越来越密切。中国各类艺术表演团先后访哥，举办了传统舞蹈、美术、京剧、杂技、武术等表演及展览。哥伦比亚国家剧院、民族歌舞团等曾访华，在华举办美术、摄影和古代金饰等展览。2015 年李克强总理对哥伦比亚的访问中，带领了莫言——首位中国诺贝尔文学奖获得者等作家学者出席了"中国—拉丁美洲人文交流研讨会暨中哥人文交流研讨会"。李克强总理和桑托斯总统一同出席研讨会，进一步拉近了中国与哥伦比亚在文学上的距离。11 月，"博特罗在中国：费尔南多·博特罗作品展"在华举行。中央民族乐团及中国残疾人艺术团曾于 2016 年及 2017 年访问哥伦比亚进行演出[2]。

---

[1]　哥伦比亚国家统计局，DANE。

[2]　中国外交部。

（三）美哥关系

哥伦比亚作为拉美国家之一，一直以来被视为美国的"后花园"。总体来说，哥美关系良好。美国一方面为其提供经济支持，另一方面在涉及本国利益事务时干涉其内政。近年来，随着哥伦比亚国力不断提升，经济实力逐渐增强，哥伦比亚已不仅仅是美国的援助对象国，更是其战略盟友之一。

在桑佩尔总统执政期间（1994~1998 年），美国对哥伦比亚在毒品问题上施加压力，公然干预哥伦比亚内政，哥美两国关系有所疏远。哥伦比亚被美国政府置于被告席上，成为美国政府处理国内政治问题的"替罪羊"。在"8000 进程"危机中，美国支持桑佩尔总统离职，使双方关系更加恶劣（徐宝华，1996）。然而，在随后的帕斯特拉纳政府执政期间制订了《哥伦比亚计划》，企图依靠美国的政治支持和财政支持进行反毒品战。该计划使哥美联盟更加牢固，强化了哥伦比亚政府军事力量，更不断扩大美国对哥的控制力和影响力。乌里韦总统执政 8 年，是在华盛顿受到最好待遇的总统之一，小布什总统甚至称乌里韦为他的"个人朋友"。因此在美国入侵伊拉克问题上，乌里韦对此表示支持。乌里韦在位期间，哥美两国关系以"反对恐怖主义"斗争为标志而结盟，这意味着哥伦比亚能依靠美国的帮助来打击游击队及其贩毒活动。

同样，在桑托斯担任总统期间，美国奥巴马政府支持桑托斯与反政府武装哥伦比亚革命武装力量人民军（FARC）开展和谈，并签订和平协议。哥美牢固的双方关系得到了进一步深化。此外，两国于 2011 年通过了《哥伦比亚与美国自由贸易协定》（TLC），2012 年 5 月 15 日起生效。根据该协议，美国向哥伦比亚出口的 80% 的消费品将免除关税，剩余部分将在未来 10 年内免除，使哥美双方贸易往来更加频繁密切。然而，自从 2017 年特朗普入主白宫，哥美关系出现了裂痕。美国总统特朗普公开质疑杜克总统的禁毒政策，称"自杜克担任总统以来，哥伦比亚的毒品交易上升了 50%"，却没有援引该数据的来源，并指责哥伦比亚故意把罪犯送往美国。

在贸易方面，美国是哥伦比亚第一大贸易伙伴。哥伦比亚和美国的贸易额在 2012 年达到峰值，2012 年后逐渐下降（见图 3）。2018 年哥伦比亚对美国出口 106.3 亿美元，占哥伦比亚总出口额的 25.4%；哥伦比亚自美国进口 129.9 亿美元商品，占进口总额的 25.4%。从 2018 年哥伦比亚出口的五大类商品（矿、植物、化工、贵金属及制品、塑料橡胶）数量上看，美国均处于前五名，呈优先出口美国的态势（DANE）。

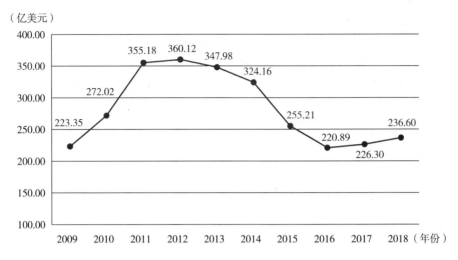

图3 2009~2018年哥美贸易额

资料来源：哥伦比亚国家统计局，DANE。

三、中美贸易摩擦对哥伦比亚的影响及媒体报道分析

中美两国作为世界最大的经济体，产生的贸易摩擦影响范围遍及全球，美国和中国分别是哥伦比亚第一大和第二大贸易伙伴，双方贸易摩擦不可避免地影响到了哥伦比亚，例如比索贬值、原材料价格下跌等，但同时也产生了新机遇，哥伦比亚应借此机会加强与中国的贸易往来。但由于地缘政治和历史关系，美国始终是哥伦比亚贸易第一大国。

（一）对哥国经济的影响

中美贸易摩擦的紧张气氛不仅影响了两国的生产，还意味着国际贸易的减少和金融动荡的加剧。对拉丁美洲国家的主要影响是资本外流和初级产品出口减少；对哥伦比亚来说，主要体现在本国货币兑美元贬值和原材料价格下降。

如图4所示，哥伦比亚比索兑美元汇率自2018年3月1日的2867.94比索上升到了2019年9月1日的3427.29比索，整体为上升趋势（图中虚线）。2019年8月29日达到最高点3477.53比索，是自2016年以来比索贬值的最低点。总体来看，哥伦比亚比索一直在贬值，且会持续下去。哥伦比亚比索贬值的根本原因是中美贸易摩擦，同时也和哥伦比亚本国经济低防御性和政府未采取相关措施有关（朱莉·蒂博查，2019）。2019年5月10日特朗普总统宣布对从中国进口

2000 亿美元的产品增加关税，5 月 13 日，哥伦比亚比索汇率在三年内首次破 3300，此前仅一个月内就上升了 170 比索，类似的浮动只在全球石油价格危机最严重时出现过。哥伦比亚比索的汇率随着中美发布通告而变化，每当形势更加严峻时，拉美货币就会贬值。

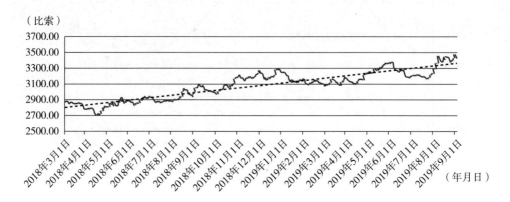

图 4　2018 年 3 月 1 日~2019 年 9 月 1 日哥伦比亚比索兑换美元汇率

资料来源：哥伦比亚共和国银行（Banco de la República de Colombia）。

石油产品是哥伦比亚出口的主要产品，石油价格的变化会直接影响到哥伦比亚出口贸易。石油价格变化影响因素众多，中美贸易摩擦是其中之一，同时国际形势也决定了石油价格的变动。例如，美国因核武器威胁对伊拉克施加压力，实施制裁，同样会导致石油价格降低。石油价格从 2018 年 10 月开始急剧下降，2018 年 12 月为最低价格 56.94 美元，2019 年初开始回升，4 月至今价格来回波动，总体呈下降趋势，2019 年 8 月降到 56.69 美元（见图 5）。

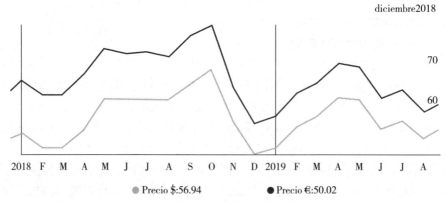

图 5　2018~2019 年石油月均价变化（石油输出国组织，OPEC）

资料来源：Datosmacro.com。

咖啡也是哥伦比亚大量出口产品之一，其价格同样受到中美贸易摩擦影响。纽约交易所 5 月 7 日咖啡的价格降到历史最低，为 90 美分/磅，而 2017 年的咖啡价格为 1.17 美元。咖啡价格的持续降低会导致从事咖啡生产的 50 万个哥伦比亚家庭和 2500 万全世界家庭产生财政危机（El Espectador，2019）。

（二）哥伦比亚主流媒体报道

2018 年 3 月 23 日，美国总统特朗普正式签署对华贸易备忘录，中美贸易摩擦开始逐渐升级。自此以后，哥伦比亚国内各大媒体相继报道有关话题。笔者搜集了自 2018 年 3 月 1 日起至 2019 年 8 月 31 日哥伦比亚两家主流媒体《旁观者报》（El Espectador）和《时代报》（El Tiempo）149 篇有关中美贸易摩擦的报道，以及杜克总统的有关发言，以 "guerracomercial / batallacomercial"（中美贸易摩擦）"Colombia"（哥伦比亚）为关键词，总结了哥伦比亚媒体、经济界人士及政府人员对于中美贸易摩擦对哥伦比亚影响的分析（见表 1、图 6）。

表 1 报道数量分析

时间	数量（篇）	占比（%）
2018 年 3 月	15	10.07
2018 年 4 月	13	8.72
2018 年 5 月	2	1.34
2018 年 6 月	15	10.07
2018 年 7 月	7	4.70
2018 年 8 月	11	7.38
2018 年 9 月	4	2.68
2018 年 10 月	3	2.01
2018 年 11 月	2	1.34
2018 年 12 月	8	5.37
2019 年 1 月	3	2.01
2019 年 2 月	5	3.36
2019 年 3 月	1	0.67
2019 年 4 月	3	2.01
2019 年 5 月	31	20.81
2019 年 6 月	8	5.37
2019 年 7 月	2	1.34
2019 年 8 月	16	10.74

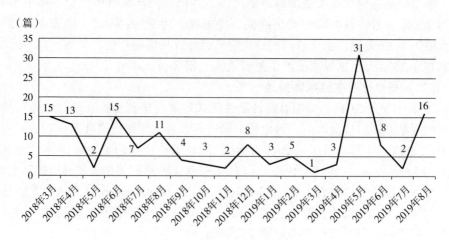

图 6 相关报道月份和数量分析

从报道数量上来看，哥伦比亚两家主流媒体对中美贸易摩擦的关注程度随着中美两国发布征收关税的消息而增加。2018 年 3 月和 6 月的报道篇数为本年最多，达到了 15 篇；在 2018 年 3 月 22 日美国宣布对从中国进口的 600 亿美元商品加征关税，6 月 15 日，美国宣布对中国输出美国的 500 亿美元商品加征 25% 关税。2019 年 5 月的报道数量达到顶峰，两家媒体一共报道了 31 篇。2019 年 5 月 10 日，美国对 2000 亿美元中国输出美国的关税正式从 10% 提高到 25%。2019 年 8 月的报道数量排第二，2019 年 8 月 1 日，特朗普发布推特表示，美国将从 9 月 1 日开始，对剩下的 3000 亿美元中国出口到美国的商品加征 10% 关税。

1. 负面影响

哥伦比亚媒体谈及中美贸易摩擦对哥伦比亚的影响时，大多用的负面词汇，例如"打击"（coletazo, golpear, afectar）、"负面影响"（efectonegativo）、"危害"（perjudicar）、"遭受"（sufrir, padecer）等。《旁观者报》作者兼经济学家加米洛·维加·巴博萨（Camilo Vega Barbosa）在贸易摩擦初时认为，哥伦比亚作为一个小国，很可能在世界两大强国的贸易摩擦中受影响，影响最大的产业将是金属加工业。他也认同美国总统特朗普提出的美国存在的 3750 亿美元的巨额贸易逆差，其数值大于哥伦比亚的国内生产总值。此外，对外贸易协会会长哈维尔·迪亚斯（Javier Díaz）也认同哥伦比亚会受影响（Camilo Vega，2018）。2019 年 5 月 10 日，美国对 2000 亿美元中国输出美国的关税正式从 10% 提高到 25%。哥伦比亚投资公司 Ultraserfinco 的经济战略和调查经理马里奥·阿科斯塔（Mario Acosta）对特朗普制造的贸易摩擦有所不满，因为特朗普的威胁引起的风险规避，作为新兴市场的哥伦比亚受到了这种规避风险的负面影响。如果中美贸易摩擦继续升级，货币和新兴市场的股票只会继续贬值（ElTiempo，2019）。加米洛·维加也认为，哥伦比亚无力抵抗中美贸易摩擦带来的打击，尤其是哥伦比亚比索汇率，随着紧张局势的加剧，货币贬值；另外，原材料咖啡、石油等的价格也备受影响，其中咖啡价格降低带来的后果更为致命。在石油部门已经能够适应更低价格的今天，咖啡种植者甚至无法负担生产成本，只能依靠政府资助的超过2500亿美元来维持生计（Camila Vega Barbosa，2019）。

哥伦比亚总统杜克认为，哥伦比亚在内的新兴国家受贸易摩擦影响最大，是最大的输家，并主张两国寻求解决贸易摩擦的方法。但哥伦比亚应在中美两国间不偏不倚，不站队，只希望中美两国能够早日达成和解协议。杜克总统强调，新兴国家为最大输家的原因有两点："其一，一些新兴国家已和美国建立了坚固的贸易往来关系，且贸易数额巨大。其二，中国如今在煤炭、镍、铁的需求量几乎占比全球一半。"其在稳固与美国贸易关系的同时，强调并承认中国在世界贸易市场的重要性。杜克认为，在这场中美贸易对抗中，哥伦比亚坚定不站队，因为中美两国都是哥伦比亚重要的商业伙伴（Presidencia de la República de Colombia，2019）。

2. 机遇

除负面影响外，中美贸易摩擦同样给哥伦比亚带来了益处，相关词汇例如："机遇"（oportunidad）、"赢了"（gana）、"受益"（beneficiarse）等。对于哥伦比亚美国商会的负责人玛丽亚·克劳迪娅·拉库特（María Claudia Lacouture）来说，哥伦比亚可能会有所收获："在受美国关税影响的5745件中国产品中，有740件是我们可以向美国出口的。因此，只要有正确的出口策略，哥伦比亚商人就能从中受益。"而哥伦比亚有可能取代美国向中国出口的产品有卡车轮胎、合成纤维、蔗糖等（Camila Vega Barbosa，2019）。玛丽亚对中美贸易摩擦持乐观态度，2018年4月她就认为中美关系仍有改善的空间，仍然可以避免贸易摩擦。

2018年8月23日在特朗普政府对华160亿美元产品加征了关税后，中方立即进行了反击，随后，双方就停止贸易摩擦问题进行了磋商。《时代报》作者罗兰多·洛萨诺·加松（Rolando Lozano Garzón）认为，哥伦比亚在中美贸易摩擦中是赢家，因为美国没有像对中国一样对哥伦比亚的钢铁、铝征税。在贸易战最初的九个月中，哥伦比亚出口美国的一些产品数额同比上涨了116.4%，聚丙烯、非焊接管和变压器等产品的出口也增长了（Rolando Lozano Garzón，2018）。

2018年12月，中美两国首脑会晤，习近平与特朗普达成停止贸易摩擦90天共识。这给世界经济带来了缓冲，也为哥伦比亚带来了机遇。哥伦比亚商务部、工业部和旅游部部长何塞·曼努埃尔·雷斯特雷波（José Manuel Restrepo）认为，如果中国公司迁至哥伦比亚，可以利用哥伦比亚为原产地，通过哥美自由贸易协定来减少关税。这种可能性能给哥伦比亚带来巨大机会。至于如何达到目的，雷斯特雷波部长提出了三点：①与中国建立商务外交；②加强自由贸易区，以便中国公司迁移哥伦比亚；③努力确保公平贸易，尤其是来自中国的贸易。该部长还建议："通过现有协议，实现市场多元化，让我们能与非洲、中国及其他亚洲国家进行好的产品交换。"他希望哥伦比亚有可能成为中国公司搬迁战略国，且中美贸易摩擦可能为哥伦比亚产品打开大门（Edwin Bohórquez Aya, 2018）。

综上分析，哥伦比亚主流媒体对中美两国没有表示明确态度，但从对中国的称呼上来看，他们承认中国是世界强国，例如"亚洲巨人"（giganteasiático / colosoasiático）、"世界强国"（potenciamundial）、"帝国"（imperio）等。杜克总统坚持不站队，中国和美国对他来说都是重要的盟友。总体来说，哥伦比亚各界认为，中美贸易摩擦没有赢家，且对哥伦比亚弊大于利。

四、结　论

特朗普政府利用中美贸易逆差发起了贸易摩擦，不仅对中国，更是对全世界产生了超过贸易争端范畴的影响。这对全世界经济和各国贸易带来了极大伤害，对哥伦比亚来说，两个最重要的贸易伙伴，同时也是世界最大的贸易国间产生的冲突，不可避免地影响了该国的经济和对外贸易。首当其冲的便是本国货币的贬值，其次石油、咖啡等原材料价格也受到影响，不仅对出口不利，也对咖啡种植家庭造成了极大损失。但贸易摩擦同时也为哥伦比亚带来了机遇和挑战。对于美国针对中国及其他国家征税而没有对哥伦比亚征税的产品，例如钢铁、铝等，哥伦比亚商人应把握时机，掌握正确的出口策略，以提高特定产品的出口额。此外，哥伦比亚有望成为中国公司搬迁战略国，且中美贸易摩擦可能为哥伦比亚产品打开大门。

哥伦比亚各界人士及主流媒体都一致认为中美贸易摩擦虽然对哥伦比亚来说蕴含机遇，但总体弊大于利，并希望中美间能尽早达成和解协议。对于哥伦比亚，要在中美两国贸易摩擦中生存，就必须要把握机遇，在中美双方高额关税壁垒情况下，利用哥伦比亚与美国自由贸易协定，同中国加强贸易关系，调整产业结构使其多样化，吸引更多中国公司迁移哥伦比亚。

参考文献

[1] 莉娜·卢纳，陈岚．哥伦比亚和平进程：历史背景、发展和展望 [J].

拉丁美洲研究，2017，39（6）：56-71，155-156.

［2］马骁骁．中美贸易战的起源、发展及中国制造 2025［J］．时代金融，2019（23）：113-114.

［3］钱二强．试析哥伦比亚艰难曲折的和平进程及其原因［J］．拉丁美洲研究，2013，35（1）：54-58.

［4］汪晓源．相知者　不以万里为远［N］．国际商报，2015-05-22（B04）.

［5］徐宝华．毒品问题引发的哥、美外交冲突［J］．拉丁美洲研究，1996（2）：49-52.

［6］徐贻聪．杜克首次访华进一步夯实中哥关系［N］．北京日报，2019-08-07（010）.

［7］中华人民共和国外交部．https：//www. fmprc. gov. cn/web/.

［8］国家国际发展合作署．习近平同哥伦比亚总统杜克举行会谈，2019，http：//www. cidca. gov. cn/2019-08/01/c_ 1210225080. htm.

［9］Banco de la República de Colombia, https：//www. banrep. gov. co/es/estadisticas/trm.

［10］Camila Vega Barbosa, Los coletazos para Colombia de la guerra comercial entre China y EE. UU. El Espectador, 2019. 5. 13, https：//www. elespectador. com/economia/los-coletazos-para-colombia-de-la-guerra-comercial-entre-china-y-eeuu-articulo-860455.

［11］Camilo Vega, ¿Cómo afectaría a Colombia una guerra comercial entre China y Estados Unidos?, El Espectador, 2018. 4. 4, https：//www. elespectador. com/economia/como-afectaria-colombia-una-guerra-comercial-entre-china-y-estados-unidos-articulo-748179.

［12］CEPAL：Comisión Económica para América Latina y el Caribe：Estimaciones propias con base en fuentes oficiales, https：//www. cepal. org/es.

［13］DANE, https：//www. dane. gov. cn.

［14］Datosmacro. com, https：//datosmacro. expansion. com/.

［15］Economía y Negocios, Así le afectará al país nuevo 'round' comercial entre EE. UU. y China, El Tiempo, 2019. 5. 12, https：//www. eltiempo. com/economia/sectores/como-afecta-a-colombia-la-guerra-comercial-de-estados-unidos-y-china-360334.

［16］Edwin Bohórquez Aya, Fábricas de China relocalizadas en Colombia：¿Es posible?, El Espectador, 2018. 12. 29, https：//www. elespectador. com/economia/fabricas-de-china-relocalizadas-en-colombia-es-posible-articulo-831584.

［17］EFE, Las oportunidades de Colombia en la guerra comercial entre EE. UU. y

China, El Espectador, 2019. 8. 2, https：//www. elespectador. com/economia/las-oportu-nidades-de-colombia-en-la-guerra-comercial-entre-eeuu-y-china-articulo-874153.

［18］ Julie Tibocha, mplicaciones de la devaluación del peso en Colombia CELAG, 2019. 9. 26, https：//www. celag. org/implicaciones－de－la－devaluacion－del-peso-en-colombia/.

［19］ Ministerio de Comercio, Industria y Turismo, http：//www. tlc. gov. co/ac-uerdos/vigente.

［20］ Natalia Arbeláez Jaramillo, "China ha sido un gran perdedor en Colombia", La Silla Académica, 2019. 8. 9, https：//lasillavacia. com/silla-academica/pontificia-univer-sidad-javeriana/china-ha-sido-gran-perdedor-colombia-72908.

［21］ Presidencia de la República de Colombia, En las guerras comerciales los grandes afectados son los países emergentes, advirtió el Presidente Duque ante afiliados a Cámara de Comercio Colombo Americana, Presidencia de la República Colombiana, 2019. 5. 23, https：//id. presidencia. gov. co/Paginas/prensa/2019/190523－En－guerras-comerciales-grandes-afectados-son-paises-emergentes-advirtio-Presidente-Duque-ante-afiliados-Camara-Comer. aspx.

［22］ Rolando Lozano Garzón, Colombia gana con guerra comercial entre Estados Unidos y China, El Tiempo, 2018. 11. 26, https：//www. eltiempo. com/economia/sectores/colombia-gana-con-guerra-comercial-entre-estados-unidos-y-china-297764.

浅析 2019 年巴西社会保障制度改革
——背景与现状

梁宇希　杨　菁[*]

摘　要：自 20 世纪 20 年代出台社会保障制度起，巴西历届政府均致力于加强立法监管，扩大保障范围和受益人群，普及社会福利。20 世纪 90 年代以来，巴西社会出现了人口老龄化、生育率下降、预期寿命增长等新挑战，巴西政府开始聚焦于以保障公平性和可持续性为目标的社保制度改革。2019 年博索纳罗总统向国会提交"宪法修正案 06/2019"，正式将社保改革纳入国会议程。改革涉及缴纳比例、退休条件、退休金计算及资金管理模式等方面，预计 10 年内可节省 1 万亿雷亚尔的开支。尽管修宪所需要经历的多番博弈与折中意味着本次改革成效的折扣，但从长远考虑仍然是备受争议的博索纳罗政府意义重大的成就。

关键词：巴西；社会保障；改革；宪法修正案 06/2019

一、引　言

2019 年 2 月 20 日，任期仅第 50 天，巴西总统雅伊尔·博索纳罗（Jair Bolsonaro）迈出了其总统生涯的关键一步：向国会提交了一份关于社保改革的法案。在此之前的几十天里，由部长保罗·盖德斯（Paulo Guedes）领导的巴西经济部团队日以继夜地忙碌，对沉疴已久的巴西社保制度进行诊断，希望能开出一剂财政效益最大但博弈成本最小的良方。这次新政府计划的改革并非虚张声势的面子

---

* 梁宇希，巴西圣保罗大学文学院翻译研究专业在读硕士；杨菁，广东外语外贸大学西方语言文化学院葡萄牙语系讲师。

工程或隔靴搔痒的小调小补，调整方案的对象不仅涉及民间的工薪阶层，还包括国家公务人员、政府官员、军队与警察队伍，甚至直接剑指能决定社保改革方案命运的国会议员。"什么时候可以退休？""可以拿多少退休金？"这些问题事关全国上下每个人的切身利益，而如何均衡这些利益的同时减轻社会保障的财政包袱，这个重担落到了盖德斯的团队头上。2 月 20 日，盖德斯交出了答卷，巴西经济部在此前特梅尔政府提交的社保改革法案 PEC 287/16 基础之上做出了若干修改。据估计，如果本次改革顺利通过，政府尽管不能完全消除社保金赤字，但可在未来十年内节省约 1 万亿雷亚尔（约 1.7 万亿元人民币）的开支。

如果取得这番成就，这将是备受争议的博索纳罗政府意义重大的政治资本。但制订方案与提议改革仅仅是立法漫漫长路的第一步，后续的协商与妥协才是真正挑战。自此，社保改革进程成为 2019 年巴西最重要的立法议程，成为万众瞩目的焦点，它牵动着巴西货币的涨跌，牵动着证券交易所里投资者的神经，也牵动着每个巴西劳动人民的切身利益。本文将从巴西社保的概念、演化历史、改革背景、改革过程和改革内容五个方面探讨此话题。

二、概念与术语

在中文语境下，"社保"一词作为简称，更倾向于其"保险"属性，其目的可以被理解为"对抗风险，让未来生活有保障"。社会保障，在巴西称为 Previdência Social，而在日常语境下，Previdência 即可笼统地指代社保。葡萄牙语"Previdência"一词，与其他国家类似制度所采用的包含"安全""保险""保障"（比如美国的 Social Security）的术语不同，它派生于拉丁语前缀 prae-"前"及拉丁语动词 vidēre "看"组成的复合词，侧重"预见性""前瞻性"，即"当下为未来的不确定提前做好准备"。可见，尽管用词有区别，但万变不离其宗，而 previdência 的词源又特别能体现国家设立社保制度的初衷。在我国，提到社保，我们通常联系起另外一个福利概念，即"五险一金"，其中"五险"包含医疗保险；但在巴西，民众在公立医院可免费看诊，而适用于私立医院或诊所的医疗保险作为单独的险种（葡萄牙语称为 Plano de Saúde）不含在社保的范畴内。因此，巴西的社保更倾向于退休、养老及其他领取援助或享受福利的特别情况。所以本次社保改革，也有中文媒体报道为"养老制度改革"。

实际上，除了常用词 previdência，在巴西社保的话语体系里同样存在 Seguro Social 和 Seguridade Social，即"社会保险"这种字眼。也许我们能从词源分辨出前者侧重"意义",而后者侧重"形式",然而与其说它们的区别是语言意义上的,倒不如说它们各自的意义是与巴西社保制度的产生与演化过程息息相关的。关于巴西社保制度的历史,将在下一部分讲述。

三、巴西社会保障制度历史沿革

以 1988 年宪法颁布作为"分水岭",巴西社会保障制度的历史沿革可分为两个阶段。在第一阶段,为适应工业社会发展,巴西的立法者和执政者致力于将退休保障从原来的少数人特权变成全体国民的基本权利,不断扩大保障范围,纳入更多受益人群,在资金监管及发放方面加强立法和政府角色;在第二阶段,历届政府的改革更多的是为了应对社会新挑战,保障可持续发展,逐渐减少普通社保和公务员社保的待遇差别,实现社会公平。

社会保障制度在最初萌芽的时候体现为国家对军事人员的退休保障。1673 年,法国开始为其海军军官设立退休保障计划,但事实上只有军队里很少一部分精英能享受到这种国家层面上的保障。直到 1853 年,这种退休计划的保障对象才扩展到法国的公务员队伍,并被英国(1853 年)、德国(1859 年)效仿。[①] 1888 年,巴西正式建立了类似的退休保障制度,由国家为邮政、媒体、铁路、海军、造币局、海关等国家机关工作人员设立退休保障。

但直至 20 世纪 20 年代,巴西才建立了现代意义上的社会保障制度。1923 年,在巴西联邦议员埃洛伊·沙维斯(Eloy Chaves,1875-1964)的主导和推动下,巴西国会通过了以其名字命名的《埃洛伊·沙维斯法案》(*Lei Eloy Chaves*)。这项法案的通过在巴西立法史上具有里程碑意义,后续整个巴西社保制度皆由此发轫。《埃洛伊·沙维斯法案》规定,设立"退休与养老金储蓄银行"(Caixa de Aposentadoria e Pensões,CAP),专门负责巴西铁路企业职工的养老金管理与发放。值得一提的是,虽然其筹备、建立及最初的规章制度建设都由政府主导,该储蓄银行却不隶属于任何政府部门。它以民间机构的身份进行独立运营,通过一个由企业代表和雇员组成的理事会管理——这些企业代表及雇员既是 CAP 的资金来源,又是将来养老金发放的直接受益人。同年,巴西成立"国家劳工理事会"(Conselho Nacional do Trabalho),隶属当时的农业与工商业部,负责管理与

① Jorge Felix. Desafios da previdência social para um país que envelhece e o risco da aposentadoria como prêmio, https://www.academia.edu/11889319/Desafios_da_previdência_social_para_um_pa%C3%ADs_que_envelhece_e_o_risco_da_aposentadoria_como_prêmio.

指导全国劳工事务与社会保障制度发展。

到了由总统瓦加斯（Getúlio Vargas，1882-1954）执政的 1930 年，巴西成立"劳工暨工商部"（Ministério do Trabalho, Indústria e Comércio），劳工的社会保障事务从原来的内阁部门下属单位变为直接由内阁部门负责。原来的"退休与养老金储蓄银行"解散，取而代之的是"退休与养老总署"（Instituto de Aposentadoria e Pensões，IAP），联邦政府有权直接任命 IAP 的主席。换言之，通过这一职位，政府获得对 IAP 一定的话语权，但该机构的日常运营依然由企业代表和雇员负责。此外，1934 年颁布的宪法还制定了"三方共付"制度（custeiotríplice），规定了社会保障金缴纳须由"政府、雇主、雇员"三方共同承担。在关于"保障"的概念上，"previdência"一词首次出现在宪法文本里，此时尚未使用"社会"（social）这一定语。1937 年，巴西又颁布新宪法，曾一度将社会保障制度全称替换为"社会保险"（Seguro Social），同时将"工伤险"与"残疾险"纳入保障范围。直到 1946 年颁布的宪法里，"Previdência Social"一词重新作为对社会保障制度的统称，正式成为宪法概念。这段时间内，除了政府内部分管社保的部门有过些许变动，并无太多制度层面上的变化。

1960 年，巴西颁布了《社会保障组织法》（Lei Orgânica da Previdência Social，LOPS），将不同地方的 IAP 建立的保障权利实现统一化管理，与此同时，增加了援助金的类别，如"生育援助"（auxílio-natalidade）、"殡葬援助"（auxílio-funeral）、"服刑人员亲属援助"（auxílio-reclusão）。值得注意的是，1960 年的社保方案虽然已能辐射所有的城镇从业人员（签有劳动合同），农村劳动人口却直至 1963 年才被纳入国家社保。1966 年，巴西进一步完善了社会保障体系，建立了"工龄保障基金"（Fundo de Garantia do Tempo de Serviço，FGTS），设立了"国家社会保障局"（Instituto Nacional de Previdência Social，INPS）。

巴西军事独裁时期颁布的 1967 年宪法进一步巩固了自瓦格斯执政时期制定的一系列劳工权利与社保内容，包括最低工资、家庭收入、八小时工作制、带薪休假，以及禁止因性别、肤色或婚姻状况而在收入上对劳工差别对待。军事独裁结束后，巴西于 1988 年颁布新宪法，将社会福利分为医疗（Saúde）、援助（Assistência）、保障（Previdência）三个方面。雇主和雇员各自承担一部分保障金的缴纳义务，政府机构负责对社保金的管理及发放。与此同时，原负责征收社会保障金的 INPS 与负责管理和发放社会福利的"社会保障与援助资金管理局"（IAPAS）合并为新的"国家社会保险局"（Instituto Nacional de Seguro Social，INSS），该机构至今一直负责管理除编制内国家公务人员以外全国所有职业的社保金。社保缴纳金额将以"INSS 扣除数"作为单独一项体现在工资单上，因此缴纳社保在巴西俗称缴纳 INSS。

就立法渊源而言，现行巴西社保缴纳与发放的相关制度就是基于 1988 年宪法建立起来的，但它的具体落实并非一成不变。30 余年间，历届政府在原基础上进行的改革与调整亦是常态，其间主要的几次调整包括：

1992 年，科洛尔（Fernando Collor de Mello）政府规定社保的缴纳与发放根据通货膨胀指数调整。

1998 年，卡多佐（Fernando Henrique Cardoso）政府对普通社保制度进行了更加全面的改革，将劳动人员的退休标准从原来的"工龄年限"调整为"社保缴纳年限"，其中女性为 30 年，男性为 35 年。本次改革还引入了"社保因子"（fatorprevidenciário）的计算公式，目的在于使计算养老金待遇更加精确，加强缴纳义务与可领取金额之间的关系。新的退休金计算公式综合考虑了退休职工在退休时的年龄、工龄、缴费年数、预期寿命等因素，增加公平性。总的来说，卡多佐总统执政期间，公共社保体系改革和私营养老基金的监管的相关立法基本达到目标，未能完成的公务员社保体系改革则需要下一届政府接力。

2003 年，在新发展主义思想指导下，卢拉（Luiz Inácio Lula da Silva）政府力排众议，将改革火力主要集中在公务员社保体系[1]，其措施包括将公务员法定退休年龄进行了调整（从男 53 岁、女 48 岁提高到男 60 岁、女 55 岁，提前退休要扣除约 5% 的退休金）；上调普通保障计划的缴费上限，并将该缴费上限同时在公务员保障计划里实行；此外，方案进一步细化了社保缴纳年限与退休时间关联的执行细则，在公共部门中引入职业补充养老金计划，以及修改了公务员的退休金待遇计算方式[2]。卢拉政府的改革方案还补充了关于领取赡养费的人群和无职业人群如何缴纳社保的细则。

2015 年，巴西国会通过了罗塞夫（Dilma Rousseff）政府提交的改革法案，该法案进一步鼓励职工延迟退休，在 1998 年的单纯以"缴纳社保年龄"为退休条件的基础上，增加了以"年龄+社保缴纳累计年数"为标准的退休条件，该政策又被称为"85/95 制"，即女性的退休条件为年龄与缴纳社保的累计年数之和不低于 85，男性则不低于 95，以"85/95 制"[3] 申请退休的职工可领取全额退休金，而无须根据"社保因子"计算所得金额。

2016 年，特梅尔（Michel Temer）政府根据最新的巴西人口预期寿命数据，

① 李彦. 从新发展主义看巴西卢拉时期社会政策 [A]. 王成安主编. 葡语国家研究 2013 年 [C]. 北京：对外经济贸易大学出版社，2013：111-112.

② 房连泉. 20 世纪 90 年代以来巴西社会保障制度改革探析 [J]. 拉丁美洲研究，2019, 31（2）：31-36，62.

③ 年龄与社保缴纳累计年数之和作为退休标准，并非一直维持在 85（女）/95（男），而是根据统计部门公布的预期寿命变化而变化。2015～2018 年，该标准为 85/95；2019～2020 年，上调为 86/96；到 2011～2012 年，将上调到 87/97。

试图推行社保改革，向国会提议修改退休年龄相关规定，因未能获得国会的广泛支持而于 2018 年撤回改革法案。

2018 年 10 月，候任总统博索纳罗宣布上台后会将财政部、发展规划管理部与工业外贸服务部合并为经济部（Ministério da Economia），任命保罗·盖德斯为部长，负责起草社保改革具体内容。

四、巴西修宪程序简介

从法律意义上，社保在巴西是宪法级别的法令。要变更社保的内容，自然意味着要变更宪法内容。因此，2019 年博索纳罗政府的社保改革实质是一次修宪。诚然，在不少国家，修宪毫无疑问是最复杂、历时最长、最需要立法者慎重斟酌的立法活动。以美国为例，宪法修正案除了要在联邦级别的参众两院通过，还要经过所有州的议会同意才能生效。但在巴西，由于宪法修正案的审议程序仅涉及联邦层面的立法分支，因此该国的修宪活动并不罕见，甚至可以被视为常态。本节主要讲述巴西修宪程序与社保改革法案的审理进程。

宪法修正案的草案葡萄牙语为 Proposta de Emenda à Constituição，一般简称 PEC。1988 年颁布的宪法规定，宪法修正提案只需由总统或者参议院或众议院其中一院的至少 1/3 成员，又或者全体国会议员至少 1/2 的成员提出。一旦上述成员提交修宪草案文本，国会应立即启动修宪审议程序。

审议程序遵从"委员会确定法案内容+全体会议表决"议事规则：国会受理草案审议后，先由众议院议长递交给该院的"宪法、司法暨公民事务委员会"（Comissão de Constituição e Justiça e de Cidadania, CCJC）审议，这一步程序旨在研究该草案内容是否违宪，是否损害国家主权或人权等基本原则。该委员会必须在五场讨论会内完成评估并呈交报告，决定该草案是否符合条件进入下一环节，这类委员会决议性报告称为 Parecer。如若通过，根据宪法，修正案草案将被递交到众议院为其专门成立的"特别委员会"，由该委员会就草案的具体内容展开讨论，由于讨论会议最高可召开 40 场，委员会成员根据各自党派立场和利益反复博弈，草案内容可被反复添减与修改，所以这一阶段尤其耗时。特别委员会最后会以投票方式决定草案是否通过，如若通过，即递交给众议院全体会议投票，投票共两轮，获得 3/5（513 票中的 308 票）的支持即通过，两轮投票均通过后，众议院审理程序结束，草案将被递交到参议院。参议院的审理流程与众议院的区别在于：无须再设立特别委员会去讨论具体内容，而只须由参议院的 CCJC 审议即可，该委员会有 30 天期限呈交报告，通过后即可递交给全体会议投票，投票同样分为两轮，需要获得 60%（81 票中的 49 票）即可通过，两轮投票均通过的草案，由总统在国会正式宣布该宪法修正案生效。

就 2019 年涉及社保改革的宪法修正案草案（编号 PEC 06/2019）而言，总统博索纳罗于 2 月 20 日向国会递交草案文本，两天后草案被递交到众议院的 CCJC。4 月 23 日，CCJC 审议结束，呈交报告，通过草案审议，历时 56 天；随后，从专门负责评估该草案内容的特别委员会成立到 7 月 4 日通过草案的修订版，历时 71 天，共举行讨论会 20 场；7 月 10 日的众议院全体会议第一轮投票以 379 票支持（比最低票数 308 多出 71 票）通过草案的主要文本，一些经过修改的细节内容也于两天后通过。第二轮投票于 8 月 7 日进行，草案共获得 370 票（比最低票数多出 62 票）的支持，通过众议院审议流程。此后，草案于 9 月 4 日通过参议院 CCJC 的审议，并在 10 月 1 日举行的参议院全体会议上以 56 票赞成、19 票反对的结果通过第一轮投票。10 月 22 日，参议院举行第二轮投票，草案的主要内容以 60 票赞成、19 票反对的压倒性优势获得通过。截至完稿日止，参议院仍然需要对草案的几点细节最终敲定，但草案通过已是十拿九稳。

五、改革背景

设立社会保障制度固然是国家人文关怀的体现，但如若枉顾现实，以牺牲经济的可持续与稳健发展来维系一时的慈善面孔，其结果往往会弄巧成拙。事实上，巴西的社保资金自 1995 年起便开始入不敷出。1995~2018 年，国家在社保方面的支出从占全国 GDP 的 4.6% 上升到 8.6%；但社保收入却跟不上社保支出的步伐，到 2018 年仅占全国 GDP 的 5.7%。如继续按照现行制度（见表 1），2019 年全年社保支出预计将达 7000 亿雷亚尔（约合 1.2 万亿元人民币），预计全年社保收入却仅为 4590 亿雷亚尔（约合 7849 亿元人民币），预计亏损将高达 2900 亿雷亚尔（约合 4959 亿元人民币）[①]。现行执行办法下，社保亏损将每况愈下，积重难返。

---

① 资料来源：http：//www.brasil.gov.br/novaprevidencia_ fase2/noticias/por-que-o-brasil-precisa-da-nova-previdencia.

表1　2018~2019年巴西社保收支现状　　　　单位：亿雷亚尔

类别	2018年			2019年全年预估		
	支出	收入	亏损	支出	收入	亏损
普通保障制	5870	3910	1960	6370	4190	2180
城镇	4630	3810	820	5100	4180	920
农村	1240	100	1140	1270	110	1160
特殊保障制	850	340	510	900	360	540
军队	210	20	190	230	30	200
总计	6930	4270	2660	7500	4580	2920

资料来源：http：//sa. previdencia. gov. br/site/2019/02/2019-02-20_ nova-previdencia_ v2. pdf.

巴西地理统计署（IBGE）提供的数据揭示了巴西社保可持续发展将面临的三大挑战，即生育率下降、人口老龄化、人口预期寿命增加。

在现行制度建立的20世纪80年代，巴西平均每名妇女生育4.1个孩子，自此生育率一直呈下降趋势。至2019年，巴西生育率已降至平均每名妇女生育1.8个孩子，预计到2060年，这一数字会下降至1.7（见图1）。

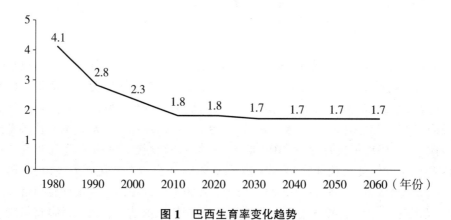

图1　巴西生育率变化趋势

资料来源：http：//sa. previdencia. gov. br/site/2019/02/2019-02-20_ nova-previdencia_ v2. pdf.

巴西的人口老龄化形势同样严峻。据统计，2019年巴西全国65岁以上人口为2080万，占全国人口的10%，现行社保制度及全国年龄结构下，平均每10名年壮劳动力供养一名老人。然而，按照目前趋势发展，到2060年，巴西全国65岁以上人口将增长到5820万，占全国人口的25.5%，即平均每4名年壮者供养一名老人。

此外，巴西人口的预期寿命自 20 世纪 80 年代起一直呈上扬趋势。据统计，20 世纪 80 年代，巴西平均每名 65 岁的老人的剩余寿命（享受退休金福利的时长）为 12 年，到 2018 年该数字为 18.4 年，预计到 2060 年，平均每名 65 岁的老人的预期剩余寿命为 21.2 年。换言之，随着退休人士领取养老金时间的不断延长，社保对每名受惠人的资金负担时长将一直增加。

因此，如何在多方困境下，通过调整缴纳规则和福利规则，减轻财政负担，根据国家人口现状完善一套可持续发展的社保制度，成为博索纳罗政府上台后的头等大事。

六、改革内容

本次改革可以概括为四个方面：缴纳比例、退休条件、可领取金额计算方式及资金管理模式。

1. 缴纳比例

类似我国"双轨制"，巴西现行的社保制度分为两种形式，分别是"普通保障制"（Regime Geral de Previdência Social，RGPS）和"特殊保障制"（Regime Próprio de Previdência Social，RPPS，或称"公务员保障制"），两者区别在于适用人群。前者的受众为企业职员、自由职业者、非编制政府单位工作人员等，后者主要针对编制内国家公务人员，因文章篇幅有限，以下主要介绍非公务员的 RGPS 制度即"普通保障制"所涉及的改革，仅与公务员保障制作简单比较。

根据修正案草案，政府建议将 RGPS 和 RPPS 两种制度的缴纳比例并轨。按照现行办法，以 RGPS 制度缴纳社保的劳工，工资低于 1751.81 雷亚尔的，缴纳比例为 8%；工资数额在 1751.82 雷亚尔到 2919.72 雷亚尔之间的，缴纳比例为 9%；工资数额在 2919.73 雷亚尔到 5839.45 雷亚尔之间的，缴纳比例为 11%；其中，5839.45 雷亚尔为缴纳基数上限，工资大于此数额均以此为基数，按照 11% 的比例缴纳，可见这是一种有上限的全额累进制。按照 RPPS 制度缴纳社保的国家公务人员，2013 年前入职且没有参与"补充保障计划"①的，按工资全额

---

① 即以公务员为受众的私营养老保险计划，由"公务员补充保障基金会"（Funpresp）管理，作为卢拉政府改革方案的重要举措之一，于 2013 年开始实施，实施日期起入职的公务员自动投保，实施日期之前入职的可申请参保，非强制性保险计划，可自愿退保。缴费基数为超出 RGPS 缴费上限（5839.45 雷亚尔）的部分。该计划除了让参保人退休后享有除 RPPS 以外的额外退休金，还提供"伤残退休金"和"意外身故抚恤金"两项保障。

11%缴纳；2013 年后入职的，或者 2013 年之前入职且参与了"补充保障计划"的，按工资全额的 11%缴纳，但缴纳上限为 RGPS 的上限金额（前文提到的 5839.45 雷亚尔）。

改革方案提议将 RGPS 和 RPPS 两种制度的缴纳比例并轨，并改全额累进制为超额累进制。如果修宪草案最终通过，根据新办法，无论是普通劳工还是国家公务人员，工资低于"法定最低工资"（2019 年巴西法定最低工资为 998 雷亚尔）的，按照全额 7.5%缴纳社保；工资金额在 998.01~2000 雷亚尔的，超过 998.01 的部分按照 9%缴纳；工资金额在 2000.01~3000 雷亚尔的，超过 2000 的部分按照 12%缴纳，依此类推。具体的工资数额范围与对应缴纳比例如表 2 所示。

表 2 2019 年巴西社保改革方案提议缴纳比例 单位:%

工资数额范围	缴纳比例	
	RGPS 参保人及已参与额外保障计划的 RPPS 参保人	未参与额外保障计划的 RPPS 参保人
不超过法定最低工资部分	7.5	7.5
超过法定最低工资至 2000 雷亚尔的部分	9.0	9.0
超过 2000.01 至 3000 雷亚尔的部分	12.0	12.0
超过 3000.01 至 5839.45 雷亚尔的部分	14.0	14.0
超过 5839.46 至 10000 雷亚尔的部分	不缴纳	14.5
超过 10000.01 至 20000 雷亚尔的部分	不缴纳	16.5
超过 20000.01 至 39000 雷亚尔的部分	不缴纳	19.0
超过 39000 雷亚尔的部分	不缴纳	22.0

资料来源：https://blogdoibre.fgv.br/posts/analisando-reforma-da-previdencia-contribuicao-progressiva.

为方便民众对比新旧办法的缴纳金额的区别，巴西政府在社保改革官网上提供了计算器，其链接为 https://www.servicos.gov.br/calculadora/aliquota，在此不赘述具体计算过程，仅列举一些简单对比：一个工资为 1250 雷亚尔的雇员，在现行制度下，缴纳社保金额为 100 雷亚尔，比例为 8%，在改革后的新制度下，缴纳金额为 97.53 雷亚尔，实际比例为 7.8%；若工资为 5839.45 雷亚尔，根据现行制度，缴纳比例为工资全额 11%，即 642.34 雷亚尔，根据新制度，缴纳金额为 682.55 雷亚尔，缴纳实际比例为 11.69%。

从表 2 "缴纳比例"的左列可以看出，超过 5839.45 雷亚尔的部分无须再缴纳，所以对于目前在 RGPS 制度下缴纳社保的普通巴西工薪阶层而言，改革带来的影响是：①缴纳金额最大值从 642.43 雷亚尔增加到 682.55 雷亚尔；②与此同时，以 4499 巴币为基准线，工资低于这个数额，改革后缴纳的社保比原来少，高于这个数额，改革后缴纳的就比原来多。只有正式的政府公务员才符合"工资越高，缴纳越多"的原则，且不设上限。

2. 退休条件

按照现行制度，巴西的工薪阶层一般情况下，符合以下三个条件之一即可申请退休：

条件一，男性缴纳社保年数不低于 35 年，女性缴纳社保年数不低于 30 年。至于能领取多少退休金，则需要按照个人情况和一定的公式推算出"社保因子"（fatorprevidenciário）作为倍数，用它乘以全额退休金数目。根据前文叙述，这是1998 年改革后沿用至今的政策。

条件二，男性实际年龄数与缴纳社保年数之和不小于 96，女性实际年龄数与缴纳社保年数之和不小于 86，俗称 86/96 制，按照这种制度退休的老人领取退休金为全额，不需要按照"社保因子"计算。该政策自 2015 年起实施，原称85/95 制，具体数字随巴西人口预期寿命增长而增长。

条件三，满足最低退休年龄，即男性 65 岁，女性 60 岁，且必须同时达到社保缴纳至少 15 年的条件。

如果修宪草案最终通过，根据新方案，单纯按照缴纳社保年数的条件一将会被取消，但新方案也为即将满足该退休条件的人士提供了过渡期规则；而原来的"86/96 制"虽然得以保留，但新方案增加了社保缴纳最低年限，即在满足"缴纳年数与实际年龄之和"达到对应数字的同时，男性社保缴纳年数不少于 35 年，女性不少于 30 年，可见，增加了这种限制以后，方案实际上对满足这种条件的申请设置了最低年龄限制，比如按照 2019 年的 86/96 标准，男性必须达到 96－35＝61 岁，女性必须达到 86－30＝56 岁，方可满足这种退休条件；对于规定最低退休年龄的条件三，根据新方案，男性的最低退休年龄依然为 65 岁，女性的退休年龄从原来的 60 岁提高到 62 岁，社保缴纳最低年数从原来的 15 年提高到20 年。

3. 可领取金额计算方式

要理解巴西退休人员可领取的退休金计算办法，需要先说明一些基本概念：

缴纳工资（Salário de Contribuição，SC），顾名思义，即用于计算员工缴纳社保金额的工资数目，按照目前社保制度，该金额数目单月最大值为 5839.45 雷亚尔。

福利工资（Salário de Benefício，SB），用于计算可领取的社会福利金的工资数目，是计算包括养老金和其他特殊情况（如重大疾病、工伤、残疾等）社会援助金的重要基数。计算方式为：在员工缴纳过社保的所有时间当中选出缴纳工资（上述提到的 SC）数目最高的 80% 的时间（缴纳月数），计算这段时间内的缴纳工资数的算术平均数。假设员工甲缴纳社保 20 年（240 个月），缴纳月数的 80% 为 240×0.8＝192，20 年来缴纳工资一直为 4000 雷亚尔，则福利工资＝（4000×192）/192＝4000 雷亚尔；假设员工乙缴纳社保 30 年（360 个月），缴纳月数的 80% 为 360×0.8＝288，在这 30 年，员工乙前 120 个月工资为 2000 雷亚尔，中间 120 个月工资为 3000 雷亚尔，最后 120 个月工资为 5000 雷亚尔，则福利工资＝（5000×120＋3000×120＋2000×48）/288＝3666.67 雷亚尔。

社保因子（Fatorprevidenciário），是一个与平均预期寿命（由 IBGE 每年更新）、退休者实际年龄、缴纳社保年数相关的系数，由具体公式计算。在计算养老金里引入"社保因子"的初衷是令越早退休的人领取的养老金越少，以鼓励推迟退休。政府部门为方便民众计算，每年会公布每种情况社保因子详细表格，2019 年的社保因子表格请查阅以下链接：http：//sa.previdencia.gov.br/site/2018/11/Fator-Previdenciario-2019-_-tabela-mortalidade-2017-pdf.pdf。

改革前，按照条件一退休的员工，其养老金的计算方法为：养老金＝福利工资×社保因子。在满足一定条件下，社保因子可以大于 1，员工获得的养老金可大于福利工资；按照条件二退休的员工，因退休条件已涉及实际年龄，因此无须乘以社保因子，直接领取福利工资数；按照条件三退休的员工，领取养老金的计算办法为：养老金＝福利工资×（0.7＋缴纳年数×0.01），由于最低缴纳年数为 15 年，所以养老金最低为福利工资的 85%。值得一提的是，无论是以哪种情况退休，如果计算结果低于退休所在年份的法定最低工资，则退休金金额按法定最低工资为准。

改革后，条件一将不复存在；条件二的退休金计算办法暂不变；条件三的变动较大，新计算公式为：养老金＝福利工资×[0.6＋（缴纳年数－20）×0.02]，可以看出，基本比例从原来的 0.7 降到 0.6，刚好符合新条件三的退休人员仅可拿到福利工资的 60%，社保缴纳年数达到 40 年，才能拿到全额，此外，现行制度允许退休金数目大于福利工资数，改革后的新政策将规定福利工资数为员工可领取退休金的最大值。

4. 资金管理模式

当前的巴西社保制度主要采用现收现付模式（repartição），由企业和员工承担缴纳义务，缴纳比例与收入水平正相关，国家社保局实际上是将当前由年壮劳动人群缴纳的社保金发放给当前的退休人员作为养老金，这种制度在当前的生育率低、人口老龄化的现状下，难免入不敷出，不可持续。本次改革方案中提出同时采用增资型社保模式（capitalização），也可称作个人储蓄模式，换言之，是企业与员工负担的，员工名义的储蓄行为，员工自己为自己将来的养老金负责。

七、改革反响

巴西线上媒体 Unverso Online 的调研机构 Datafolha 于 2019 年 4 月和 7 月在全国范围内分别进行了一次关于 2019 年社保改革的民意调查。结果显示，7 月受访对象中 47% 支持社保改革，44% 持反对态度，9% 没有表态，相比 4 月的数据（41% 支持，51% 反对，9% 不表态），改革的支持率呈上升趋势，反对声音不再占大多数。社保作为关乎民众切身利益的重大议题，政府亦有致力于改革草案内容的宣传，包括设立官网、制作视频、投放广告、提供退休年龄和退休金模拟计算器，以及在社交媒体实施更新改革动向，以便民众查询解惑，从支持率数据的变化看，宣传工作不乏成效。但必须指出，由于改革涉及众多政策细节，审议流程复杂，内容尚不确定，而获得草案通过的主战场是国会而非普通民众，因此，尽管改革在专家和政客之间获得广泛磋商，但面向普通民众的宣传力度仍然欠缺：4 月的民调结果显示，68% 的受访者对社保改革内容有所了解，32% 表示完全不了解，而在 7 月，了解改革内容的仍然为 69%，完全不了解的为 31%，仅改善 1%。在表示了解改革内容的受访人士中，非常了解的仅占 17%，而大部分（41%）回答"仅或多或少了解"。此外，民意调查也显示出社保改革支持者当中地域、收入、社会阶层、职业状况、意识形态等差异化因素，如支持者当中男性占 57%，富人占 69%，企业家占 73%，支持博索纳罗总统及其社会自由党的占 75%，另外，反对者当中女性占 50%，东北部地区人口占 55%，反对博索纳罗政府占 71%。

八、结　论

维护社会公平，促进社会稳定发展，是社会保障的本质。自 1923 年"埃洛伊·沙维斯法案"通过后，巴西历届政府均对完善社保制度这项工作给予重视，不断加大保障范围，扩大受保障人群，优化保障制度的公平性。从巴西社保制度的演变我们可以看出，应对社保赤字问题、消弭贫富差距过于悬殊带来的系列社会问题一直是巴西历届政府执政的重点及难点，改革是巴西社会保障制度的常态。之所以有这种常态，皆因社保制度的改革与这项制度本身一样，是从一定历史阶段的国家经济现状应运而生的。

房连泉认为，20 世纪末以来，人口老龄化趋势明显，全球范围内掀起一股养老金改革浪潮，多层次养老保障体系演变的一个基本趋势就是由公共管理到私人管理、由国家责任到个人责任、由政府主导到市场主导的改革过程，公共养老金与私人养老金呈混合发展态势①。纵观巴西社保制度的历史沿革，尤其是 1988 年以来集中体现在养老保障方面的社保改革，同样呈现出上述趋势，其中一个典型例子就是公务员保障制与 2013 年出台的私营"补充保障计划"（Funprespe）并存，而 2019 年社保改革方案提议将公务员社保的缴纳上限与普通社保并轨，这实际上进一步强化了私营保障计划的权重。需要强调的是，如今巴西公私混营的保障体制绝非一蹴而就。从 1998 年卡多佐政府提出在社会保障制度中引入个人养老金制度至今已逾 20 年，历经数次调整与革新方成今日之态。

社保制度牵一发而动全身，2019 年社保改革的探索维持了此前历届政府的审慎与严谨，从形式上看，依然是一次温和的渐进式变革，目的在于减轻赤字负担而非消灭赤字；从内容上看，如累进制变化、退休条件严格化、退休金数额计算方式调整、统一普通保障制和公务员保障制的缴费上限，仍然符合房连泉（2009，第 36 页）所描述的"参量式"制度变革，相比一些国家较为激进的结构性制度变革，在时间上不能达到立竿见影。另外，尽管经济部做出了未来十年节省 1 万亿雷亚尔的预估，但该预估值将不可避免地受制于未来十年的经济形势和政治环境。

任一社保制度都是多方博弈的结果，所以制度改革从来不会一帆风顺，前进的道路上往往阻力重重。一项旨在减轻国家财政负担，提高社会保障可持续性的政策，当它涉及每一个社会成员的利益时，审议过程实质上变成了行政分支与立法分支的博弈与谈判。从改革议案的内容我们可以看到，退休年龄被推迟，领取退休金数额降低，必然会引起受影响的民众和国会议员批评与质疑，在审议法案的过程中多方协商、折中和妥协自然不可避免。尽管本文简要介绍了政府提议的改革内容，后续若法案顺利通过，我们值得对审议过程复盘，对比最初提议的与最终生效的版本，观察实际生效的版本对巴西经济的贡献。

最后，受限于篇幅及社保制度细节的复杂性，本文主要介绍社保改革内容仅局限在原来"普通保障制"（RGPS）的部分，未对涉及公务员、政府官员与国会议员等原"特殊保障制"（RPPS）的做出叙述。作为直接影响国会议员的内

---

① 房连泉. 全面建成多层次养老保障体系的路径探讨——基于公共、私人养老金混合发展的国际经验借鉴 [J]. 经济纵横，2018（3）：75-85.

容，RPPS 改革必然可预计地受到最大的阻力，这部分研究可纳入后续比较生效法案与最初提议法案的过程中。

参考文献

［1］Ana Estela de Sousa Pinto. Apoio à reforma da Previdência cresce，e parcela dos contrários já não é maioria，https：//www1. folha. uol. com. br/mercado/2019/07/apoio－a－reforma－da－previdencia－cresce－e－parcela－dos－contrarios－ja－nao－e－maioria. shtml.

［2］João Paulo de Vasconcelos Aguiar. História da Previdência Social Brasileira，https：//www. politize. com. br/historia－da－previdencia－no-brasil/.

［3］Jorge Felix. Desafios da previdência social para um país que envelhece e o risco da aposentadoria como prêmio，https：//www. academia. edu/11889319/Desafios_ da_ previdência_ social_ para_ um_ pa%C3%ADs_ que_ envelhece_ e_ o_ risco_ da_ aposentadoria_ como_ prêmio.

［4］2019 年 4 月与 7 月两次民调结果对比：Pesquisa Datafolha：Reforma da Previdência，http：//media. folha. uol. com. br/datafolha/2019/07/10/4187b84bd 8209fd6afa96bc6bec9e491rp. pdf.

［5］巴西联邦政府社保改革方案简介（葡萄牙语）：Apresentação da PEC Fevereiro 2019，http：//sa. previdencia. gov. br/site/2019/02/2019－02－20_ nova-previdencia_ v2. pdf.

［6］房连泉. 20 世纪 90 年代以来巴西社会保障制度改革探［J］. 拉丁美洲研究，2009，31（2）：31-36，62.

［7］房连泉. 全面建成多层次养老保障体系的路径探讨——基于公共、私人养老金混合发展的国际经验借鉴［J］. 经济纵横，2018（3）：75-85.

［8］李彦. 从新发展主义看巴西卢拉时期社会政策［A］. 王成安. 葡语国家研究 2013 年［C］. 北京：对外经济贸易大学出版社，2013：111-112.

［9］宪法修正案（编号 06/2019）全文（葡萄牙语）：https：//www. camara. leg. br/proposicoesWeb/prop_ mostrarintegra？codteor=1712459.

墨西哥当代隐性语言策略研究

陈 艺 陈 宁[*]

陈 艺 陈 宁[*]

摘　要：语言不仅是人类个体之间的交际工具，还是形成族群认同及国家认同的重要手段。墨西哥作为一个多族群国家，其语言多样性不言而喻。据推算，被殖民之前墨西哥可能存在140种语言。目前被认定为独立语言并且由印第安族群使用的有68种。2003年，墨西哥联邦政府颁布《印第安族群语言权利法》，规定西班牙语与这68种印第安族语言共同具有国语的法律地位，并且创设相关机构用来保护和促进各印第安族群语言的传承和使用，然而，到目前为止却没有取得理想的实践效果。例如，本国和外国公众依然普遍认为西班牙语是墨西哥的官方语言，与此同时印第安各语种使用人数持续下降。

墨西哥政府针对语言制定法律的行为属于语言规划，也就是公共权力、社会群体及个人对于国内语言资源采取态度及进行选择。学术界对语言规划行为提出不同的分类方式，比如可以二分为显性语言政策和隐性语言策略，两种手段对于语言资源都有影响。目前，多数研究主要集中于显性的、官方的政策之中，对于隐性语言策略少有提及。因此，本文试图以隐性语言策略为基础，分析导致实践中语言资源不平衡这一现象的原因。

关键词：墨西哥；印第安；语言政策；隐性语言策略；语言规划

一、墨西哥语言状况的历史与现实

墨西哥作为印第安文明的发源地，是典型的多族群多语言国家。墨西哥印第

---

　*　陈艺，广东外语外贸大学西班牙语系2017级硕士研究生，主要研究方向为拉丁美洲国家国情与区域研究；陈宁，广东外语外贸大学西班牙语系副教授，主要研究方向为拉丁美洲国家国情与区域研究，拉丁美洲文学。

安语言研究所（Instituto Nacional de Lenguas Indígenas）指出，墨西哥现有 68 种印第安语，364 种变体，属于 11 个不同语系。现有 2570 万印第安居民，占全国人口的 21.5%，其中约有 730 万人会说至少一种印第安族群的语言。其中，使用最多的是纳华语（Nahuatl），约有 170 万的人口使用该语言；其次是玛雅-尤卡特克语（Maya yucateco），约 86 万人使用；特塞尔塔尔语（Tzeltal）约有 56 万人使用，米斯特克语（Mixteco）约 52 万人使用。随着 20 世纪中期印第安人平权运动的兴起，越来越多的印第安族群人口开始要求自己的合法权益。在国际层面，1989 年国际劳工组织颁布的《独立国家印第安民族和部落群体的 169 号协议》（Indigenous and Tribal Peoples Convention, No. 169）约定了印第安族群享有人权及基本自由；2007 年 9 月，联合国发布的《印第安原住民人权宣言》（United Nations Declaration on the Rights of Indigenous Peoples）也为印第安人的平权运动提供了制度框架的保障，这其中就包括对于本族群语言使用和传承的保障。在墨西哥本国，政府于 1992 年在宪法中增加了第四条，首次承认了印第安族群的存在和国家人口、文化的多样性。2001 年，萨帕塔民族解放运动之后，政府与解放军达成一致，其结果是宪法第四条再次得到了补充。在 2003 年，墨西哥又先后颁布了《印第安族群语言权利法》（Ley General de Derechos Lingüísticos de los Pueblos Indígenas）、《防止和消除歧视联邦法》（Ley Federal para la Prevención y Eliminación de la Discriminación）、《为印第安族群发展国家委员会法》（Ley de la Comisión Nacional para el Desarrollo de los Pueblos Indígenas）。其中，《印第安民族语言权利基本法》第四条指出：

由于其历史根源，本法条文所承认的印第安语及西班牙语皆为国语，有同等效力，并根据墨西哥《宪法》和墨西哥所加入的国际条约，始终保证不被歧视及得到司法公正的权利。①

这部法律颁布时，西班牙语在公共事务中具有绝对优势，无论是墨西哥本国公民还是普通的外国公众几乎都默认，只有西班牙语是墨西哥的官方语言；在该法律颁布 16 年后的今天，这种观点依然普遍存在。例如，在墨西哥政府文件或者政府官网中都有体现；又如，在今年四月中国外交部对墨西哥国情概况的网页上，墨西哥使用语言一栏为"西班牙语为官方语言"（在五月该栏修改为"西班牙语为主要语言"）。与此同时，印第安族群语言使用的衰落同样值得关注。墨西哥国家数据与地理机构（Instituto Nacional de Estadística y Geografía）指出，

① 原文：Las lenguas indígenas que se reconozcan en los términos de la presente Ley y el español son lenguas nacionales por su origen histórico y tendrán la misma validez, garantizando en todo momento los derechos humanos a la no discriminación y acceso a la justicia de conformidad con la Constitución Política de los Estados Unidos Mexicanos y los tratados internacionales en la materia de los que el Estado Mexicano sea parte.

2000~2010 年 70 种印第安语（根据计算方法不同，一些部门将某种印第安语变体认为是单独一种印第安语）超过五岁以上使用者人数中，有 20 门语言使用人数减少；全国范围内印第安语使用者由 1930 年的 16% 减少到 2015 年的 6.6%。①

为什么在一系列相关法律条文颁布后，普遍公众依然认为西班牙语是墨西哥的官方语言？为什么印第安族群中本族语使用人数持续减少？是否在政府颁布的官方文件之后仍有其他力量使印第安人不得不说西班牙语？本文试以"语言政策"为研究方法，探究导致这一现象的原因。

二、语言政策：显性与隐性

语言不仅是交际的工具，还是族群和政治共同体认同的手段。由于各族群之间地理、历史、发展的不同，语言理所当然存在差异。这种差异性对内起到团结族群成员、巩固认同的纽带作用；对外则是标榜本族群与其他族群的不同，起到排他性作用。对于使用同种语言的人，我们认为"是我们中的一员"，而对于使用不同语言的人，我们则认为"是外人"。这种以语言为工具的民族主义政治理念和活动称作语言民族主义。② 因此，语言与政治挂钩，成为统治民族扩大自身、排除异己、同化其他民族的工具。

19 世纪末，语言民族主义随着民族国家的形成达到巅峰。正是从那时候开始，语言开始象征着权力、意识形态、民族主义、忠诚、爱国主义和作为同化的动力。③ 一个国家成立之初，在宪法中就本国国旗、货币及官方语言等做出一系列规定。其中，官方语言不仅是该国拥有法律效力、社会流通、人际交往的语言，同时在一定程度上反映了国内各族群的社会阶级地位。因为，官方语言的母语者势必会在教育、经济、政治上拥有优先权利，能够获得更多社会资源，从而跻身于社会金字塔的上层，而使用其他语言的母语者则很可能被边缘化，不得不学习官方语言来融入主流社会。一个国家内，如果一种语言可以为其使用者提供良好的受教育机会，帮助其拓展就业前景，提高生活水平和社会地位，那么这种语言势必成为强势语言，且一定是统治阶级的语言。④ 弱势群体往往会选择学习

① 资料来源：墨西哥国家数据与地理机构，https://www.inegi.org.mx/temas/lengua/.
② 陈平. 语言民族主义：欧洲与中国 [J]. 外语教学与研究，2008（1）：4-13.
③ S. May. Language and Minority Rights [M]. New York：Routledge，2011.
④ 李丹. 夹缝中生存的墨西哥印第安民族及其语言——墨西哥语言政策研究 [J]. 北华大学学报（社会科学版），2014，15（2）：23-29.

强势语言而放弃母语。一些国家并没有明文的语言政策，但是却有通行的语言，表面上似乎是由单一的族群组成的国家，所以使用的语言一致，然而事实可能恰恰相反，也就是尽管没有显性的政策，然而社会中的各种机制都在隐藏地、暗含地建立全国通用语，使所有族群不得不使用这一种语言，从而掩饰和弱化语言多样性。比如有着"民族大熔炉"之称的美国，虽然在法律层面并没有规定英语是其官方语言，但是在美国社会中只有掌握英语才能生存下来。换言之，当一群人的母语成为该国的官方语言或者社会的主导语言时，该语言除了承担其本质的沟通功能之外，更重要的是统治阶级所强加的意识形态，被认为是"上等语言""好语言"，或在宗教国家中被认为是"上帝的语言""神圣的语言"，而其他语言则是"功能不齐全的语言""下等语言"或"野蛮人的语言"，遭到排斥，同时该语言的使用者也会遭受歧视和不公正待遇。

语言是最有效的政治工具之一，因此，公共管理机构会通过一定手段对国内语言资源进行宏观规划与调控。这种手段被定义为"语言规划"或"语言政策"。就这两个概念，学术界仍然处于讨论之中。一些学者主张明确界定两者区别。如费什曼（Fishman）认为，"语言规划"的研究描写对语言的决策过程，正在发展中社会的语言问题反复出现，迫切要求明确的解决办法，要求对存在的问题提供并鉴别可替换解决方案的行动理论。[①] 蔡永良将"语言政策"定义为人类社会群体在言语交际过程中根据某种语言所采取的立场、观点而制定的相关法律、条例、规定、措施等。[②] 但是也有学者认为两者区别并不明显。如肖哈米（Shohamy）认为，规划和政策之间的界限还远未明确。[③] 陈章太认为，语言政策等同于语言规划或者计划。[④] 因为关于两者的区别并不是本文的重点，所以本文采取"语言政策"这一术语，做模糊化处理。

国家制定语言政策，而语言政策也必须为国家服务，是国家进行公共管理和保证国民意识形态的工具。一个国家的语言政策是其基本国策之一，关系到国家安全与其在世界中的地位、形象与身份。如上文所说，由于语言是该共同体的文化反映，因此，语言意识是国民对国内语言的基本态度，是国家的语言政策的基础和支撑。尤其是在一个多族群、多语言国家，语言地位上的变化会使使用这些语言的人的地位和权利随之发生变化，因而直接影响到不同语言群体的各种物质利益和精神利益（族群尊严、政治社会地位、接近权利的机会、接受教育的机

① 胡壮麟. 语言规划 [J]. 语言文字应用, 1993 (1)：11-20.
② 蔡永良. 论美国的语言政策 [J]. 江苏社会科学, 2002 (5)：194-202.
③ E. Shohamy. Language Policy：Hidden Agendas and New Approaches [M]. New York：Routledge, 2006, p. 49.
④ 陈章太. 语言规划研究 [M]. 北京：商务印书馆, 2005：145.

会、就业机会、公民权等），因此在多语言国家，对某种语言地位的人为提升或降低常常十分敏感，稍有不慎就有可能引发语言冲突。①

从 20 世纪末开始，越来越多国内外学者开始注意到隐性语言政策的重要性②，学者对显性语言政策和隐性语言策略给出了自己分类及定义。例如，费什曼认为，语言政策最终是建立在语言文化的基础上的，即与特定语言相关的一系列行为、假设、文化形式、偏见、民间信仰体系、态度、刻板印象、语言思维方式和宗教历史环境。因此，对语言策略进行类型化而不考虑其产生的背景可能是徒劳的，甚至是微不足道的。由此，语言政策分为显性方面（明确的、正式的、法定的、成文的、明示的）和隐性方面（模糊的、非正式的、实际的、基本的、隐藏的），而政策隐性方面经常被忽略。③ 肖哈米给出了更为详细的例子，她指出，在某些情况下，语言政策通过官方文件明确说明，例如国家法律、宣称某些语言为"官方语言"或"国语"的声明、语言标准、课程、测试等其他类型文件。在其他情况下，语言的规定并没有明确说明，但是可以通过观察各种事实上的实践来隐含地得出。在这时候，语言策略更难以被发现，因为它是微妙的，并且更加隐藏在公众视线之外。④ 大卫·约翰逊（David Johnson）根据费什曼对于隐性语言策略的理解，从形成机制、手段与目标、文献、法律与实践四方面做出了更直观的表格，比较显性语言政策与隐性语言策略的差异（见表 1）。

表 1　语言规则类型　　　　　　　　　　单位：亿雷亚尔

	显性政策	隐性策略
形成机制	自上而下（Top-down）由某些管理部门、权威机构或个人提出的宏观语言政策	自下而上（Bottom-up）经社区产生并影响社区的微观或基层语言政策
手段与目标	显性的（Overt）以书面或口头形式公开表述的语言政策文本	隐性的（Covert）在宏观层面被有意隐瞒的（欺骗性）语言政策；或在微观层面有意隐瞒的（颠覆性）语言政策
文献	明确的（Explicit）以书面形式或口头形式正式记录的政策文本	模糊的（Implicit）没有官方文本或无视官方文本而实施的语言政策

---

① 何俊芳，周庆生．语言冲突研究［M］．北京：中央民族大学出版社，2010：3.

② Baldauf, Richard B. ［Unplanned］Language Policy and Planning［J］. Annual Review of Applied Linguistics［J］. 1994（14）：82-89.

③ H. Schiffman. Linguistic Culture and Language Policy［M］. Now York：Routledge, 1996.

④ E Shohamy. op. cit., p. 50.

续表

	显性政策	隐性策略
法律与实践	法定的（De jure）"法律上的"语言政策；指以书面形式正式记录的语言政策	实际的（De facto）"事实上的"政策；指没有或无视法定政策而制定的地方性政策，或与法定政策不符的地方性语言实践；实际的语言行为可以反映出实际语言政策的存在（或不存在）

资料来源：D Johnson. Language Policy［M］. 方小兵译. 北京：外语教学与研究出版社，2016. 本文对表格略有改动。

关于隐性语言策略的官方性，国内的学者提出疑问，他们认为一些在官方文件中，尽管有着公开宣称的语言政策，但是其实际目的可能并不与公开宣称的目的相同，因此，这些官方文件应该也属于隐性语言策略的一种。例如，在李宇明看来，专门制定语言的法律和行政规章，或是在法律、行政规章中有专门的语言条款，这是显性表达方式；没有语言的专门法律、行政规章或是语言条款，语言策略暗含在法律和行政规章中，或是体现在有关语言案例的审判中，体现在各级政府的行为中，这是隐性表达方式。① 李英姿认为，一般认为官方语言政策可以通过官方准则的强制执行来影响语言行为，从而促进或者阻碍某种语言的发展。现实的情况是不仅仅存在那些重要的、明文规定的官方语言政策，也有不属于政府部门的行为却同样可以对语言行为施加影响的现象。显性语言政策固然值得人们研究，隐性语言策略也许更值得人们去探究其规律、特征及成效。② 陈旦娜在其博士论文中写道：我们在判断某项举措为显性语言政策或者隐性语言政策时应该回答以下几个问题：①该举措是否有官方的书面或口头文件？②文件中表达的动机是否与真实动机一致？③如果没有官方文件，该举措是否有明显动机？④如果没有官方文件也没有明显动机，该举措对受众的语言行为有什么影响？之后，她列出表格并举例回答以上问题（见表2）。

表2　显性语言政策与隐性语言政策　　　　单位：亿雷亚尔

官方文件	动机	举例	显性/隐性
有	一致	《语言规范法》	显性
有	不一致	《不让一个孩子掉队法案》	隐性

---

① 李宇明. 用法律管理语言生活［J］. 北华大学学报（社会科学版），2011，12（3）：4-5.

② 李英姿. 美国语言政策研究［D］. 南开大学博士学位论文，2009.

续表

官方文件	动机	举例	显性/隐性
无	有	学术活动	隐性
无	无	语言意识形态	隐性

注：2002 年布什政府推出《不让一个孩子掉队法案》，试图解决美国中小学教育质量低下的问题。主要内容包括保证每一个孩子都能阅读及提高移民儿童的英语水平等与语言相关的条例。

资料来源：陈旦娜. 西班牙语和西班牙的地区语言［D］. 上海外国语大学博士学位论，2018.

就隐性语言策略意义而言，哈斯（Hass）指出，它的标准和效果可能对实践产生更大的影响，并可以形成和控制语言行为。① 语言规划者、语言规划的研究者和语言权利活动家必须承认，如果经济、技术和政治变化的主流力量起着与规划者意图相反的作用，那么即便是设想最好、受到最真诚鼓励的语言规划也不可能成功。② 在费什曼看来，语言总是存在于文化结构中，如果一种语言想要改变自身地位，那么需要变更的不是语言本身，而是整个社会文化环境。③ 韩礼德（Halliday）强调，语言规划的文化方面是一门特定语言或方言中的文学和戏剧的培养和提升；并且也指电台、新闻、电影和其他媒体的有计划地应用、拓展和增强社区语言的角色，使其成为全国和本地文化的媒介。④ 李宇明认为，显性语言政策与隐性语言策略是相辅相成的。在他看来，显性语言政策是隐性语言政策的"法规化"，其基础是隐性语言策略。显性语言政策在执行中仍然需要隐性语言策略的帮助，甚至需要再转化为各种隐性的语言策略，从而进一步引导隐性语言策略向着显性语言政策的方向凝聚和发展。有些国家没有显性语言政策，如果也没有一致的、足够有力的隐性语言策略，这个国家的语言生活将是"碎片化的"。没有显性语言政策，如果其隐性语言策略强大且一致，这个国家的语言生活仍然会十分有序；如果其隐性语言策略中具有不合国际共识的东西，反倒有助于政府掩饰其非，或者为政策调整留下操作空间。在一些法制不健全甚至是非法制的国家，显性语言政策如果得不到隐性语言策略的支持，则只能是一个口号或梦想，并不能真正发挥作用。⑤ 只有将语言政策的显性和隐性维度结合起来，才能全面理解多个层面的官方和非官方语言策略与人们工作、学习、生活中的语言

① 李英姿. 隐性语言政策探析——以美国为例［J］. 南开语言学刊，2013（2）：85-93.

② 约瑟夫·罗·比安科. 语言政策的重要性和有利于文化多样性的多语制［J］. 梁光严译. 国际社会科学杂志（中文版），2011，28（1）：41-42.

③ 李丹. 夹缝中生存的墨西哥印第安民族及其语言——墨西哥语言政策研究［J］. 北华大学学报（社会科学版），2014，15（2）：23-29.

④ 韩礼德. 语言与教育［M］. 刘承宇译. 北京：北京大学出版社，2015.

⑤ 李宇明. 中国语言规划三论［M］. 北京：商务印书馆，2015.

实践的关系。①

三、墨西哥的隐性语言策略

本文主要关注在墨西哥这个案例中，诸如《印第安民族语言权利法》、《国家教育计划》（Programa Nacional de Educación 2001–2006）这一类联邦政府的官方文件，其宣称的动机与实际动机是否一致；假如一致，其实践效果是否和预期一样。正如肖哈米所说，政治和社会实体的真正语言政策不应该只是通过公开的政策声明来观察，而应通过各种用于使语言实践永久化的机制（规章制度、语言教育政策、语言测试、公共领域语言）来观察，通常以隐蔽和隐含的方式。② 因此，接下来我们将通过墨西哥这些机制来观察墨西哥隐性语言策略。

1. 国语、官方语言与通用语（national language, official language, lingua franca）

世界上绝大部分国家为多民族国家，存在多种语言。由此，规定哪种语言为国语或官方语言对于国内民族关系而言是极为敏感的问题。全世界现有的 142 部成文宪法中，有 79 部规定了国语或官方语言，占 55.6%。从世界各国的情况看，有些国家的"国语""官方语言""通用语言"是一致的，但是也有些国家因为历史、民族等各种原因采用的是"象征国语"+"官方语言"（"通用语言"）的语言模式。③ 然而，目前学术界对于国语、官方语言及通用语之间仍没有清晰定义来辨别三者区别。彭泽润认为，官方语言与国语、通用语是包含关系，官方语言是一个国家根据语言生活实际需要确定的具有法律作用的语言，包括国语和通用语。国语是官方语中能够象征国家尊严、用来唱国歌的自己民族的语言。国语自然是官方语，但是不一定是通用语。通用语是官方语中最流行的一种，是一个国家在实际语言生活中，特别是在行政、教育、媒体等领域最起作用的语言。通用语言自然就是官方语，但是不一定是国语。钱伟指出，国语就是"国家法定语言"的简称，通常理解是政府在宪法中明文规定并提倡使用的统一的国内标准语。理论上，国语应该是现代民族国家的共同交际语，但实际上有些国家的国语往往只是名义上的，并非全民共同语，其作用有限，象征意义大于实际意义，是

---

① 林晓. 英语作为教学媒介语隐性政策分析——以马来西亚、新加坡和泰国为例 [J]. 语言战略研究, 2016, 1 (2): 53–60.

② E Shohamy. op. cit., p.57.

③ 钱伟. 语言认同冲突刍议——以中亚五国的国语、官方语言、通用语言为例 [J]. 海南师范大学学报（社会科学版），2016, 29 (7): 135–139.

民族主义的产物，带有很强的语言规划色彩，具有服务于"民族国家"的明确政治自觉，使用的领域优先，其"国语"的实际地位并不高，无法发挥真正的、完全的"国家语言"的功能。而官方语言是"为了适应管理国家事务的需要，在国家机关、法律裁决、正式文件及国际交往等官方场合中规定的一种或几种有效的语言，更侧重于语言实际功能的考量"。通用语言是一国家在历史过程中自然形成的使用范围最广、使用人数最多、使用频率最高的语言。巴拉德斯（Valadés）将官方语言界定为国家机构组织为维持运转在统治者与被统治者之间在法律关系上所使用的正式语言。国语则是国家文化遗产的一部分，国家应该采取措施推广、保护、发展被认为是国语的语言。①

简言之，国语是象征性、代表性的语言，尤其是在多语言国家为保持民族平等、维护民族和谐、突出国家多样性的语言。而官方语言是功能性的语言，在国家机构、国际事务中正式使用的语言。国语与官方语言在多语言国家中可以有多种，而通用语则只有一种，是国内不同语言族群沟通交流所使用的语言。

值得注意的是，对于被殖民国家来说，通用语言一般是宗主国语言。从民族代表性来看，国语>官方语言>通用语言，从实际使用性来看，通用语言>官方语言>国语。一个非常典型的例子为新加坡，新加坡民族成分复杂，并且每个民族都有自己的语言，语言立法与规划是国内非常棘手的问题。新加坡《宪法》第37条指出，马来语、英语、华语、泰米尔语四种语言同为新加坡的官方语言；马来语是新加坡唯一的国语。但是，马来语的国语地位仅是名义上的，主要体现在两个方面：一是国歌的歌词是马来语，二是军队操练的口令也采用马来语。四种官方语言的地位体现在国会发言时，国会议员可任选其中的一种语言。通用语为英语，是学校教育和日常生活中最常使用的语言，是真正的顶层语言。②

正如我们上文提及的，2003 年墨西哥颁布的《印第安民族语言权利基本法》中规定印第安语及西班牙语皆为国语，有同等效力。然而，该语言法律并没有说明墨西哥的官方语言，尽管强调印第安语与西班牙语具有同等效力，但是可以发现在涉及重要社会公共生活的场所比如法庭，西班牙语仍是唯一使用的语言。墨西哥人权国家委员会（Comisión Nacional de Derechos Humanos de México）指出，截至 2015 年 11 月，全国约有 8500 名印第安人关押在监狱之中。其中，只有

① Ríos, Diego Valadés. La lengua oficial y las lenguas nacionales en México y en derecho comparado. Temas selectos de derecho internacional privado y de derechos humanos: estudios en homenaje a Sonia Rodríguez Jiménez. Universidad Nacional Autónoma de México, 2014: 516.

② 钱伟. 多民族国家的国语、官方语言、通用语言的比较研究——以中国周边六国为例 [J]. 新疆社会科学, 2016 (3): 147-153, 164.

15%的人知道自己所被指控的罪行，因为只有他们能请到翻译。① 显而易见，墨西哥通用语言为西班牙语，只规定国语却对官方语言闭口不提可以视为墨西哥法律的缺口，如果宪法只界定国语同时却忽略官方语言是不完整的宪法。② 墨西哥目前的语言模式正是上文中我们提到的"象征国语"＋"通用语言"，印第安语只有象征性的国语法律地位但是却没有官方语言的实际权力，更没有西班牙语的通用语地位，对印第安各种语言的保护与发展并不能起到真正的促进作用。

2. 公共文件书写中的语言歧视

《印第安民族语言权利基本法》规定：联邦与各州通过文本、视听和信息媒体提供和传播法律、法规及针对印第安社区的计划、作品和服务的内容，以其相应的受益者的语言进行传播。③ 然而，目前只有墨西哥宪法被翻译成45个印第安语版本，其他文件均未译成印第安语。

此外，在实际的政务管理中也存在语言歧视。以公共管理机构的职员考试录用（在中国熟知为公务员考试录用制度）为例，其不仅是政府为了管理国家、参与公共事务管理、服务人民的选拔性考试，同时也是促进社会阶级流动的手段之一，个人通过参加公务员考试实现自我价值同时实现社会阶级跨越。公务员作为管理国家公共事务和提供公共服务的主体，其能力水平和素质的高低将对国家行政管理的效率产生潜移默化的影响。④ 因此，我们可以说政府职员录用考试受到举国上下重视。和中国不一样的是，墨西哥政府职员考试并不是在一年中特定的时间统一对外招考，而是政府机关和下设机构会定期或者不定期根据空缺职位对外发出招考信息，考核内容和侧重点根据每个职位性质各有不同。总的来说，考试录用过程分为以下几个阶段：考生递交所要求材料，参加职位专业知识考试、技能评估、经验评估、综合评估、面试等一系列测试考核，所有阶段分数相加，总分排名第一者得到录取。

在墨西哥政府发布职位的网站上，所有招考指导文件语言都是西班牙语，各职位专业知识考试样卷同样只有西班牙语版本。换言之，不懂西班牙语的人或者西班牙语不熟练的人都无法参加招聘，他们既不能看懂职位信息，也不能理解指导文件，更不能明白考试题目。墨西哥国家数据与地理机构指出，全国约有88万印第安人是只使用本族群语言的单语者，他们由于不会西班牙语而被排除出在

---

① 资料来源：http://www.resumenlatinoamericano.org/2017/11/18/mexico-el-crimen-de-no-hablar-espanol-tiene-a-mas-de-8-000-indigenas-en-la-carcel/.

② Ríos, Diego Valadés. op. cit., p.519.

③ 原文：La Federación y las entidades federativas tendrán disponibles y difundirán a través de textos, medios audiovisuales e informáticos：leyes, reglamentos, así como los contenidos de los programas, obras, servicios dirigidos a las comunidades indígenas, en la lengua de sus correspondientes beneficiarios.

④ 翟雪. 我国公务员录用考试完善研究 ［D］. 东北财经大学硕士学位论文，2017.

政府部门任职的行列。尽管政府机关和下设机构在职员录用要求中并没有提到考生必须掌握西班牙语，但是所有招考文件全部以西班牙语解释，考试内容为西班牙语，甚至没有主要的印第安族群语言的版本，这是在隐性地、不公开地将掌握西班牙语作为在公共部门任职的基本要求。

公共管理机构招考的大多数官方文件仅以西班牙语发行，因此单语的印第安人不能了解文件内容。该隐性要求首先从个人层面来说，是对不会西班牙语的印第安人的拒绝，他们很难通过招考得到这些公共管理机构的录用，只能囿于原本社会阶级，或者通过其他渠道向上流动。从社会层面来看，该群体被孤立、边缘化，加深社会不公。最后就国家层面而言，由于他们不能进入国家政府部门参与公共事务管理，也就难以产生对于国家共同体的参与感与责任感。

3. 双语教育中的语言歧视

语言教育政策是指在教育机构中，特别是在集中的教育系统中，用来创造事实上的语言实践的一种机制。语言教育政策被认为是一种强加和操纵语言政策的形式，权威人士通过正规教育将意识形态转化为实践。[①] 教育语言计划的显著特征就是它无法避免以潜移默化的方式进入语言生活之中。

墨西哥从 20 世纪 30 年代起便开始推行双语教学，也就是对印第安学生用他们的母语和西班牙语进行教学，然而该阶段的双语教育仍然是出于同化印第安人的目的，墨西哥印第安人的双语教育的重点是西班牙语化，而不是对已经失去族群语言的印第安人施以本族语言的教学。[②] 因此，该阶段的双语政策并没有取得理想的效果。真正的双语跨文化政策开始于 20 世纪 70 年代末，在墨西哥公共教育部制定的《2001—2006 年国家教育安排》（Programa Nacional de Educación 2001-2006）中，有关于跨文化双语政策的相关规定与措施如下：

为了能够建立具有对称可能性的跨文化关系，教育应该加强个人对所属文化的了解与自信，教授所属民族的语言，能够使用该语言认识世界和增进文化。此外，教授与丰富能使我们作为墨西哥人交流的语言，能让我们认识与赞赏共存于这片土地各个民族的文化贡献；各个文化的参与者应该互相尊重、丰富对方；最后，应该培养为不公忧虑的公民意识并且在日常生活中提供打倒不公的工具。……B. 应在启蒙教育、学前教育、初等教育中扩大跨文化双语教育范围使更多印第安儿童、青少年参与其中；D. 调整初等教育计划与大纲使印第安语成

① E Shohamy. op. cit., p. 76.

② 赵锦元，李毅夫. 世界民族概论［M］. 北京：中央民族大学出版社，1993.

为该模式的课程；G. 为印第安学生提供带有跨文化双语特色中等教育。①

通过 2017 年基础教育课程表（Mapa Curricular de la EducaciónBásica 2017）可以更直观地看到跨文化双语教育课程安排（见表3）。

表3　2017 年基础教育课程　　　　　　　　　　单位：亿雷亚尔

课程安排	教育等级										
	学前教育			初等教育						中等教育		
	学年			学年						学年		
	1	2	3	1	2	3	4	5	6	1	2	3
学术培养	语言与沟通			第一语言学习（西班牙语/当地印第安语）						语言学习（西班牙语）		
				第二语言学习（西班牙语/当地印第安语）								
		英语		外语（英语）						外语（英语）		
	数学启蒙			数学						数学		
	探索和理解自然和社会世界			环境知识	自然科学与技术		自然科学与技术			自然科学与技术		
							历史			生物	物理	化学
					当地历史、风景与和谐共处		地理			历史		
										地理		
							公民道德培养			公民道德培养		
人格社会发展	艺术			艺术						艺术		
	社会情感教育			社会情感教育						社会情感教育		
	体育			体育						体育		

---

① 原文：A la educación corresponde fortalecer el conocimiento y el orgullo de la cultura a la que se pertenece, para poder entablar relaciones interculturales que tengan posibilidades de simetría; le compete enseñar la lengua propia, la que permite nombrar el mundo y fortalecer su cultura, así como enseñar y enriquecer el lenguaje que nos permite comunicarnos como mexicanos; le toca hacer que conozcamos y valoremos los aportes culturales de los pueblos que comparten nuestro territorio; le atañe lograr que los integrantes de diversas culturas convivan de manera respetuosa y mutuamente enriquecedora; le corresponde, por último, desarrollar una conciencia ciudadana que se preocupe por la injusticia, y ofrecer herramientas para combatirla en la vida cotidiana. ... B. Ampliar la oferta de educación inicial, preescolar y enseñanza primaria para incorporar a la educación intercultural bilingüe a una mayor proporción de niños y jóvenes indígenas. D. Adecuar los planes y programas de educación primaria para incorporar la lengua indígena como asignatura en esta modalidad. G. Ofrecer una educación secundaria que tenga características de interculturalidad y bilingüismo para alumnos de procedencia indígena.

观察该课程表，可以看到在语言部分的学习中，学生根据其母语选择当地的印第安语或者西班牙语作为优先学习的语言以外，其他科目的授课语言并没有明确规定，因为大家默认为用西班牙语教学。尽管印第安语确实作为课程之一进入了基础教育之中，但是有三点引起我们的思考：首先，印第安语只存在初等教育六年中作为一门科目教授，为什么其他科目授课语言默认为西班牙语？其次，进入中等教育的课程后，语言教育为什么只剩下西班牙语？最后，所有学生从学前教育的第三年开始学习英语一直到中等教育的第三年，总计十年，而印第安语只有六年，英语更为重要吗？针对第一点，正如上文我们提到，《2001-2006 年国家教育安排》在中等教育阶段的跨文化双语教育中只提到为印第安学生提供带有跨文化双语特色的中等教育，然而什么是带有跨文化双语特色的中等教育呢？怎样提供呢？这一点教育大纲并没有给出明确规定，只是一句带过。换言之，印第安人在学他们将来用不上的语言。如果学生学习印第安语，但是他们进入中等教育或者接受其他等级的教育却没有继续使用印第安语，或者说像大部分的事例一样，他们需要学习一门外语比如英语，这难道不会变成一种语言歧视然后造成语言替换吗？此外，中等教育的语言学习只有西班牙语和英语，那么在初级教育阶段学习的印第安语就无法延续。另外，在《2001-2006 国家教育安排》中，关于外语的教育只在高等教育的战略目标中提到一句：外语学习主要为英语①。但是，我们可以从课程安排中发现英语的地位远远不是这么简单，作为美国周边国家，英语对于墨西哥的影响是不可忽视的，墨西哥人需要学习英语来获取更多的社会资源。出于理性原因，印第安父母更愿意孩子学习英语而不是母语。即使他们中的许多人如今很自豪成为印第安人，但他们并不认为他们的祖先的语言是有用的，因为正如他们所说，因为英语国家在全球的政治、经济主导地位，他们需要说英语。对于印第安学生来说，西班牙语是国内通用语言，英语是国际通用语言，印第安语只是国家为了保护语言多样性开设的课程之一，并没有实际作用，那么又为什么需要学习呢？双语教育的实质是国家教育对印第安文化的排挤，是采用渐进同化的方式对印第安族群诉求的回应。②

四、结 论

对于语言政策的考察不能仅仅只看显性的官方文件，而要深入到实际中，到真正对语言产生规范作用的隐性机制中来。显性的语言政策并不总是能够与隐性

---

① El dominio de lenguas extranjeras, principalmente del inglés. p.207.

② 张青仁. 墨西哥印第安人教育政策的变迁 [J]. 拉丁美洲研究, 2014, 36 (5)：65-70.

的语言策略一致，但是隐性的语言策略可能对语言实践影响更深、更广，它包括影响语言政策的诸多因素，难以对其一一考察，只能选择相对具有代表性的机制进行研究，例如本文提到的语言法、官方文件、双语教育等，都是隐性语言文化策略的实施体现。尽管它们没有实质的法律权利，但这些社会公共实践确实在隐性地将西班牙语与印第安区分为高等语言与低等语言。通过观察分析，可以发现墨西哥国内仍然以西班牙语为主导地位的语言政策，隐含着对于印第安语的歧视，并没有做到所宣称的语言平等。根深蒂固的语言文化无时无刻不在暗示：印第安语意味着落后、贫穷，西班牙语则意味着进步与现代。语言本身并没有优劣之分，每一种语言都可以满足沟通功能并且是该民族文化的反映。然而，印第安人长久以来被灌输这种歧视思想，一些人甚至开始对自己的民族与语言感到羞愧，极力摆脱印第安人标签，主动被同化，他们跟自己子女之间不再使用母语交流转而使用西班牙语。由此，语言的代际传承中断，印第安语无法传递给下一代。目前，墨西哥国内60%的印第安语面临消失的危险。

尽管《印第安民族语言权利基本法》勾勒出一幅各民族和睦共处、语言多元的美好愿景，然而，目前政府的行为对于改变将近四百年的同化政策而言仍略显单薄。如果没有社会的积极参与，没有政治经济关系的真正改变，法律政策只是含糊其辞，有着与公开宣称不一致的目的，或者说不能实践到日常生活中，那么，这幅愿景注定要失败，所谓的法律法规只会成为毫无意义的一纸空文，是实际上的隐性语言策略，印第安语的境遇只会每况愈下。

参考文献

［1］Baldauf, Richard B. ［Unplanned］Language Policy and Planning ［J］. Annual Review of Applied Linguistics 1994（14）：82–89.

［2］E. Shohamy. Language Policy：Hidden Agendas and New Approaches ［M］. New York：Routledge, 2006.

［3］H. Schiffman. Linguistic Culture and Language Policy ［M］. Now York：Routledge, 1996.

［4］S. May. Language and Minority Rights ［M］. New York：Routledge, 2011.

［5］Ríos, Diego Valadés. La lengua oficial y las lenguas nacionales en México y en derecho comparado. Temas selectos de derecho internacional privado y de derechos humanos：estudios en homenaje a Sonia Rodríguez Jiménez. Universidad Nacional Autónoma de México, 2014.

［6］蔡永良. 论美国的语言政策 ［J］. 江苏社会科学，2002（5）.

［7］陈旦娜. 西班牙语和西班牙的地区语言 ［D］. 上海外国语大学博士学位

论文, 2018.

　　[8] 陈平. 语言民族主义：欧洲与中国 [J]. 外语教学与研究, 2008 (1)：4-13.

　　[9] 陈章太. 语言规划研究 [M]. 北京：商务印书馆, 2005.

　　[10] 戴曼纯, 朱宁燕. 语言民族主义的政治功能——以前南斯拉夫为例 [J]. 欧洲研究, 2011, 29 (2)：115-131.

　　[11] D. Johnson. Language Policy [M]. 方晓兵译. 北京：外语教学与研究出版社, 2016.

　　[12] 何俊芳, 周庆生. 语言冲突研究 [M]. 北京：中央民族大学出版社, 2010.

　　[13] 胡壮麟. 语言规划 [J]. 语言文字应用, 1993 (1)：11-20.

　　[14] 李丹. 夹缝中生存的墨西哥印第安民族及其语言——墨西哥语言政策研究 [J]. 北华大学学报 (社会科学版), 2014, 15 (2)：23-29.

　　[15] 李英姿. 美国语言政策研究 [D]. 南开大学博士学位论文, 2009.

　　[16] 李英姿, 隐性语言政策探析——以美国为例 [J]. 南开语言学刊, 2013 (2)：85-93.

　　[17] 李宇明. 中国语言规划三论 [M]. 北京：商务印书馆, 2015.

　　[18] 李宇明, 用法律管理语言生活 [J]. 北华大学学报 (社会科学版), 2011, 12 (3)：4-5.

　　[19] 约瑟夫·罗·比安科. 语言政策的重要性和有利于文化多样性的多语制 [J]. 梁光严译. 国际社会科学杂志 (中文版), 2011. 28 (1)：41-72, 4, 7.

　　[20] 林晓. 英语作为教学媒介语隐性政策分析——以马来西亚、新加坡和泰国为例 [J]. 语言战略研究, 2016, 1 (2)：53-60.

　　[21] 韩礼德. 语言与教育 [M]. 刘承宇译. 北京：北京大学出版社, 2015.

　　[22] 钱伟. 多民族国家的国语、官方语言、通用语言的比较研究——以中国周边六国为例 [J]. 新疆社会科学, 2016 (3)：147-153, 164.

　　[23] 钱伟. 语言认同冲突刍议——以中亚五国的国语、官方语言、通用语言为例 [J]. 海南师范大学学报 (社会科学版), 2016, 29 (7)：135-139.

　　[24] 翟雪. 我国公务员录用考试完善研究 [D]. 东北财经大学硕士学位论文, 2017.

　　[25] 赵锦元, 李毅夫. 世界民族概论 [M]. 北京：中央民族大学出版社, 1993.

　　[26] 张青仁. 墨西哥印第安人教育政策的变迁 [J]. 拉丁美洲研究, 2014, 36 (5)：65-70.

　　[27] 张文阁. 墨西哥的印第安语言 [J]. 拉丁美洲丛刊, 1980 (S1)：52-54.

第四部分

中国—拉丁美洲经济与文化研究案例

哥斯达黎加的责任旅游实践及
对中国旅游业发展的借鉴

吴易明　高文静*

摘　要： 近年来，中国的旅游业发展取得了举世瞩目的成就，但诸多可持续发展的问题也随之越发凸显。本文旨在对哥斯达黎加的责任旅游实践进行分析，总结其在责任旅游上的发展经验，并结合现有国内外学者有关责任旅游的研究成果，提出一个符合中国特色的、切实可行的责任旅游政策框架。

关键词： 旅游业；哥斯达黎加责任旅游；实践经验借鉴

一、引　言

近年来，中国旅游市场依托改革开放的机会、丰富的文化遗产和多样的自然景观，取得了骄人成绩。然而，随着旅游业在中国经济中的地位加重，地方旅游部门不断推进产业升级，乡村旅游也得到强力发展，空前的旅游开发广度和力度，导致了自然生态环境的大量消耗，乡村固有的生产生活方式和独特文化受到负面影响（王永生等，2018）。长期来看，旅游业的过度开发，不仅会限制旅游业自身的发展，还将产生诸多负面效益。因此，制定出具有中国特色并符合国际潮流的责任旅游政策，对于实现我的的旅游业经济发展与环境可持续的双腾飞，极具必要性和迫切性。另据欧睿国际（Euromonitor International）的最新报告预测，中国

＊ 吴易明，广东外语外贸大学国际商务英语学院教授，博士；高文静，广东外语外贸大学国际商务英语学院硕士研究生。

将会在 2030 年前成为世界第一大旅游目的地国和旅客输出国①。因此，中国的责任旅游产业的发展及责任旅游意识的提升对中国甚至世界的旅游产业都具有深远的意义。

2018 年，作为拉丁美洲一个小国的哥斯达黎加，在全球环境绩效指数（Environmental Performance Index）中位列 30 名②。早在 20 世纪 90 年代，哥斯达黎加就已成为生态旅游的典范，是被认可拥有生态旅游业的少数国家之一。哥斯达黎加作为可持续旅游业的先驱，成功地实现了旅游产业支撑自然保护区的构建及野生动物的保护、助力旅游社区脱贫致富并保护当地居民权益。值得注意的是，在责任旅游的发展过程中，哥斯达黎加也曾面临着经济、文化、环境上的诸多挑战，这与中国目前面临的情况有很多相似点。

二、责任旅游概念阐述

责任旅游是人们对"大众旅游"的弊端深入认识后的研究结果，现已发展成为现代旅游发展研究中最受欢迎的概念和原则（Hafiz et al.，2015）。凭借其更为全方位的环境保护理念，责任旅游正逐渐在世界范围内超越生态旅游的影响（Hafiz et al.，2015）。责任旅游已经成为旅游可持续发展研究中的一个备受关注的领域（Mihalic，2016），但国际上对于责任旅游还没有形成统一的定义。

当前责任旅游的实践是基于实现可持续旅游的目标"要求生产者和消费者明确自身可参与解决的可持续问题是哪些，担起解决问题的责任并做出成果。责任旅游的核心是责任伦理问题，即回应和担起责任的意愿和能力"（Godwin，2011）。责任旅游活动应该实现对环境、社会和经济的负面影响最小化，同时实现对当地社区带来的利益及游客满意度最大化（Frey and George，2010）。作为支持与保护旅游目的地不被大众旅游吞噬的有效指导方针，责任旅游的目的不仅是推动对旅游目的地的自然环境及当地文化保护，当地社区居民的生活质量也应得到关注与改善（Hafiz et al.，2015）。责任旅游的概念因此可以表述为具有以下特点的"一种可持续的旅游实践方式"（Sharpley，2013），即改变大众旅游模式，监督及汇报旅游后果，为行为负责，顺应市场力量发展，促进社区参与，通过私营企业的商业活动实现减贫而非纯慈善；发展"扶贫旅游"（Godwin，2011）。

---

① 资料来源：环球网，https：//city. huanqiu. com/article/9CaKrnKeylj. html，2018 年 11 月。

② 资料来源：全球环境绩效指数官网，https：//epi. envirocenter. yale. edu/epi‐country‐report/CRI. html，2018 年。

在本研究中，笔者将采用的"责任旅游"定义是：责任旅游要求旅游业的所有参与者，包括政府、旅游经营者、旅游者、旅游目的地社区居民，按照对旅游目的地的环境、经济、文化的负面影响最小化方式开展相关活动，从而在保证当地社区最大收益、环境受到最好的保护的情况下，旅客可获得最大的满足。与此同时，政府和旅游业开发和经营者也能够享受到更加长久可持续的旅游经济发展。

三、哥斯达黎加的责任旅游实践

（一）哥斯达黎加责任旅游发展概述

哥斯达黎加的国家领土占世界陆地的 0.035%，其中超过 1/4 的哥斯达黎加领土都处于受保护区，且拥有全球近 4% 的物种[①]。自 20 世纪后期，哥斯达黎加的生态旅游业成为世界生态旅游中心，吸引大批国内外游客。据哥斯达黎加国家旅游局（ICT）统计，哥斯达黎加接待旅游数量从 1970 年的 15.5 万上升到 1990 年的 43.5 万[②]。2018 年，哥斯达黎加的全年入境游客量首次超过了 300 万，对国内生产总值（GDP）的贡献为 79 亿美元，占 GDP 的 13.1%[③]。旅游带来的巨大经济效益也使哥斯达黎加的贫困率从 1998 年的 5.1% 逐步下降到 2017 年的 1%。[④]

在哥斯达黎加发展生态旅游的初始阶段，旅游业的所有利益相关者都受益于这种类型的旅游，旅游业创造的收入也能为相关环境保护措施提供资金支持。然而，随着生态旅游带来的利润暴增，保护环境逐渐退化为次要考虑的问题，全社会更多的注意力都集中在利润最大化上。20 世纪 40 年代，该国 75% 的国土都被丛林覆盖。20 世纪 50 年代后，大面积的伐木、牧场及农产品的单一种植园的开辟、阳光沙滩的开发对哥斯达黎加的森林及海岸线造成了严重的破坏（Gámez and Obando，2004）。1940~1980 年，哥斯达黎加 250 万公顷的森林被砍伐，森林砍伐率在 20 世纪 70 年代达到最高水平，每年约 60000 公顷，1983 年丛林覆盖比例仅余 26%（Jones and Andrew，2016）。因此，生态旅游产业的出现可谓喜忧参半。自然资源的多样性和丰富性为发展生态旅游提供了良好的物质基础，但哥斯达黎加对旅游业的过度依赖使旅游开发成为政府财政收入及人民经济收入的最主

---

① 资料来源：中华人民共和国驻哥斯达黎加使馆网站，http：//cr. chineseembassy. org/chn/gsdljjj/t524100. html。

②③④ 资料来源：哥斯达黎加旅游研究院官网，https：//www. ict. go. cr/en/ html。

要来源。迫于政治和社会的双重压力，20世纪80年代，哥斯达黎加的旅游市场依旧迅猛扩张，以维持其在国际旅游市场上的地位。

游客数量的激增对哥斯达黎加的生态环境造成极大的威胁。首先，大型连锁酒店不断扩张，严重威胁了以旅游收入为主要经济来源的社区旅社；其次，部分旅游景点超负荷运转；此外，很多牟利为目的的企业家搭上绿色生态的便车，为了增加旅游产业的收入，对部分景点进行不可持续的过度开发，投机取巧地从环境中获益，严重威胁到环境、社会、文化及其他以环境保护作为运营原则的旅游企业。幸运的是，生态旅游的理念一直在促使哥斯达黎加的旅游业朝着可持续的方向发展。经过多年责任旅游的发展，哥斯达黎加已经形成了成熟的政府、非政府组织、旅游企业家、当地社区、游客之间联动的责任旅游政策框架，形成了以可持续发展战略为基本国策和环保立国的理念。这对于中国目前旅游业的发展具有很大的示范意义和参考价值。

（二）哥斯达黎加在责任旅游上的实践

1. 政府在责任旅游实践中的角色

作为国民经济发展中的重要支撑，哥斯达黎加政府非常重视环境的保护，旨在充分利用自然资源的情况下，将环保和旅游有机地结合起来，全面支持和发展可持续的生态旅游业。哥斯达黎加政府在责任旅游中的重要性主要体现在法律法规的制定与创新、国家公园的管理及发展生态旅游业上，很好地发挥了与非政府组织、私营企业和社区人民之间的环保协同作用。

首先，哥斯达黎加政府针对旅游业形成了一套完备的法律法规体系。不容置疑的是，法律法规一定是哥斯达黎加多年来维持环境可持续性的必不可少的一环。除国家保护区系统（SINAC）外，哥斯达黎加政府还下设多个权力下放机构，包括国家环境与能源部（MINAE）、国家环境技术秘书处（SETENA）、环境行政法院（Tribunal Ambiental）[①]。另外，在森林、野生动植物保护、能源使用等方面都设立了相关法律。[②]

其次，国家公园作为哥斯达黎加生态旅游的典型代表，哥斯达黎加政府构建了完善的管理体制。在保障公园开发活动的合法性和规范性上，哥斯达黎加政府形成了由"国家公约—法律—法令—规章"合成的一套完备的法律法规体系；在确保公园管理机制的顺畅运行上，还形成了由"国家部委—专门管理机构—保护分区"组成的管理体系及由"委员长—秘书长—委员"构成的决策体系（戚均慧，2019）。

在与私营企业的协同环保努力上，哥斯达黎加政府采用可持续旅游认证

———————
①②　资料来源：中华人民共和国商务部官网，http：//www.mofcom.gov.cn/article/i/dxfw/nbgz/201506/20150601009936.html，2017年12月。

（CST）规范私营企业的绿色经营，同时政府对企业的评级也能从侧面促进绿色企业的发展①。一方面，CST 认证有效地鞭策了私营企业以严格的标准管理企业。大众旅游的火热招致了许多以牟利为目的的企业对公司的运营进行"洗绿"，滥用环保字眼，搭上责任旅游的"顺风车"。CST 会对企业进行现场勘查，检测企业的水资源、能源消耗、废弃物排放、垃圾管理等方面对动植物群及当地社区居民的影响，从而确定从 1~5 级的评级。另一方面，CST 是哥斯达黎加政府对秉承环保理念的私营企业的一种权威且科学的认可，对于私营企业的运营和发展具有重大意义。消费者可以通过该评级来选择符合可持续发展理念的旅游经营者。CST 认证通过赋予企业更加良好的声誉，从而促进其商业模式的成功。更进一步地说，这种环保型商业运作模式的成功也是后来成立的企业争相学习的范例。此外，国家旅游业五年（2017~2021 年）发展计划也是在哥斯达黎加旅游研究院（ICT）与各大旅游企业协商共同制定的②。

此外，哥斯达黎加政府在政策制定时也很好地激发了当地社区居民的参与积极性。比如，哥斯达黎加 SINAC 创建了区域办事处，激励当地社区参与环境保护及发展可持续旅游业；1996 年，国家林业基金（FONAFIFO）将环境服务的财政奖励措施制度化，并提供了数千个森林保护的工作机会，使重新造林工作加快了速度；1997 年，国家林业基金与国家生态保护区系统共同发起的创新环境政策——"生态服务付款"（PES）项目，为完成造林和森林保护等生态服务目标的土地所有者提供项目资金，这种直接的财政刺激也促使了项目的成功，以及提高了当地社区的参与度。

最后，哥斯达黎加政府的开放性促进了其与非政府组织的协同合作。非政府组织和民间组织在景观保护方面做出了十分出色的成绩。例如，当地非政府组织FUNDECOR 在 PES 项目中扮演了重要的政府与社区居民间的中介角色，还有一些非政府组织购买了大量被残余森林包围的退化土地，并大力推广环境保护活动，4% 的受保护土地是私有的（Miranda，2009）；开展许多环境保护项目，如海龟救援项目（PRETOMA）、气候变化友好项目（ACC）；建立环境保护基金会，为环保项目提供资金支持，促进哥斯达黎加早期生态和环境保护的教育，如热带科学中心（TSC）等。

2. 旅游经营者在责任旅游实践中的角色

旅游经营者在哥斯达黎加责任旅游的发展实践中扮演着不可替代的角色，它

① 资料来源：哥斯达黎加旅游研究院官网，https：//www.ict.go.cr/en/sustainability/cst.html#un-distintivo-de-sostenibilidad-tur%C3%ADstica.html。

② 资料来源：中国新闻网，http：//edu.sina.com.cn/a/2018-05-25/doc-ihaysviy4160972.shtml，2018 年 5 月。

们在维持自然保护区、国家森林、野生动物不受影响的条件下，满足旅客需求，同时推动环境保护事业、社区发展和就业（Christopher and Damian，2019）。本文将对哥斯达黎加的奥里藏特自然旅行社（Horizontes）① 进行研究。2006 年，奥里藏特自然旅行社被评为哥斯达黎加首家也是唯一一家拥有 5 级可持续认证的经营商，对它的责任旅游实践的研究将具有重要的借鉴意义。

首先，旅游经营者对哥斯达黎加生态旅游发展初期的财政可行性和认知度的提高具有重要意义。鉴于政府有限的财政预算，旅游经营者成为初期宣传哥斯达黎加旅游的重要力量。奥里藏特自然旅行社作为自然旅游的先驱，自 1984 年就坚定奉行着自然保护理念，鼓励了大批小团游客参观，带领成千上万名游客到哥斯达黎加最美丽、生态最丰富的目的地进行参观②。旅游经营商在国内外对生态旅游的推广很好地增强了哥斯达黎加生态旅游的知名度，吸引了大批游客，为政府创造了大量财政收入，从而为哥斯达黎加国家公园系统的保护提供了充裕的资金支持。

其次，旅游经营商将环保主义思想和价值观很好地纳入公司的指导和运营理念中，对自身及合作的旅游供应商均采用高要求（Jones G.，Andrew，S.，2016）。奥里藏特自然旅行社的导游都是经过正规且专业培训的，对于当地的生物习性、社区文化、居民、历史有着详细见解和专业的知识。作为直接和游客接触的人群，专业的向导可以为游客提供负责任的旅行路线和体验项目，以负责任的行为与哥斯达黎加的动植物进行互动，充分融入当地社区文化，最大限度享受旅游的行程③。同时，旅游经营商通过责任旅游实践保护社区福利的同时促进社区发展。奥里藏特自然旅行社提倡游客组小团参观生物多样性丰富的地方，以尽量减少对生态环境的影响及对当地社区居民空间的过度占用。同时，该自然旅行社鼓励游客选择具有当地风情的小旅馆居住，从而减少大型连锁酒店对社区居民收入的影响。在寻求合作的诸如旅社、餐厅、交通等供应商方面，奥里藏特自然旅行社会实地进行勘查，确保合作供应商也高度符合环境可持续的旅游理念。值得注意的是，哥斯达黎加的旅游经营商的成功与良好的环境保护的实践形成了互利共赢的循环。奥里藏特自然旅行社在商业上的成功，也吸引了更多的私营企业践行责任旅游原则。

最后，旅游经营者积极参与并支持哥斯达黎加环保项目的开展。多年来，奥里藏特自然旅行社通过建立各种组织间的合作关系对野生自然保护区做出了突出贡献。在捐款上，它向考科瓦多国家公园捐献 2 万美元；向连接考科瓦多及拉米

---

①②③　资料来源：Adventure Travel News，https：//www. adventuretravelnews. com/horizontes‐nature‐tours‐costa‐rica html。

斯塔德生物圈保护区间的造林项目捐献 1 万美元①。早在 1992 年，奥里藏特自然旅行社与哥斯达黎加远足旅游社（Costa Rica Expeditions）就共同向"公园护林员基金会"的启动捐赠 2.5 万美元，旨在改善护林员的生活及工作条件②。在理念的推广上，奥里藏特自然旅行社积极携手位于纽约的热带雨林联盟并肩合作，向旅游供应商宣传旅游可持续实践③。

3. 当地居民在责任旅游实践中的角色

正如前文所提到的，责任旅游最重要的宗旨之一就是更好地服务当地社区。且研究表明，当地社区更多地参与旅游业，对责任旅游的实践具有很大益处（Koens et al.，2009）。本文在哥斯达黎加的案例研究中发现，当地居民扮演的角色不仅仅是受益者，更是参与者与贡献者。商业上的可行性使生态旅游已经发展成一个当地社区长久替代农业而谋生的产业。具体来说，生态旅游带来的经济效益大大激发了当地社区的企业家精神，更多的社区文化也被积极融入了旅游活动中。这种积极性促使生态环境保护成为一种全民意识，甚至促成了一种哥斯达黎加的环保生活方式。

首先，当地社区积极参与促进了社区旅游活动规划的合理性及社区文化的传播与交流（Li，2006）。一方面，当地社区居民对周围地理更加了解，当地居民从农业转向生态旅游，长时间的耕种经验赋予了社区居民有关动植物的广泛的知识，可以很好地参与生态旅游的农业活动的设计。另一方面，哥斯达黎加的当地妇女可以参与到特色烹饪、手工艺品制作、巧克力生产、棕榈叶编织、木雕、传统音乐演唱和舞蹈表演中。对于旅客来说，这样的社区活动为他们创造了良好的浸入式生态旅游体验，有更大的吸引力。对于当地社区而言，为当地社区提供了不少的工作机会及经济收入，同时还促进了传统文化的传播。

其次，当地社区积极践行环境保护实践及文明游客接待。随生态旅游而来的是大量的就业岗位和经济的繁荣。为了保持社区对旅客的吸引力，人们的环境保护意识自然增强，也有足够的驱动力接受旅游培训，从而以对环境影响最小的方式接待游客，并减少与游客之间的误解与矛盾。

最后，社区居民也是政府环境保护政策的重要实践者。如 1987～2000 年在政府 PES 项目中，7000 名土地所有者得到政府的财政激励，26% 的耕种土地实现退耕还林。对于土地所有者而言，退耕还林既可以为他们带来经济收益，又能维持自然不受干扰的美景。在这种经济来源有保障的情况下，部分土地所有者将私人保护区用于生物多样性教育和研究用途，有些将其改造成向公众开放的休养地。

---

① 资料来源：Horizontes 官网，https：//www. horizontes. com. html。

②③ 资料来源：Adventure Travel News，https：//www. adventuretravelnews. com/horizontes-nature-tours-costa-rica. html。

这种私有的环境保护项目为旅客和当地居民都提供了与动植物亲密接触的机会。

4. 教育在责任旅游实践中的角色

环境教育被普遍认为是实现可持续发展的中心把手（McKeown and Hopkins，2003）。尽管不如经济利益对环境保护和可持续资源使用意识增强的效果直接，高质量的环境教育对于环境伦理的认知及环保态度的培养极其重要（Ben，2012）。自20世纪80年代以来，哥斯达黎加就被公认为推广环境教育的带头者，国家教育政策在教育、环境保护及生态旅游上三头并进。总而言之，哥斯达黎加的全方位、多层次的环境教育网络是其成功的生态旅游发展中的关键一环（Nicole，2008）。

首先，哥斯达黎加在环境生态保护上的持续领先，得益于强大的科研力量及旅游专业人才的培养。受益于其丰富的物种及生态环境，大批国内外专家在哥斯达黎加开展生物及环保研究，对其环保理念的创新提供很大的原动力。哥斯达黎加国家公园系统的构建及生态旅游理念就是从一代代生物学家的研究成果中诞生。以往科学及环境保护界固守的观点是，宝贵的自然资源应该组织人类涉足。美国生物学家肯顿·米勒（Kenton Miller）则提出"生态发展"理念，他主张在非获取性的土地使用与自然保护间建立"共生"关系，前者可以为后者创造收入（Jones and Andrew，2016）。这样的收入既能为环境保护提供资金支持，又能促使社区居民以环保替代农业发展（Jones and Andrew，2016）。这一理念直接激发了马里奥·博萨（Mario Boza）对国家公园系统的规划，并促成了1969年哥斯达黎加《林业法》的通过。科学家的蜂拥而至也导致了许多教育和科研机构应运而生，包括热带农业研究与高等教育中心（CATIE）、热带科学研究中心（TSC）、热带研究组织（OTS）等。这些机构是哥斯达黎加生态旅游理念不断发展进步的重要支撑。另外，1997年环境教育被正式纳入哥斯达黎加教育课程中，生物和环境教育的普及培养了大批专业型人才，继而为生态旅游的科研机教育提供充足的人才储备（Nicole，2008）。大量的专业人才保证了哥斯达黎加在生态旅游理念上的创新有效应用到旅游实践上。

其次，保护区的社区居民及游客也备有以当地旅游特点定制的环境教育培训项目。这些教育项目的开展不仅有哥斯达黎加的环境部，私有保护区运营组织也常在学校或者社区进行环境知识培训（Nicole，2008）。

最后，哥斯达黎加长久以来在环境保护上的努力促使环境可持续发展及生态旅游理念成为全民意识。这是哥斯达黎加生态旅游成功的很重要的因素。无论是政府官员、餐厅经营者还是旅馆经营者都很清楚他们在保护环境上的义务。在全民教育上，哥斯达黎加的开展框架可以包括国家媒体的宣传及政府或非政府组织在基层社区组织公开会议、工作小组、研讨会进行民众教育。

四、中国责任旅游的发展

（一）中国责任旅游的发展概述

改革开放 40 多年来，中国旅游业的发展以突飞猛进的方式从初级发展阶段走向成熟。旅游业对国民经济发展、扩大就业及乡村脱贫产生了巨大推动力。《2018 年文化和旅游发展统计公报》数据显示，截至 2018 年末，全年国内旅游人数 55.39 亿人次，入境旅游人数 14120 万人次，全年全国旅游业对 GDP 的综合贡献为 9.94 万亿元，占 GDP 总量的 11.04%[①]。旅游直接就业 2826 万人，旅游直接和间接就业 7991 万人，占全国就业总人口的 10.29%[②]。作为经济发展的重要来源，旅游业的发展成为许多贫困地区脱贫的重要支撑。数据显示，2017 年，云南省培育 2000 多家旅游扶贫示范户，旅游产业综合带动 12.1 万人脱贫；贵州省通过旅游发展带动 29.95 万贫困人口受益增收；甘肃省通过发展乡村旅游带动 2.92 万建档立卡户、12.26 万贫困人口脱贫[③]。旅游业带来的巨大经济效益促使旅游资源的开发力度、广度达到空前的地步。全国 2/3 以上的省区都把旅游业列入地方经济的支柱产业。据有关方面的调查，全国约有 80% 的自然保护地在开发旅游，即使生态环境脆弱的西北地区，也有很多区域被列为"全域旅游示范区"[④]。因此，旅游业对目的地的经济、环境和文化等方面带来的负面效益及影响越来越明显，这也危及旅游业本身的可持续发展。中国旅游业的发展面临着诸多突出的挑战：

第一，在法律法规方面，中国现行的环境保护法律法规支撑力度不足，存在动态不足、效度不够、可操作性不强等问题[⑤]。这表现在部分地区旅游开发理念与国家总体规划背离、旅游当地政府对生态资源利用存在不合理现象、旅游景点缺乏健全的管理体系等问题及缺乏对旅游经营商的经营标准的系统管理。

第二，中国在发展责任旅游中非政府组织的作用发挥不够充分，且非政府组

---

① ② 资料来源：《中华人民共和国文化和旅游部 2018 年文化和旅游发展统计公报》，http：//www.gov.cn/xinwen/2019-05/30/content_ 5396055.htm，2019 年 5 月。

③ 资料来源：人民日报海外版，http：//paper.people.com.cn/rmrbhwb/html/2018-03/10/content_1840877.htm，2018 年 3 月。

④ 王琪，陈耀，钟林生，罗冬波，王兴斌. 如何让旅游成为自然生态和历史文化风貌保护的加分因素 [J]. 中国生态旅游，2018，2 (1)：10-11.

⑤ 资料来源：生态环境部网站，http：//www.gov.cn/xinwen/2019-07/28/content_ 5415925.htm，2019 年 7 月。

织面临着资金技术不足、能力短缺等问题。中国目前已有 200 个初具规模的环境非政府组织，也对中国的环保事业做出很多贡献，但主要局限在环境教育、为政府在生态议题上建言献策、帮助弱势群体维权三方面（孙丽玲，2017）。

第三，旅游产业高端管理人才短缺，在业务中对环境保护理念的认识和实践不够；旅游社区居民及旅客环保意识不足，有效的培训和更多全民环保的价值观缺乏。

第四，旅游当地传统文化没有受到足够的保护和重视，旅游业与当地社区尚未形成良好互利互动机制（赵璐琪，2014）。如过量的游客对目的地居民生活空间的侵占，给当地居民生活带来很大不便，如交通拥挤、生活资源占用、本土文化冲击、环境破坏等。

第五，责任旅游研究体系尚不健全及环境保护教育的普及程度不高也是导致旅游业陷入不可持续发展的重要原因（张书颖等，2018）。目前，中国在责任旅游理念上还没有形成完备的责任旅游的理论体系，而且由于中国大部分的旅游景点处在教育落后的偏远山区，社区大部分居民的受教育程度有限，社区居民参与旅游业的程度低、方式单一，参与效益也无法得到保障。

（二）哥斯达黎加责任旅游的发展对中国责任旅游的借鉴

通过对哥斯达黎加的生态旅游实践的研究，本文结合中国目前旅游业开展中遇到的挑战，从政府、旅游经营商、社区居民及教育四个方面总结出以下经验。

1. 中国政府在责任旅游上的经验借鉴

从哥斯达黎加政府在生态旅游的实践经验中，本文得出，国家政府需要制定完备的法律法规，并从政策上团结好非政府组织、私营旅游商及旅游当地社区的力量。这不仅仅是因为国家环保部门一方的力量单薄，还是因为更多方的参与有助于实现政府、非政府组织、企业、居民的良好互动，在国家范围内培养环保风尚。

首先，完善的法律法规是实现环境保护的首要前提。针对中国当前环境保护法律法规存在的滞后性、缺失性和粗疏等问题，中国政府应该及时做好现有环境法律法规的修订工作，并弥补存在的法律空白区域。政府需要根据发展趋势尽快完善地方环境保护立法，根据不同行业、不同类型的企业的不同活动制定出针对性强、执行性强的法律制度。利用强制性的法律措施保障其开发及运营均在环境可持续发展范围之内，从而避免旅游业的开发和旅游相关企业的运营利用法律漏洞。

其次，政府需要为基层旅游景区制定标准的管理及决策机制。中国现有的仅 5A 级景区数量已高达 259 个①，实现对中国各基层景区的科学管理将是中国开展

① 资料来源：中华人民共和国中央人民政府官网，http://www.gov.cn/fuwu/2018-11/20/content_5341935.htm，2018 年 11 月。

责任旅游的良好开端。中国政府因此需要为景区配套详细的法律法规及管理决策机制，保证景区在对自然环境不造成侵害的基础上进行开发利用，从而构建多层次的法律法规体系，指导景区各项工作规范有序推进。

在与旅游经营商的合作上，哥斯达黎加可持续旅游认证系统是一个政企在旅游业发展上实现互利合作的典范。中国政府也应逐渐架构起责任旅游产业的评级机制。由政府领头的通过实地勘察对旅游相关的产业，诸如餐厅、宾馆、交通等的可持续性评级，不仅会促使相关产业朝着可持续发展的方向要求自身，也方便消费者在消费过程中做出分辨。评级高的企业在游客群体中也有更高的声誉与商业上的成功。政府应更加主动地通过其他明确措施进行监管治理，对私有企业进行良好的激励与约束。

政府还应鼓励旅游社区人民参与责任旅游的建设。旅游当地社区居民对当地地理、生态环境、人文最为了解。因此，旅游开发过程中，政府应赋予当地居民更多的话语权。政府也应有效利用诸如财政激励等措施，激励社区人民参与到旅游的整体规划、当地的生态环境保护项目的执行中。

在与环境非政府组织的合作上，政府可以通过完善环境非政府组织的资金制度及盈利管理制度来促进环境非政府组织在责任旅游中充分发挥其作用。环境非政府组织本身的灵活性和公益性，能够达到沟通各方、促进资源协调与合作的作用。哥斯达黎加的环境非政府组织向我们展示的作用包括建立环境保护组织基金会、开展环保教育项目、运营私有保护区、作为政府与民众直接的沟通桥梁 为政府进行政策传递及活动监督等。而中国目前环境非政府组织主要通过学术研究或者宣传教育活动来发挥作用，而且鉴于资金的短缺，发挥作用的空间极小，但未来利用空间很大。

2. 旅游经营者在责任旅游上的借鉴

从传统来看，对于旅游开发商和经营者来说，投资收益与自然环境的保护是矛盾的。然而，哥斯达黎加的案例表明，旅游经营者承担起环境保护及当地社区人民利益的保护可以在旅游经营活动与自然保护之间形成良性互助关系，从而保证旅游开发商和经营者的长期收益。因此可以得出，旅游经营者必须将责任旅游理念作为经营之本，清楚地认识到自己在责任旅游实践中的角色，以及可持续的旅游发展对自身经营的重要性。

首先，旅游经营者应该要培养和树立责任旅游意识，以责任旅游的严格标准要求经营活动的每一个环节。第一，中国政府成功建立可持续旅游相关产业的评级后，旅游经营者应该通过评级优先选择可持续发展的相关酒店、餐饮等供应商进行长期合作。第二，旅游经营者应该践行社区利益最大化、影响最小化原则。在旅游活动中，旅游经营者增加当地社区居民的参与。旅游经营者应该在旅游活动的设计中，充分听取当地社区的意见，保护和保留传统的价值观和生活方式，并可以对社区居民进行环境保护教育。旅游经营者应该努力促进社区的商业的发展，与社区实现共赢。如雇用当地社区居民参与旅游开展活动、推荐游客购买当地社区人民的手工艺品或者入住具有当地特色风情的民宿。此外，旅游经营者也有责任科学评估目的地旅游市场容量和旅游目的地的承载力，适度控制游客规模，以防对社区居民的生活空间带来过分侵扰。第三，旅游经营者应该对旅游向导进行强度培训及考核之后再上岗，对游客进行环保意识培训之后再旅游。旅游向导应当深入了解当地社区生物、自然环境及人文的充分知识，从而能够正确地引导游客进行责任旅游。通过短期培训、旅行告知、资料发放等形式，旅游经营者应担当起对游客进行思想认识强化，增强游客"形象感"的责任。

其次，旅游经营者应当将部分收入回馈到环境保护项目及社区居民。国家的各项环境保护项目需要大量的资金支持，作为依赖美好自然环境获利的旅游经营者应当不断增强这份责任意识。另外，对社区进行财政方面的回馈也是促进其与社区良好互动的重要渠道。旅游社区的生物、自然、文化还有社区居民的生活方式，都是吸引游客前来旅游的原因，即旅游经营上商业的来源。因此，将部分旅游收入部分返还给当地社区，既能促进传统文化的传承与保护，又能激励社区居民更多地为旅游业的发展出谋献策。

3. 社区居民在责任旅游上的借鉴

责任旅游是减贫的一种有效方式，但不是慈善性质的扶贫，社区居民在享受责任旅游实践带来的巨大经济效益时，也应发挥自身优势，并不断加强自身产于旅游产业的能力，为旅游业的责任发展做出应有贡献。

首先，社区居民应当积极参与到旅游的开发与决策中。作为最熟知当地自然条件、生态环境、人文特色的群体，他们更加了解旅游开发的最佳时机和最有利的条件，从而促进开发决策的合理性和成功率。

其次，社区居民应该积极参与到旅游业的经营及管理中。社区居民的参与对当地资源、环境和文化的保护具有重要意义。例如，在社区景区内部使用传统的交通方式，如牛马车，既让游客体验到自然，又保护了景区的生态环境；在文化方面，社区居民可以立足文化传统，积极开发文化产品，既丰富了旅游产品，又促进传统文化的留存与传播。

最后，也是最重要的一点，社区居民应当主动培养自身参与旅游业发展的能力。考虑到目前中国农村的文化普及率还普遍偏低的现象，社区居民必须通过努力，不仅要对当地生态环境及文化形成系统性的了解，还要培养政策创新、与外来文化互动的能力。只有这样，社区居民的参与层面才能更高，社区居民才能在旅游的政策制定、社区的旅游规划等方面具有更多话语权，也从而更好地推动社区旅游业的可持续发展及社区利益最大化。

4. 教育在责任旅游上的借鉴

在科研方面，中国学者应该加大与国内外学者和先进责任旅游研究机构的合作，对责任旅游的概念、内涵达成统一认识，设计出中国责任旅游的研究框架，从而为进一步的责任旅游研究提供有力理论依据。此外，由于不同地区的经济、文化、环境特点有很大差异，学者应根据地区的不同特点，设计因地制宜的责任旅游实践指导理念。中国学者应该进一步对开展责任旅游的经济可行性进行研究，研究生态保护、责任旅游的实践与旅游发展的良性互动机制，从而为推行责任旅游提供经济可行性依据。这同时要求政府起到科研力量整合的作用，通过整合高效、研究机构的生物多样性、生态旅游、环境保护等多学科科研资源，充分发挥智库力量。同时，应该建立规范的科研活动管理机制，从而保证科研成果高效转化。

在专业人才教育方面，中国需要加大力度培养及重视专业旅游管理人才。该培养模式应该同时兼具全局性与针对性，不仅要具备扎实的生态环境保护、文化、经济等知识，更要明确具体服务方向，甚至明确针对某一地区的旅游发展进行研究和学习。同时，政府应该做好宏观把控，确保专业人才在各地区的合理流动、职业发展受到充分重视。

在对旅游社区教育方面，主要针对社区居民及来访旅客。在社区居民的教育方面，当地政府、环境非政府组织及旅游经营商应该通力协作。通过当地社区、政府及相关组织的协商，根据当地社区旅游条件，为居民概括出相应的参与旅游业发展和创业的途径，并定期向社区居民开办环保知识讲座、责任旅游理念的讲解，以及开展能够培养社区参与旅游业相关能力的课程。在游客的教育上，旅游向导作为直接与游客接触的群体，应当提前教育旅客尊重旅游目的地的风俗习惯，注重环境保护，不过分干扰当地居民的正常生活，在游客旅游过程中，提供专业的生态教育和解说系统。地方相关旅游部门也应积极营造当地居民友好待客、尊重旅游的氛围，在游客和当地居民相互尊重和理解的基础上，建立友好、和谐的主客关系。

在大众教育上，政府环保部门、社会环保组织、旅游管理部门可以通过书籍、电视、广播、报纸、杂志、互联网等媒体大力宣传，开展责任旅游认知和教育等项目，推广责任旅游的价值观和理念，大力宣传责任旅游与生态环境保护之间的互惠互利关系，从而形成责任旅游的全民意识。

五、结 论

通过对哥斯达黎加责任旅游发展经验的研究,本文在结合中国责任旅游的发展现状基础上,分别从政府、旅游私营者、旅游社区当地居民及教育四个方面提出相应建议。

在政府层面,中国政府应当做好以下三点:首先,政府应该进一步完善当前环境法律法规,解决当前相关法律法规方面存在的滞后性、缺失性和粗疏等问题;其次,标准的基层景区管理及决策机制应该实现科学构建,保证景区的责任运营与责任开发;最后,中国政府需要在政策制定上,更好地发挥与旅游经营商、旅游当地社区人民及环境非政府组织间的协同作用。

在旅游经营者层面,旅游经营者作为旅游业的直接参与者,应以严格的责任旅游标准要求自身,将责任旅游的理念融入整个公司的运营中。责任旅游理念应贯穿于旅游经营者对责任旅游产品及服务的供应商选择、导游培训、游客培训、对当地社区居民的回馈及对责任旅游事业发展等过程中。

在旅游当地社区居民层面,社区居民应当积极参与到旅游的开发与决策中,提升开发决策的合理性和成功概率;应积极参与到旅游业经营及管理中,结合当地的特色及自身知识,积极为责任旅游的发展出谋划策;此外,社区居民应当主动培养自身参与旅游业发展的能力,从而更好、更全面地参与社区责任旅游的发展,也从而更好地推动社区旅游业的可持续发展及社区利益最大化。

在教育层面,责任旅游的发展需要强大的科研支撑、大量的专业旅游人才储备、良好的责任旅游社区教育及大众教育。在科研上,中国应当加大科研投入,更好地促进国内外学者在责任旅游研究中的合作;在旅游专业人才上,中国需要加大力度培养及重视专业旅游从事人员;在旅游当地社区教育上,中国可更好地利用私营企业及非政府环境组织的教育资源,实现对当地居民更好的培训;在大众教育上,中国仍需强化推广责任旅游的价值观和理念,从而形成责任旅游的全民意识。

参考文献

[1] 戚均慧,王英杰,李代超,张生瑞.哥斯达黎加国家公园管理精髓解析 [J].世界林业研究,2019,32(2):102-107.

[2] 孙丽玲.中国环境非政府组织的地位和作用 [J].中国高新区,2017

（2）：55~57.

［3］王永生，刘彦随．中国乡村生态环境污染现状及重构策略［J］．地理科学进展，2018，37（5）：710~717.

［4］中华人民共和国文化和旅游部．中华人民共和国文化和旅游部 2018 年文化和旅游发展统计公报［N］．2019.

［5］朱小静，Rodri guez C，M．，张红霄等．哥斯达黎加森林生态服务补偿机制演进及启示［J］．世界林业研究，2012，25（6）：69~75.

［6］Blum，N. Environmental Education in Costa Rica：Building a Framework for Sustainable Development？［J］．*International Journal of Educational Development*，2018，28（3）：348~358.

［7］Christopher S.，Damian Morgan. Corporate Sustainability and Responsibility in Ecotourism：Entrepreneurial Motivation Enacted Through Sustainability Objectives ［J］．*Cathodic Arcs*.

［8］Frey N.，George R. Responsible Tourism Management：The Missing Link Between Business Owners Attitudes and Behaviour in The Cape Town Tourism Industry ［J］．*Tourism Management*，2010，31（5）：621~628.

［9］Gámez Rodrigo，Vilma Obando. La Biodiversidad ［J］．In Costa Rica en el siglo XX，2004（2）：139~191.

［10］Goodwin H.．*Taking Responsibility for Tourism*：*Responsible Tourism Management* ［M］．Oxford：Goodfellow Publishers Limited，2011.

［11］Horizontes，Horizontes Nature Tours News 1：1 Costa Rica，2019.

［12］Hafiz M.，Azman I.，Jamaluddin M.，Aminuddin N. Responsible Tourism Practices and Quality of Life：Perspective of Langkawi Island Communities ［J］．*Procedia－Social and Behavioral Sciences*，2015，222（2016）：406~413.

［13］Hanafiah M. H.，Hemdi M. A. Community Behaviour and Support Towards Island Tourism Development ［J］．*International Journal of Social*，*Education*，*Economics and Management Engineering*，2014，8（3）：787~791.

［14］Jones G.，Andrew，S. *Creating Ecotourism in Costa Rica*，1970－2000 ［M］．Cambridge University Press，2016.

［15］Koens J.，Dieperink C，Miranda M. Ecotourism as a Development Strategy：Experiences from Costa Rica ［J］．*Environment*，*Development* & *Sustainability*.

［16］Korstanje Maximiliano. Green Tourism in Latin America ［J］．*International Journal of Research in Tourism and Hospitality*（*IJRTH*），2017，3（1）：1~8.

［17］Li W. Community Decision Making Participation in Development ［J］.

Annals of Tourism Research., 2006, 33（1）：132-143.

［18］McKeown R., Hopkins C. EE61/4ESD：Defusing the Worry ［J］. *Environmental Education Research*, 2013,（9）：117-128.

［19］Mihalic T. Sustainable-Responsible Tourism Discourse Towards Responsible-Tourism ［J］. *Journal of Cleaner Production*, 2016（111）：461-470.

［20］Sharpley R. Responsible Tourism：Whose Responsibility? ［A］. In：Holden, A., Fennell, D.（Eds.）, *A Handbook of Tourism and the Environmnt.* Routledge, London, 2013：382-391.

［21］Spenceley A. *Responsible Tourism：Critical Issues for Conservation and Development* ［M］. Routledge, 2010.

中国大学生对中拉关系的认知情况调查

杨晓燕　刘锦怡*

摘　要：随着中拉之间在政治、经济、社会文化等方面不断紧密地交往与合作，中拉之间的相互认知正在根据需要不断增强。中拉之间的相互认知是双边理解与信任的前提，也是推进中拉关系往纵深方向发展的民意基础。作为富有活力和充满发展潜力的群体，中国大学生如何看待拉丁美洲、如何看待中拉关系，对于了解中国民众对拉丁美洲的认知情况具有重大意义。基于此，本文采用中国社会科学院拉丁美洲研究所开发的量表，对广州三所不同特色学校的大学生进行问卷调查。调查结果表明，中国大学生对拉丁美洲的认知整体上偏低；中国大学生对中拉关系的现状基本满意，对发展前景充满希望；中国大学生获取拉丁美洲信息的渠道主要是大众媒体。此外，不同学校特色的大学生对拉丁美洲的认知情况存在差异。

关键词：中拉关系；认知调查；广州；大学生

一、绪　论

近年来，随着中国和拉丁美洲的交往逐渐深入，中拉关系在政治、经济、文化交流等领域取得了显著的效果。政治上，高层互访频繁，政治互信深化。习近平主席分别于 2013 年、2014 年、2016 年和 2018 年四次访问拉丁美洲，凸显了中国对中拉关系的高度重视。2019 年，智利总统皮涅拉、哥伦比亚总统杜克、巴西总统博索纳罗先后访华等充分说明，不断深化中拉关系已经成为拉美各国的

＊　杨晓燕，广东外语外贸大学商学院教授；刘锦怡，广东外语外贸大学商学院研究生。

共识。2013 年以来，中国分别与秘鲁、墨西哥、阿根廷、委内瑞拉、厄瓜多尔和智利等国确立了"全面战略伙伴关系"，与哥斯达黎加和乌拉圭等国建立了战略伙伴关系。2016 年 11 月，中国发布新的《中国对拉美和加勒比政策文件》，全面阐述了新时期中国对拉美政策的新理念、新主张、新举措，表明中国积极发展与中拉的关系，推动中拉各领域合作实现更大发展。

经济方面，中拉经贸合作持续扩大。2015 年和 2016 年，中国对拉美非金融类直接投资分别为 214.6 亿美元和 298 亿美元，同比增幅 67% 和 39%。《2019 年中国在拉丁美洲与加勒比地区直接投资报告》显示，中国对拉美和加勒比直接投资呈现多样化的特征。中国还计划到 2025 年在拉美地区投资 2500 亿美元。

文化交流方面，中拉交流形式不断丰富、多样化。以 2016 年"中拉文化交流年"为契机，中拉双方在文学、电影、传媒、旅游等领域开展了广泛交流与合作。截至 2018 年，中国已在拉美 16 个国家设立了 39 所孔子学院。孔子学院的开办为推动中国文化在拉美的传播做出了重要的贡献。2018 年 4 月，巴西 REDE TV 开办了中国电视专属的"中国时段"，促进了中拉影视交流。总的来说，政治上的高层互访频繁、双边经贸的高速发展及形式丰富的文化交流共同促进了中拉关系的飞速发展。

随着中拉之间在政治、经济、社会文化等方面不断紧密地交往与合作，中拉之间的相互认知需要不断增强，因为中拉之间的相互认知是双边理解与信任的前提，也是推进中拉关系往纵深方向发展的民意基础。然而，由于中国与拉美国家相距遥远，语言障碍大，而且在政治制度、经济情况、文化传统、思维方式等方面有巨大差异，中国人对拉美的认知与了解较低，并且存在相当的偏差，同样拉美人对中国所知甚少。从 2018 年美国皮尤研究中心的数据来看，拉美人对中国的认知较低，不到 50% 的拉美人对中国持正面看法。这很大程度上是因为中拉双方对彼此长期缺乏主动、深刻的了解。中国作为拉美关系的主导方，尤其缺乏对拉美的认知。2008 年中国社会科学院拉丁美洲研究所的调查结果表明，中国民众对拉美情况的认知整体偏低，仅有一半的调查者知道大部分拉美国家的官方语言。由中国社会科学院拉丁美洲研究所进行的"中国人眼中的拉丁美洲"调查，抽样方法科学，内容详细具体，在国内具有较强代表性，但调查结果止于 2008 年，距离现在已有一定时间。在此期间，经过政治上的高层互访频繁、双边经贸的高速发展及形式丰富的文化交流，中拉关系也进入到了"构建发展"的新时期。

作为富有活力和充满发展潜力的群体，当代大学生对拉丁美洲的认知和态度，以及建立在此基础之上对拉丁美洲的观点，对于未来中国与拉丁美洲各国的交往与发展将产生重要影响。此外，随着中拉贸易及电子商务的不断发展，来自拉美地区的葡萄酒和生鲜农产品等优质商品进入了中国广大的消费市场。但从总体上来看，拉美产品进入中国仍处于起步阶段，必须做好前期的市场调研，了解消费者对拉美的认知，根据顾客的需求及消费偏好进行市场营销策略推广，从而增加拉美产品在中国的知名度、美誉度及忠诚度。在商品经济高速发展的今天，大学生作为意见领袖及中国消费的主力军，对产品拥有自己的独特看法，消费潜力巨大。因此，很有必要通过了解大学生对拉美的认知，找到市场营销推广的切入点，使拉美产品更好地进入中国市场。

如何深化发展中拉关系，成为一个具有现实性和前瞻性的重大课题，而加深相互间的了解是中拉双方加强联系和交往的基础。因此，对大学生关于拉丁美洲政治、经济、社会文化等方面基本情况的认知、中国与拉美国家关系的评价和期望、了解拉美信息的主要渠道三个方面进行一次较为全面的问卷调查非常有必要。此外，不同学校特色的大学生对中拉关系的认知情况可能存在差异。通过了解中国大学生对拉丁美洲的认知情况，探索不同学校特色的大学生对中拉关系的认知情况是否存在差异，一方面可以为今后深入研究中拉关系提供基础依据，另一方面可以为相关部门制定政策提供数据依据，对于确保中拉关系在未来的可持续健康发展及推动中拉全面合作伙伴关系持续深入发展具有重大意义。

二、文献回顾

根据社会心理学，社会群体间要形成相互认知有三个必备的基本要素，分别是认知主体、认知对象和认知情境。在国际关系中，认知主体和认知对象是所研究的国家间的民众及整体的国家；认知情境是国家间所处的大环境。人们的认知是人们和情境之间作用的结果。

认知情境主要包括三个方面：社会背景、双边关系和媒体宣传。社会背景更多指的是国家之间民众的一种广泛的相互认知和因为社会基础与意识的渐变所带来的认知变化；双边关系是两国政治、战略、经济、安全与民间关系及政府间的认知；媒体宣传其实是一种认知渠道，可以细分为大众传媒、他人介绍、亲身旅游经历等。因此，国与国之间的相互认知就在社会背景、双边关系和媒体宣传的作用下形成，当这三者发生变化时，国家间的相互认知也会随之发生变化。

关于中国民众对拉丁美洲的认知调查，目前在国内只有中国社会科学院拉丁美洲研究所在 2008 年进行的"中国人眼中的拉丁美洲"调查。该调查抽样方法科学，内容详细具体，在国内具有较强代表性，但调查结果止于 2008 年，距离现在已有一定时间，因此很难系统且持续地了解中国人对拉美的认知。在国际上，2015 年 Johnson 和 Lin 对中国接受良好教育的年轻人进行了问卷调查，包括本科生、研究生、中层党政官员和学者。但是，该文仅做了基本描述性分析，没有进行更深层次的分析，因此很难了解不同群体之间的认知情况是否存在差异。

基于此，本文将对广州三所不同特色的学校大学生进行问卷调查，了解中国大学生对拉丁美洲的认知情况，并进一步探索不同学校特色的大学生对中拉关系的认知情况是否存在差异，希望本研究能推进中国民众对拉丁美洲的认知调查。

三、调查方法

（一）问卷设计

本文调查问卷以 2008 年中国社会科学院拉丁美洲研究所设计的问卷为基础，并结合大学生的自身特色加以调整，问卷内容主要包括四大部分。第一部分是了解调查对象的基本情况，包括性别、学校、年级、专业类别、西班牙语或葡萄牙语水平 5 个测量项目。第二部分是考察大学生对拉丁美洲基本情况的认知，包括主观认知及客观认知，共 7 个测量项目。第三部分是考察大学生对中国与拉丁美洲国家关系的评估，共 8 个测量项目。第四部分是考察大学生了解关于拉丁美洲信息的渠道，共 5 个测量项目。

在正式调查之前，在广东外语外贸大学采取便利抽样的方法对 35 名大学生进行预调查。经过预调查，对问卷进行了稍微修改。本次问卷正式调查的对象选取了广东外语外贸大学、广州中医药大学及广东工业大学这三所学校的大学生，因为这三所学校特色鲜明，分别代表了国际化、医学、工学，便于探索不同学校特色的大学生是否对中拉关系有不同的认知。

本次调查于 2019 年 11 月进行，采取线下问卷调查的方式，回收问卷 328 份，有效问卷 245 份，问卷有效率 74.7%。无效问卷主要是未完成整份问卷或者问卷填写几乎都选择"不清楚"选项。由此可见，对于大学生而言问卷具有一定难度，大学生对中拉关系的认知情况较低。使用 Excel 对回收整理的有效问卷进行数据录入，之后将数据导入 SPSS 20.0 软件中进行统计分析。

（二）调查对象的基本情况

本次调查对象中，男性为 109 人，女性为 136 人，分别占 44.5% 和 55.5%。在学校构成方面，调查对象均来自广东外语外贸大学、广州中医药大学及广东工业大学这三所学校。其中，广州中医药大学占比最高，为 40.8%，广东工业大学和广东外语外贸大学占比差不多，分别为32.7%和26.5%。在年级方面，调查对象主要为大二的大学生，占比为69.8%，其次是大一的大学生，占比为17.1%。在专业类别方面，调查对象的数据与学校构成的数据一致。在西班牙语或葡萄牙语水平方面，回答"不会"的大学生为236人，占96.3%，回答"还不错"及"一点点"的大学生仅占不到4%（见表1）。

表1　调查对象的基本情况（N＝245）

		频率	百分比（%）
性别	男	109	44.5
	女	136	55.5
学校	广东外语外贸大学	65	26.5
	广州中医药大学	100	40.8
	广东工业大学	80	32.7
年级	大一	42	17.1
	大二	171	69.8
	大三	32	13.1
专业类别	工学	80	32.7
	管理学	65	26.5
	医学	100	40.8
西班牙语或葡萄牙语水平	还不错	1	0.4
	一点点	8	3.3
	不会	236	96.3

资料来源：根据本次问卷调查整理。

四、数据分析

（一）大学生对拉丁美洲基本情况的认知

调查数据显示，有一半的大学生认为自己"不太了解"拉丁美洲，有31.0%的大学生认为自己"非常不了解"拉丁美洲，两项合计占调查对象的81.2%，说明中国大学生对拉丁美洲的了解程度较低。此外，不同学校的大学生对拉丁美洲的了解程度存在差异（显著性水平＝0.000＜0.05）。具体而言，广东外语外贸大学的大学生对拉丁美洲的了解程度高于广州中医药大学、广东工业大学的大学生。这可能是因为广东外语外贸大学的大学生大多为文科生，且学校的国际化特色明显，而广州中医药大学、广东工业大学的大学生基本都属于理科生，他们的专业特色比较单一，为医学或工学。

在问及哪些国家属于拉丁美洲时，由图1可以看到，选择智利、墨西哥、巴拉圭的大学生分别占62.0%、60.0%、48.2%，表明大学生对这三个国家较熟悉，尤其是智利和墨西哥。选择尼加拉瓜的大学生仅占30.6%。这一调查结果与2008年中国社会科学院拉丁美洲研究所的调查结果一致。其他选项中，选择加拿大、新西兰、尼日利亚、阿尔巴尼亚、不清楚的分别占8.6%、0.8%、15.9%、13.1%和15.9%。其中，选择尼日利亚、阿尔巴尼亚、不清楚的均超过13%。这说明仍然有相当一部分的大学生对拉丁美洲的了解较少。

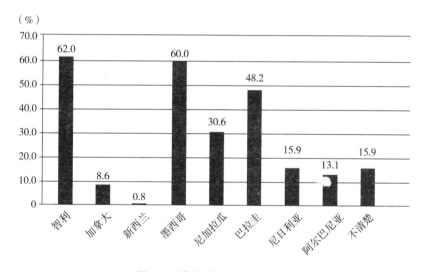

图1　哪些国家属于拉丁美洲

此外，不同学校的大学生在某些选项上的选择具有差异。具体来说，广东工业大学的大学生对于加拿大不属于拉丁美洲比广州中医药大学的大学生认知程度高（显著性水平＜0.05），广东外语外贸大学的大学生对于墨西哥属于拉丁美洲的认知程度高于广东工业大学的大学生（显著性水平＜0.05），广东外语外贸大学的大学生对于尼加拉瓜属于拉丁美洲的认知程度高于广州中医药大学的大学生（显著性水平＜0.05）。

根据图2，提起拉丁美洲，大学生最先想到的分别是桑巴探戈狂欢节（73.9%）、足球（64.9%）、亚马孙热带雨林（59.2%）、拉丁文学（37.1%）、拉丁音乐（31.8%）、贫穷（20.8%）、毒品（20.4%）、社会动荡（18.0%）、"世界小姐"等选美活动（18.0%）、查韦斯（3.7%）、其他（3.3%）。由此可见，大学生对桑巴探戈狂欢节、足球、亚马孙热带雨林的认知度最高，调查结果与2008年中国社会科学院拉丁美洲研究所的调查结果基本一致。对拉丁文学、拉丁音乐的认知也相对较高。但仍然有相当一部分大学生对拉丁美洲存在负面的认知，比如毒品、社会动荡，甚至有大学生对拉丁美洲存在一些不正确的认知，认为拉丁美洲是个贫穷的地方。在"其他"选项中，大学生还填写了拉丁舞、玛雅文明、雪茄、狮子王、烤肉、热狗、鸡肉卷等，反映了部分大学生对拉丁美洲的多方位认知，尤其是对拉丁美洲的社会文化方面。

（%）

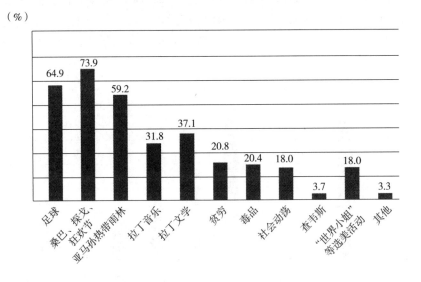

图2 提起拉丁美洲，中国大学生首先想到什么

此外，不同学校的大学生在某些选项上的选择具有差异。具体来说，广东外语外贸大学的大学生对于桑巴、探戈、狂欢节及亚马孙热带雨林比广东工业大学的大学生认知程度高（显著性水平<0.05），广东工业大学的大学生对于毒品的选择高于广州中医药大学的大学生（显著性水平<0.05）。

在回答大部分拉丁美洲国家的官方语言时，49.4%的大学生选择了西班牙语，选择英语（18.8%）和葡萄牙语（18.4%）的大学生比重差不多，12.2%的大学生选择了不清楚，1.2%的大学生选择了法语。只有接近一半的大学生回答正确，表明仍然有大约50%的大学生对大部分拉美人主要讲什么语言不清楚。此外，广东外语外贸大学的大学生对于西班牙语的选择高于广州中医药大学的大学生（显著性水平<0.05）。

调查数据显示，只有 16.7% 的大学生对于马杜罗是委内瑞拉的总统回答正确，回答"不清楚"的大学生高达 72.7%，选择其他选项的均不超过 5%（选择古巴、玻利维亚、厄瓜多尔的大学生分别占 4.5%、2.4%、3.7%）。三所学校的大学生对于马杜罗是哪个国家的总统的选择没有显著性差异（显著性水平>0.05）。由此说明，委内瑞拉的总统马杜罗在大学生中的认知较低。

比较而言，79.2% 的大学生对于 2016 年夏季奥运会在巴西举行回答正确，回答"不清楚"的大学生为 16.7%，选择其他选项的均不超过 2%（选择墨西哥、智利、委内瑞拉的大学生均占 1.2%，选择古巴的大学生占 0.4%）。另外，三所学校的大学生对于该题的选择没有显著性差异（显著性水平>0.05）。进一步可以得出，与委内瑞拉相比，大学生对巴西的认知程度普遍较高。

在回答拉丁美洲的物产时，40.8% 的大学生选择了巴西的铁矿石，33.9% 的大学生选择了哥伦比亚的咖啡，29.4% 的大学生选择了智利的铜和硝石，表明大学生对这三项的认知较高。但仍然有相当一部分大学生（24.9%）对于拉丁美洲的自然资源表示不清楚（见图3）。

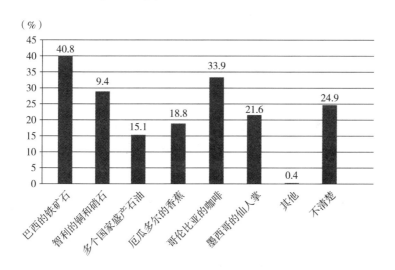

图3　大学生知道的拉丁美洲物产有哪些

此外，不同学校的大学生在某些选项上的选择具有差异。具体来说，三所学校的大学生对于智利的铜和硝石的认知程度具有显著性差异（显著性水平<0.05），其中，广东外语外贸大学的大学生认知程度最高，广东工业大学的大学生认知程度最低。有趣的是，广东工业大学的大学生对于多个国家盛产石油的认知程度低于广州中医药大学，对于厄尔多瓜的香蕉的认知程度高于广东外语外贸大学。

（二）大学生对中国与拉丁美洲国家关系的评估

在按照对中国的重要性对六个区域进行排序时，如图 4 所示，排序第一的是美国，排序第二的是东北亚（韩国、日本等），排序第三的是欧洲，排序第四的是非洲，排序第五的是拉丁美洲，排序第六的是澳大利亚和大洋洲。调查结果与2015 年 Johnson 和 Lin 的调查结果基本一致。由此可见，相对于拉丁美洲而言，大学生认为美国、东北亚（韩国、日本等）、欧洲和非洲对中国更加重要，而只有澳大利亚和大洋洲对中国来说相对不那么重要。

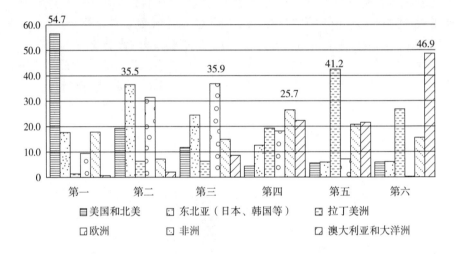

图 4　大学生按照对中国的重要性对六个区域的排序

此外，广东外语外贸大学的大学生与广东工业大学的大学生对于排序第二的区域选择具有显著性差异（显著性水平<0.05）。其中，广东外语外贸大学的大学生更多认为东北亚（日本、韩国等）对中国第二重要，而广东工业大学的大学生更多认为拉丁美洲对中国第二重要。

在选择中国与哪个拉丁美洲国家签署了自由贸易协定时，典型地反映了大学生对拉丁美洲知之甚少的一面。大学生对各选项的选择所占的比重分别为：墨西哥（14.3%）、委内瑞拉（19.2%）、哥伦比亚（2.9%）、智利（6.5%）、不清楚（57.1%）。正确的选择是智利，而选择委内瑞拉、墨西哥的大学生却远多于选择智利的。另外，三所学校的大学生对于该题的选择没有显著性差异（显著性水平>0.05），说明大学生普遍对拉丁美洲了解程度较低。但是，这一问题也反映了中国大学生对与委内瑞拉、墨西哥签署自由贸易协定的愿望。结合"马杜罗是哪个国家的总统"一题来看，相较于政治联系，大学生更关注中国与委内瑞拉的经济联系。

就对拉丁美洲的总体看法而言，有71.4%的大学生对拉丁美洲持不好不坏的看法，对拉丁美洲持正面看法和负面看法的大学生比重差不多，三所学校的大学生对拉丁美洲的总体看法没有差异（显著性水平>0.05）。导致该结果的原因可能是大学生对拉丁美洲的认知与了解较低。随着了解程度的不断增加，大学生对拉丁美洲的正面看法也许会增加。

与此对应的是，在如何看待目前中国与拉丁美洲各国的关系上，大学生人数在各选项所占比重分别为：非常好（0.8%）。比较好（38.0%）、不好不坏（56.3%）、比较不好（4.1%）、非常不好（0.8%）。三所学校的大学生对目前中国与拉丁美洲各国的关系看法没有差异（显著性水平>0.05）。由这些数据可见，大部分大学生认为中国与拉丁美洲各国的关系不好不坏或比较好，这也表明大学生对目前中国与拉丁美洲各国的关系基本持认可的态度。

如图5所示，在六个拉丁美洲国家中，超过一半（57%）的大学生认为巴西对中国最重要，认为墨西哥、委内瑞拉、阿根廷对中国最重要的大学生各占10%左右。这一调查结果与2013年Johnson和Lin的调查结果基本一致。此外，三所学校的大学生对于该题的选择没有差异（显著性水平>0.05）。这一结果可能是因为巴西是"金砖五国"之一及中国外交政策的中心，而墨西哥、委内瑞拉、阿根廷与中国有着重要的经济贸易关系。

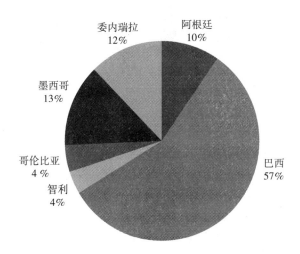

图5　大学生认为拉丁美洲哪个国家对中国最重要

在被调查的大学生中，如图6所示，认为中国与拉丁美洲各国关系的主要障碍前三名分别是距离遥远（57.1%）、文化差异大（54.7%）、对拉丁美洲缺乏了解（47.8%）。但是，不同学校的大学生对于中国与拉丁美洲各国关系的主要障碍有不同的看法且存在显著差异（显著性水平<0.05）。具体来说，相较于广东

工业大学的大学生，广东外语外贸大学有更多大学生认为中国与拉丁美洲各国关系的主要障碍有对拉丁美洲缺乏了解、对拉丁美洲缺乏兴趣及缺乏共同利益；相较于广州中医药大学的大学生，广东外语外贸大学有更多大学生认为中国与拉丁美洲各国关系的主要障碍是语言不通、缺乏共同利益；广东工业大学的大学生认为主要障碍是文化差异大的人数多于广州中医药大学，认为对拉丁美洲缺乏了解的人数少于广州中医药大学。由此可以看到，广东外语外贸大学的大学生对于中国与拉丁美洲各国关系的主要障碍有多方面的认识，而广东工业大学的大学生认为障碍主要是文化差异大，广州中医药大学的大学生认为障碍主要是对拉丁美洲缺乏了解。

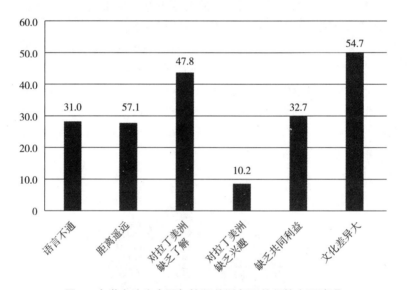

图6　大学生认为中国与拉丁美洲各国关系的主要障碍

为了促进中国与拉丁美洲各国关系健康稳定地发展，如图7所示，被调查的大学生认为中国与拉丁美洲各国关系最重要的方面是经济贸易（82.4%），然后依次是文化体育交流（66.5%）、首脑外交（39.2%）、能源合作（38.8%）、科技合作（32.2%），而国际事务中加强合作（15.1%）、处理好同美国的关系（13.5%）、对未建交国的工作（8.6%）这三项选择相对较少，表示不清楚的仅占1.2%。这一题目反映了中国大学生在中拉关系问题上最关注的是中拉经贸合作，选择该项的人数是问卷中对所有问题的回答中最高的，突出表达了大学生对发展中拉经贸关系的强烈愿望。大学生第二关注的是中国与拉丁美洲各国的文化体育交流，与2008年中国社会科学院的调查结果相比，对文化体育交流的关注度更高了。此外，中国大学生对中拉首脑外交、能源合作及科技合作的关注度也颇高。

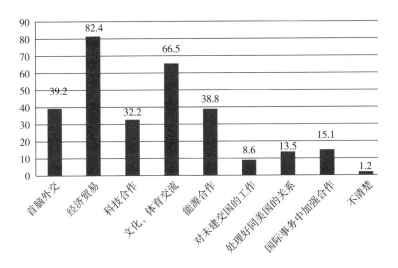

图7　大学生认为中国与拉丁美洲各国交流与合作的方面

　　另外，不同学校的大学生对中国与拉丁美洲各国的合作方面看法具有显著差异（显著性水平<0.05）。具体而言，相较于广州中医药大学、广东工业大学的大学生而言，广东外语外贸大学的大学生认为经济贸易更重要；而相较于广东外语外贸大学的大学生而言，广东工业大学的大学生则认为科技合作更重要。这也从侧面说明了不同学校特色的大学生看法不一样。

　　根据调查数据，如图8所示，被调查的大学生对中拉关系的前景看法大多选择了谨慎乐观（50.6%）和乐观（33.5%）两项，选择维持现状的人数不多（9.4%）。而选择比较悲观和悲观的人数均占0.4%，两项共占0.8%。三所学校的大学生对中拉关系的前景看法没有差异（显著性水平>0.05）。由此可见，中国大学生对中拉关系的前景基本持积极、乐观的态度，与2008年中国社会科学院拉丁美洲研究所的调查结果相比，选择乐观的占比略有下降，选择谨慎乐观的占比略有上升，一方面表明了当今国际形势复杂多变，另一方面也表明了大学生对中拉关系往纵深方向发展的美好愿望。

　　（三）大学生了解拉丁美洲信息的渠道

　　由调查数据可知，近一半（49.4%）的大学生认为在读过的教科书中应该增加更多关于拉丁美洲的内容，认为不增不减的大学生占35.5%。三所学校的大学生对于该题的选择没有差异（显著性水平>0.05）。

　　在大众媒体的报道情况方面，37.1%的大学生表示"不清楚"。目前我国大众媒体对拉丁美洲及其各国的报道状况，34.7%的大学生认为比较适当，27.8%

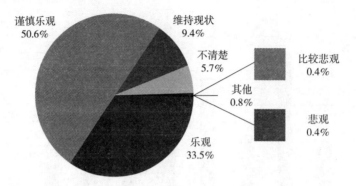

图8 大学生对中国与拉丁美洲各国关系的前景看法

的大学生认为比较片面。由此可见，有相当数量的大学生没有主动关注拉丁美洲及其各国的报道。此外，广东外语外贸大学的大学生对于该题的选择与广州中医药大学、广东工业大学的大学生具有显著性差异（显著性水平<0.05）。

大学生获得关于拉丁美洲各国信息的渠道主要是以互联网（68.2%）、电视电影（62.9%）为主，其次是书籍（34.7%）和老师课堂上介绍（24.5%）。因此，以互联网、电视电影为媒介传递拉丁美洲各国信息可能会让大学生更容易接受。此外，不同学校的大学生获得关于拉丁美洲各国信息的渠道具有显著性差异（显著性水平<0.05）。其中，广东工业大学的大学生通过互联网、老师课堂上介绍来获知拉丁美洲各国信息的人数均少于广东外语外贸大学；同时，通过老师课堂上介绍获知信息的大学生也少于广州中医药大学（见图9）。

被调查的大学生认为了解拉丁美洲主要的困难分别为信息来源少（62.9%）、语言障碍（53.1%）、文化差异太大（47.3%）、其他（0.4%）。在"其他"选项中，有大学生提到主要的困难是译作太少，这一点与信息来源少、语言障碍相关。此外，不同学校的大学生认为了解拉丁美洲的困难具有差异（显著性水平<0.05）。相比广东工业大学的大学生而言，广东外语外贸大学、广州中医药大学的大学生认为主要的困难是信息来源少；相比广东外语外贸大学的大学生而言，广东工业大学、广州中医药大学的大学生认为主要的困难是文化差异大（见图10）。

在被问到是否愿意到拉丁美洲交流学习、旅游时，43.3%的大学生表示一般，表示比较愿意和不太愿意的大学生比重差不多，分别占比24.1%和21.6%。三所学校的大学生对于该题的选择没有差异（显著性水平>0.05）。从数据中可以推测，可能因为大学生对拉丁美洲的认知与了解程度较低，所以到拉丁美洲交流学习、旅游的意愿不太明显。当然也有约三成积极的大学生愿意（指选择非常愿意或比较愿意）通过交流学习、旅游的途径来提高对拉丁美洲的认知与了解。

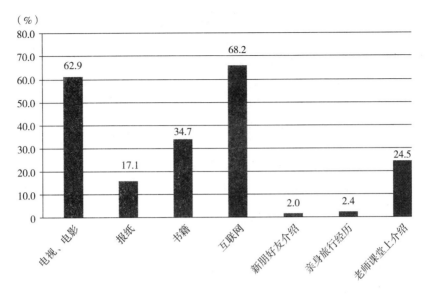

图9　大学生获得关于拉丁美洲各国信息的渠道

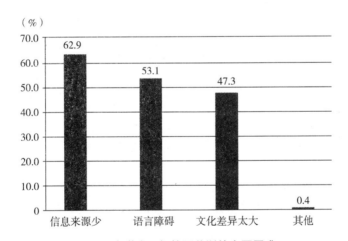

图10　大学生了解拉丁美洲的主要困难

在调查问卷最后一项的简短留言中，共有38条有效留言。这些留言内容丰富，主要包括以下几个方面：首先，在对拉丁美洲的认知上，很多留言表示对拉丁美洲不了解，如"对拉丁美洲不太了解""相对于欧美而言，对拉丁美洲国家的了解要少得多""这触及到了我的知识盲区"等。有留言表示通过此次问卷，希望更多了解拉丁美洲，比如"不太了解拉丁美洲，但是通过这张问卷愿意更多了解，成功激起了我的好奇心""可以加深对拉丁美洲的了解""拉美对我来说是个很神秘的地方，向往去冒险！"等。但是，也有少部分大学生对拉丁美洲的了解比较全面、深入，有留言说："拉美的原生态景点有一种别致的美，对于生态（旅游）的保护让我很好奇。""拉美是欧美后花园，唯有综合国力远胜于美国才能有质的突破。""习主席最近到访巴西"等。其次，在发展中拉关系的愿望上，很多留言希望通过加强不同合作促进中拉关系，如"支持以国家利益为重的交流与合作""加强国际经济文化交流""中拉友谊长存""友好相处，共同发展"等。最后，在获得拉丁美洲信息的渠道上，有留言表示希望更多、更快地获取关于拉丁美洲的信息，如"相较于其他地区，拉丁美洲信息较少，存在感没那么高""亚马孙森林大火一星期之后外界才知道，应加强信息沟通。每一个地区不是独立存在的，即使距离遥远。"以上观点不管其看法是否正确，但反映了部分大学生对拉丁美洲的多方位思考、关注及认知。

五、结论与建议

（一）结论

1. 中国大学生对拉丁美洲的认知整体上偏低

（1）中国大学生对拉丁美洲的某些基本情况认知度较高。大学生对桑巴/探戈狂欢节、足球、亚马孙热带雨林的认知度最高，调查结果与 2008 年中国社会科学院拉丁美洲研究所的调查结果基本一致。对拉丁文学、拉丁音乐的认知也相对较高。在"其他"选项中，大学生还填写了拉丁舞、玛雅文明、雪茄、狮子王、烤肉、热狗、鸡肉卷等，反映了部分大学生对拉丁美洲的多方位认知，尤其是对拉丁美洲的社会文化方面。

约80%的大学生知道 2016 年夏季奥运会在巴西举行。关于拉丁美洲的自然资源，2/5 的大学生选择了巴西的铁矿石，其次是哥伦比亚的咖啡、智利的铜和硝石。

（2）中国大学生对拉丁美洲了解不多，主观及客观认知程度偏低，甚至存在负面及不正确的认知。就对拉丁美洲的总体看法而言，超过七成的大学生对拉丁美洲持不好不坏的看法，导致该结果的原因可能是大学生对拉丁美洲的认知与了解较低。在主观认知上，大部分被调查的大学生（81.2%）认为自己不太了解或非常不了解拉丁美洲。在客观认知上，大学生对拉丁美洲的了解程度也较低，基本上不了解拉丁美洲。例如，对哪些国家属于拉丁美洲、大部分拉丁美洲国家的官方语言等常识性知识及委内瑞拉总统马杜罗等认知程度不高。关于中国与智利签署自由贸易协定，认知率更是低至 6.5%。另外，仍然有相当一部分大学生对拉丁美洲存在负面的认知，比如毒品、社会动荡，甚至有大学生对拉丁美洲存在一些不正确的认知，认为拉丁美洲是个贫穷的地方。需要说明的是，做出错误选择及选择"不清楚"的大学生人数较多，而且不排除有部分大学生进行猜题的可能，因此可以认为，仍然有较多数量的大学生对拉丁美洲的了解较少，关于"拉丁美洲"的概念较为模糊。

2. 中国大学生对中拉关系的现状基本满意，对发展前景充满希望

（1）在拉丁美洲国家中，中国大学生普遍认为中巴关系最重要。中国大学生认为对中国的重要性由高到低的区域分别是美国、东北亚（韩国、日本等）、欧洲、非洲、拉丁美洲、澳大利亚和大洋洲。该调查结果与 2013 年 Johnson 和 Lin 的调查结果基本一致。由此可见，相对于拉丁美洲而言，大学生认为美国、东北亚（韩国、日本等）、欧洲和非洲对中国更加重要，而只有澳大利亚和大洋洲对中国来说相对不那么重要。

在六个拉丁美洲国家中，约六成的大学生认为巴西对中国最重要，认为墨西哥、委内瑞拉、阿根廷对中国最重要的大学生各占 10% 左右。这一调查结果与 2013 年 Johnson 和 Lin 的调查结果基本一致。这一结果可能是因为巴西是"金砖五国"之一及中国外交政策的中心的原因，而墨西哥、委内瑞拉、阿根廷与中国有着重要的经济贸易关系。

（2）中国大学生对中拉关系的现状和发展前景基本持积极乐观的态度，尤其是对中拉关系的发展前景。对目前中拉关系的评价，虽然一半的大学生认为目前中拉关系不好不坏，但是给予积极评价的大学生（指认为非常好或比较好的，占 38.8%）远比消极评价的大学生（指认为比较不好或非常不好的，占 4.9%）多。由此说明，中国大学生对目前的中拉关系现状是基本满意的，基本持认可的态度。

在被调查的大学生中，认为中国与拉丁美洲各国关系的主要障碍前三分别是距离遥远、文化差异大、对拉丁美洲缺乏了解。

对中拉关系的发展持普遍乐观的态度尤其反映在对中拉关系发展前景的看法上。持乐观和谨慎乐观态度的大学生占绝大多数（84.1%），选择维持现状的人数不多（9.4%），而持比较悲观和悲观态度的人数仅占 0.8%。这些数据表明，中国大学生对中拉关系的前景基本持积极、乐观的态度，表明了大学生对中拉关系未来往纵深方向发展的美好愿望。

（3）中国大学生普遍认为，发展中拉关系的重点领域是加强经贸关系与文化体育交流。调查结果显示，大学生认为中拉关系中最重要的方面是经济贸易，然后依次是文化体育交流、首脑外交、能源合作、科技合作，而国际事务中加强合作、处理好同美国的关系、对未建交国的工作这三项选择相对较少，这反映了

中国大学生在中拉关系问题上最关注的是中拉经贸合作，选择该项的人数是问卷中对所有问题的回答中最高的，突出表达了大学生对发展中拉经贸关系的强烈愿望。大学生第二关注的是中国与拉丁美洲各国的文化体育交流，与2008年中国社会科学院的调查结果相比，对文化体育交流的关注度更高了。此外，中国大学生对中拉首脑外交、能源合作及科技合作的关注度也颇高，反映了中国大学生希望扩大中拉合作的广度和提升中拉合作的深度。

3. 中国大学生获取拉丁美洲信息的渠道主要是大众媒体

（1）中国大学生主要通过大众媒体获取关于拉丁美洲的知识。在获取拉丁美洲信息的渠道中，超过60%的大学生选择互联网、电视电影。可见，中国民众获知拉美信息的渠道主要是大众媒体。因此，以互联网、电视电影为媒介传递拉丁美洲各国信息可能会让大学生更容易接受。

调查发现，中国大学生获得拉丁美洲信息的主要困难是信息来源少，其次是语言障碍。在"其他"选项中有大学生提到主要的困难是译作太少，这一点与信息来源少、语言障碍相关。

（2）相当数量的大学生对拉丁美洲的关注度较低，但希望更多地了解拉丁美洲。调查结果发现，超过1/3的大学生对目前我国大众媒体对拉丁美洲及其各国的报道状况不清楚。由此可见，有相当数量的大学生没有主动关注拉丁美洲及其各国的报道。

尽管大学生整体上对拉丁美洲国家的一些基本信息认知程度不高，也有相当数量的大学生对拉丁美洲的关注度较低，但是许多人表示应该关注拉丁美洲，并希望更多地了解拉丁美洲。例如，约一半的大学生认为，在读过的教科书中应该增加更多关于拉丁美洲的内容。

可能因为大学生对拉丁美洲的认知与了解程度较低，所以到拉丁美洲交流学习、旅游的意愿不太明显（43.3%的大学生选择了一般）。当然也有约三成积极的大学生愿意（指选择非常愿意或比较愿意）通过交流学习、旅游的途径来提高对拉丁美洲的认知与了解。

（二）建议

虽然绝大多数大学生对中国与拉丁美洲各国关系的前景持乐观和谨慎乐观的看法，但是调查结果显示，中国大学生对拉丁美洲的认知程度较低，在这种低认知情况下的乐观属于感性乐观而非理性乐观。因此，我们对于中拉关系的脆弱性应当有所认识。为了进一步提升中拉关系，中拉双方需要坚持不懈地普及有关拉丁美洲的知识。为此，需要制订一整套普及拉丁美洲知识的计划，创造更多的机会和便利让大学生接触、感受、认识、了解拉丁美洲。只有增强中国大学生对拉丁美洲的了解，才能将中国大学生对拉丁美洲的感性乐观升级为理性乐观。具体建议如下：

（1）充分利用教育交流，定期选派优秀的大学生到拉丁美洲国家进行交流学习，在传播中国文化的同时，增强对拉丁美洲国家文化的理解。

（2）在高校中开设关于拉丁美洲的选修课，包括拉丁美洲国家的政治、经济、社会文化等，使大学生对拉丁美洲有全方面的认知。

（3）鼓励高校建立"西班牙语角"或"葡萄牙语角"，因为语言是文化的基础，学习西班牙语或葡萄牙语可以增强大学生对拉丁美洲文化的了解。此外，还可以通过举办演讲比赛、配音比赛等来增强学习西班牙语或葡萄牙语的趣味性。

（4）引进拉丁美洲的文学艺术作品，包括书籍、电影、电视剧等。在根据大学生的偏好来选择引进的文学艺术作品的基础上，需要解决好译制问题，确保内容的准确传达。

（5）联合拉丁美洲驻华使馆举办拉丁美洲文化节，推动拉丁美洲文化进高校。例如，拉丁美洲美食节可以让大学生在品尝到拉丁美洲美食的基础上了解拉丁美洲国家的饮食文化，拉丁美洲阅读节可以让大学生在阅读拉丁美洲文学作品的基础上了解到拉丁美洲国家的不同文化。

（6）建立面向拉丁美洲的传播平台，加大电视、互联网等大众传媒对拉丁美洲地区的宣传。

（三）不足之处

由于受时间、经费、人力的限制，被调查的高校及大学生均采用简单的便利抽样方法，可能给相关调查结果带来一定的偏差。且被调查的高校仅包括三所学校，不能完全反映不同高校的大学生对中拉情况认知的差异。在数据的处理上，没有进行更深入的分析，以后若有机会，应当进行深入研究。

参考文献

［1］赵重阳，谌园庭.进入"构建发展"阶段的中拉关系［J］.拉丁美洲研究，2017，39（5）：16-30，154-155.

［2］罗会钧，许名健.中拉关系的新发展及其对中美关系的影响［J］.湘潭大学学报（哲学社会科学版），2018，42（1）：136-140.

［3］程洪，杨悦.试论21世纪中国与拉美国家关系发展中的文化因素［J］.拉丁美洲研究，2017，39（3）：140-153，158.

［4］日寸.感受拉丁美洲 了解拉丁美洲［J］.世界知识，2013（20）：65.

［5］马洪超，郭存海.中国在拉美的软实力：汉语传播视角［J］.拉丁美洲研究，2014，36（6）：48-54，80.

［6］郑秉文，刘维广.中国人心目中的拉丁美洲——中国社会科学院国际问

题舆情调研结果分析 [J]. 拉丁美洲研究, 2008 (5): 31-40, 80.

[7] Johnson G. B., Lin Z. Sino-Latin American Relations: A Comparison of Expert and Educated Youth Views of Latin America [J]. Journal of China and International Relations, 2015, 3 (1).

[8] 韩琦. 中国学术界对拉丁美洲的认知——以《拉丁美洲研究》为例的学术史梳理 [J]. 四川大学学报 (哲学社会科学版), 2015 (6): 50-57.

[9] 郭存海. 中国的国家形象构建: 拉美的视角 [J]. 拉丁美洲研究, 2016, 38 (5): 43-58, 155.

[10] 安娜贝尔·冈萨雷斯, 姚晨. 全球紧张局势下中拉贸易与投资需要升级及多元化 [J]. 拉丁美洲研究, 2019, 41 (1): 99-121, 157-158.

中国白色家电在拉美地区的市场战略研究
——以格力电器为例

王嘉琪　吴易明[*]

摘　要： 近年来，"一带一路"倡议逐步延伸到拉美和加勒比地区，这有力地促进了我国白色家电向海外市场，特别是拉美市场的开发。目前，拉美已成为我国白色家电最大出口市场之一。然而，业内多个品牌开发拉美市场仍面临重重障碍。本文以格力电器为例，探讨了中国白色家电品牌在拉美地区市场的国际化发展道路。

关键词： 白色家电；拉美市场；格力电器；市场战略

自 2001 年加入世界贸易组织（WTO）以来，我国对外开放进入了全方位、多层次、宽领域的新阶段。在全球化进程的大背景下，中国制造业的成长与发展面临着新的机遇与挑战：一方面，与各国友好的贸易往来为中国企业提供了更多的发展空间，企业能够接触到更多的先进技术与资源，为企业参与对外投资和扩大出口贸易提供了机会；另一方面，国内市场与国际市场相结合，为中国企业打造世界一流品牌提供了新的平台。[①]

随着我国白色家电（以下简称"白电"）品牌面临国内市场即将饱和的状态，实施自主品牌"走出去"战略成为必然。从图 1 可以看出，2018 年我国家用电器产品（含零件）出口 751.2 亿美元，同比增长 9.6%，延续了 2017 年的增

---

　* 王嘉琪，广东外语外贸大学经济贸易学院 2019 级 MIB 研究生；吴易明，广东外语外贸大学国际商务英语学院教授。

　① 毛蕴诗，孙赛赛. 技术创新与产品替代：中国企业国际化进程研究——基于格力空调的案例研究[J]. 当代经济管理，2016，38（4）：12-20.

长态势。① 据中国产业信息网显示，2018 年中国四大白色家电中，除了洗衣机出现同比下降 0.4%外，其他三类电器均同比增长，其中 2018 年空调产量为 20486 万台，同比增长 10%。与此同时，四大白色家电出口均同比增长，从增速来看，彩电以增长 18.9%领跑，其次是空调较上年出口量同比增长 10.4%。② 从出口的目标市场来看，东盟、中东、北美洲、欧盟、拉丁美洲等地区占据绝大部分市场份额，目前我国白电出口逐渐向新兴市场国家转移，而拉美也成为中国白电出口最大市场之一。近几年，中国自主品牌在拉美地区的影响力逐步增大，在当地树立了良好的口碑，尤其是我国白电行业龙头——格力电器。

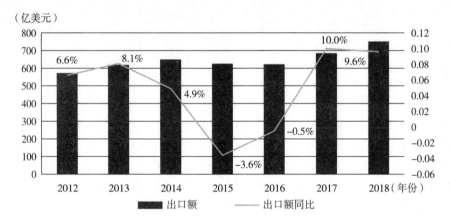

图 1　2012~2018 年家电（白电）产品出口额年度统计

资料来源：中国产业信息网，2019 年 1 月。

2019 年 7 月 29 日，国际货币基金组织（IMF）提交了一份详细的拉美和加勒比地区经济报告。该报告称，全球经济疲软可能会使拉美的增长预期被进一步调低，尤其是在巴西、墨西哥和阿根廷经济放缓的背景下，拉加经委会预计今年该地区经济增长 0.5%。③

总的来说，全球经济总体增长速度放缓，拉美地区投资、出口缺乏活力。格力电器该如何在这种环境中保持自身先入优势，进一步开拓拉美市场？

---

① 资料来源：电子信息产业网，http：//jiaju. sina. com. cn/news/20190325/6515878230174794635. shtml，2019 年 3 月。

② 资料来源：中国产业信息网，https：//www. chyxx. com/industry/201901/711232. html，2019 年 1 月。

③ 艾渺. 拉美经济危中有机 ［J］. 中国对外贸易，2019（9）：18-19.

一、拉美白色家电市场现状

拉美，又称拉丁美洲，是指美国以南的美洲地区，包括墨西哥、中美洲、西印度群岛和南美洲，共有 33 个国家和 12 个未独立地区，面积为 2070 万平方千米，总人口为 5.88 亿，除古巴外，均为资本主义国家。[①] 表 1 列出了拉美部分国家的 GDP 及人均 GDP，拉丁美洲 GDP 总量第一位的巴西 2018 年为 18686 亿美元，但其 2018 年的人均 GDP 仅有 8920 美元；在这几个国家中，人均 GDP 相对较高的是智利，高达 15923 美元。此外，秘鲁和厄瓜多尔的人均 GDP 均不超过 7000 美元。[②]

表 1　2018 年拉美部分国家 GDP 情况

国家	秘鲁	厄瓜多尔	智利	阿根廷	巴西	墨西哥
GDP（亿美元）	2222.38	1083.98	2982.31	5184.75	18686	12238
人均 GDP（美元）	6947	6344	15923	11653	8920	9698

资料来源：Wind 经济数据库，2019 年 1 月。

（一）拉美市场的吸引与需求

自 20 世纪 90 年代开始，拉美各国政府为了提高经济总量，改善国民生活水平，纷纷实行对外开放政策，大大提高了居民的收入水平，使当地消费者的购买潜力增强。拉美地区消费者由于当地技术落后，本土自主品牌口碑差，鉴于中拉友好贸易往来，因此对来自中国的白色家电产品需求量大、依赖性强，逐渐打造了一个广阔的消费终端市场。

综观整个拉丁美洲，只有屈指可数的几个国家拥有制造业，白色家电除了少数是本土生产组装外，市场上销售量最大的产品全部依靠进口。由于中国白色家电产品在当地建立了良好的口碑、完善的售后服务体系，因此给消费者提供了信誉的保证。在经历了拉美金融风暴之后，欧美的主要贸易进口国地位基本被亚洲取代，亚洲成为电器进口的主要渠道。

---

①　资料来源：郭濂. 中国与拉丁美洲经贸合作战略研究 [M]. 北京：中国社会科学出版社，2014：19-20.

②　资料来源：Wind 经济数据库金融端，2019 年 9 月。

在自然资源方面，拉美矿产资源十分丰富，特别是铁矿砂、铝矾土、铌矿资源，储量更是惊人。家电产品的原材料主要为铜、铝等，尤其铜能占到空调整体组成部分的 70%，其中巴西铜矿丰富，加之同为拉美国家的智利有着全世界最为丰富的铜矿储量，其丰富的自然资源为白电行业开拓拉美市场提供了有利条件。截至 2019 年，我国已成为拉美第二大贸易伙伴国，拉美更是仅次于亚洲的中国海外投资第二大目的地。据介绍，2017 年，中国与拉美国家双边贸易额达到 2578 亿美元，同比增长 18.8%，同年，中国企业在该地区直接投资存量达到 3870 亿美元，完成营业额 1129 亿美元；2018 年前三个季度，双边贸易额同比增长 20%，达到 2286 亿美元。

目前，中国电器在拉美市场销售基本可以分为两大类：一是原产地在中国的贴牌产品；二是完全采用自有品牌进行销售的中国家电，与那些贴有国外品牌的产品相比除了商标不同外，其他方面几乎全部相同，但价格却比它们低 30%，因此非常具有吸引力。由于中国企业的售后服务一直不能同时跟进，产品宣传也不够有力，所以一直制约着这种销售方式的快速发展。从长远来看，中国电器在拉美仍然具有很大的进步空间。

（二）拉美家电销售情况

观察 2018 年的数据我们看到，白电产品出口规模再次打破纪录。受多方面因素影响，主要白电产品的出口规模均有不同程度的增长，空调、洗衣机、冰箱等传统白电包括零件的出口额高达 333.4 亿美元，较去年同期增长 11.2%。

随着我国家电行业技术标准化程度的不断加深，逐步形成了规模经济。空调方面，2012~2017 年出口额增长率仅有 0.3%，而 2018 年全年出口额同比增长 11.2%。家用冰箱 2012~2017 年出口额增长率为 4%，而 2018 年全年的出口额同比增长 13.6%，2018 年空调产品出口量达到了 5789.8 万台，同比增长 10.4%，出口额为 111 亿美元，同比增长 8.7%。

拉美一直是中国家电出口市场的主力之一，受外部环境因素影响，2018 年我国对南美洲出口 53.7 亿美元，同比下降 0.6%。其中，对巴西出口 13.3 亿美元，同比下降 6.6%，对阿根廷出口 5 亿美元，同比下降 12.8%。

海关统计数据显示，2017 年上半年，中国家用空调出口至拉美地区的数量为 353.1 万台，同比增长 7.7%，结束了两年的大幅下跌。分国别来看，墨西哥、阿根廷和巴西是拉美地区进口中国家用空调最多的三个国家，墨西哥、阿根廷上半年出口分别同比增长 11.4% 和 22.8%，而巴西则同比下降 2.6%。从市场占比来看，近四年来墨西哥份额持续增长，从 15% 快速增长至 44%，而巴西则从 38% 萎缩至 14%，形成了鲜明的对比，阿根廷则基本保持份额不变（见图 2）。拉美三大经济体的动向对于家用空调的未来出口影响甚大。

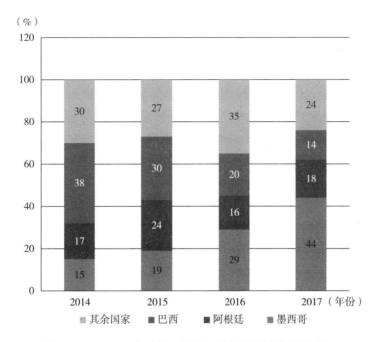

图2 2014～2017年家用空调出口拉美主要国家份额对比

资料来源：产业在线，http：//www.sohu.com/a/166112741_212888，2017年8月。

拉美地区最大的经济体巴西，前几年由于治安和国家制度体系的不健全导致其遭遇了史上最严重的经济衰退，家电产品销量全线下滑。2017年第一季度GDP环比增长1.19%，这是巴西经济持续下滑后首次出现正增长。就在这时，巴西又面临着严重的政治危机，这对本已羸弱的经济来说更是雪上加霜，因此，中国白电出口拉美地区受到了严重的冲击。

墨西哥作为拉美地区的第二大经济体及北美自由贸易区成员，近年来经济发展成绩大家有目共睹，地理位置、自由贸易、劳动力成本方面的三大优势助其在国际家电市场上占据了一席之地。然而由于种种历史原因，墨西哥经济一直对美国有着很深的依赖。换句话说，美国经济上的任何变动直接影响着墨西哥的发展。自一向不按套路出牌的总统特朗普上任后，美墨形势变得紧张，这对墨西哥的经济造成一定影响。不过值得欣慰的是，中国白电产品出口到墨西哥仍保持稳定。

作为拉丁美洲第三大经济体的阿根廷，受其国内货币贬值、通货膨胀及中期大选等因素影响，2017年经济增长微弱，加剧了阿根廷经济未来发展的不确定性，给中国家电企业发出了提醒信号。

二、格力电器在拉美地区市场拓展情况

（一）格力公司简介

格力电器是一家拥有格力、晶弘、TOSOT 三大品牌，产业覆盖空调、高端装备、生活电器、通信设备四大领域的国有控股专业化家电企业。格力成立于 1991年，其总部设在珠海，生产基地遍布全球各地，包括武汉、郑州、合肥、重庆、巴基斯坦、巴西等地区。产品种类琳琅满目，涵盖家用空调、商用空调在内的20 多个大类，能基本满足不同消费能力的顾客的各类需求。

2018 年格力企业年报显示，其全年营业总收入高达 1981.23 亿元，同比增长33.61%；净利润 262.03 亿元，同比增长 16.97%，不愧为"中国十大家电品牌"之一；在"世界 500 强"中格力电器排行第 294 名，与去年相比上升了 70 位，中国白电业"世界名牌"这个称号格力当之无愧。

1. 初始阶段（1991~2000 年）

新成立之初的格力只有一条年产量两万台都不到的生产线，当时国内空调业正处于萌芽期，由于缺乏前沿经验，格力频频碰壁。但格力人并没有因此气馁，在公司领导人的带领下，上下团结一心，克服了开拓市场初期的种种困难。

1994 年，公司销售团队集体跳槽到竞争对手那里，格力面临着严重的危机。董明珠在这个公司转折点二话不说站出来，并提出了要整顿销售团队的各种方案，后来又提出了"淡季贴息返利""年终返利"销售策略，给公司带来了一番新气象，其销售策略成为公司的制胜"法宝"。1995 年格力更是凭借自身实力占据了最大的市场份额。

2. 发展阶段（2001~2008 年）

到了 2001 年，我国空调行业逐步形成了规模经济，生产技术进入了标准化阶段，此时各大品牌之间产生了恶性竞争，为了扩大销量纷纷发动了"价格战""广告战"。格力电器在稳固国内龙头行业的同时，凭借其先入优势，有条不紊地开拓海外市场。巴西成了格力进军拉美市场的首站，并在当地获得了良好的声誉：2006 年，格力被巴西民意调查局授予"巴西人最满意品牌"称号，并且被国家质检总局授予"中国世界名牌"称号。图 3 为 2011~2008 年格力营业状况。

3. 创新阶段（2009~2018 年）

据腾讯科技统计，从图 4 可以看出，国内空调市场逐渐进入饱和阶段，格力

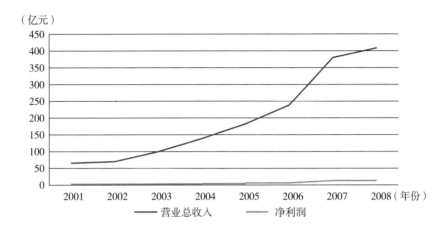

图3　2001~2008年格力营业状况

资料来源：根据格力年报整理。

一直把技术创新和产品研发放在首位，各类关键核心技术的问世，不仅给企业本身带来了竞争优势，其中多项技术创新填补了国内甚至是世界白电行业空白。截至目前，公司累计申请专利接近5万项，其中包括发明专利2.3万多项，在中国发明专利排行榜上，格力电器持续多年名列前茅。

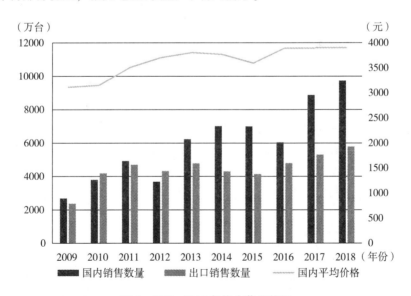

图4　2009~2018年格力营业状况

资料来源：腾讯科技，https：//tech. qq. com/a/20190523/008092. htm。

（二）格力进入拉美市场的历程

2001 年，格力电器为了实现企业可持续发展，同时响应国家"走出去"号召，选择了在拉美第一大经济体巴西投资建立空调生产基地，该生产基地占地面积大约有 3 万平方米，年产量 30 多万套。多年来，格力海外团队花费了大量的人力、物力于开拓拉美市场，并获得市场认可。截至目前，格力空调专卖店遍及巴西各个州，500 多个售后服务网点，稳居行业一线品牌之列。①

早在 21 世纪初，格力本着"先有市场，再有工厂"的原则，凭借先进的制冷技术，格力空调深深地扎根在中国。由于中国生活水平和需求有限，格力将手伸向海外市场。面对欧美、非洲等诸多国家，格力进行了反复讨论和研究，最终选择在巴西的玛瑙斯建厂。

之所以选择巴西，是因为其独特的地理位置。巴西位于南半球，大部分地区属于热带气候，常年高温天气让降温制冷家电成为当地消费者旺盛需求产品之一。全球气候变暖进一步加速了空调产销量在当地稳步上升。而且，巴西有"足球王国"的美誉，各种国际赛事将会带动电器产品的销量，空调在内的电器产品也会从中得到机遇，若能成为体育竞赛的官方供应商必能让格力这个品牌在当地家喻户晓。

但是一切并不如计划中那么顺利。在巴西建厂时正值该国经济危机时期，巴西币值汇率极不稳定，因此给格力计划生产带来了不确定性。而且，中国制造在当地并不受欢迎，他们常认为中国产品大多数都是劣质品，要在这种社会氛围之下改变格力形象并不容易。再者，美国开利和 LG 两大品牌在当地已经占据一定市场，其中开利早已进入巴西市场 30 余年，并在巴西留下了很好的声誉。而格力较之，品牌号召力比较弱，这无疑给进攻当地市场再增加一重难度。最后，国与国之间制度存在差异，巴西当地税法烦琐，有 58 种税收，若没有对当地税收进行深度了解，格力便会轻易沾上一个偷税漏税的罪名。

因此，格力团队经过一番考虑之后，便决定采取海外本土化的经营策略，大量招收当地员工，采取一套适合本土管理和经营的方针从而达到进入拉美市场的目的。以巴西公司为例，格力中方员工的比例不能超过 5%，坚持以当地员工为主的经营思路一方面带动了当地居民的就业，另一方面有利于在巴西建立良好口碑，取得了不错的管理效果。在关键的会计税收方面，聘请当地熟悉本土法律法规的资深经济师、会计师、律师等顾问，打造一流管理团队，给企业经营过程中面临的各种突发问题提供最有力的援助，以最大限度地减少不必要的劳工错误。格力为了树立良好品牌形象，积极参与各类大型公益活动，如在巴西三权广场举

---

① 谢东波. 格力巴西的本土化生存 [J]. 中国对外贸易，2017（8）：33.

行"清凉世界杯 共创吉尼斯"活动，每年公关部门还会到当地的福利院、残疾学校对孤寡老人和留守儿童等社会弱势群体进行义工慰问活动和资助，这一系列的举措使格力获得了更广泛的认同度。

表2是关于格力进入巴西后发生的大事件，我们不难看出，格力电器在巴西市场上狠下功夫，经过辛苦耕耘后获得丰收，深入民心，是中国白电"走出去"的榜样。

表2　格力进入巴西市场大事件

年份	事件
2001 年 6 月	巴西格力生产基地正式投入使用
2004 年	格力电器（巴西）实现销售收入 3.33 亿元，净利润 2500 万元，成为中国"走出去"企业中盈利的典范
2006 年 3 月	格力被巴西民意调查局授予"巴西人最满意品牌"称号
2008 年	在全球金融危机中，格力的销售额不但没有减少，还逆市增长
2012 年	格力电器巴西分公司了解到巴西伊塔雅伊市唐·博斯克敬老院老人夏天备受酷暑煎熬，冬季又不得不忍受低温，公司决定捐献出多台高能效的制冷和供暖设备，物资价值约 1.7 万美元。此外，公司还与这家敬老院签署了长期援助协议
2015 年	连续 10 年获得巴西政府颁发的巴西最高节能奖
2016 年	格力空调已经全面进驻巴西里约奥运会各类场馆，被里约奥运会奥组委正式授予本届奥运会的"官方供应商"

资料来源：根据百度百科整理。

三、格力电器在拉美市场战略分析

（一）格力电器的创新之路

STP 理论是针对企业如何有效地获得市场份额而产生的，分为市场细分（Market Segmentation）、目标市场（Market Targeting）、市场定位（Market Positioning）。市场细分既是营销战略的关键，也是它的首要步骤。准确的市场细分能够帮助企业快速发现潜在市场，发挥企业竞争优势，选择最有利可图的目标市场，进而进行市场定位。

对于格力电器甚至是任何一家企业来说，利润最大化均是它们的最终目标，如何在企业运营过程中花费最少的人力、物力等公司资源，争取最大的经济效益，这需要从细分市场中选出目标市场，然后把产品或服务定位在目标市场中适当的位置上。

1. 市场细分与目标市场

格力在巴西建厂发展之初障碍重重，长期与"价廉质差"标签画等号的中国产品想要改变自身的形象并不是一件容易的事。2002 年格力尝试在巴西市场投放广告时，并没有贴上"中国制造"的标签。格力管理层认为硬把"中国制造"打上去，可能巴西的百姓接受不了。但他们相信，暂时不打不代表以后也不打。关键是让当地的经销商先接受格力这个品牌，然后再告诉他们这是中国自主研发的产品。让世界对"中国制造"改观，这需要一个漫长的过程。

格力在选择国际目标市场时，从国家经济地位的角度考虑，选择了"先难后易"的战略。先是利用其质量和成本方面的优势进军遍布国际知名家电品牌的日本，打入国际主流市场。随后，在当地各大超市门店进行专柜销售打入巴西市场，通过在巴西、越南、巴基斯坦等新兴市场国家建立海外生产基地，带动相关产业的发展，形成规模经济，迅速打入发展中国家的家电市场，提高其市场份额。

（1）按进口量划分。格力在布局拉美市场的时候，通过对拉美的几个空调进口规模较大的国家调查发现，随着拉美地区的贸易壁垒逐渐降低，全球的白电企业逐渐开始瞄准拉美地区的市场。从表 3 可以看出，在阿根廷、巴西、智利和哥伦比亚几个人口大国中，阿根廷和巴西所占市场份额较大，这与当地的人口数量密不可分。巴西、阿根廷、哥伦比亚为拉丁美洲人口最多的三个国家。其中，巴西是拉丁美洲面积最大的国家，领土面积 851.49 万平方千米，约占总面积的46%，在世界上仅次于俄罗斯、加拿大、中国和美国，排名第五。人口排名世界第五。人口密度为每平方千米 24.66 人。

表 3　2015~2016 年格力拉美地区出口总额　　　　单位：美元

国家	2015 年 4 月	2015 年 8 月	2015 年 12 月	2016 年 4 月	2016 年 8 月	2016 年 12 月
阿根廷	3976353.00	1818930.00	4732847.00	5184037.00	417144.00	1073460.00
巴西	1336040.00	4668799.00	2632481.00	3009681.00	2647850.00	2236185.00
智利	208251.00	1527483.00	6022.00	320812.00	1048851.00	768028.00
哥伦比亚	548069.00	1892621.00	2428356.00	1580471.00	610183.00	332365.00

资料来源：根据格力内部数据整理，2017 年 1 月。

近年来，海尔、美的也渐渐瞄准拉美市场，白电市场虽受到了众多品牌的青昧，但由于当地家电拥有量仍处于一个较低的水平，市场的增长前景很大。此外，拉丁美洲由众多国家组成，格力还可以结合当地实际，多开发其他国家市场，形成行业规模。

（2）按人文因素划分。一般来说，白电行业与客户的性别、职业、文化水平等因素并无特别联系，但收入与消费习惯是主要考虑因素。格力最初进入巴西市场主打中高端路线。2010 年世界银行公布，巴西中产家庭年收入为 0.77 万 ~ 3.1 万美元。在 2 亿多人口的国家，这一划分区间的人口占全国人口的 49.5%，再加上高产阶级的份额远远超过全国人口一半，因此抢占这个市场尤为重要。而在这一细分人口中，考虑到收入及组建家庭购房等情况，年龄在 25 ~ 35 岁的年轻人购买力较强，因此对应的目标人群应该是具有不错收入的中高端年轻顾客。

目前，格力产品主要分为三种类型（见表 4）：分体挂壁式、柜分体式和中央空调。表 4 中清晰地显示，格力空调的战略主要放在目标客户群需求量较大的分体挂壁式空调和中央空调。

表 4　格力空调产品分类

	类型	空调系列
格力电器	分体挂壁式	节能系列、卧室空调、变频系列等 14 个系列
	分体柜式	风系列、豪华柜系列、典雅系列等 6 个系列
	中央空调	GMV 多联机系列、离心机系列、螺杆机系列等 9 个系列

资料来源：根据格力官网整理。

2. 市场定位

早年格力的口号是"格力电器　创造良机"，也就是制造质量好的空调，尽量少维修。在做到质量过关之后，格力的口号就转变为众所周知的那句"好空调，格力造"。换句话说，格力将目标转变为生产根本就不会出现任何问题的好空调。当质量提升了以后，随着原材料和人力成本的不断提升，格力就面临了一个"瓶颈"，即没有技术含量的大规模装配不足以实现下一步的发展突破，于是当清楚了解到技术进步的重要性时，格力的口号就变成了"格力掌握核心科技"，这是指企业在未来打算通过对核心技术的研究和掌控，抢占市场的先机，从而进一步推动企业的发展。2008 年北京奥运会，格力以其零故障率的优秀表现荣获了奥组委授予的"空调设备优秀供应商"称号。此后，格力又在安哥拉非洲杯、广州亚运会、南非世界杯等多项体育赛事中标。节能空调是格力多年来的主攻方向，格力空调连续 11 年获得了巴西国家能源部颁发的"总统节能奖章"。

（二）格力在拉美的营销组合战略

4Ps 策略是常见的营销理论，它包括产品（Product）、价格（Price）、渠道（Place）、宣传（Promotion），由于首个英文都是 P，再加上策略（Strategy），故简称为"4Ps"。该理论实际上是通过调整内部可控因素适应外部环境的过程，即通过产品、价格、销售渠道及宣传策略四个方面，对外部不可控因素做出及时反应，从而达成交易并达到企业预期的计划。

1. 产品策略

从格力的广告口号可以看出，格力一直专注于产品质量和核心研发方面。从最初的单一空调产品发展成为今天集小家电制造、生活电器、智能电器于一体的国际化大企业。从表 5 我们得知，格力大部分的营业收入来源于空调，其一直把空调作为自己的核心业务，并且一直对市场产品需求进行调研，从而获得可持续盈利。

表 5　2015~2018 年格力各产品营业收入

	空调营业收入（百万元）	比重（%）	生活电器营业收入（百万元）	比重（%）	其他收入（百万元）	比重（%）
2015 年	83717.94	85.65	1522.68	1.56	12504.52	12.79
2016 年	88085.43	81.33	1726.87	1.59	18499.39	17.11
2017 年	123409.76	83.22	2300.90	1.55	22575.79	15.23
2018 年	155682.36	78.58	3794.09	1.92	38646.73	19.47

资料来源：根据格力年报数据整理。

格力把空调按照安装摆放方式划分为五大类，即挂壁式空调、立柜式空调、移动空调、吊顶式空调和窗式空调；按照特定使用环境划分为卧室、办公室和客厅空调及厨房空调。在功能上也可以划分为低噪声型、节能型和健康型等。这样的产品细分可以满足消费者的多样化需求，从而提高企业的营业收入。

格力在制定产品策略时往往考虑以下几个因素：一是产品的质量外观是否满足大多数消费者的喜好。二是对于空调来说，能否进行智能化操作，拥有较高的属性。三是空调是否附赠产品，给顾客带来更好的购买体验，例如五年保修、假一赔十等。四是客户最关心的一点，即制冷制热效果是否让顾客满意，因此格力必须在温度控制核心方面做到完美，给客户更好的舒适体验。此外，我们发现，空调的营业收入逐渐下降，格力目前正通过多元化产品和业务提高企业的营业收入。尽管目前的主流业务依然是空调，但冰箱、洗衣机等在不久的将来也能得到突破。

2. 价格策略

价格策略是针对不同收入阶层的消费者，结合不同类型产品的生产成本制定的。考虑到当地居民人均收入较低，且中产家庭占据大多数，因而性价比高的中高端产品成为格力首选。首先用性价比高的产品在当地建立良好口碑，快速提升销量，积极提高市场份额；进而加大规模生产，实现规模经济，降低成本。对于低端产品采用竞争导向定价策略，中端产品采用成本导向定价策略，高端产品采取市场导向定价策略。

格力在价格制定方面充分考虑了市场产品及其他竞争对手的情况。因为前期的宣传起到了一定的效果，且市场占有率比较高，因而利润最大化成为格力的目标。

3. 渠道策略

对于一个走出国门的企业来说，销售渠道和品牌无疑成为获取高额收入的关键因素。

（1）股份制销售模式。格力在拉美的高额营销成本制约着其获得市场利润最大化，主要原因在于格力空调的销售被本土代理商全权代理，而且下游经销商也没有达到格力所提出的要求。由于缺乏海外市场营销经验，在刚开始时"GREE"的商标被某个经销商抢先注册，对方违反了公正合理的市场原则，借此要挟格力给予优惠。面对经销商这样的敲诈，当地员工建议格力重新选择商标，这严重地影响了格力在拉美市场的公信力，制约着企业的发展。但格力义无反顾高价把商标买回来了，"中国格力"这个品牌终于在拉美市场打响了。自此，格力建立了属于自己的完整销售网络，经过十多年的打拼，现已在巴西全国各地建立起了分销网络，销售商达300多家，销售服务网点超过500个。

如图5所示，格力公司采用厂商—经销商—消费者渠道模式，销售公司的股东会定期地向经销商发放股东红利，经销商可以获取诸多利润，所以不会发生产品批发价格和代理地区发生的纠纷现象，如果发生类似问题，也可以由公司公关处理纠纷，并和平解决。另外，格力采取了股份合作的模式，经销商每年也会收到红利，因此也避免了经销商为了达到快速获利目的而发生的短期行为。

（2）线上线下销售渠道。由于电商的兴起，无疑互联网销售成为不可错过的一大销售渠道。格力按照当地消费者的消费习惯，推进线上线下全渠道：一是打造连锁品牌；二是大多数经销商选择在线上开设自己的店铺。涵盖了线上线下的渠道，大大提升了格力的利润空间。

此外，更值得学习的是，2016年格力凭借自身产品良好性能成功以100%自主品牌进入里约奥运会，产品覆盖了主要比赛场馆、媒体村、运动员休息场所等配套项目，是覆盖项目类型最全的中国空调品牌，更是独一无二的家用和中央空调均进驻奥运会的品牌。这不仅是白电行业的骄傲，更是国产品牌的榜样。

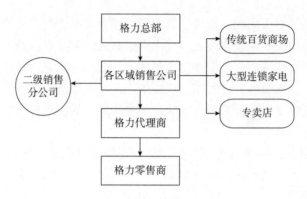

图 5　格力销售渠道模式

4. 促销策略

如果一个品牌没有周详的宣传计划，任由产品质量再好销量也会受阻。格力在广告宣传方面一直走朴实路线，不吹嘘产品。众所周知，格力的广告语从一开始的"好空调，格力造"到后来"格力掌握核心科技"。在激烈的空调市场竞争环境下，过于单一的营销策略已经不能满足公司的营销目标，因此格力特别重视促销活动的开展。常见的促销方式有以下几种：

（1）广告。通过发放广告及各类传播媒介，达到向公众宣传自有品牌的目的，提供最新产品资讯。"以旧换新"是白电行业最常见的手段，回收旧家电不仅能够起到环保的作用，而且能够抵扣一部分售价，刺激顾客的消费欲望。此外，我们常常能在宣传海报上看到"买一送一"的字样，买一件大家电同时获赠吹风机、榨汁机等小家电。

另外，格力多次参与体育盛事场馆相关配套项目：中标 2010 年南非"世界杯"主场馆及配套工程；2014 年索契冬奥会大型商业中心；意大利 2015 年米兰世界博览会；2016 年成为里约奥运会唯一以 100% 自主品牌入驻奥运会的中国造产品，唯一一个家用空调和中央空调均进驻奥运会相关项目的品牌；格力在 2018 年俄罗斯世界杯的新球场，成为中标该场馆的唯一冷水机组品牌。这大大增加了格力的知名度。

（2）营业推广。2018 年 7 月 23 日在巴西圣保罗举行的第五届中国家电电子（拉美）品牌展，格力也是积极参展。类似的展会很多，一方面能与世界各地的采购商面对面交流，获取市场最新资讯；另一方面能通过举办方的官方宣传，达到无成本广告效果。

（3）人员促销。人员促销这种形式常见于百货公司、专卖店，适用于推销性能较为复杂的产品，而空调正好符合这一特征。对格力而言，营销人员通过系统的培训直接接触潜在消费者，向其宣传公司产品质量、性能及售后保障等多方面信息，从而提高格力销售业绩。

（4）公益活动。格力电器积极投身于社会各界举办的公益慈善活动，得到拉美地区人民广泛赞誉。截至 2017 年，巴西基地投入运行 16 年来，格力空调在税收、薪资、创造就业等方面，相当于为巴西做出了高达 10 亿雷亚尔（1 美元约合 3.18 雷亚尔）的贡献。

格力公司还承担起社会责任，积极投身当地公益和慈善事业，如捐资扶助贫困学校、捐献设备用于高等院校教学、组织员工到儿童福利院当义工等，使公司形象得到当地社会普遍认可。

四、市场战略存在的问题与优化建议

虽然格力电器在拉美地区获得了不错的经营成效，与此同时我们发现，其他大型白电企业也开始到拉美市场"分一杯羹"，例如美的在 2016 年的里约奥运会对外宣称"美的中央空调成为巴西世界杯中央空调供应商中唯一中国品牌"。企业存在的问题和面临的挑战也逐渐浮出水面，本文结合当前实际情况提出了战略优化建议。

（一）格力在拉美地区面临的问题与挑战

1. 销售渠道狭窄，服务网点不足

格力在拉美地区的销售主要依靠分销商和经销商，市场信息反馈滞后，沟通效率低，决策部门很难在第一时间掌握市场需求和价格情况，从而造成被动局面，公司应对措施出台缓慢，丧失了部分产品的定价权。代理商缺乏对下游的经销商进行规范的管理和培训，销售成本越来越高。

对于白电产品，售后服务也是消费者购买产品时考虑的因素之一。家用空调这类大型家电产品，依靠具备专业技术的师傅安装，但是格力在巴西仅有 100 多个售后服务网点，并不能给顾客提供及时的维护调试服务。

2. 白电企业市场低端产品"价格战"竞争激烈

美的并购开利进军拉美市场，尽管美的较格力在拉美市场的起步晚，但由于其共享了开利拉美公司原有的销售渠道，这有助于美的抢占市场份额。此外，美国开利是全球最大冷暖设备制造商，进军拉美市场已经 30 多年，拥有成熟的制冷技术和良好的声誉，因此对格力造成的威胁不容忽视。

另外，部分白电企业为了抢占市场份额，冲击销量，纷纷大打"价格战"，

一定程度上动摇了格力低端产品消费者。

3. 国际化经验匮乏，人才稀缺

外国家电龙头大都有长久的历史，早已进军国际市场，并在国际化治理方面积累了丰富的经验，不仅熟悉海外市场运营及管理，而且早已拥有一支强大的国际化管理队伍，格力在这方面相对来说存在劣势。

格力刚开始开拓巴西市场时曾因不熟悉当地法律，相关管理人员没有提前做好准备，导致当地工会前来抗议。语言是最大的障碍，其次由于长期的生活习惯不同及文化差异，两国人员对待工作的态度截然不同，使其在管理上存在一定的困难。

（二）市场战略优化建议

1. 拓展销售渠道，加强服务网点组建

各销售渠道应进行规范化分工，使各分销渠道在各自职能范围内展开经营活动。加强专卖店的管理培训，对相关销售人员进行定期培训，以使其向消费者提供最专业的面对面销售服务，提高品牌形象。

加大线上渠道的销售力度。拉丁美洲的电商市场开发量仍然很小，2018 年电商销售总额只有 800 亿美元，仅占全球总销售额的 2%。作为拥有近 6 亿人口的地区，且近年来价值增速全球第一，相信其仍拥有很大的发展空间。此外，当地消费者大多数都拥有勤俭持家的观念，为了节省购买成本，79% 的人表示愿意改变原有的购物模式，从门店购物转移到线上。

2. 加强自身品牌及优势的宣传

不论在国内或是拉美市场，格力最大的"短板"就是产品类型还不够丰富，每当提到格力，人们想到的仅局限于空调，其余白色家电未能深入民心，对小家电产品的投入也不够。因此，格力应该做好主流家电的市场调研、研发、生产管理工作及涉足其他生活家电领域。

产品的品质是消费者购买时首要关注的因素，应突出自身产品亮点。例如，格力一直倡导的"掌握核心科技"，公司投入大量的人力、物力打造行业内绝无仅有的技术团队。从表 6 我们可以看到，格力自主研发实力雄厚，光是 2019 年上半年申请专利已经高达 219 项，全球排名第二。在宣传方面应该让消费者看到自身企业的实力，从而树立良好口碑。

表 6　2019 年上半年全球智能家居发明专利排行榜

排名	企业	国别	2019 年上半年全球智能家居发明专利申请量（项）
1	Samsung	韩国	254
2	格力	中国	219

续表

排名	企业	国别	2019 年上半年全球智能家居发明专利申请量（项）
3	小米	中国	121
4	美的	中国	97
5	华为	中国	91
6	Microsoft	美国	83
7	Google	美国	82
8	Qualcomm	美国	68
9	联影医疗	中国	65
10	Intel	美国	62

资料来源：IPRdaily 中文网与 incoPat 创新指数研究中心联合发布，搜狐整理，https：//www.sohu.com/a/332479166_ 120052002，2019 年 8 月。

3. 打造专业化国际团队

格力需要建立一支国际化的擅长营销、市场推广及产品研发的团队，建立完善的人才选拔、培养、锻炼的管理体系，还要针对不同的目标群体需要，在当地范围内广泛选用人才，尽可能组建本土化销售团队，以贴近市场的需求，并使企业更深地融入当地市场。

五、结束语

格力在海外拓展中一直谨慎而为，外国与中国国情不同，本土化策略是企业持续发展的首选。2018 年格力空调收入占总营业收入已经下降了 4.64%，经过十几年的深耕，拉美市场的空调家用量已经达到一定水平。经济全球化带给白电企业的不仅是机遇，更多的是挑战，格力下一步如何在抵抗其他品牌抢占市场份额的同时在拉美市场获得可持续发展，是一个值得深思的问题。

参考文献

［1］毛蕴诗，孙赛赛．技术创新与产品替代：中国企业国际化进程研究——基于格力空调的案例研究［J］．当代经济管理，2016，38（4）：12-20.

［2］王阳．家电企业国际化战略研究［D］．天津商业大学硕士学位论

文，2014.

[3] 中国现代国际关系研究院拉美研究所课题组．"一带一路"视角下提升中拉合作的战略思考 [J]．拉丁美洲研究，2018，6（40-3）．

[4] 简云飞．珠海格力电器股份有限公司在巴西市场营销策略研究 [D]．广东外语外贸大学硕士学位论文，2016.

[5] 杨艳梅．格力空调的南美洲市场营销策略 [D]．东北财经大学硕士学位论文，2017.

[6] 江中民．企业营销渠道对公司经营效益的影响 [D]．苏州大学硕士学位论文，2017.

[7] 张楠琦．中国家电企业拓展欧盟市场的营销策略分析 [D]．兰州财经大学硕士学位论文，2019.

[8] 艾渺．拉美经济危中有机 [J]．中国对外贸易，2019（9）：18-19.

[9] Mary Coulter. Strategic Management in Action：International Edition [M]. US：Pearson Education，2011.

[10] Visw N. K.，Dickson P. R. The Fundamentals of Standardizing Global Marketing Strategy [J]. International Marketing Review，2007，24（1）：46-63.

[11] Aulakh Preet S. Emerging Multinationals from Developing Economics Motivations，Path and Performance [J]. Journal of International Management，2007，13（3）：235-240.

[12] Alptekin Erkollar，Birgit Oberer. Multidimensional Dashboards for Evaluating Strategic Brand Management Processes Multi-brand Companies [J]. Procedia-Social and Behavioral Sciences，2016，235（124）：505-513.

[13] Michael J. Etzel. Marketing 11th edition [M]. Irwin McGraw-Hill，2003.

浅探岭南文化在西班牙语
国家的网络传播
——基于 YouTube 视频的内容分析

李紫馨　　陈　星[*]

摘　要: 岭南文化是中华民族优秀文化的重要组成部分。它所属的岭南地区，作为我国对外开放最早、东西文化碰撞最激烈的区域，在全面推行"中华文化走出去"的战略部署中处于前沿地位。近年来，随着岭南与西班牙语国家经济交流日益密切，文化如何同步传播成为全社会关注的话题。在文化传播媒体化与文化竞争全球化的今天，研究岭南文化在西班牙语国家的网络传播对于发挥现有资源优势，抢占新媒体平台高地，改进传播策略和传播手段有重要意义。

关键词: 岭南文化；网络传播；西班牙语；YouTube

21 世纪，随着互联网和移动终端技术的突破性变革，新媒体发展的势头强劲夺目，迅速呈全球化趋势扩散，融入日常生活的方方面面。2017 年 12 月 4 日，第四届世界互联网大会发布的《世界互联网发展报告 2017》显示，截至 2017 年 6 月，全球网民总数达 38.9 亿，普及率为 51.7%。同时期，YouTube CEO 苏珊·沃西基（Susan Wojcicki）称，YouTube 注册月活跃用户突破 15 亿。根据 Alexa 网站流量统计，YouTube、Facebook 和 Twitter 是排名前三位的全球最主要的社会化网络媒体，在全球传播和全球舆论的构建中占有日益显著的地位。以 YouTube 为代表的新媒体和社会网络媒体显现出在全球传播中的显著效应与战略价值，是文化国际传播的新趋势和新动力，其崛起给文化的国际传播方式带来颠覆性渗透和冲击，成为许多国家高度重视和积极利用的传播新领域。

---

* 李紫馨，广东外语外贸大学西班牙语系学生；陈星，广东外语外贸大学西班牙语系副教授，外国文学研究中心在读博士生，主要研究方向为拉丁美洲国情与区域研究、跨文化传播。

因此，在当今文化传播媒体化与文化竞争全球化的大背景下，以我国"建设社会主义文化强国"战略为基础，以具有巨大网络发展潜力的西语国家为平台，以国内最具实力互联网发展大省的岭南文化为关键词，以强势新媒体传播媒介YouTube 为典型和范例，对新时代和新形势下岭南文化对外传播的模式与实效进行研究和分析具有重要意义。在对实际问题的分析中提出相应对策建议，从而推动并完善岭南文化的对外传播机制，抢占文化传播新高地。

一、"文化"与"岭南文化"

"文化"一词内涵丰富，概念多元，学界对其内涵和外延的边界一直存在争议。吴瑛（2009）在关于我国文化对外传播的研究中，将文化界定为物质文化、行为文化和精神文化三类，并进一步指出，"物质文化包括中国概况、物质遗产、物质非遗产；行为文化包括日常行为习惯、传统民俗；精神文化……既包括文学艺术，也包括孝、俭、礼、勤、恭、慎、谦等价值观。"安珊珊（2012）将网帖中的文化类议题的操作化定义为"哲学、文学、艺术、宗教、体育、习俗、仪式、价值观、生活方式、个人角色定位等"。基于我国对外文化传播的现状和研究可操作性的考虑，本文采用吴瑛的定义，从狭义角度把文化界定为文化产品、文化行为和文化精神，主要包括的层面和要素为文学、历史、思想和哲学、宗教、仪式和节庆、生产生活习俗、人文景观和旅游、音乐、美术、工艺、戏剧舞蹈、饮食、服饰、武术、中医药、汉语、影视动漫、游戏、娱乐、体育等。

对于"岭南文化"的定义，学者李权时、李明华和韩强在《岭南文化》[①] 一书中说道："学术界对岭南的领域有不同见解，但多数人，认为岭南这一范畴所指的最宽地域包括广东（含港澳地区）、海南、广西大部分地区和越南红河三角洲一带及以北地区。"具体包含文化典籍与古代学术思想、宗教、教育与报纸、诗歌与"岭南诗派"、文学、绘画与"岭南画派"、音乐与戏曲、工艺、建筑、方言、民俗文化、饮食文化、少数民族文化等方面。本文主要研究广东地区的岭南文化，地域范围虽略窄于多数学者认为的岭南文化范畴，但其实际是岭南文化的发源地及中心，而且涉及的内涵不仅包括传统岭南文化，还加入了近年来兴起的以"广交会"为核心的岭南经济文化。

---

① 李权时，李明华，韩强. 岭南文化 [M]. 广州：广东省出版集团数字出版有限公司，2010.

二、研究对象和方法

本文主要通过对 YouTube 网站中以西班牙语为传播语言，以岭南文化为主题或主要内容的视频进行内容分析，揭示岭南文化在西班牙语国家的传播现状和探寻优化其传播的模式。基于此研究目的，2018 年 9 月 1 日，以非随机的目的抽样方法，以"cantón"（广东）为关键词，从 YouTube 网站的视频库筛选出观看次数高于 5000 的 3898 个备选视频模因。而后，通过人工手段剔除与岭南文化无关的政治、经济、社会、教育、司法、自然、环境、军事、科技等方面内容的视频，最终获得 232 个相关的研究样本（见图 1）。

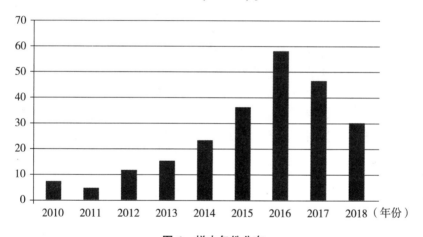

图 1 样本年份分布

样本年份分布差异较大，2010~2016 年总体呈快速上升趋势，岭南文化传播速度和规模在这一时间段得到较快发展。其中，2016 年样本数量的快速增加与这一年间中拉在政治、经贸、人文等各方面的整体合作息息相关。2015 年 12 月，在北京举办了首届中拉政党论坛。2016 年 3 月，在北京正式开启了 2016 "中拉文化交流年"。10 月，第十届中拉企业家峰会在唐山市召开。11 月 7~8 日，第三届中拉智库论坛在北京召开。11 月 9 日，首届中拉地方政府合作论坛在重庆举行。这些论坛的召开对推动中拉友好合作关系，推动包括岭南文化在内的中国文化"走出去"起着重要作用。

如图 2 所示，样本视频时长分布情况在 30 分钟这一划分处出现明显分隔，时长 30 分钟以上的视频较少，且主要与影视题材相关；30 分钟以下的短视频占

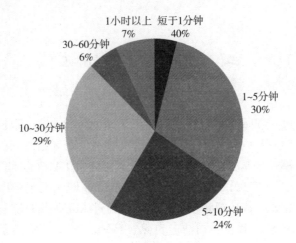

图 2　视频时长分布

样本的大多数，题材多样，经济文化及传统文化均有涉及，且形式多样。这一现象不仅是受网络信息发展进入"读秒时代"后所呈现出的"短、平、快"特点的影响，还与传播心理学有一定关系，视频时长较短可在心理上降低受众对新文化认知的预设难度，因此短视频更容易吸引更多人次点击观看。样本类型多样，传播涉及主题较广。如图 3 所示，类型间样本分布不均且差距较大，传播侧重点与受众兴趣点表现较为明显，与此有关的研究结果和具体分析如后。

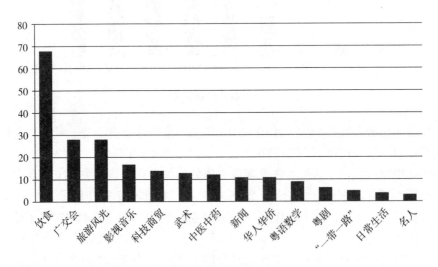

图 3　样本传播内容分布

三、研究发现

（一）传播内容主题多样化，饮食、广交会具有较高热度；经济文化传播的丰富程度显著超出传统广东文化

YouTube 对于广东文化形象的呈现是多方面的，从样本播放量高低排序可知，广东的饮食、广交会、武术、旅游是西班牙语国家最关注的几个方面。粤菜以其讲究和精细闻名，各类与广东美食烹调相关的视频在 YouTube 上十分火热，样本占比达到 31%。同时，由于视频分享网站的视听多媒体特性，粤语影视作品也有一定的收看比例，咏春等传统武术也以此为媒介得到广泛传播，配有西语字幕的武术题材电影激发了观众对于武术的好奇，也因此派生出更多与此题材相关的视频。随着广交会影响力和重要性日益增强，经济类视频更是如雨后春笋般出现，西语国家参会者往往会亲自录下展会状况并分享到网站上，供有意参加的人士参考。另外，样本中还包括旅游类、中医类、粤语教学类等内容，但比重较低。结合以上几点可以看出，岭南文化在对外传播过程中具有一定的内容倾向性和传媒依赖性。并且，互联网传播中受众所拥有的高度自主性易对文化传播初期已具有较高热度的视频类型产生"滚雪球效应"，即受众兴趣越高，搜索量越大，关键词视频库发展越快；相反，因文化背景相差甚远或因缺乏前期宣传工作而一开始便不太受关注的视频也容易坐穿"冷板凳"，走上无人问津、无人发展的恶性循环道路。

值得一提的是，虽然粤语教学视频在样本总量中所占比重不大，但在样本整理过程中不难发现，该类视频出现频率显著增高，且投稿集中在 2015 年之后。平台上现已具有不少定向"西班牙语—粤语"方向的教学账号，如账号 Cantonés Online，截至数据收集日期已上传 72 个与粤语相关的视频，有 1800 余名订阅者。该账号主要将粤语与西班牙语和西语文化相结合或对比进行简单的教学。但这种教学方式也暴露出不足，学习初期阶段的入门视频往往播放量较高，多以"万"计；但随着课程难度的加大，用户网络学习的热情骤减，相关视频点击率也越来越少，中后期教学进度进展十分缓慢，这样的窘境使 YouTube 平台上的粤语传播往往只能停留在入门阶段而难以深入。

由于广东是我国最早对外开放的地区之一，经济发展较快，"经济文化依赖症"在样本总体状况中表现较为显著。并且随着近几年来中拉双方贸易的热度增强，与此主题相关的视频数量和质量都呈上升趋势，"广交会""一带一路""华为""深圳""华强北"等关键词更容易引起人们的讨论和关注。相比之下，广东传统文化要素的呈现略显单薄，传播效果也不尽如人意，如专门面向西班牙语

地区推广粤剧的账号 Diario de Óperacantonesa，尽管视频制作精良，内容充实，但观看人数甚少，就连最火热视频的点击率也未达到四位数。这与受众对于戏剧的一贯认知与粤剧文化相差甚远有关，中外传统不仅在内容上还是表现形式上都截然不同，加之语言上的隔阂而对故事情节和文化背景无从了解，对此类题材的视频观看较少确属情有可原。此外，经济文化与传统文化在传播形式上也存在较显著差异，传统文化往往通过影视作品和官方纪实录像呈现，且因上传时间较早，画质也较差，如与中医、太极有关的视频往往"年纪"相对较大，无论是视频制作还是讲解方式都不能吸引观众注意力；而经济文化表现方式多样，更生动鲜活，"年轻"有活力，传播效果更好也在情理之中。

（二）Vlog 的兴起促进传播形式越来越多样化，华人华侨作用日益增强的同时，西语母语者逐步成为岭南文化传播主体；视频评论作为观众反馈渠道在文化交流中扮演的角色日益重要

国际社交媒体文化传播具有多种多样的形式，如影视剧、MTV、纪录片、微电影、Vlog 等。本研究的样本数据发布时间源起 2010 年 1 月 1 日，2015 年之前的中国文化互联网传播最主要的形式是电视节目，包括新闻节目、娱乐节目、剧集电影等。而 Vlog（视频博客 video weblog 或 video blog，Vlog）形式的视频在 2015 年前后开始大量涌现，占样本总量的 33.5%，在广交会和商贸活动的介绍中使用频率高达 70%，旅游和城市介绍中使用频率也达到 61%。这些视频中往往有西语母语者亲自出镜，从"他者"角度进行的传播，不论是描述语言还是介绍侧重点都会更加基于自身文化视角，使岭南文化在跨文化传播中更具说服力，更易被异域文化背景受众所接受。母语者逐渐转化为文化的第一手传播者将更有利于岭南文化走出去、走得远、走得稳。

随着视频网站交互功能的不断完善，YouTube 视频的评论区越来越成为一条不容忽视的文化传播新渠道，也是岭南文化网络传播中可以积极引导并加以利用的一个重要窗口。受众不仅可以通过留言答疑解惑、拓展认知，还可以在字句的交流中打破刻板印象，纠正偏见。在标题为"Carne de perroenrestaurante de comida china｜Perrocantonés"（中国餐厅里的狗肉/广东的狗）的视频评论中，不难见到观众对食用狗肉这一行为的谴责与抨击。在这类评论之下往往会有中国观众回帖"venga a veryo soy chino y me encantan los perrosyotengo un perro y es como un sobrinomío（我也是中国人，我自己也养了一只狗，我对它就像对待自己孩子一样）"。当然，也能看见外国网友的理性留言，留言呼吁理智交流，互相尊重、互相理解，就如一位西班牙网友所说："EnEspañadurante la guerra Civil la gente se comía a los perros, gatos e inclusoratas. Allí es cultura, aquícomemoscerdo y vacacosa que enotrospaíses es IMPENSABLE."（在西班牙内战时期人们也会吃猫吃狗，甚至吃老鼠。这是文化的一部分，就像我们也吃猪肉、牛肉，这在一些国家是无法想象的）。诸如此类的积极探讨在纠正他人对广东某些方面的错误认知上起着十分重要的作用，受众之间的这种良性互动对文化传播产生了积极效果。除此之外，视频评论还有"侧写"观众形象的隐藏作用，通过分析用户评论可以描绘出受众的基本肖像：是否为外国人？是否去过中国？之前对中国有着什么样的认识？这些问题的答案有助于针对受众特点更好地改进岭南文化网络传播的策略和方式。

以以上两点为依托，原本在岭南文化对外传播中就处于主力地位的广东华人华侨作用更是得到进一步加强。他们不仅运用自身的双文化背景制作出大量高质量且通俗易懂的视频供西班牙语国家观众了解、学习，还一直在评论区里起着"牵线搭桥"的作用，无论是在答疑解惑方面，还是纠正偏见方面都显示出了强大的"战斗力"。

（三）观看次数呈现较大落差且关键词 Cantón 定义不明确，易有偏差，总体传播效果仍需加强

文化传播的视频由于内容和质量参差不齐，其本身的呈现自然会有明显分异。但是作为依据播放量的非概率抽样，本文中的样本还是显现出较明显的幂律分布特征，少数具有高度点击量的视频占据分布曲线的顶端位置，而大多数视频的观看次数迅速下滑，在 200 万次左右呈现出显著拐点，超过 200 万观看次数的视频约为 4.07%，而观看次数最高的有 1500 多万次（见图 4）。但在同样以"Cantón"为关键词直接搜索到的未经筛选剔除的前 221 个视频样本总体库中，观看次数超过 200 万次的约为 11%，最高观看次数达到 4000 多万次，岭南文化向度相比之下仍然偏"冷"。同时，不仅样本观看次数整体呈现较大落差，观看次数极值差距较大，由图 5 可见，不同类型视频传播效果两极分化严重，这与传播主题广而分散的特点有关，不少主题对西语文化背景受众来说仍为尚未了解的"无人区"，对此类主题的关注热度自然也较低。除去类型小众这一原因，传播效果较差的视频还有其他共性，如年份较久、画质较差、视频制作简单粗糙，表现形式单一等。

此外，样本搜索关键词"Cantón"在国内约定俗成用来表达"广东省"，"广州市"则用拼音"Guangzhou"来表示。但在取样过程中发现，不同用户对"Cantón"的理解不尽相同，一些人用它来表达广东省，而另一些则用来代指广州市，如标题为 Feria de Cantónen China 2018（Cantón-Guangzhou）中明确标注出 Cantón 为省，Guangzhou 从属于 Cantón；而视频 La ciudad china en México, el pequeñoCantón（墨西哥的中国城——小广州）中的 Cantón 便是指广州。受众对关键词的理解不统一在文化传播上便会带来一些偏差，视频录制者与上传者对"Cantón"的不同理解更是首先体现在视频标题上，进而直接影响其他观众，使他们不禁产生这样的困惑：究竟此文化现象是有关广东的还是仅仅有关广州？这也会使关键词搜索所得结果与用户预期结果的相关性降低，对岭南文化传播效果

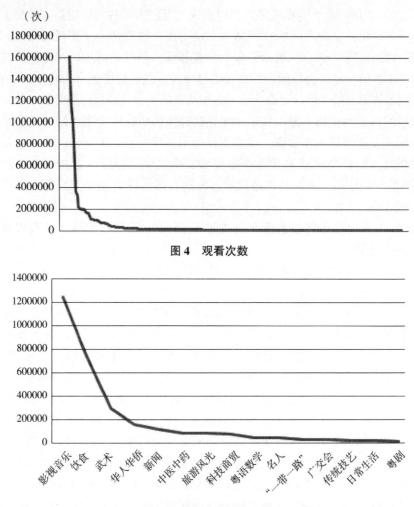

图 4　观看次数

图 5　各类型视频平均播放量

产生一定负面影响。因此，统一受众对于"Cantón"的理解是十分必要的。

四、对策建议

（一）统一文化名词定义，完善顶层设计，健全社交媒体文化形象的立体化运作机制与加强国际社交媒体的视听精品内容建设并举，夯实文化"走出去"的资源基础

随着广东的经济实力日益增强，开放力度不断加大，与别国的经贸文化领域

合作越发深入，官方统一海外对文化名词的共同认知是极其必要的一步。如何在传播的同时普及 Cantón 一词的正确定义，需要政府、西班牙语学界和传播学界的共同商讨。在正确的文化定义下才能进行方向正确的文化传播。

国内并不缺乏视听文化资源，但是在国际社交媒体的舞台上，还是凸显出承载传统文化的精品视听内容在建设和供给上的"短板"，尤其缺乏自制并得到广泛传播的优秀视听作品和经典力作。视频资源来源形式多样化，外国作品比例不断提高并不意味着官方自制试听作品的力度可以减少，相反，更应该思考当代语境下如何实现新的文化内容及其传播形式与社交媒体的融合，如何创新视频表现形式使文化走得更远更广。YouTube 平台上动辄上千万收看次数的热门视频并不罕见，而本研究相关样本中播放量突破千万的比例仅为 1.4%，且类别均为饮食类，这体现了社交媒体的经典力作在 YouTube 上传播的匮乏和文化主题的单一。国内需要推动适合于社交媒体传播的优质视听文化建设，丰富文化主题类别，及时开展和实施对外文化传播的社交媒体战略。对社交媒体平台中反映中国当代文化的优秀视听作品开展系统的推广工程，推动当代文化形象的构建和整体文化形象的塑造。

（二）引导和发挥网民主体的作用，推动社交媒体时代的"公众文化外交"；发动以华人华侨和外国留学生为代表的潜在传播力量

就本文而言，来源于国内的热门视频大多数仍是电视节目和电影，而普通民众拍摄或自行制作的视频只占很小一部分。不隶属于任何正式传媒机构或文化组织的网民，其自拍或自制的 DV 和视频内容未必十分精致，但由于贴近受众需求、主题鲜活生动等原因也可以取得良好反响。如题为¿CuánSimilares son el mandarín y el cantonés?（普通话和粤语到底有多像?）的视频便是由两名学生出镜录制，后期制作用心，添加了音效、动画和各类注释，吸引了 30 万名观众点击观看，获得 1 万多次点赞和 4000 余条评论，远远胜过国内一些热门电视、音乐、电影的表现。民间自制视频的质量及其所反映的形象可能都需要进一步的引导和优化，但毫无疑问在广东文化的传播上起到了不可小觑的作用。作为一种社交媒体和典型的"自媒体"，YouTube 凸显着个体性、社会性的网民在内容制作、国际信息扩散中的巨大作用，也提出了对于公众文化外交的迫切需求。

在文化传播中还需要注意的一点是，中国文化的国际传播存在自我定位与他者本位的两重维度：一方面，中国主动向他国展示中国文化；另一方面，中国文化也需要通过"特定的他者"来传播。调研发现，来华留学生是了解和传播中国文化的重要群体，他们对中国文化有最直观、最真实的亲身感受。早在 1945年，美国助理国务卿威廉·本顿就指出，"从长远来看，培养外国留学生是一种最有前景、一本万利的有效方式"。利用他者来讲述自己是有效促进国际文化交流的一种重要方法，他者来自受众国，他们擅长用受者易接受的语言讲述另一种文化，而且同文化的传者更容易吸引同文化的受者，受者对其的信任度也更高。为此，应着眼于岭南文化"走出去"，吸引更多优秀来华留学生在广东学习、就业，提升留学生培养质量，同中国学生一起共同参加活动，增强中外学生间的友谊，促进中外文化的碰撞与融合。

同时，海外华侨华人众多，遍布世界各地，由 YouTube 平台上与岭南华侨相关视频的较高点击率可以得知，华人华侨在岭南文化传播中起着不可忽视的作用。中国新闻社《2018 年世界华商发展报告》①中称，目前在海外的华侨华人数量达到了 6000 多万人，其中从祖籍看，广东籍占 56%。3000 多万粤籍侨胞遍布世界 160 多个国家和地区，数千个粤籍华人社团团结乡亲、守望相助、和衷共济、薪火相传，致力于促进住在国和祖籍国的发展及交流合作。并且，随着经济全球化的深入、华人所在国民族政策的调整和政治氛围日益宽松，以及中国国际地位的日益提高，华侨华人在住在国的经济、政治、科技等各个领域的影响力也在不断扩大。新的时代背景下，广东应在调查世界华人和粤籍华人分布的基础上，进一步明确对外传播的思路，利用华人在对象国的影响力传播岭南文化。

（三）利用好广交会及其他商贸平台，嵌入传统文化元素，加强岭南文化传播力度

国外大众对中国文化的认知方式主要包括"虚拟认知"与"客观认知"。"虚拟认知"主要是在媒体所营造的"拟态环境"中获得；而"客观认知"则是一种亲身体验。调查发现，大众传媒、游客、海外华人、中国商品是国外大众感知中国文化的主要渠道。目前，拉美是中国第二大对外投资目的地，中国是拉美第三大投资来源国，2016 年中拉双边贸易总额达到 2165 亿美元。以此为大背景，广交会在对外经贸领域所表现出来的势头越来越强劲，吸引世界各地商户亲自前来参展。近年来，中拉合作中也不断出现新兴平台担当，如从 2017 年起在珠海横琴新区片区承办的"中国—拉美国际博览会"从诞生之时便带着成为中拉合作第一平台的发展目标，成为中拉贸易交往中的全新载体。为这些商贸平台加入传统的岭南文化元素，不仅能直接向参展商户输出，更能促进文化的"二次传播"，来自别国的文化受众转变为文化传播者，经过自身文化背景的加工后传递给更多人。如名为 Feria de Cantónen China 2018（Cantón-Guangzhou）（2018 年中国广交会）的视频中，视频拍摄者用 Vlog 的方式记录了展会的会场和商会状况，不到三分钟的视频点击率达到了 12 万次。由此可见，在展会中嵌入传统文化的元素并利用"他者"视角传播，不仅适应传播学"使用与满足"理论，更好地满

①　王辉耀，康荣平．世界华商发展报告 2018 [M]．北京：社会科学文献出版社，2018．

足受众需求，还能放大传播过程中积极的意见领袖的作用，这对传播效果的改善是显而易见的。

五、结 论

当前，自媒体、融媒体等新兴媒介形态在全球的发展方兴未艾、强势崛起。YouTube 是具有自媒体、社交媒体、融媒体等特征的新型全球强势媒介空间，是跨文化传播及国际媒介话语权需要争夺的重要场域。结合岭南文化传播现状改进传播策略和传播手段，可以有效降低传播噪声，扩大传播范围，最大化传播效果，从而促成岭南文化更好、更快"走出去"，提升岭南文化在全球文化之林的竞争力和影响力。

参考文献

［1］吴瑛．文化对外传播：理论与战略［M］．上海：上海交通大学出版社，2009．

［2］安珊珊．网络舆论生成中的要素及其互动影响机制——基于四个中文 BBS 论坛的探索性研究［A］．新闻与传播研究，北京：社会科学文献出版社，2012，19（5）．

［3］李权时，李明华，韩强．岭南文化［M］．广州：广东省出版集团数字出版有限公司，2010．

［4］王辉耀，康荣平．世界华商发展报告 2018［M］．北京：社会科学文献出版社，2018．

［5］刘玉瑶．中国文化国际社交媒体上的传播效果研究［D］．上海外国语大学硕士学位论文，2018．

［6］徐翔．中国文化在视频自媒体的传播效果及其影响因素分析——基于 YouTube 的样本挖掘与实证研究［J］．北京邮电大学学报（社会科学版），2016，18（5）：1–7．

［7］徐翔．中国文化国际社交媒体传播研究——基于 YouTube 热门视频的分析［J］．重庆邮电大学学报（社会科学版），2014，26（3）：129–133．

罗伯托·法贝罗——梦幻与诗境中古巴艺术特性的探寻者

刘　柳　姚凯舟[*]

摘　要： 作为古巴当代艺术家的代表，罗伯托·法贝罗（Roberto Fabelo）以其天才、怪诞、诗化及梦呓般的创作得到了青睐。他的作品为他在国内和海外都带来了巨大的关注。在他所创作的一系列作品中，尤以绘画作品而出名，比如他的"世界"作品展中所展出的《卡夫卡的世界》（Mundo K）和早期作品《小型剧院》（Pequeño Teatro），都能完美展现画家精湛的技艺和独特的风格。本文将其艺术生涯分为三个阶段，着重研究他的个人艺术展及各个时期的代表性作品，并对其绘画作品进行详细分析，总结出"法贝罗风格"具备的特征。

关键词： 罗伯托·法贝罗；古巴；艺术；拉美文化

一、引　言

古巴艺术有着悠久的历史。从山洞里原始人的壁画到殖民时期的宗教艺术创作，从革命时期的红色风潮到今天标榜古巴特色的创新改革，古巴艺术一直不断在世界范围内汲取营养。如今，古巴当代艺术以其独特的魅力在世界艺术的长廊中占有举足轻重的地位。

在众多杰出的古巴当代艺术家中，罗伯托·法贝罗（Roberto Fabelo）被认为是最具代表性的人物，他的创作因怪诞、诗化及梦呓般的风格脱颖而出，为他赢

---

* 刘柳，广东外语外贸大学西班牙语系讲师，研究方向为西班牙语语言学、翻译学、拉美研究；姚凯舟，广东外语外贸大学西语学院西班牙语系硕士研究生。

得了较高的国际享誉度。迄今为止，他已经在海内外成功举办了超过 20 场个人展，参加了超过 150 个群展，足迹遍布 30 多个国家和地区。法贝罗是一位才华横溢且高产的艺术家，其作品类型不仅限于绘画，还包括各种雕塑、插图和装置艺术。他的风格深受表现主义和超现实主义的影响，画作中经常能见到符号的运用，与怪诞的人物形象相结合，体现了画家的个性特质和审美倾向，反映其对世界的理解和感知。这种强烈的个人风格使他在 40 多年的创作生涯中斩获了无数奖项，其中最著名的应该是由古巴文化部颁发的国家文化奖章和阿莱霍·卡彭铁尔（Alejo Carpentier）奖章。联合国教科文组织还因为他在艺术推广上的贡献对他进行过表彰。毫无疑问，罗伯托·法贝罗是古巴当代最杰出的艺术家之一，也是古巴民族艺术史上最有价值的画家之一。遗憾的是，目前中国还未能引进这位古巴国宝级艺术家的个展，让国内观众近距离欣赏其魅力，感受他天马行空的想象。

虽然中古两国在外交等领域一直保持着友好往来，但国内与古巴艺术有关的研究却屈指可数，针对法贝罗的更是空白，这一点与国外形成了鲜明对比，在本文收集的众多文献中，比较有代表性的为 Acosta de Arriba（1995）、Lavandero（1997）、Espinosa de los Monteros（1988）、Padura（1998）、Méndez（2003）、Díaz（2005）、Ortega（2005），综合上述这些研究，我们将法贝罗的艺术生涯划分为三个重要阶段：1972~1983 年、1984~2002 年、2003 年至今。

如前文所述，法贝罗对古巴和世界艺术的重要性及国内有关研究的空白是笔者撰写本文的根本原因。本文以法贝罗的绘画作品为主要研究对象，希望通过对画家和作品的细致介绍及深入分析，使大家对古巴艺术特别是古巴当代绘画艺术有一个大致的了解，并以此推动两国间文化艺术的交流。具体的研究目的可分为以下两点：

（1）对法贝罗艺术生涯三个阶段的绘画作品进行分析。

（2）总结和定义"法贝罗风格"。

二、罗伯托·法贝罗及其艺术轨迹

罗伯托·法贝罗（全名 José Roberto Fabelo Pérez），1950 年 1 月 28 日出生在古巴卡马圭省瓜伊马罗市的一个普通家庭中，是家里的长子，有四个兄弟姐妹。五岁时年幼的法贝罗随父母迁居到首都哈瓦那，此后便定居在那里。自幼法贝罗就显示出与众不同的艺术天赋，经常临摹动画中的人物，有时还会用黏土或蜡制作小动物来进行恶作剧。也正因如此，他从小就与美术结下了不解之缘。13 岁时他参加了阿斯图里亚斯中心少年宫开办的美术兴趣班，而他的老师刚好是里奥波尔多·罗马尼阿克（Leopoldo Romañach）的学生①。

1967 年，17 岁的法贝罗以优异的成绩通过了国立艺术学校（Escuela Nacional de Arte）的考试，之后在这所著名的艺术学府度过了五年时光，而这五年既是他人生的转折点，又是他艺术生涯的起点，为他之后走上绘画之路做好了铺垫。

在研读艺术期间，法贝罗和他的同学尼尔森·多明戈斯等一起获得了塞尔万多·卡布雷拉·莫雷诺（Servando Cabrera Moreno）老师的悉心指导②，尽管那时他已不再担任教师一职，却把毕生经验和所学倾囊相授给这些年轻的艺术家们。可能也正因如此，卡布雷拉老师在创作上的反叛意识和自由精神，可以在法贝罗后来的作品中瞥见。但是对法贝罗影响最大的应该是安东尼娅·艾伊莉丝（Antonia Eiriz）老师，她对法贝罗艺术生涯第二阶段的影响是不可忽略的，这一点在雷昂纳多·帕杜拉·冯德斯（Leonardo Padura Fuentes）对他进行的采访中得到了证实：

一切就好像命中注定一样。当我刚进入艺术学校的时候，遇到了几位好老师，其中就有安东尼娅·艾伊莉丝老师……到现在我还很清晰地记得安东尼娅给我们的影响很大，因为她是个可爱的人，身上有很强的艺术特质，同时她的精神极富影响力。在她的引领下，我们第一次对自己的文化进行了感知和认识。评论家们都认为她的作品是非常尖锐的，具有批判性的……不仅是图像还有创作的方式。这种批判精神对我们而言非常重要。（Padura Fuentes, 1998: 34）

学生时代虽然短暂，但法贝罗在艾伊莉丝老师的教导和影响下，艺术天分得到了充分的滋养，因此在他的创作中随处可见新表现主义的影子，这也为他后来的艺术风格的成型奠定了基础。

（一）法贝罗创作生涯的第一阶段：1972~1983 年

1972 年从学校毕业后，法贝罗的创作开始涉及政治历史题材。因为古巴自1959 年革命胜利以后，在文学艺术领域涌现了许多与革命胜利有关的创作，艺术被视为宣扬和贯彻革命意识形态的武器。在当时的社会背景下，画家也受到了大环境的影响，所以一些艺术批评家认为这一时期法贝罗的作品缺乏创造性：

当时艺术家在选择创作题材时受到了一些艺术外因素的影响，例如革命文化政策和各大画廊的作品展出策略等。创作主题一般集中在政治或历史方面……

---

① 里奥波尔多·罗马尼阿克（全名 Leopoldo Romañach Guillén, 1862~1951）出生于古巴比亚克拉拉省，他被认为是 19 世纪末和 20 世纪古巴最伟大的美术家之一。

② 塞尔万多·卡布雷拉·莫雷诺（Servando Cabrera Moreno, 1923~1981），古巴最具多面才艺的画家之一。至 1965 年，他一直在古巴国立艺术学校担任教师工作。

在分析画家的这些作品时，我们可以发现，虽然技巧很纯熟，制作也很精良，但略显单一，在概念上缺乏创造性。多年以后作者自己也意识到了这一点。（Ortega Núñez，2005：59）

显然这篇文章的作者认为主题的雷同和技术的重复已引发大众审美疲劳，且严重制约了绘画艺术的发展，法贝罗也不能免俗，因为这一时期他的作品墨守成规、缺乏新意，不过却对他高超的技艺给予了肯定。实际上，虽然画作主题雷同，但表现手法却细腻而新颖，细节的塑造独具匠心。法贝罗是一个思维开放且极富创造力的艺术家，他这种不断寻找新的技巧、新的方式来展现同样主题的意识，在其后期艺术创作中也能得以窥见，比如著名的"生命的碎片"（Fragmentos Vitales）和"世界"（Mundos）系列。

但作品中的情感传达远比创作的意义更加重要。在法贝罗这个时期创作的作品中，比较有代表性的是"胜利的安哥拉"（Imágenes de Angola victoriosa）、"何塞·马蒂和工人在坦帕"（Martí y los obreros en Tampa）及"制糖女工"（Muchachas del azúcar）这三个系列，还有《学生游行》（Patria borinqueña N° 1. Manifestación estudiantil y Macheteros）及《砍蔗工人》（Macheteros）等。

1973 年创作的《学生游行》是纸板蛋彩画，以紫色、粉色、蓝色和黑色为主。而当时绘画创作多采用黑白布局，因此这个颜色组合打破常规，显得别具一格，从这一点即可窥见画家的创新意识。凭借着这种敢于尝试的精神，法贝罗于1975 年创作了板画《砍蔗工人》，描绘了一群质朴的工人在甘蔗田里劳动的场景。画面中若干由中心向外扩散的螺旋线条，表现了一种积极的态度和蓬勃的生命力，同时使观者产生眩晕感，仿佛身临其境，与工人们在烈日下一同劳作。

"胜利的安哥拉"组画是法贝罗这一时期最杰出的作品。它一共由七幅纸板画组成，均是根据现成的照片绘制的，这在当时是一种很时髦的技法，但他并不是机械地复制照片内容，而是把它们作为创作题材来参考。换句话说，"他未让绘画或雕刻沦为照片的奴隶"（Lavandero 1977：67）。作品独立于参照物，朴实无华，但在创作思想上略微缺乏新意。

在他初期的作品中，我们可以捕捉到两个基本特征，这两个特征迄今为止依然存在于他的创作中：一是对于浅色和中性背景的偏好；二是刻意在画作中留白。

《游戏》（Juegos）的诞生是法贝罗艺术题材转变的开始。凭借着这幅作品，他获得了 1979 年的阿里斯蒂德斯·费尔南德斯三年展的一等奖。此时，法贝罗放弃了政治、历史及革命胜利题材，转而在诗性空间进行探索，使想象在其创作中更凸显主导地位。比如这幅作品，画面的中心有一只巨大的公鸡，身上骑着一个孩童，营造出一种"超现实主义的氛围"。

1979~1983 年，法贝罗的主要创作风格发生了变化，他不再受潮流左右，开始进行实验性的探索。《游戏》之后，他又接着创作了《基督升天》（*Ascensión*，1980）、《无题》（*Sin título*，1981）、《人物》（*Personajes*，1982）等作品。在最后这幅画作中，人物的形象被扭曲变形，颇为怪诞，从而形成了"法贝罗风格"的萌芽。

（二）罗伯托·法贝罗创作生涯的第二阶段：1984~2002 年

1.《生命的碎片》

1984 年的《生命的碎片》是法贝罗创作生涯中期最重要的作品。该作品标志着逾 10 年的艺术创作初期的终结：曾经，殖民统治的魔爪无情地撕碎着世界的秩序，特别是在何塞·马蒂笔下描绘的"我们的美洲"大陆上更是如此，而这也正是法贝罗在初期创作中主要描绘在丛莽中抗争的起义者的原因。然而，当新的想象力和创造力被唤起，这些主题就渐渐地淡出了画家的创作，《生命的碎片》就是在这种背景下问世的。凭着这幅作品，法贝罗获得了首届哈瓦那双年展阿尔曼多·雷维隆国际绘画奖。

法贝罗笔下的形象，或互相倚靠，或上下相依，或借物表现，或你中有我，常常在同一个画面中体现出接续的、同步的多样性。在这个作品中尤其能感受到现实生活对其创作的显著贡献，使他独树一帜的风格延续至今：首先就表现在作品规格的扩大上；其次则是选择彩铅和牛皮纸的组合。在分析法贝罗艺术创作上的这两点变化时，阿德莱达·德·胡安在古巴国立美术博物馆《生命的碎片》特展的目录中这样写道：

他（对作品）总是有着多方面的诠释，当然，更确切地说，是对讲究线条、对作品大小、对复杂构图在多形式结构中视觉上的享受。

有一个元素在此画作中占据了根本的位置：空间。它时而带有戏剧性的色彩，时而带有尖锐的恐怖感，但永远是一个必不可少的元素。在此前的画作中，空间是虚构的：他通过不拘一格的想象描绘出了各种形象，这些形象会有机地联系和分离。而现在，人物之间的空间已然具有了重要的表现功能；留白的空间绝不是毫无用处，法贝罗让物理空间及留白空间相适应，从而表现出作品形象所想传达的意向。（*Adelaida de Juan, 1988*）

根据上文我们可以看出，法贝罗对作品规格进行了扩增，而关于选择彩色铅笔和牛皮纸的原因，画家本人曾这样说道：

（……）在古巴研究院的时候，有一天我在那里发现了一卷纸。于是我剪下来一块，那块边缘还有一个勾画的人物的轮廓，（……）我想在哪里找根蜡笔，结果找到一只彩铅。然后我便开始画了，最后画出了一个比我还大的人像，于是我就把它卷起来带走了。之后在寻找合适的绘画用纸的时候，我意识到使用传统的纸张是行不通的，因为传统纸张的规格太小，厚度太薄，薄到甚至用手就能弄破。就是因为这个原因我决定选用牛皮纸（作为绘画用纸）（*Espinosa de los Monteros*，1988：30-31）。

在这幅作品中我们可以瞥见前文提到的安东尼娅·艾伊莉丝老师对法贝罗的影响：画中人物形象被扭曲，画家运用晃动及急促的线条来加强人物轮廓，呈现出囚禁于地狱之中的恶魔的形象。在引起观众深深恐惧的同时又对他们进行极致的诱惑。除此之外，法贝罗还在他的创作生涯中首次涉足了装置艺术——此后这种艺术表现形式便一直保留在了他的创作中。每一个作品都自由地贴附在展示空间的墙面上，没有任何的边框对其进行限制。换句话说，画家可以自由地更改每个作品的布局。

彼时，法贝罗对于艺术试验和创新的兴趣激增，特别是在如何处理空间及构图方面。他曾尝试令自己的作品变得更加耐人寻味，更加具有争议色彩，而结果就是其作品从戈雅式风格所具有的尖刻的表现主义况味中汲取营养，获得了一种强烈的个人风格。

1987 年，法贝罗在墨西哥现代艺术博物馆展出了他的一些同名画作，并在当地大获成功。次年，连同在 1984 年获奖的作品一起，他在古巴国立美术馆举办了同样的展览。

在 1987 年版《生命的碎片》中，作者在作品中加入了半人马、人面禽身以及鸟头人身等形象，而这些形象又引起了新一轮的艺术批评。笔者认为，人类和动物形象之间的杂交与混合象征着人与自然间的关系。同样，展品中还能找到诸如双脚被捆住的残疾人、在榻上打盹的恋人等形象。阿德莱达·德·胡安在 1988 年举办的同个展览目录的前言上这样评价这些痛苦和怪诞的形象：

生命的碎片是反映现实生活的片段，（画作中）原本光滑而和谐的线条变得短促而激烈。人类与自然、人的身体与动物的身体、有思想的生物与无生命的物体，它们互相关联，形成了画家独特的创作语境，使这些形象鲜活地立于纸面之上。这个系列的作品遵循某种特定的隐性法则，矛盾和冲突贯穿始终。此外，画家通过床的意象，对生与死、爱与悲、梦与忧进行了隐喻。（*Adelaida de Juan*，1988）

现实元素的应用旨在表现人、动物及日常物品之间的关系。这三者完美结合，构成了壮观的视觉隐喻。它们展示了一则悖论。或者说，一组矛盾的事物，让我们置身于一个暴力与美好并存的世界之中。通过这个系列，作者揭示了一种影射我们生命的强烈情感。

2. 艺术创新的延续

《生命的碎片》的成功激发了法贝罗继续创作的灵感火花，在之后的作品中，他开始关注每天充斥着阿谀奉承和虚情假意的普通人的生活：每一位观众或许都能从画家的作品中找寻到自己的身影，而这一系列画作也标志着法贝罗的创作风格已然走向成熟。另外，他还把工作的重心放在了水彩画上。虽然我们知道法贝罗是一位出色的素描画家，但毫无疑问，他在水彩方面也拥有极高的天赋。从 20 世纪 80 年代起，法贝罗就开始以此形式进行创作，而到了 90 年代，画家更是对其投入了巨大的热情，《小型剧院》（*Pequeño Teatro*，1992-1995）、《小幻想》（*Pequeña Fantasía*，1993）和《滨海大道的防波堤上》（*En el Muro de Malecón*，1996）都是这个时期诞生的作品。

在这一系列的水彩画中，超现实主义的氛围达到了顶峰。这些作品超越了现实生活，恍若梦境，充溢着虚幻和矛盾。画家创造的主人公用裸露的肉体、颇为夸张和挑逗意味的手势或姿势占据整张画纸，使作品充斥着情欲的气息，给观众带来强烈的视觉冲击，甚至让人产生不适的感受。

在《小型剧院》中，我们可以注意到法贝罗为画作注入了一些新的元素，比如对多维度的尝试及在人物头部添加一些内容物。即便在他之后的创作中，我们仍然可以发现这两种新元素的运用，特别是在其创作生涯的第三阶段，三维的概念甚至占据了主体。前文中提到法贝罗绘画生涯早期有两个特点，其中一个就是对于浅色和中性背景的偏好；而此种偏好带来的局限性便是令画家无法跳出二维框架的束缚，让他在创作上变得更加成熟；显然当时法贝罗还没有意识将作品放置到三维空间中进行创作，而在这个系列中，有一幅立体作品，是一个祭坛壁画，由各种大小不一的木雕装饰而成。

在作品中融入日常生活用品可以算作法贝罗的另一个创作特点，且这种特色也一直延续到了他"法贝罗式"创作生涯的第三阶段，在他的两部系列作品展"些许的我"（*Un poco de mí*）及"世界"（*Mundos*）中表现得尤为突出。

1995 年，法贝罗决定重拾油画。早前于 20 世纪 70 年代他曾经零星地创作过一些油画作品，后来却较少涉足。但是这并不意味着画家不精于此；相反地，他精密细致的笔触和手法使他的油画作品极富表现力，正如"绘画"（*Pictórica*）系列及独立画作《圣玛丽亚海滩》（*Playa Santa María*）和《肖像画 16 幅》（16 *retratos*）。

由于"绘画"系列中的人物都是直接绘制于木板之上的，我们可以将其视为画家在继《生命的碎片》之后在非传统作画材料选择方面的又一次尝试。木质的底板让画作带有一种独特的粗糙感；在《圣玛丽亚海滩》中，作者用红色的飞鱼填满了整张画布，连天空之上都是如此；此外，画家还在作品一角画了一幅幕帘，仿佛《小型剧场》的延续。这种用物体填充画布所有空隙，将物体或动物放置在肖像头部或画面四角的方式，我们也能在《肖像画 16 幅》中窥见。

在法贝罗创作生涯的第二阶段里，他经常通过在画面中放置小型物体来表达象征意义，这种方法被看作他最重要的特色之一。有关法贝罗采取这种方法的动机，莱昂纳多·帕杜拉认为：

猫、狗、鸟类、蜥蜴等动物不仅遮住了人物的头部，还压抑了脑海中的想法；藏在面具之后的面孔隐藏了人物真实的性别、表达和情绪。每一个头像都是一段、两段甚至一千段故事。这些故事组成了形形色色的人们，而他们恰恰就是站在作品之前端详艺术家素描、油画、雕塑、水彩、钢笔画的人……每一段故事都指向了一个人物，而这个人物的情况代表了他所处的时代。他们使我们对这个时代的解读并非唯一的、一成不变的，正如伟大艺术都包罗万象，这就是罗伯托·法贝罗的艺术中所展现的……（Padura Fuentes，1998：45-46）

此外，2004 年，艺术家本人在接受马里奥·豪尔赫·穆尼奥斯的采访时也对采取此方法的原因进行了解释：

我一直都对人物画有所偏爱，特别喜欢人物头部对故事和符号的表现力。人物的面部用来表达情绪，是感情交流的场所；而脑袋就像是生活的舞台，它是人体的中心，在那里迸发出各式各样的想法。当一个人看向他人的时候，首先看到的就是他的头、脸孔、表情、性格及身份；另外，脑袋还是疯狂、幻觉、空想、计划、希望、绝望的载体。换句话说，人的头部，包括动物的头部也一样，它们一直能对我造成冲击。我时常会观察各式各样的面孔，并且不只是单纯地去临摹，而是看看是否能够深入地理解它们，体会到一些更深层次的东西。（Muñoz，2004）

事实上，法贝罗作品所想展现的是人们生活的状态。观众在欣赏这些作品时产生的情感和想法也是因人而异的。第二阶段对于艺术家本人来说意义非凡，因为在这个阶段，他的作品开始进入国际市场。值得一提的是，市场并没有限制他的创作范围，反而为他提供了机遇，将作品推向更广阔舞台。从这个方面来讲，法贝罗在此阶段的作品是成熟的，带有实验性质的，同时包含国际视野。它们所体现的梦幻的、抒情诗般的艺术性构成了他强烈的个人风格，使他成为世界画坛上一位受人尊敬的人物。

（三）罗伯托·法贝罗创作生涯的第三阶段：2003 年至今

自《生命的碎片》获得极大成功后，法贝罗开始声名鹊起，但他仍然没有停止将新的灵感付诸实践的脚步。第三阶段画家延续了此前的两个基本创作理念：对新材料的探索及将日常用品作为创作元素。

1. "些许的我"

2003 年 5 月，"些许的我"在古巴国立美术博物馆的展出标志着法贝罗艺术创作生涯第三阶段的开端。公众对此次个展的期待值空前的高，这是因为当时的法贝罗已然占据了古巴现代艺术中不可或缺的一席。

在这之前我们已经讨论过一些法贝罗早年间饱受赞誉的装置艺术，而其中最为杰出的两个就是我们此前已经数次提到过的"些许的我"和"世界"系列。这一次，法贝罗强调了三维概念的应用，还增加了物件的数量；此外，作品凸显的主题变成了人类正在面临的各种严峻问题，像是饥荒、人口过多、污染、资源过度开采等。伴随着古巴越来越多地参与到国际事务中，法贝罗也渐渐地将自己的目光投向了更为广泛的领域，而这与他艺术生涯第二阶段中创造的那个梦呓与抒情诗般的世界截然不同。由于本文的主要研究对象是法贝罗的绘画作品，我们在此选取其中的几幅进行详细的解读；另外，考虑到说明的完整性，我们还会关注该艺术家的一些装置艺术作品。

"些许的我"的中心主题是贫瘠与欠发达。我们能够看到画家在作品中展现的物件，如餐桌、餐具（盆子、刀叉、罐子）等，是与人类一直以来面临的难题例如"生存""物资匮乏""挥霍浪费""放纵和过剩"等息息相关的，就像《餐桌》（La mesa）和《谋生》（Ganarse el pan）中所表现的那样。此外，该展览还展出了与生态文明主题有关的作品，比如《内海》（Mar interior）。而在如此繁多的展品中，最为引人注目的是作品《咖啡塔》（Cafedral），由上百个旧咖啡壶拼搭在一起，形成一个封闭的空间，而空间内部则放置了多面镜子。这个作品作为永久展品，至今仍然陈列在哈瓦那的古巴国立美术馆中。

法贝罗认为创作是一种难以戒除的嗜好，所以他总是用各种形式进行艺术创作，如素描、水彩和油画。这一点在此次个展中也体现了出来，例如《犬不食犬，但……》（水彩）、《15 幅疯狂肖像画》系列的几幅作品（水彩）、《些许的我》（木板油画）及《曼密苹果》（水彩）。

油画《些许的我》是法贝罗的自画像。画作中画家在自己的头上描绘了一些时常出现在他作品中的形象，比如狗、公鸡、美人鱼，当然还有裸体女人。此外，在太阳穴的位置有一个水龙头，从中淌出的水流象征着画家艺术创作的灵感源源不断。画作的色彩饱和，整体色调容易让人产生短暂的目眩感，而直接在木板上作画的方式则赋予作品一种粗糙的质感。不得不说，这些元素的巧妙组合与运用在第一时间便抓住了观众的眼球。

相较于雕塑和装置艺术的创作，法贝罗在个展的油画和素描作品上并未使用过多的新技巧，他把注意力集中在对主题的表现上，正如展品目录中定义的一样：

在精美的大张卡纸上，法贝罗为我们揭开了艺术神秘的面纱，他对色彩的娴熟运用无人可比，而这无疑透露着他作为画家所拥有的过人天资。

除去那些精神上光怪陆离的形变外，在他拥有魔力的画笔下，他所创造的生灵，都像是受过洗礼般，如焕新生，留存在了看似不经意的色彩与画作中；这所有种种，不是别的什么，恰好就是画家在创作时一次次所坚持的，对美的追求。
（Spengler，2003）

2."世界"

在"些许的我"个展仅仅一年多后，法贝罗的另一个系列作品又在公众之间引发了热烈的讨论，这便是他的"世界"系列。虽然《些许的我》珠玉在前，想要超越前作难度很大。但这次他花费了更多的时间构思作品的主题，以及如何将新材料和日常物品更多地应用到创作中。

五个体积庞大的球体构建了整个展览的主要理念。通过对五个球体的呈现，艺术家想表现的是其对世界的思考。它们分别由上千只蟑螂的标本、动物的骨头、煤块、弹壳及餐具和发泡器拼接而成。选用这些物品的灵感来自日常生活，它们代表了一个被污染的、过度开采的、战乱的、人口过剩和饥荒横行的世界，让人联想到如果人类继续放任无度地向自然索取，未来世界将变成何等混乱的场景，而这些都是滥用"人权"的后果。

《卡夫卡的世界》（Mundo K）是法贝罗对青少年时期最喜爱的文学家弗兰兹·卡夫卡（Franz Kafka）的致敬。作品中他描绘了卡夫卡《变形记》里的主人公：一只长着作者模样的巨型蟑螂。这一次法贝罗使用了一种特殊的有机材料，直接造成感官上的强烈冲击。针对这个作品的创作意图，他谈道：

我是因为《变形记》才把这个作品命名为《卡夫卡的世界》的。在我看来，他的作品用深刻的、充满人性但又尖锐的目光审视了本我和自我之间的关系。这个世界从前是，现在也是卡夫卡式的。因此，我决定使用蟑螂（Díaz，2005）。

考虑到在之前提到的"世界"系列作品中，五个球形物体里的其中一个是由蟑螂标本制成，所以《卡夫卡的世界》作品中独特的"变形"理念亦可看作前作的回响和延续。

除了包含五个球状物的作品，"世界"展览中还不得不提到《相互的世界》（Mundo de reciprocidad）和《蔷薇世界》（Mundo rosa）两幅作品。作品中出现的情欲主义很好地诠释了人性。其他作品，诸如《安东尼奥·马塞奥像》（Retrato de Antonio Maceo）、《泉》（La fuente）、《无题》（Sin título）、《马蒂》（Martí）、《光的世界》（Mundo de luz）都呼应了"世界"的主题，将现实的问题呈现在观众眼前，发人深省。

在继续保持不断引入新的创作技法和加快完善自身创作成熟度的前提下，法贝罗艺术创作生涯第三阶段的作品兼具细腻与讽刺，囊括对社会的批判，同时又包含着对人类弱点的理解。在其作品中，伦理道德的概念与美学理念相互交融，密不可分。同时，这一阶段的作品所蕴含的思想更为深邃，创作技巧更为新颖，艺术家对装置艺术概念的理解更加透彻，这一切不仅让他成为古巴当代艺术界无可替代的重要人物，同时也使古巴艺术获得了世界的关注。因此，探索法贝罗作品中的古巴艺术特性和其世界性就显得尤为重要。

三、结 论

在本文主要研究的法贝罗艺术创作生涯的三个阶段中，我们把目光聚焦在了第二阶段，从著名的《生命的碎片》的诞生到艺术家创作《些许的我》的前夕，也就是第三阶段的开端之前。

1972 年，在艺术学校毕业后，法贝罗开始进行关于当时政治历史题材的创作。这一时期一直持续到了 1983 年，这个阶段的最后一幅作品名为《游戏》；接下来的创作才是《生命的碎片》：由蜡笔描绘的形象在牛皮纸上栩栩如生，跳脱出了此前画纸边框的束缚。处在艺术创作生涯第一阶段的画家展现了高超的绘画技巧和萌发了绘画技术革新的意识，不过在艺术创新方面的匮乏还是制约了该阶段的发展。这一时期他的作品有《胜利的安哥拉》《何塞·马蒂和工人在坦帕》《制糖女工》《娱乐》和《人物》系列等；另外，还有独立画作《学生游行》《砍蔗工人》《游戏》《基督升天》和《无题》。

法贝罗艺术创作生涯的第二阶段由《生命的碎片》开始，该作品和其后的创作一起构成了极富艺术家个性的世界。而画家在此阶段对自己的创作风格做出了改变：作品围绕人性展开探讨，对新材料的使用进行探索，如选用牛皮纸还有蜡笔做画材，扩大作品的规格，以及对装置艺术的尝试。1987 年"生命的碎片"系列展览是前作的延续，而在新作中画家添加了一些水彩画的作品，比如《小型剧院》(1992~1995)，《小幻想》(1993) 和《滨海大道的防波堤上》(1996)。此外还有油画作品，如"绘画"系列及独立画作《圣玛丽亚海滩》和《肖像画 16幅》。通过这些作品，法贝罗完完全全沉浸在了荒唐怪诞的世界中，其作品中时常会出现人兽结合的形象，超现实的氛围，极具挑逗性的情欲气息，尤其还有对于日常生活用具、动物及各种意象的复杂堆砌。九年间，法贝罗一直都没有放弃对新事物的探寻，而这也是他艺术生涯里的一段黄金时期。

"些许的我"和"世界"系列确立了艺术家创作的三维概念，同时作者在创作时还大大增加了物件的数量。凭借这两场展出，法贝罗的创作达到了概念上的成熟，也令他更加关注一些如贫困与落后这些更为全球性的主题，从而通过作品唤起观众的反思。作为其创作生涯第三阶段的标志，这两个系列作品展览大大提升了他在国内及世界上的知名度。

最后，为了突出本文的主要结论，我们在此进一步概括什么是"法贝罗风格"：怪诞的戏剧人物形象，以及在人物头上添加的各种具有象征意义的事物，为美术爱好者打造了一个梦呓的、抒情诗般的世界，带领他们在其中遨游。通过艺术家杰出的艺术表现力，我们能够切身体会到他所传达的"古巴意识"，也能以更加全球性的视角看待这片方兴未艾的热土，激励更多的学者对其开展更深入的研究。

参考文献

[1] Acosta de Arriba, Rafael. Fabelo y los dones del trasmundo, *La Gaceta de Cuba*, n° 5, 1995：3-5.

[2] Adelaida de Juan. Catálogo de la exposición de *los FragmentosVitales*, Museo Nacional de Bellas Artes, La Habana, 1988.

[3] Díaz, Estrella. Mundos, según Fabelo, *La Jiribilla*, 2005.

[4] Espinosa de los Monteros, Santiago. Roberto Fabelo：crayón sobre papel kraft, *Revista de la Universidad de México*, México, 1988：30-31.

[5] Lavandero, Teresa. Fabelo：estudio ligero sobre el papel, en Revolución y Cultura, n° 58, La Habana, 1997：64-67.

[6] Muñoz, Mario Jorge. Roberto Fabelo (entrevista), *La Jiribilla*, Nro. 182. La Habana, 2004.

[7] Méndez Montero, Hortensia. Catálogo de la exposición *Fabelo, Un poco de mí*. Museo Nacional de Bellas Artes, *Colección Arte Cubano*, La Habana, abril de 2003.

[8] Ortega Núñez, Piter. La obra plástica de Roberto Fabelo, Facultad de Artes y Letras, Universidad de La Habana, 2005. (inédito)

[9] Padura Fuentes, Leonardo. De la cabeza a los pies, en *Opus Habana* n° 3, La Habana, 1998：32-39.

[10] Spengler, Eusebio Leal. Catálogo de la muestra *Un poco de mí*, Museo Nacional de Bellas Artes, *Colección Arte Cubano*, La Habana, abril de 2003.

附录
《2019 年拉丁美洲蓝皮书》
英文和西语摘要汇总

Appendix: Summary of All the English and Spanish Abstracts for 2019 Blue Book of Latin America

Introduction: Latin America Becoming a Region of Turbulence

Xu Yicong

Abstract: Based on the analysis of the gradual evolution of the situation in Latin America and the Caribbean in recent years, and on the basis of enumerating the changes caused by the latest developments in Cuba, Venezuela, Ecuador, Chile, Bolivia and other countries, this paper combs the complex causes of instability and disputes, and draws the conclusion that Latin America is becoming a region of turbulence. At the same time, the author also holds that under the action of internal and external factors, Latin America and the Caribbean will face a new stage with more problems from a relatively calm situation where they are in now. The internal contradictions of the countries of the region will be expanded and made public, and their internal and external relations will also have some changes. Although from the current situation and possible consequences, the region is not likely to start a large-scale war. Therefore, relevant research institutions shall take it as their unshirkable responsibility to increase attention to and have in-depth discussions on the issues of the region.

Key words: Latin America heat; Monroe Doctrine; region of turbulence; China-Latin America community with a shared future

Report on Overall Arrangements for China-Latin America Cooperation

Enrique Dussel Peters

Abstract: This paper discusses the overall arrangements and processes for China-Latin America cooperation since the beginning of the 21st century in a systematically manner, especially under the background of the complex and changeable international politics and economy in recent years. The entry point of the article includes five general and specificissues of China-Latin America relations: ①broader geo-strategic and diplomatic issues to promote understanding of the current tension between China and the United States; ②China's proposal for the process of globalization; ③ the concept of "new triangular relations" and the challenges faced by Latin Americaand the Caribbean under the China-U. S. tension; ④specific developments and structures in trade, foreign direct investment, finance and infrastructure; ⑤ the institutional system between the region of Latin America and the Caribbean and China. Then, on the basis of the analysis of the operational effects of these topics, the author puts forward a series of suggestions: ①Specialized institutions should encourage public, private and academic discussions on the relations among the United States, China and Latin America; ②Countries in Latin America and the Caribbean should understand in detail the proposal of globalization with Chinese characteristics put forward by China concerning both bilateral and regional cooperation; ③In the area of trade, despite the huge technical gap, countries in Latin America and the Caribbean should establish bilateral and regional institutions such as Community of Latin American and Caribbean States (CELAC) to take advantage of the mechanisms proposed by China in the two white books and promote bilateral trade relations with China through these mechanisms; ④The governments of the countries of the region must clarify whether China's financing, outward foreign direct investment (OFDI) and infrastructure projects are suitable for their own development needs.

Key words: Economic and trade cooperation; New triangular relations; CELAC; Infrastructure

Report on China—Latin America Economic and Trade Relations

Huang Lei, Liang Yunzhen, Zhang Yi

Abstract: Since 2017, the world economy has experienced great volatility, and the pace of economic recovery has gradually slowed down. Trade protectionism in developed countries is on the rise, international inflation is high, and the economic growth of developing countries, especially emerging economies, is facing great uncertainty. However, the upward trend in the international status of emerging economies is becoming clearer and the balance of power in the world landscape is changing. In this context, China and countries and regions in Latin America and the Caribbean have closer exchanges. With the help of globalization, technological progress, the rise of emerging economies and the Belt and Road Initiative, China—Latin America relations have embarked on a rapid development channel, and the opportunities for complementary cooperation between China and Latin America in the global value chain are highlighted. However, the challenges are also obvious, such as the recognition of China's status in Latin American countries, the most effective way of cooperation between China and Latin America, and the investment environment in Latin American countries. The author believes that to promote cooperation between China and Latin America, we should make use of complementary advantages, make clear the key areas of cooperation, increase the identity of cooperation objectives, attach importance to the cooperation methods in different countries, properly deal with foreign factors, and improve the efficiency and quality of cooperation on the basis of increasing the quantity of cooperation projects.

Key words: China—Latin American economic and trade relations; Global value chain; Complementary advantages; Emerging economies

Report on Major Latin American Countries' Competitiveness in International Service Trade and Prospect of China–Latin America Cooperation

Sun Xiuli

Abstract: Based on the data of the United Nations Conference on Trade and Development (UNCTAD) database from 2005 to 2018, this paper evaluates and analyzes the competitiveness and its evolution of service trade in seven Latin American countries, namely Argentina, Brazil, Chile, Colombia, Mexico, Peru and Venezuela in 2018 by using international market share, TC index and RCA index. The results show that the structure of service trade in seven Latin American countries is unreasonable with the proportion of traditional service trade items on the high side and the industry is overall lack of competitiveness with its competitive advantage generally concentrated in the traditional service trade items. But luckily, some of the new service trade items have a good momentum of development, and already have a strong competitive advantage. Finally, this paper analyses the prospect of further cooperation in the field of service trade between China and Latin America.

Key words: International service trade; Competitiveness; Latin America

Influence of Exchange Rate Changes on Dual Margins of China's Export to Latin America and the Caribbean

Kong Shuai

Abstract: Based on the data of 2000 to 2006 from Chinese Industrial Enterprises Database and Chinese Customs Import and Export Trade Database of Chinese export enterprises to Latin America and the Caribbean, the author conducts an empirical analysis of the extent to which exchange rate changes affect the dual margins of Chinese enterprises' export to Latin America and the Caribbean. At the same time, by introducing the differences of enterprises in productivity, enterprise size and other six aspects, this paper further empirically examines the role of enterprise differences in how exchange rate changes affect the dual margins of China's export growth to Latin America and the Caribbean. The main conclusions are as follows: first, exchange rate changes have a significant negative impact on the dual margins of export growth of Chinese enterprises to Latin America and the Caribbean. The appreciation of RMB exchange rate not only affects the export decision-making behavior of enterprises, but also has a significant negative impact on the price, quantity and volume of enterprises' export. Second, the increase of exchange rate has a significantly larger impact on the extensive margin than the intensive margin of Chinese enterprises' export to Latin America and the Caribbean. Third, in terms of the intensive margin, enterprises mainly deal with exchange rate changes through the change of export quantity. Fourth, the existence of enterprise differences makes enterprises adopt different coping behaviors in the face of exchange rate changes.

Key words: Exchange rate changes; Latin America and the Caribbean; Export; Dual margins

A Comparative Study on the Scale and Risk of Government Debt in Major Latin American Countries

Li Cuilan

Abstract: Under the condition that the global economy is in the doldrums, most countries have adopted active fiscal policy and loose monetary policy, and the scale of global debt has increased sharply. Government debt plays a double-edged role in a country's macroeconomic development and economic policy choice. As to how to give full play to the positive effect of Latin American government debt and avoid the occurrence of debt crisis, it is necessary to deeply analyze the scale and risk of Latin American government debt, so that Latin American countries can effectively implement fiscal policy and avoid debt risk according to their own actual situation. In this paper, six major Latin American countries, namely Brazil, Argentina, Mexico, Colombia, Chile and Peru, are selected as the research objects. A comparative study is carried out on the scale and risk of their government debt. It is concluded that the government debt risk of Argentina and Brazil is larger at present, followed by that of Mexico, Colombia and Peru, and that of Chile is relatively smaller. Through the comparison of the scale and risk of government debt in Latin American countries, this paper summarizes the main existing problems and strategies.

Key words: Major Latin American countries; Government debt scale; Government debt risk

China-Chile Free Trade Agreement and Its Impact on Chile's Export of Non-Metals

Guillermo Yanez

Abstract: This paper adopts the method of quantitative researchto analyze the motivation and trend of Chile's export of non-metals under the background of China-Chile Free Trade Agreement. To carry out research on the impact on the export of non-metals of different regions of Chile, the author divided Chile into 16 regions from north to south (equivalent to Chinese provinces) and assigned each region a number according to its latitude. The findings of research on the export of these regions show that in the context of China-Chile Free Trade Agreement, Chile's export has seen a significant increase. In addition, the increase in export is not only seen in the mining industry in the Atacama desert in northern Chile, but also in agriculture, animal husbandry and forestry. This paper provides some views on the positive impact on Chile's export industry other than copper. For example, the export volume of non-metals in northern Chile and parts of Patagonia is much larger than that of metals, though the export of copper in the Antofagasta region reaches more than 90% of the national copper export volume, the positive effect of Free Trade Agreement on Chile's regional economic development is far beyond this.

Key words: China-Chile Free Trade Agreement; Individual observation; Logarithmic form; Export of non-metals

Problems and Countermeasures of Guangdong—Latin America Investment and Trade Cooperation in the Context of the Belt and Road Initiative

Zhu Wenzhong, Sun Xinqi, Zhang Yanfang

Abstract: In recent years, the economic and trade ties between China and Latin America is becoming closer and closer. The great idea of building Belt and Road Initiative has extended to the Latin American mainland in an all—round way in 2018. Guangdong plays the role of a pioneer of China's opening to the outside world. In such context, the trade and investment cooperation between Guangdong and Latin America is facing a period of great strategic opportunities. Based on the analysis of the data of import and export trade and investment cooperation between Guangdong and Latin American countries, this paper puts forward some countermeasures and suggestions for the development of Guangdong—Latin America trade and investment cooperation from the aspects of grasping policy advantages, enhancing the complementary advantages of resources and developing new business type of service trade. In addition, there is great room for Guangdong enterprises to invest in Latin America. There are some practical problems of Guangdong's investment in Latin American countries, such as small scale of investment, uneven regional distribution, high concentration of certain industries, high investment risk and so on. This paper also puts forward corresponding suggestions and countermeasures for these problems.

Key words: Foreign trade; Investment cooperation; Guangdong and Latin American countries; Current development; Countermeasure study

Latest Trend of China-Mexico Economic and Trade Cooperation

Corona Chong Irving Oliver, Zhang Yi, Huang Lei

Abstract: In the past four decades, China and Mexico have made remarkable progress in strengthening diversified cooperation and deepening the inclusive agenda, which has laid the foundation for the establishment of a new model of bilateral economic and trade cooperation that is harmonious, mutually beneficial and win-win. Nowadays, due to the change of policy orientation in Mexico, the rapid development of China's economy and the transformation of the international economic situation, the economic and trade cooperation between China and Mexico is gradually deepening. In this period, the economic and trade cooperation between China and Mexico has seen not only some new development opportunities, but also a series of severe challenges. How to correctly grasp the opportunity for cooperative development and achieve coordinated development at a fast pace has become a priority of China and Mexico.

Key words: China; Mexico; China-Mexico economic and trade relations; Economic development; Cooperation; Competition

Trump Administration's Policy of Extreme Pressure on Venezuela

Huang Zhong

Abstract：The Trump administration mainly implements the policy of extreme pressure on the Maduro regime by three major means, namely economic and personal sanctions, diplomatic containment and political infiltration, and military threats and participation in coups. As far as the reasons are concerned, election politics, the negative impact of Venezuela on the current regional security policy of the United States and the new situation of the game among the major powers in Latin America are the new reasons for the Trump administration to adopt this policy. It is true that Venezuela will suffer great losses due to the pressure from the Trump administration, and the humanitarian disaster will further aggravate. However, the United States is also facing the dilemma of extreme pressure. The United States will not achieve its fundamental goals, its influence in Latin America will also be damaged, and its international image will be even worse.

Key words：The United States; Venezuela; Extreme pressure

Mexico's Development and Challenges after the Left-Wing Came to Power

Zhang Xinyu

Abstract: 2019 is the first year that Mexican left-wing President López Obrador came to power, and his policy shows the characteristics of political populism, economic nationalism and diplomatic traditionalism. The continued high approval rating since Lópeztook office, coupled with the fact that his ruling coalition won a majority in Congress for the first time, creates more possibilities for the formulation and implementation of his policy. In 2019, Mexico's economy maintained a low-speed growth trend, and violent crime is still the most prominent social problem in Mexico. Mexico's left-wing government has continued to maintain close relations with the United States through the re-signing of the North American Free Trade Agreement (NAFTA). Through pluralistic diplomacy, Mexico's economic and trade cooperation with other countries is also expanding. At present, bilateral relations between China and Mexico are in a state of stable development.

Key words: Mexico; Left-wing government; US-Mexico relations; China-Mexico

A Brief Analysis of Brazil's Social Security System Reform in 2019 —Background and Present Situation

Liang Yuxi, Yang Jing

Abstract: Since the introduction of the social security system in the 1920s, successive Brazilian governments have devoted themselves to strengthening legislative supervision and expanding the scope of coverageto have more people enjoy of benefits of social welfare. Since the 1990s, new challenges have emerged in Brazilian society, such as aging population, declining fertility and increasing life expectancy, and the Brazilian government has begun to focus on the reform of the social security system aimed at ensuring fairness and sustainability. In 2019, President Bosonaro submitted the Constitutional Amendment 06/2019 to the National Assembly, formally placing social security reform on the agenda of the National Assembly. The reform involves contributions, retirement conditions, pension calculations and fund management models, with savings of BRL 1 trillion over 10 years. Although the many games and compromises required to amend the constitution mean a discount on the effectiveness of the reform, it is still a significant achievement of the controversial Bosonaro government in the long run.

Key words: Brazil; Social security; Reform; Constitutional Amendment 06/2019

A Study on the Contemporary Implicit Language Strategy in Mexico

Chen Yi, Chen Ning

Abstract: Language is not only a tool of communication between human individuals, but also an important means of forming ethnic and national identity. As a multi-ethnic country, Mexico's linguistic diversity is self-evident. It is estimated that there may be 140 languages in Mexico before colonization. 68 languages are currently recognized as independent languages and are used by the Indian community. In 2003, the Federal Government of Mexico promulgated the Native American Languages Act (NALA), which provides that Spanish, together with the 68 Indian languages, has the legal status of the national language. In addition, institutions have been established to protect and promote the transmission and use of the languages of the Indian communities. However, so far, no ideal practical results have been achieved. For example, Spanish is still widely recognized by the national and foreign public as the official language of Mexico, while the number of speakers in Indian languages continues to decline.

The Mexican Government's act of enacting laws on language belongs to language planning, that is, public power, social groups and individuals adopt attitudes and choose from domestic language resources. Academic circles put forward different classification methods for language planning behaviors, such as explicit and implicit language strategies, both of which have an impact on language resources. At present, most of the studies mainly focus on explicit language and official policy, and there is little mention of implicit language strategy. Therefore, based on the implicit language strategy, this paper attempts to analyze the causes of the imbalance of language resources in practice.

Key words: Mexico; Native American; Language policy; Implicit language strategy; Language planning

Costa Rica's Practice of Responsible Tourism and Its Reference for China's Tourism Industry

Wu Yiming, Gao Wenjing

Abstract: In recent years, China's tourism has made remarkable achievements, but many problems of sustainable development have become more and more prominent. The purpose of this paper is to analyze the practice of responsible tourism in Costa Rica, summarize its experience, and put forward a feasible policy framework of responsible tourism in accordance with Chinese characteristics, combined with the existing research results of scholars in China and other countries on responsible tourism.

Key words: Tourism; Responsible tourism in Costa Rica; Practical experience for reference

A Survey of Chinese College Students' Understanding of Relations between China and Latin America

Yang Xiaoyan, Liu Jinyi

Abstract: With the close exchanges and cooperation between China and Latin America in politics, economy, society and culture, the mutual understanding between China and Latin America needs to be strengthened. The mutual understanding between China and Latin America is the premise of mutual trust, and it is also the public opinion foundation to deepen China-Latin America relations. Chinese college students are full of vitality and have great potential, and their view on Latin America and China-Latin America relations is of great significance for the Chinese people to understand Latin America. In light of this, this paper adopts the scale developed by the Institute of Latin American Studies of the Chinese Academy of Social Sciences to investigate the college students from three schools in Guangzhou. The results show that Chinese college students' understanding of Latin America is relatively weak as a whole. The Chinese college students are basically satisfied with the present China-Latin America relations and are full of hope for their development prospect. And the main channel for Chinese college students to obtain information about Latin Americais the mass media. In addition, there are differences in the understanding of Latin America among college students from different schools.

Key words: China-Latin America relations; Survey; Guangzhou; College students

Marketing Strategy of China's White Goods in Latin America—A Case Study of Gree

Wang Jiaqi, Wu Yiming

Abstract: In recent years, the Belt and Road Initiative has gradually extended to Latin America and the Caribbean, which has effectively promoted the development of China's white goods in the overseas market, especially the Latin American market. At present, Latin America has become one of the largest export markets of white goods in China. However, a number of brands in the industry still face many obstacles to the development of the Latin American market. Taking Gree Electric Appliances as an example, this paper discusses the international development of Chinese brands of white goods in Latin American market.

Key words: White goods; Latin American market; Gree Electric Appliances; Marketing strategy

Network Communication of Lingnan Culture in Spanish—Speaking Countries —From the Perspective of YouTube

Li Zixin, Chen Xing

Abstract: Lingnan culture is an important part of the traditional Chinese culture. The Lingnan area in which it sprouted, as one of the earliest areas of China opened to the outside world and having the most intense cultural collision between the east and the west, is at the forefront of the strategic deployment of Chinese culture "going out" in an all—round way. In recent years, with the increasingly close economic exchanges between Lingnan and Spanish—speaking countries, culture and how to spread it synchronously have become topics of concern to the whole society. With media becoming the main means of spreading a country's culture and cultural competition existing all over the world, it is of great significance to study the network communication of Lingnan culture in Spanish—speaking countries so as to give full play to the advantages of existing resources, take advantage of new media platforms, and improve communication strategies and means.

Key words: Lingnan culture; Network communication; Spanish; YouTube

Roberto Fabelo—A Seeker After the Artistic Characteristics of Cuba in Dreams and Poetic Conceptions

Liu Liu, Yao Kaizhou

Abstract: As a representative of contemporary Cuban artists, Roberto Fabelohas gained popularity for his creative works. His works have brought great attention to him in Cuba and other countries. Among the series of works he has created, his paintings are particularly famous, such as *Mundo K* on display in his *World* exhibition, and his early work *Peque ñ o Teatro*, which perfectly shows the painter's superb skill and unique style. This paper will introduce his artistic career in terms of three stages, focusing on his personal art exhibition and the representative works of each period. This paper will also analyze in detail his paintings, and summarize the characteristics of the Farbelo style.

Key words: Roberto Fabelo; Cuba; Art; Latin American Culture

Introducción: América Latina se estáconvirtiendo en una región agitada

XuYicong

Resumen: Basado en el análisis de la evolución gradual de la situación en América Latina y el Caribe (ALC) en los últimos años, este artículo clasifica la dinámica compleja de la agitación y las disputas sobre la base de enumerar los últimos cambios en Cuba, Venezuela y Ecuador, Chile y Bolivia. La conclusión es que "América Latina está cerca de convertirse en una región llena de acontecimientos". Al mismo tiempo, el autor también tiene una visión a largo plazo: ALC pasará de la calma relativa a una nueva etapa con más problemas bajo la influencia de factores internos y externos. Las contradicciones internas de varios países se ampliarán y se harán públicas, y las relaciones internas y externas de los países regionales tambiénhabrá algunos cambios de diferentes tamaños, aunque a partir de la situación actual y las consecuencias, es poco probable que la región forme guerra a gran escala. Por lo tanto, aumentar la atención y las discusiones en profundidad debería ser la responsabilidad inevitable de las instituciones de investigación.

Palabras clave: Fiebre Latinoamericana; Doctrina Monroe; Período Agitado, Comunidad de Destino Común China-ALC

Informe general sobre lacooperación entre China y América Latina

Enrique Dussel Peters

Resumen：Este artículo explora sistemáticamente la disposición general y el progreso del avance entre China y América Latina y su futuro desde principios del siglo XXI, especialmente en el contexto de la situacióncompleja y cambiante de política y economía internacional de los últimos años. El autor empieza por cinco temas de asuntos generales y especiales en las relaciones entre China y América Latina：① temas geoestratégicos y diplomáticos generales para comprender las tensiones actuales entre los Estados Unidos y China；②la propuesta de China de un proceso de globalización；③el concepto de "nueva relación triangular" y los desafíos de América Latina y el Caribe (ALC) debido a las crecientes tensiones entre Estados Unidos y China；④particular desarrollos y estructuras en comercio, inversión extranjera directa, financiamiento e infraestructura；y ⑤el institucional marco entre ALC y China. A continuación, a partir del análisis de los efectos de la operación sobre estos temas, el autor hizo una serie de recomendaciones：① Crear, mejorar, ampliar y profundizar instituciones específicas para discutir la relación entre Estados Unidos, China y ALC en campos públicos, privados y académicos de los tres países / regiones；②los países de ALC, tanto a nivel bilateral como regional, deben comprender en detalle la propuesta de globalización de China con características chinas；③en términos de comercio, los países de ALC, bilateral y regionalmente a través de instituciones como CELAC, deben usar los mecanismos propuestos por China en los dos Libros Blancos y otros mecanismos específicos para mejorar la relación comercial bilateral；y ④los gobiernos de ALC deben determinar si la financiación china, las inversiones extranjeras directas y los proyectos de infraestructura se ajustan a las necesidades de desarrollo de ALC.

Palabras clave：Cooperación Económica y Comercial；Nueva Relación Triangular；CELAC；Infraestructura

Informe de desarrollo de las relaciones económicas y comerciales entre Estados Unidos, China y ALC

Huang Lei, Liang Yunzhen, Zhang Yi

Resumen: Desde 2017, la economía mundial ha experimentado una mayor volatilidad, y la recuperación económica se ha desacelerado gradualmente: el aumento del proteccionismo por parte de los países desarrollados, la alta inflación internacional, así como la gran incertidumbre queenfrenta el crecimiento económico de los países en desarrollo, especialmente las economías emergentes. Sin embargo, el creciente estatus internacional de las economías emergentes se está volviendo cada vez más claro, y el equilibrio de poder en la estructura mundial está cambiando. En este contexto, la relación entre China y los países y regiones de América Latina se haacercado. Con la ayuda de la globalización, el progreso tecnológico, el surgimiento de las economías emergentes y la iniciativa "La Franja y la Ruta", las relaciones entre China y América Latina han entrado en un camino de desarrollo rápido, y se han destacado las oportunidades de cooperación complementaria entre China y América Latina en la cadena de valor global. Sin embargo, los desafíos existentes también son obvios: por ejemplo, la percepción de los países latinoamericanos sobre el estado de China, el modo de cooperación económica más eficaz entre China y América Latina y el entorno de inversión de los países latinoamericanos necesitan mayor consideración. El autor cree que la cooperación entre China y América Latina debe centrarse en la complementariedad de las ventajas, aclarar el enfoque de la cooperación, aumentar el reconocimiento de los objetivos de cooperación de ambas partes, valorar las diferencias en los métodos de cooperación del país y manejar adecuadamente los factores extraterritoriales. Al mismo tiempo, mejorar la eficiencia y la calidad de la cooperación sobre la base de promover la cantidad.

Palabras clave：Relaciones Económicas y Comerciales entre China yAmérica Latina；Cadena de Valor Global；Ventajas Complementarias；Economías Emergentes

Competitividad en el comercio de servicios de los principales países de América Latina e Informe de Perspectiva de Cooperación China-América Latina

Sun Xiuli

Resumen: En este artículo se elija datos de 2005 a 2018 de la base de datos de la Conferencia de las Naciones Unidas sobre Comercio y Desarrollo (conocido como UNCTAD), utilizando la cuota de mercado internacional, índice de competitividade índice VCR de los siete países de América Latina (Argentina, Brasil, Chile, Colombia, México, Perú y Venezuela), se evalúa y analiza la competitividad general y el desglose del comercio de servicios y su evolución de 2005 a 2018, y los resultados muestran que la estructura del comercio de servicios en los siete países latinoamericanos no es razonable, y la proporción del desglose del comercio de servicios tradicional es alto; el comercio de servicios en su conjunto carece de competitividad, y las ventajas competitivas generalmente se concentran en los artículos de servicios tradicionales, y la buena noticia es que algunos artículos de servicios emergentes tienen un buen impulso de desarrollo y ya tienen fuertes ventajas competitivas. Finalmente, se analiza la cooperación del futuro en el campo del comercio de servicios entre China y América Latina.

Palabras clave: Comercio de Servicios; Competitividad; América Latina

Impacto del cambio detasa de cambio en el doble margen de las exportaciones de China a América Latina y el Caribe

Kong Shuai

Resumen: Según datos de 2000-2006 de base de datos de empresas industriales chinos exportados a ALC y base de datos de Comercio Aduanero de Importación y Exportación de China, Analizamos en qué medida los cambios en el tipo de cambio afectan el doble margen de las exportaciones de las empresas chinas a América Latina y el Caribe. Al mismo tiempo, al introducir la heterogeneidad de las empresas en seis aspectos, como la productividad y el tamaño de la empresa, se ha probado empíricamente cómo el efecto de la heterogeneidad corporativa en los cambios en el tipo de cambio afecta el doble margen del crecimiento de las exportaciones de China a ALC. Las principales conclusiones son las siguientes: Primero, los cambios en el tipo de cambio tienen un impacto negativo significativo en el doble margen del crecimiento de las exportaciones de las empresas chinas a ALC. La apreciación del tipo de cambio del RMB no solo afecta el comportamiento de toma de decisiones de exportación de las empresas, sino que también tiene un impacto negativo significativo en los precios de exportación, el volumen de exportación y el valor de exportación de las empresas. Segundo, el aumento en los niveles de tipo de cambio afecta más al margen extensivo de las exportaciones de las empresas chinas a ALC que al margen intensivo. Tercero, dentro del margen intensivo, las empresas responden principalmente a los cambios en los tipos de cambio a través de los cambios en la cantidad de exportaciones. Cuarto, la existencia de heterogeneidad corporativa hace que las empresas respondan de manera diferente a los choques cambiarios.

Palabras clave: Cambios en el Tipo de Cambio; América Latina y el Caribe; Exportaciones; Doble Margen

Estudio comparativo sobre la escala y el riesgo de la deuda pública en los principales países de América Latina

Li Cuilan

Resumen: Bajo la recesión económica mundial, la mayoría de los países han adoptado políticas fiscales activas y políticas monetarias menos restrictiva, y resulta que la deuda global ha aumentado dramáticamente. La deuda pública desempeña unaespada de doble filo en el desarrollo macroeconómico y las opciones de política económica de un país. Para poder desempeñar el papel positivo de la deuda pública de manera efectiva en los países latinoamericanos y evitar la crisis de la deuda, se requiere un análisis en profundidad del tamaño y la situación de riesgo de la deuda pública en los países latino-americanos, a fin de que los países latinoamericanos puedan implementar políticas fis-cales y evitar riesgos de deuda, de acuerdo con sus condiciones reales.

Este artículo selecciona seis países latinoamericanos importantes – Brasil, Argentina, México, Colombia, Chile y Perú–como objeto de investigación, y los com-para a partir de los dos aspectos: la escala de deuda pública y el riesgo de deuda guber-namental. El análisis muestra que Argentina y Brasil actualmente tienen mayores riesgos de deuda pública, seguido por México, Colombia y Perú, el riesgo de deuda del gobier-no de Chile es relativamente pequeño, y los principales problemas y soluciones se re-sumen comparando el tamaño y el riesgo de la deuda del gobierno en los países de América Latina.

Palabras clave: Principales Países Latinoamericanos; Escala de Deuda del Gobi-erno Latinoamericano; Riesgo de la Deuda Pública

Acuerdo de Libre Comercio entre China y Chile y su impacto en las exportaciones no metálicas de Chile

Guillermo Yanez

Resumen: Este artículo analiza la motivación y la tendencia de las exportaciones de productos no metálicos de Chile en el contexto del Acuerdo de Libre Comercio China −Chile a través de la investigación cuantitativa. Para buscar evidencias del efecto a las exportaciones, se divide la chilena nación de norte a sur en 16 gran área (equivalente a provincias de China), y se les ha asignadonúmeros que no están en orden de latitud.

Las conclusiones de estos estudios regionales de exportación indican que los acuerdos de libre comercio han aumentado significativamente las exportaciones de Chile y no se limitan a la industria minera en el norte del desierto de Atacama, sino que también incluyen la agricultura, la ganadería y la silvicultura. En este trabajo se proporciona algunas ideas sobre el impacto positivo en la industria de exportación de Chile, excepto el cobre, tal comoel volumen de la exportación de no metálicas de las partes del norte de Chile y Patagonia es mucho mayor que el de la exportación metálicas, por lo que, aunque el cobre exportado por la región Antofagasta alcanzó más del 90% de la exportación nacional de cobre. Sin embargo, las influencias positivas que el Tratado de Libre Comercio (TLC) entre Chile y China ejerce en el desarrollo de la economía regional chilena no se limitan a esto.

Palabras clave: Tratado de Libre Comercio China−Chile; Observaciones Individuales; Forma logarítmica; Exportaciones no Metálicas

Problemas y contramedidas de la inversión y la cooperación comercial entre Guangdong y América Latina bajo el marco de "la Ruta y la Franja"

Zhu Wenzhong, Sun Xinqi, Zhang Yanfang

Resumen: En los últimos años, las relaciones económicas y comerciales entre China y América Latina han sido cada vez más estrechas, en especial cuando el concepto la construcción conjunta de la Franja y la Ruta se extiende hasta el continente de América Latina en el año 2018.

Guangdong está en la primera línea de la apertura al exterior del país, cuya cooperación comercial y de inversión con América Latinaestá enfrentando un período de grandes oportunidades estratégicas. En este artículo, hemos analizado datos del comercio de importación y exportación, y luego presentamos contramedidas y sugerencias relacionadas para desarrollar la cooperación comercial y de inversión entre Guangdong y América Latina desde aspectos como ventajas políticas, la mejora de las ventajas complementarias en recursos y desarrollo de nuevos formatos de comercio de servicios.

Además, en América Latina hay un gran espacio para que las empresas de Guangdong inviertan. La inversión de Guangdong en los países latinoamericanos tiene problemas de pequeña escala de inversión, distribución geográfica desigual, alta concentración de industrias y altos riesgos de inversión. Este artículo también presenta sugerencias y contramedidas correspondientes para estos problemas.

Palabras clave: Comercio Exterior; Cooperación en Inversiones; Guangdong y Países Latinoamericanos; Estado de desarrollo; Estudio de Contramedidas

Última situación de la cooperación económica y comercial entre China y México

Corona Chong Irving Oliver, Zhang Yi, Huang Lei

Resumen: Durante las últimas cuatro décadas, China y México han logrado grandes progresos en el fortalecimiento y profundización de la cooperación en la agenda diversa e inclusiva, que echaron los cimientos de un nuevo modelo de cooperación económica y comercial bilateral que sea armonioso y mutuamente beneficioso. Hoy en día, debido a múltiples factores como los cambios en la orientación de las políticas de México, el rápido desarrollo económico en China y los cambios en la situación económica internacional, la cooperación económica y comercial entre China y México está entrando gradualmente en un período de profundización, en este período, las relaciones económicas y comerciales de cooperación de China-México, surgen nuevas oportunidades de desarrollo, al mismo tiempo, también se han puesto de relieve una serie de graves desafíos. Cómo aprovechar correctamente las oportunidades de cooperación y desarrollo, y cómo resolver rápidamente problemas de desarrollo colaborativo, se han convertido en problemas importantes que están por resolver por parte de México y China.

Palabras clave: China; México; Relaciones Económicas y Comerciales entre China y México; Desarrollo Económico; Cooperación; Competencia

La política de presión extrema que la administración Trump ejerce sobre Venezuela

Huang Zhong

Resumen：La administración Trump implementa principalmente políticas de extrema presión sobre el régimen de Maduro con tres medios principales：sanciones económicas y personales，presión diplomática e infiltración política，y amenazas militares y participación en golpes de estado. La necesidad de políticas electorales，el impacto negativo de la política de seguridad regional actual de Venezuela a EE. UU.，y el nuevo estado del juego de las grandes potencias en América Latina son nuevos elementos notables de la adopción de esta política por parte de la administración Trump. Aunque Venezuela sufrirá grandes pérdidas debido a la presión de la administración Trump y el desastre humanitario se intensificará aún más, Estados Unidos también enfrentará la difícil situación de una presión extrema，en lugar de lograr sus objetivos fundamentales，su influencia en América Latina también se verá afectada y su imagen internacional será peor.

Palabras clave：Presión Extrema；EE. UU.；Venezuela

Desafío que enfrenta México y la evolución de la situación en México después de la llegada de la izquierda

Zhang Xinyu

Resumen: 2019 es el primer año en que el presidente izquierdista mexicano López Obrador llegó al poder, y sus políticas muestran las características del populismo político, el nacionalismo económico y el tradicionalismo diplomático. El índice de aprobación de López continúa siendo alto después de asumir el cargo, junto con el hecho de que su coalición gobernante ganó una mayoría en el Congreso por primera vez, lo que crea más posibilidades para el desarrollo e implementación de políticas. La economía de México ha mantenido una baja tasa de crecimiento en 2019, y el problema de la delincuencia violenta sigue siendo el problema social más destacado en México. El gobierno de izquierda mexicano ha mantenido estrechas relaciones con los Estados Unidos con el nuevo firmado de TLCAN. A través de una diplomacia diversificada, la cooperación económica y comercial de México con otros países también se está expandiendo. En la actualidad, las relaciones bilaterales entre China y México se encuentran en un estado de desarrollo estable.

Palabras clave: México; Gobierno de Izquierda; Relaciones México – Estados Unidos; Relaciones México–China

Impacto de la guerra comercial sino-estadounidense en Colombia y actitudes de los medios locales

Zhou Anjing, Chen Xing

Resumen：Para reducir el déficit comercial entre los Estados Unidos y China y aumentar la producción nacional, la administración Trump ha adoptado una serie de medidas para aumentar los aranceles a las importaciones procedentes de China, en respuesta, el gobierno chino ha impuesto restricciones arancelarias a las importaciones estadounidenses. Comodos principales potencias del mundo, China y Estados Unidos tienen un gran impacto en el comercio mundial y la economía, al igual que Colombia. Estados Unidos es el mercado más grande de Colombia y China es su segundo mercado más grande. El comercio de Colombia con China y Estados Unidos representa casi la mitad del comercio exterior de Colombia. Por lo tanto, la fricción comercial entre China y los EE. UU. afectará inevitablemente al comercio exterior de Colombia, principalmente en la devaluación del peso colombiano, la exportación de los precios de las materias primas y otros aspectos. Los medios de comunicación colombianos también están informando constantemente noticias sobre la guerra comercial entre China y Estados Unidos y su impacto en el país. Este trabajo tiene como objetivo investigar el efecto de la guerra comercial chino-estadounidense en Colombia, y las actitudes del gobierno de Colombia, los círculos económicos y los medios de comunicación locales.

Palabras clave：Guerra Comercial Sino-estadounidense；Colombia；China；Estados Unidos；Informes de los Medios de Comunicación

Antecedentes y situación actual de la reforma del sistema de seguridad social de Brasil de 2019

Liang Yuxi, Yang Jing

Resumen: Desde la sugerencia del sistema de seguridad social en la década de 1920, los sucesivos gobiernos de Brasil se han comprometido a fortalecer la supervisión legislativa, ampliar la cobertura y los beneficiarios, y popularizar el bienestar social. Desde la década de 1990, la sociedad brasileña se ha enfrentado a nuevos desafíos, como el envejecimiento de la población, la disminución de la fertilidad y el aumento de la esperanza de vida. El gobierno brasileño ha comenzado a centrarse en la reforma del sistema de seguridad social con el objetivo de garantizar la equidad y la sostenibilidad. En 2019, el presidente Bolsonaro presentó la "Enmienda Constitucional 06/2019" al Congreso, que incluyó oficialmente la reforma de la seguridad social en la agenda del Congreso. La reforma implica ratios de pago, condiciones de jubilación, cálculos de pensiones y modelos de gestión de fondos, y se espera que ahorre 1000billón reales en 10 años. Aunque los múltiples juegos y compromisos necesarios para enmendar la constitución implican un descuento en la efectividad de esta reforma, a lo largo plazo sigue siendo un logro significativo para el muy controvertido gobierno de Bolsonaro.

Palabras clave: Brasil; Seguridad Social; Reforma; Enmienda Constitucional 06/2019

Investigación sobre estrategias contemporáneas de lenguaje implícito en México

Chen Yi, Chen Ning

Resumen: El idioma no es solo una herramienta de comunicación entre individuos humanos, sino también un medio importante para formar identidad étnica e identidad nacional. Como país multiétnico, la diversidad lingüística de México es evidente. Se estima que 140 idiomas pudieron haber existido en México antes de que fuera colonizado. Por otro lado, 68 idiomas son actualmente reconocidos como idiomas independientes y utilizados por la comunidad indígena. En 2003, el Gobierno Federal de México promulgó el "Ley General de Derechos Lingüísticos de los Pueblos Indígenas", que estipula que el español y estos 68 idiomas indígenas comparten el estatus legal del idioma nacional, y creó instituciones relacionadas para proteger y promover la herencia y el uso de los idiomas de los grupos étnicos indígenas. Sin embargo, hasta ahora no se han logrado resultados ideales. Por ejemplo, el españolaún es ampliamente reconocido come lengua oficial por el público nacional y extranjero, mientras que el número de hablantes de lenguas indias continúa disminuyendo.

El acto legislación lingüística del gobierno de México pertenece a la planificación lingüística, es decir, el poder público, grupos sociales e individuos toman actitudes y decisiones a los recursos lingüísticos internos. El mundo académico propone diferentes métodos de clasificación para los comportamientos de planificación del lenguaje. Por ejemplo, se puede dividir en políticas de lenguaje explícitas y estrategias de lenguaje implícitas, ambos métodos tienen un impacto en los recursos del lenguaje. En la actualidad, la mayoría de las investigaciones se centran en políticas explícitas y oficiales, con pocas menciones de estrategias de lenguaje implícito. Por lo tanto, este artículo intenta analizar las causas del desequilibrio de los recursos del lenguaje en la práctica, basado en estrategias de lenguaje implícito.

Palabras clave: México; Idiomas Indígenas; Política Lingüística; Estrategias Lingüísticas Implícitas; Planificación Lingüística

Prácticas de turismo responsable en Costa Rica y sus implicaciones para la industria turística de China

Wu Yiming, Gao Wenjing

Resumen: En los últimos años, la industria turística de China ha alcanzado logros notables mundialmente, pero muchos temas de desarrollo sostenible también se vuelven más prominentes. El objetivo del papel es analizar las prácticas de turismo responsable en Costa Rica, y resumir su experiencia en el desarrollo, combinando los resultados de la investigación del turismo responsable con los académicos existentes en el país y en el extranjero, y proponer un marco político práctico y responsable para el turismo corresponde a las características chinas.

Palabras clave: Turismo; Turismo Responsable en Costa Rica; Experiencia Práctica

Encuesta cognitiva sobre la situación en América Latina de los estudiantes chinos

Yang Xiaoyan, Liu Jinyi

Resumen：Con los intercambios y cooperación estrechos y continuos entre China y América Latina en aspectos políticos, económicos, sociales y culturales, necesita mejorar el entendimiento mutuo entre China y América Latina. Debido a que el reconocimiento mutuo entre China y América Latina, no solo es un requisito previo para la comprensión y la confianza bilateral, sino también es la fundación de opinión pública para promover las relaciones entre ellas. Como un grupo dinámica y llena de potencias de desarrollo, cómo los estudiantes universitarios chinos ven a América Latina y a sus relaciones, es significativo para comprender la percepción de los chinos sobre América Latina.

En base a esto, este artículo utiliza un cuestionario desarrollado por el Instituto de América Latina, Academia Nacional de China de Ciencias Sociales para encuestar a estudiantes universitarios en tres diferentesuniversidades en Guangzhou. Los resultados de la encuesta muestran que la conciencia de los estudiantes universitarios chinos sobre América Latina es generalmente baja; los estudiantes universitarios chinos están básicamente satisfechos con el status quo de las relaciones entre China y América Latina y están llenos de esperanza para las perspectivas de desarrollo; el acceso de los estudiantes universitarios chinos a la información latinoamericana es principalmente de los medios de comunicación. Además, los estudiantes universitarios de diferentes universidades cuentan con diferentes características, tienen diferentes percepciones sobre América Latina.

Palabras clave：Relaciones Sino-Latinoamericanas; Encuesta Cognitiva; Guangzhou; Estudiantes Universitarios

Estrategia de mercado para electrodomésticos blancos de China en América Latina—el caso de Gree

Wang Jiaqi, Wu Yiming

Resumen: En los últimos años, la iniciativa "la Franja y la Ruta" se ha extendido gradualmente a América Latina y el Caribe, lo que ha promovido fuertemente el desarrollo de electrodomésticos blancos en los mercados extranjeros, especialmente en América Latina. En la actualidad, América Latina se ha convertido en uno de los mayores mercados de exportación de electrodomésticos en China. Sin embargo, muchas marcas en la industria aún enfrentan obstáculos en el desarrollo del mercado latinoamericano. Este artículo utiliza Gree Electric Appliances como ejemplo para explorar el desarrollo internacional de las marcas chinas de electrodomésticos en el mercado latinoamericano.

Palabras clave: Electrodomésticos Blancos; Mercado Latinoamericano; Gree Electric Appliances; Estrategia de Mercado

Difusión en red de la cultura Lingnan en países hispanohablantes−basado en la perspectiva de YouTube

Li Zixin, Chen Xing

Resumen: La cultura Lingnan es una parte importante de la excelente cultura de la nación china. La región de Lingnan a la que pertenece, como la primera apertura de China al mundo exterior y la colisión más intensa de las culturas orientales y occidentales, está en primera línea del despliegue estratégico de la difusión de cultura china. En los últimos años, a medida que los intercambios económicos entre Lingnan y los países hispanohablantes se han acercado, cómo difundir la cultura se ha convertido en un tema destacado para toda la sociedad. Hoy en día, con la difusión culturalse enfoque en los medios de comunicación y la competencia cultural se globaliza, estudiar la red de comunicación de la cultura Lingnan en los paíseshispanohablantes es de gran importancia para aprovechar los recursos existentes, aprovechar el terreno elevado de las nuevas plataformas de medios y mejorar las estrategias y métodos de comunicación.

Palabras clave: Cultura Lingnan; Comunicación por Internet; Español; YouTube

Roberto Fabelo—El buscador de rasgos artísticos cubanos en el sueño y la poesía

Liu Liu, Yao Kaizhou

Resumen: Como representante de los artistas contemporáneos cubanos, Roberto Fabeloha sido favorecido por su genio, creaciones grotescas, poéticas y soñadores. Su trabajo le ha traído gran atención tanto en casa como en el extranjero, es particularmente famoso por las pinturas de una serie de sus creaciones, como "Mundo K" y su obra anterior "Pequeño Teatro" en su exposición "Mundo", que pueden mostrar perfectamente las excelentes habilidades y su estilo único. Este artículo divide su carrera artística en tres etapas, centrándose en su exposición de arte en solitario y obras representativas de cada período, y analiza sus pinturas en detalle para resumir las características del "estilo Fabelo".

Palabras clave: Robert Fabelo; Cuba: Artes; Cultura Latinoamericana